ANDREAS ENGLISCH
Wenn Gott spricht

Buch

In der dritten Prophezeiung von Fatima, dem spektakulärsten Mysterium in der modernen Geschichte der katholischen Kirche, sah Papst Johannes Paul II. die Vorhersage des Attentats, das 64 Jahre später auf ihn verübt werden sollte. Dreizehn Jahre vor einem der schrecklichsten Massaker im ruandischen Völkermord prophezeite in Kibeho eine Marienerscheinung einer Schülerin dort „einen Fluss voller Blut". Das sind nur zwei Beispiele von vielen, die als göttliche Prophezeiungen gedeutet wurden.

Spricht Gott also bis heute über seine Prophezeiungen mit den Menschen? Was ist eine Prophezeiung überhaupt? Lässt Gott Menschen in die Zukunft schauen, oder ist das alles ein Produkt aus Einbildung, religiösem Missverständnis und Zufall? Andreas Englisch stellt berühmte und weniger bekannte Prophezeiungen der biblischen Überlieferungen dar, über die seit Jahrhunderten spekuliert wird, und er schildert aufsehenerregende Prophezeiungen aus neuerer Zeit, wie die Prophezeiung der Marienerscheinung 1917 im portugiesischen Fatima. Dabei begibt er sich auch auf eine sehr persönliche Suche nach Antworten und Erklärungen, nicht zuletzt, um eigene Zweifel zu überwinden. Englisch liefert zahlreiche stichhaltige Fakten dafür, dass es sich bei all diesen Begebenheiten nicht um bloße Zufälle handelt, und kommt zu faszinierenden Erkenntnissen, die selbst hartgesottenen Skeptikern zu denken geben.

Autor

Andreas Englisch lebt seit 1987 als Vatikan-Korrespondent in Rom. Er hatte engen Kontakt zu Papst Johannes Paul II. und gehört zu den sechs Journalisten, die Benedikt XVI. auf allen Reisen begleiten dürfen. Er ist Autor der Bestseller »Johannes Paul II.«, »Habemus Papam« und »Die Wunder der katholischen Kirche«.

Andreas Englisch
Wenn Gott spricht

Die Prophezeiungen
der katholischen Kirche

GOLDMANN

Verlagsgruppe Random House FSC-DEU-0100
Das FSC®-zertifizierte Papier *München Super* für dieses Buch
liefert Arctic Paper Mochenwangen GmbH.

1. Auflage
Taschenbuchausgabe Dezember 2010
Wilhelm Goldmann Verlag, München,
in der Verlagsgruppe Random House GmbH
Copyright © 2009 der Originalausgabe
by C. Bertelsmann Verlag, München,
in der Verlagsgruppe Random House GmbH
Umschlaggestaltung: UNO Werbeagentur, München
in Anlehnung an die Gestaltung der Hardcover-Ausgabe
(R.M.E. Roland Eschlbeck und Rosemarie Kreuzer)
KF · Herstellung: Str.
Druck und Bindung: GGP Media GmbH, Pößneck
Printed in Germany
ISBN: 978-3-442-15640-5

www.goldmann-verlag.de

»Jetzt schon habe ich es euch gesagt, bevor es geschieht,
damit ihr, wenn es geschieht, zum Glauben kommt«

Evangelium nach Johannes
Kapitel 14, Vers 29

Für Martha, ihren Enkel Leo, Orazio und Kerstin,
weil ohne sie dieses Buch nicht entstanden wäre.

Inhalt

Prolog 9
1. Kreuzweg 17
2. Pläne 22
3. Vorahnung 30
4. Spitzenkandidat 39
5. Feuerprobe 44
6. Botschaft 53
7. Propheten 57
8. Auguren 66
9. Lehrer 71
10. Verkündigung 82
11. Sibyllen 88
12. Gottes Wohnstätte 96
13. Elija 102
14. Tyros 108
15. Geheimnis 122
16. Komplott 131
17. Seher 153
18. Afrika 160
19. Kibeho 175

20.	Fluss voller Blut	185
21.	Schicksal	194
22.	Mutter des Lichtes	200
23.	Ngome	205
24.	Vergebung	220
25.	Berufung	228
26.	Konklave	236
27.	Routen	240
28.	Skepsis	250
29.	Fallbeil	255
30.	Abschied	265
31.	Pannen	271
32.	Verbrecher	274
33.	Regensburg	285
34.	Beißen und zerreißen	292
35.	Häme	307
36.	Autorität	310
37.	Termine	315
38.	Gottes Wille	320
39.	Ende	326

Epilog	335
Register	339
Abbildungsnachweis	347

Prolog

Als ich 1987 als Vatikankorrespondent nach Rom kam, war ich erst 24 Jahre alt. Schon deswegen nahm mich in der Vatikanstadt niemand ernst. Es gab eine weit verbreitete Methode, mir zu zeigen, wie unerfahren ich war. Die Prälaten erinnerten sich in Gesprächen mit mir an die Zeit vor dem Zweiten Vatikanischen Konzil, sodass ich sagen musste, dass ich damals noch gar nicht geboren worden war. Oder sie machten eine Anspielung auf den Tag, an dem Papst Paul VI. einmal im Fahrstuhl des Hauptquartiers der Jesuiten stecken geblieben war. Ich musste natürlich zugeben, dass ich im letzten Regierungsjahr Papst Paul VI. erst 14 Jahre alt gewesen war und meine Firmung noch vor mir gehabt hatte.

»Gott, sind Sie jung«, sagten die Prälaten dann zu mir, ganz väterlich, aber natürlich auch von oben herab. Ich weiß noch, wie unsicher ich war, wenn ich mit Arturo Mari arbeiten musste, dem Papstfotografen, der später ein echter Freund wurde. Vor ihm hatte ich einen Heidenrespekt, weil er schon unter Papst Pius XII. im Vatikan gearbeitet hatte, also lange vor meiner Geburt.

Besonders herablassend allerdings wurde ich von meinen Kollegen behandelt, den »vaticanisti«, den italienischen Journalisten, die sich ausschließlich mit der Berichterstattung aus dem Kirchenstaat beschäftigen. Dieser Club gestandener Veteranen nahm mich, das Küken mit dem deutschen Akzent, überhaupt nicht wahr. Ganz schlimm wurde es auf längeren Papstreisen. Dann frühstückten die Herren schon miteinander und sprachen den Tag durch, während ich von meinem einsamen Tisch aus zu ihnen hinüberschielte. Ich ahnte, dass sie sich auch für die Abendessen verabreden würden. Um das zu tun, scharten sich die Journalisten um einen Mann mit graumeliertem Haar, der aussah wie ein in die Jahre gekommener Filmstar, stets einen Reiseführer dabeihatte und immer wusste, wo sich der »place to be« befand, also in welchem Restaurant man den spannendsten Abend verbringen würde. Seltsamerweise war dieser schlanke Herr in der Lage, in Syrien oder Sant Louis, in Delhi oder Jerusalem treffsicher das beste Lokal auszusuchen.

Ich wurde zu diesen Abendessen nie eingeladen. Ich starrte nach der Arbeit in meinem Hotelzimmer gegen die Wand und stopfte Fast Food in mich hinein. Das Ungeheuerlichste aber war, dass diese Kollegen den wichtigsten Mann, den damaligen Papstsprecher Joaquín Navarro Valls, schlicht duzten. Ich hörte »Joaquín, komm bitte mal her«, »Joaquín erklär doch mal, was meint der Papst denn da?«. Ich selber wagte ihn nur als »Direttore« anzusprechen, mit seinem Titel als Direktor des Presseamtes des Heiligen Stuhls.

Auch vom Informationsfluss war ich ausgeschlossen. Die italienischen Kollegen telefonierten den ganzen Tag miteinander. Sie konnten sich auf ein engmaschiges Netz verlassen. Immer war mindestens ein Kollege in der unmittelbaren Umgebung des Papstes, alle anderen nahmen sich gern mal ein paar Stunden frei, um sich die Städte anzusehen. Sie waren aber stets super aktuell informiert. Während sie auf der Fifth Avenue in New York shoppten, informierte sie der Kollege, der gerade den Papst begleitete, darüber, was der Heilige Vater gepredigt hatte oder wann er wieder in die Nuntiatur zurückkehren würde. Ich selbst wurde nie angerufen und blieb deshalb stets in der Nähe des Papstes, langweilte mich manchmal entsetzlich und bekam nie etwas von dem normalen Leben in den Städten mit, die der Heilige Vater gerade besuchte. Ich sah nur Kirchen, Kirchen, Kirchen.

Es gab aber eine Ausnahme in diesem – aus meiner damaligen Sicht – Senioren-Club der »vaticanisti«: Ausgerechnet der Herr mit dem grauen Haar, der Feinschmecker Orazio Petrosillo, nahm mich unter seine Fittiche. Orazio war zwar auch weitaus älter als ich, ließ mich aber nicht ständig spüren, dass ich von nichts eine Ahnung hatte. Orazio setzte sich sogar manchmal zum Frühstück an meinen verwaisten Tisch, fragte mich nach meinem Leben, nahm mich zu Treffen mit der Entourage des Papstes mit, von deren Existenz ich nichts geahnt hatte, vor allem nicht, dass Journalisten dort hingehen konnten. Es dauerte nicht lange, bis ich begriff, dass es in der Journalistengruppe, die den Papst begleitete, hilfreich war, in der Nähe von Orazio Petrosillo zu bleiben. Es stellte sich zudem heraus, dass wir in Rom fast Nachbarn waren. Ich wohnte damals noch in Trastevere. Zu meiner Freude traf ich ihn manchmal auf den Treppen, die zum Stadtteil Monteverde Vecchio hochführen. Obwohl er ein überzeugter, fast schon glühender Katholik war, gehörte Orazio nicht zu den Menschen, die andere missionieren wollten. Im Gegenteil: Seine Fähigkeit, sich durchzusetzen, war alles andere als ausgeprägt. Ich erinnere mich daran, dass er mich auf der Treppe auf unseren Hund ansprach, einen ausgesetzten Jagdhund, den wir eines Tages am Straßenrand aufgelesen hatten. Er beklagte sich darüber, dass auch seine Töchter dazu neigten, streunende Hunde zu retten, die er dann spazieren führen müsse. Dass es ihm ebenso wenig wie mir gelungen war, durchzusetzen, dass der Vierbeiner nicht ins Haus kommt, machte ihn mir sympathisch. Zumal es bei ihm genau wie bei mir damit endete, dass der Hund auf dem Sofa schlief.

Orazio war auch nicht der Mann, der den schnoddrigen Journalistenton in Gesprächen über Johannes Paul II. übel nahm. Der Jahrtausendpapst brach einen Rekord nach dem anderen. Als erster Papst betete er in einer Moschee, als erster Papst in einer Synagoge, als erster in einer lutherischen Kirche, als erster bereiste er unermüdlich die Welt, als erster zelebrierte er vor Millionen Menschen Weltjugendtage. Wenn die Gruppe der erschöpften Vatikanjournalisten damals auf Papstreisen Sprüche klopfte wie: »Hoffentlich denkt sich der Boss heute nicht wieder etwas Neues aus«, lachte Orazio mit. Er selbst sprach nie abwertend über den Papst, erwartete aber keineswegs, dass die anderen ebenso fromm wären wie er. Im Gegenteil: Orazio trat immer so auf, als wollte er sich dafür entschuldigen, dass er ein wenig schrullig sei, und dass er seinen Glauben zu ernst nehme. Natürlich hatte er nach dem Abitur Priester werden wollen, aber dann, wegen seiner erklärten Zuneigung zu Frauen, doch beschlossen, die Kirche von außen zu betrachten.

Orazio wurde nach und nach mein wichtigster Verbündeter: Wenn der Papst über autokephale Kirchen sprach, verlor Orazio nie die Geduld, mir zu erklären, was zum Teufel das eigentlich war. Wenn ich eines der frühen Briefings um 4 Uhr morgens verpasst hatte, fragte ich Orazio, was passiert war. Er wusste immer alles, er war stets rechtzeitig aufgestanden, und er behielt nie eine Information für sich. Nahezu alle anderen Journalisten-Kollegen winkten jedes Mal, wenn ich eine Frage hatte, rasch ab und sagten mir, dass sie jetzt gerade im Stress wären, was mir klarmachen sollte, wie unwichtig ich war, gemessen an ihnen. Dass Orazio sich immer Zeit für mich nahm, überraschte mich vor allem deshalb, weil mir damals die katholische Kirche und auch das Papsttum zutiefst egal waren. Ich machte nur meinen Job. Ich empfand nichts für Karol Wojtyła, den Orazio natürlich persönlich kannte.

Um Orazio zu ärgern, sagte ich manchmal: »Sag mal, du glaubst den ganzen Quatsch, dass der Papst der Vikar Gottes ist, doch nicht wirklich?« Dann sagte er: »Natürlich glaube ich das.« Aber böse war er mir deswegen nicht.

Für die Bedienung von Computern und das Vernetzen in Internet-Systemen war Orazio einfach nicht geboren. Manchmal stand er vor mir und bat mich um Hilfe, weil er seinen in Rom dringend benötigten Text nicht hatte absenden können. Wenn es mir gelungen war, ein technisches Problem zu lösen, das jeder 14-jährige hätte lösen können, sagte Orazio immer anerkennend: »Du mit deinen mächtigen Maschinen.« Er surfte nie durch Archive, weil er das nicht nötig hatte. Er wusste alles, wirklich alles, einfach auswendig. Wenn der Papst einen Schimpansen streichelte und ich Orazio fragte, ob schon einmal ein Papst einen Affen auf dem Arm gehabt habe, gab er mit unglaublicher Sicherheit die präzise Antwort. Die Päpste und der Vatikan waren sein Leben, und ohne ihn hätte ich meinen Job am Hof der Päpste bereits vor zwölf Jahren verloren.

Orazio war es auch, der mich damals dazu brachte, zum ersten Mal in meinem Leben über das Thema Prophezeiungen nachzudenken: in einem Taxi in Rio de Janeiro.

Am 5. Oktober 1997 beendete Papst Johannes Paul II. seinen Besuch in Brasilien mit einer feierlichen Messe im Maracanã-Stadion in Rio de Janeiro. Ich hatte mich in den letzten Pool, die letzte Journalistengruppe, einteilen lassen, die den Papst in das Stadion begleitete, und auf dem Weg zurück verpasste ich den Bus, der die Journalisten zurückfuhr. Ein sehr netter Herr, der zur Organisation des Papstbesuchs gehörte, bot sich schließlich an, mich zurückzubringen, vom Maracanã-Stadion ins Pressezentrum. Wir fuhren kreuz und quer durch Rio de Janeiro. Ich konnte kaum etwas von der Stadt sehen, die Seitenscheiben waren so stark getönt, dass ich nur ahnen konnte, wo ich war. Plötzlich blieb der Wagen stehen. Ich hörte, wie der Fahrer immer wieder versuchte, das Auto zu starten, doch ohne Erfolg. Der Wagen sprang nicht an.

»Darf ich aussteigen?«, fragte ich.

Der Fahrer sagte nichts, versuchte nur weiterhin vergeblich, den Motor zu starten. Ich stieg aus und stand im Paradies. Das Auto war genau am Strand von Ipanema kaputtgegangen, einem Strand, der noch ein bisschen schöner ist als die Copacabana. Ich stand da im schwarzen Anzug mit schwarzen eleganten Schuhen und blickte auf das blaue Meer, die hohen Wellen und die Frauen in knappen Bikinis, die Volleyball spielten. Nach ein paar Minuten stieg der Fahrer ebenfalls aus, öffnete die Motorhaube, werkelte herum und sagte schließlich zu mir: »Das Auto ist kaputt, tut mir leid.«

»Was soll ich jetzt machen?«, fragte ich.

»Warten Sie hier. Ich werde einen weiteren Wagen senden. Bleiben Sie einfach genau hier stehen. Ich werde ein V für Vatikan hinter die Scheibe legen lassen. Dann erkennen Sie den Wagen. Aber rühren Sie sich nicht von der Stelle. Wir haben nicht mehr viel Zeit. Der Papst verabschiedet sich nur noch bei den Bischöfen. Danach wird er nach Rom zurückfliegen.«

»Ich weiß«, sagte ich dem Mann. Die Regel hatte ich schon ein paarmal gehört: Der Papst wartet nie.

Der Fahrer verschwand, und ich sah den jungen Männern und Frauen zu, die artistisch auf Brettern über die Wellen des Atlantiks glitten.

Dann machte ich einen schweren, unverzeihlichen Fehler. Ich zog meine schwarze Anzugsjacke aus, die Hosen, das Hemd, die Schuhe, alles – bis auf meine Boxershorts – und legte meine Klamotten in den Sand.

Schon damals bekam jeder Journalist, der den Papst begleitet, eine Kennkarte, wie sie heute noch üblich ist. Diese Karte darf man auf gar keinen Fall verlieren. Man muss die Vatikanische Gendarmerie informieren, wenn es doch geschieht. Mit Hilfe dieser Karte könnten Terroristen theoretisch in das Papstflugzeug gelangen.

Ich riss mir auch diese Karte vom Hals, steckte sie irgendwo zwischen Hemd und Hose und ging schwimmen. Ich war nur etwa fünf Minuten im Wasser, und es war herrlich. Als ich zurück zum Strand kam, waren meine Sachen weg. Alles war weg, die Hose, die Jacke, die Schuhe, die Kennkarte, einfach alles. Ich war entsetzt. Wie hatte ich so leichtsinnig sein können? Wie sollte ich den Verantwortlichen für Sicherheit des Vatikans – den Gendarmen und den Schweizergardisten – erklären, was passiert war? Ich konnte ja wohl kaum die Wahrheit sagen.

Zu meiner maßlosen Erleichterung sah ich das Auto mit einem kleinen V im Fenster. Ich lief mit meinen feuchten Haaren und den nassen Boxershorts auf die Limousine zu und versuchte, mein spärliches Portugiesisch auszuprobieren. Ich sagte dem Mann, dass ich zum »Voho Papal« gehöre, zu den Journalisten, die den Papst in seiner Maschine begleiten. Er sah mich von oben bis unten an, blickte sich um, als suchte er jemanden, kurbelte dann die getönte Fensterscheibe wieder hoch und verschwand. Für was auch immer er mich in meinen tropfenden Unterhosen gehalten haben mag, jedenfalls nicht für einen Begleiter des Papstes. Ich war verzweifelt. In Kürze würden sich die Kollegen im Pressezentrum versammeln, um in den von der Polizei eskortierten Flughafen-Shuttle des Vatikans zu steigen und nach Rom zurückzufliegen. Ich hatte keine Ahnung, wie ich ohne Geld, fast nackt, in das Pressezentrum kommen sollte. Ich hatte nicht einmal eine vage Vorstellung davon, wo in dieser riesigen Stadt das Pressezentrum lag. Ich wusste genau, wenn das herauskam, wenn ich wegen eines solchen Leichtsinns die Papstmaschine verpasste, würde mich der Vatikan nie wieder mitnehmen.

Plötzlich warf sich ein junger Mann vor mir in den weißen Sand. Er hatte ein Bündel im Arm und ließ es in den Sand fallen. Es waren meine Schuhe, mein Anzug und die Kennkarte des Vatikans.

Er schrie beinahe: »Ich will nicht in die Hölle!«

Ich hätte den Mann umarmen können. Er zeigte auf die Kennkarte, auf der auf Portugiesisch erklärt war, dass ich zu der Delegation gehörte, die den Papst begleitete. »Ich will nicht in die Hölle. Segnen Sie mich!«

Ich antwortete: »Aber ich bin kein Priester.«

»Bitte!«, flehte er, »Segnen Sie mich!«

Er kniete vor mir im Sand und schlug das Kreuzzeichen, und weil ich es zu eilig hatte, um mit ihm zu diskutieren, sagte ich einfach: »Im Namen des Vaters und des Sohnes und des Heiligen Geistes.«

»Danke!« rief er, bekreuzigte sich und verschwand. Ich durchsuchte meine Sachen. Es war alles noch da. Selbst die schwarzen Socken. Aber ich hatte kein Geld dabei. Ich hatte damit gerechnet, vom Vatikan in die Messe, zurück in das Pressezentrum und zum Flughafen gebracht zu werden. Wie sollte ich, ohne Geld und ohne Adresse, in das Pressezentrum kommen? Ich versuchte, Menschen auf der Straße anzusprechen, aber niemand hatte den blassesten Schimmer, was ich von ihm wollte, und ich hatte keine Minute mehr zu verlieren. Ich musste jemanden finden, der zufällig wusste, wo das für die Öffentlichkeit nicht zugängliche Pressezentrum für die Vatikan-Journalisten war. Es gelang mir, ein Taxi anzuhalten, aber der Fahrer konnte mir auch nicht helfen. Ich setzte mich auf eine Bank und dachte: »Das war es jetzt. Die anderen machen sich gerade auf den Weg zum Flughafen, und der Vatikan wird dich nie wieder auf eine Papst-Reise mitnehmen.« Da sah ich ihn. Das heißt: Ich entdeckte in einem

Taxi, dass gerade vor einer roten Ampel hielt, den weißen Hut, den er immer in heißen Ländern benutzte. In der Sonne blinkte seine konservative Brille.

Ich schrie über die Straße: »Orazio!«

Er blickte sich verwirrt um. Ich rief noch einmal: »Orazio!« Endlich sah er mich. Er bat seinen Fahrer, rechts anzuhalten. Ich lief zu ihm hinüber und sprang in sein Taxi. Er hatte einen Stadtplan dabei, auf dem das Pressezentrum rot eingezeichnet war. »Was machst du denn hier?«

Ich erzählte ihm von meinem Leichtsinn. Er lachte und sagte dann: »Siehst du, die Vorsehung hilft sogar denen, die nicht an sie glauben.«

»Vorsehung?«, sagte ich. »So ein Quatsch. Das war reines Glück.«

Er lächelte und schüttelte den Kopf. »Eine Minute später, und ich wäre weg gewesen, und du hättest den Papstflieger verpasst. Das war kein Zufall mein Lieber. Die Vorsehung stand dir diesmal bei. Glaub mir!«

Ich glaubte ihm damals in dem Taxi in Rio kein Wort. Aber ich war dankbar und hörte gut zu, als er mir erzählte: »Weißt du, was Papst Johannes Paul II. im November 1980 in deiner Heimat Deutschland, in Fulda, sagte? Eine deutsche Zeitschrift hat darüber geschrieben, die ›Stimme des Glaubens‹. Der Papst sagte: ›Ich werde bald große Prüfungen erleiden müssen, die mich vielleicht sogar das Leben kosten.‹ Das war ein halbes Jahr vor dem Attentat. Er hatte eine Prophezeiung erlebt. Der Papst wusste, was er erleiden würde, als auf ihn geschossen wurde. Er wusste, dass Gott ihm das Leben retten würde. Das Attentat war eine Prophezeiung, die sich erfüllte.«

Orazio Petrosillo starb am 11. Mai 2007 an den Folgen eines Hirnschlags, den er erlitt, während er Papst Benedikt XVI. im Auftrag des »Messaggero« im Aostatal begleitete. Auch ihm und einer Frau, die ich im Folgenden noch vorstellen werde, ist dieses Buch gewidmet.

1
Kreuzweg

Für mich war dieser Abend der dramatischste Moment in zwei Jahrzehnten am Hof der Päpste. Karfreitag, 25. März 2005: In der Privatkapelle der Päpste im Vatikan sitzt Johannes Paul II. mit einem Kreuz in der Hand. Er schaut auf einen Fernseher, den sie ihm in die Kapelle gebracht haben. Die Kirche gedenkt an diesem Abend des Leidens und des Todes ihres Erlösers, Jesus von Nazareth. Johannes Paul II., der Marathonmann Gottes, kann keinen einzigen Schritt mehr gehen. Er kann kaum noch ein Wort sprechen. Er kann das Kreuz der Kirche dort, wo es geschultert werden muss, nicht mehr tragen. Zum ersten Mal seit 26 Jahren betet er den Kreuzweg nicht im Kolosseum. Der bullige Karol Wojtyła, der Kanufahrer und unermüdliche Wanderer, ist eingeschlossen in einen Körper, der sein Gefängnis wurde.

Es ist kalt an diesem Märzabend in Rom, an dem das Gedenken an die Todesstunde des Jesus von Nazareth für die katholische Kirche mehr bedeutet als ein Ritus. Dieses Mal ist sie selbst betroffen. Ein sterbender Papst braucht seine ganze Kraft, um nur ein kleines Holzkreuz zu halten, während ein anderer das schwere Kreuz vor Zehntausenden von Gläubigen für ihn durch das Kolosseum tragen muss. Ein Mann, den er als Stellvertreter für diesen Abend ausgewählt hat. Die Gläubigen der Welt werden später mit einem Schauer an diesen Moment denken. Es ist das einzige Mal, dass der Chef der Glaubenskongregation, Joseph Ratzinger, eine Aufgabe übernimmt, die einem Papst zusteht: Er trägt das Kreuz durch das Kolosseum. Das Kreuz als Zeichen für das Leiden der Welt. Der Kirchenhistoriker Antonio Socci wird später in seinem Buch »Das vierte Geheimnis von Fatima« schreiben, dass es ihm wie eine

»Investitur« vorkam. Der sterbende Papst hatte schon seinen Nachfolger in das Kolosseum geschickt.

Das Bild des leidenden Johannes Paul II., der in seiner Kapelle dem Kreuzweg nur zuschauen kann, geht an diesem Abend um die Welt, und für die Gläubigen scheint eine Prophezeiung einzutreten. Im sogenannten eschatologischen Geheimnis schreibt Melanie Calvat, die von der katholischen Kirche anerkannte Seherin der Marienerscheinung von La Salette in Frankreich (19. September 1846), folgende Worte, die Maria ihr gesagt haben soll: »Der Papst wird sehr leiden. Die Bösen werden mehrfach versuchen, ihm das Leben zu nehmen. Ich werde bei ihm sein bis zum Schluss, um sein Opfer zu empfangen.« Ist es bald so weit? Wird der Leidensweg des Papstes, der während seiner Amtszeit zwei Mordanschläge überlebte, jetzt ein Ende nehmen?

Die Stille im Kolosseum schien damals wie ein Mantel über der Menge zu liegen. Dann sprach Joseph Ratzinger, stellvertretend für den Papst, der todkrank im Vatikan zusehen musste, was im nur wenige Kilometer entfernten Kolosseum geschah. Ratzinger sprach über die Gefahren, in die das Schiff der Kirche geraten ist. Er sagte, »es dringt von allen Seiten Wasser ein«, es drohte zu sinken.

Ein paar Meter von mir entfernt saß ein befreundeter Priester. Er war Lehrer am Institut der Salesianer in Rom. Er erbleichte. Er wurde so blass, dass ich hätte schwören können, ihm sei schlecht geworden. Wie gebannt schaute er auf Joseph Ratzinger. Die Kälte schnitt mir durch den schwarzen Anzug, als ich sein Gesicht sah. »Was hast du denn?«, fragte ich.

»Mir ist nicht gut«, antwortete er.

Ich quetschte mich durch die Menge an seine Seite: »Möchtest du, dass ich dich nach Hause fahre?«

«Nein«, sagte er. Dann fügte er mit hastiger Stimme, voller Ehrfurcht und mit einem Ton des Entsetzens, hinzu: »Hast du nicht gehört, was er gerade gesagt hat, der Kardinal Ratzinger?«

»Dass von allen Seiten Wasser in das Schiff der Kirche eindringt«, flüsterte ich zurück.

»Kennst du die Visionen von Don Bosco nicht, dem Heiligen, der unseren Orden gegründet hat?«

Ich hatte nur davon gehört, dass der Heilige Giovanni Bosco in seinem Leben Visionen und Prophezeiungen erlebte.

»Die Prophezeiung vom Wasser aus dem Jahr 1862 kennst du nicht?«

»Nein.«

»Es gibt eine Vision der Schlacht auf dem Meer um das Schicksal der Kirche. Bisher galt sie immer als Vorhersage für Papst Johannes Paul II.«

»Und?«

»In der Vision beschreibt der heilige Giovanni Bosco, dass er den Papst am Steuer des Schiffes sieht. Er wird getroffen, schwer verletzt, aber er steht wieder auf.«

»Du meinst das Attentat auf den Papst vom 13. Mai 1981.«

»Das habe ich bisher auch gedacht, aber jetzt denke ich, dass die Prophezeiung weitergeht. Großer Gott, was für eine Stunde erleben wir hier.« Er betete leise.

»Was um Gottes Willen willst du mir eigentlich sagen?«, flüsterte ich.

»Der Papst wird in der Vision des Don Bosco später tödlich getroffen. Er stirbt.«

»Und dann?« Mein Freund schwieg.

»Was dann?«, fragte ich ungeduldig.

»Dann übernimmt sofort ein anderer Papst das Steuer. Ich weiß noch genau, dass es in der Vision heißt, dass er das Steuer sehr rasch übernimmt, dass er so rasch gewählt wird, dass die Nachricht von seiner Wahl in einigen Winkeln der Welt zusammen mit der Nachricht vom Tod des Vorgängers eintrifft. Und weißt du, warum er das Steuer so schnell übernehmen muss?«

»Ich habe keine Ahnung«, gab ich zu.

»Weil Don Bosco schreibt, dass die Päpste sich rasch abwechseln müssen, weil in das Schiff der Kirche Wasser eindringt von allen Seiten.«

Das war es, woran ich gedacht habe, kaum vier Wochen später, als am Dienstag, dem 19. April 2005, um 17.43 Uhr Rauch aufstieg aus dem improvisierten Schornstein über der Sixtinischen Kapelle.

Es ist weißer Rauch. Die Katholiken haben wieder ein Oberhaupt. Nach der Glaubenslehre der katholischen Kirche ist damit nicht nur eine Wahl vorbei, sondern der Heilige Geist hat eingegriffen und den Kardinälen klar gemacht, wen Gott als Stellvertreter auf Erden wünscht. Der 264. Nachfolger des heiligen Petrus ist gewählt, sehr, sehr schnell gewählt worden, in nur vier Wahlgängen. Der eine Papst, den man versucht hatte zu töten, war gefallen, und ein neuer Papst hatte das Steuer in die Hand genommen, weil Wasser in das Schiff eindrang, so schnell, dass in einigen Teilen der Erde die Nachricht von der Wahl des neuen Papstes mit der Nachricht vom Tod des alten gleichzeitig eintraf. Ich weiß noch genau, dass ich damals auf dem Platz nicht wagte, mir einzugestehen, was mich im Inneren bewegte, als ich mit Tausenden voller Spannung darauf wartete, zu erfahren, wen die 115 Kardinäle des Konklaves gewählt hatten: Würde sich jetzt, hier auf dem Petersplatz, vor meinen Augen eine Prophezeiung erfüllen?

Mir blieb keine Zeit, diesem Gedanken nachzuhängen. Denn plötzlich stand ein Fernsehteam des Bayerischen Rundfunks vor mir. Die Kamera lief, das Mikrofon war eingeschaltet. »Wer wird der neue Papst sein?«, fragten sie mich. Ich zögerte.

Für mich lagen achtzehn Jahre Berufserfahrung in der Waagschale – und noch etwas anderes. Ein Gefühl, eine Ahnung. Anders kann ich es nicht beschreiben. Wie erklärt man jemandem, dass man den Eindruck hat, die Erfüllung einer Prophezeiung zu erleben? Sagt man einfach: »Ich glaube, der liebe Gott hat uns allen bereits mitgeteilt, was jetzt eintreffen wird«? Klar, dass man sich dann fragen lassen muss: »Wie viel hast du getrunken?«

Aber vor mir stand ein Fernsehteam. Sollte ich ausweichen? Stattdessen wagte ich es. Ich sagte den Namen des neuen Papstes live in die Fernsehkameras, etwa eine halbe Stunde, bevor er öffentlich verkündet wurde: »Joseph Ratzinger.«

Im gleichen Augenblick geschah hinter den dicken Mauern

des Vatikans in der Sixtinischen Kapelle etwas Ungewöhnliches: Joseph Kardinal Ratzinger war soeben hinter verschlossenen Türen zum Papst gewählt worden. Noch wusste die Welt es nicht. Er nahm gerade erst, wie es vorgeschrieben ist, die Huldigungen entgegen. Da erhob sich einer der Kardinäle, ein Pole, und sagte laut und deutlich: »Nach einem Polen, und nachdem es fünf Jahrhunderte nur italienische Päpste gegeben hat, sitzt nun ein Deutscher auf dem Thron Petri. Nach einem Polen ausgerechnet ein Deutscher. Was will uns Gott damit sagen?« In diesem Moment war es still in der Sixtinischen Kapelle. Als wären die mystischen Worte eines Propheten erklungen, lauschten die Kardinäle in die Stille. Ja, was wollte Gott ihnen damit sagen?

Der Kardinal, der mir diese Episode später schilderte, sprach mit einer zittrigen, gebrochenen Stimme. »Dass ich Ihnen diese Worte des polnischen Kardinals anvertraue, grenzt fast an die Verletzung des Schweigegebots, kein Wort zu sagen über alles, was im Konklave geschah. Aber ich finde, Sie sollten das wissen.« Ich wusste, was er mir vermitteln wollte: »Trauen Sie sich ruhig, das zu denken, was wir damals alle kaum zu denken wagten.«

Hat Gott an diesem späten Nachmittag in der Sixtinischen Kapelle eingegriffen? Hat Gott selbst diesen Mann, geboren in Marktl am Inn, zum Stellvertreter Christi erkoren? Und hatte er seinen Vorgänger diese Entscheidung zuvor auf geheimnisvolle Art wissen lassen? Hatte ich nicht seit Langem geahnt, dass sich im Vatikan etwas Seltsames anbahnte, dass Johannes Paul II. sich in den letzten Monaten seines Lebens so verhalten hatte, als wüsste er etwas, das er niemandem mitteilen konnte?

Vier Jahre nach dem Konklave sagte der Privatsekretär des Papstes, Georg Gänswein, zu mir: »In der Wahl Benedikt XVI., eines Deutschen, der einem polnischen Papst nachfolgt, darf man ein Zeichen der Vorsehung erkennen.«

2

Pläne

»Warum leben wir eigentlich in Rom?« Diese Frage höre ich immer dann, wenn meine Familie aus irgendeinem Grund genervt ist. Wenn wir wieder drei Tage im Dunkeln sitzen, weil der Elektriker trotz wiederholter Versprechungen nicht auftaucht. Wenn es in der Leitung unseres Festnetz-Telefons monatelang nur rauscht und der Kampf gegen die Telefongesellschaft zur Hauptbeschäftigung wird. Wenn man zwischen 13 Uhr und 17 Uhr keine einzige Besorgung erledigen kann, weil den Bewohnern dieser Metropole die Mittagspause heilig ist. Wenn wir unserem hyperaktiven Sohn ein Laufband kaufen müssen, weil er in unserem Wohnviertel wie ein Hamster im Käfig lebt und der nächste Sportplatz zwar nur zehn Kilometer entfernt ist, man aber neunzig Minuten im Auto sitzen muss, um ihn zu erreichen.

Leonardo, der in Italien geboren wurde und in die vierte Klasse der Deutschen Schule geht, leidet darunter, dass er nirgendwo zu Hause ist. In Italien ist er Ausländer, in Deutschland aber auch. Dabei will er eigentlich nicht anders sein. Bei jedem Verwandten-Besuch zeigt sich irgendwann dieses Problem, etwa am Beispiel des Butterbrots. Leo mag keine Butter, und schuld daran bin natürlich ich. Normale deutsche Eltern schmieren ihren Kindern Butterbrote. Nur wir haben das nie getan, weil kein Mensch in Italien Butter auf ein Brot streicht. »Warum essen wir zum Frühstück Oliven-Pizza?«, will Leo also wissen.

Was soll ich darauf sagen? »Weil wir in Italien leben. Deswegen.«

»Aber warum tun wir das?«, will mein Sohn dann wissen, und das ist eine berechtigte Frage. Warum sind wir nie wieder nach Deutschland gezogen wie alle anderen, früher oder später? Warum bin ich als Einziger unter allen meinen Kollegen geblieben? Warum lebe ich seit 22 Jahren in Rom?

Ich kenne die Antwort, aber ich weiß nicht, wie ich sie meinem Sohn verständlich machen soll. Wir haben in zwei Jahrzehnten Heerscharen von Kollegen und Freunden kommen und gehen sehen, und ich sitze immer noch in dem längst verlassenen Zuschauerraum, blicke auf die Bühne, auf der ein großes Stück der Kirchengeschichte gegeben wurde, und frage mich, was ich eigentlich gesehen habe. Dabei habe ich am Rande manchmal sogar mitgespielt.

Viele Akteure sind längst tot oder in alle Winde zerstreut. Auf einen großen Mann aus einem kleinen Dorf in Polen folgte ein deutscher Papst. Und ich muss mich dem Vorwurf stellen, dass ich absolut alles, ausnahmslos alles, was ich in den vergangenen zwanzig Jahren mit den beiden Päpsten erlebte, falsch verstanden habe, und zwar nicht deswegen, weil ich nichts gesehen habe, sondern weil ich es nicht sehen wollte. Ich glaube, ein Stück Geschichte miterlebt zu haben; aber meine Freunde im Vatikan sagen: »Nein, das, was du erlebt hast, war die Erfüllung einer Prophezeiung.«

Prophezeiung? Gibt es so etwas überhaupt? Was ist eine Prophezeiung? Und hat sich vor meinen Augen eine Prophezeiung erfüllt? Ist unsere Zukunft vorherbestimmt? Oder ist alles, was uns geschieht, einfach die Summe aus selbstbestimmtem Tun und zufälligen Ereignissen?

Mich hat von jeher die Tatsache gefesselt, dass nach Ansicht der katholischen Kirche Gott den Menschen mittels Propheten etwas mitteilt, dass es also einen Kanal aus dem Jenseits ins Diesseits gibt. Schon für die Juden, die »größeren Brüder der Christen«, wie das Zweite Vatikanische Konzil sie nennt, besteht kein Zweifel daran, dass Gott so etwas wie seine »Sprecher auf Erden«, eben Propheten, einsetzt. Diese Sprecher haben die Aufgabe, den Menschen Gottes Willen mitzuteilen, sie zu tadeln, wenn sie etwas tun, was Gott missfällt, und sie haben die Fähigkeit, die Zukunft vorauszusagen. Aber gibt es solche Propheten tatsächlich?

Auf Kuba durfte im Frühjahr 2008 das erste Priesterseminar eröffnet werden. Zehn Jahre zuvor riskierte man dort noch eine Gefängnisstrafe, wenn man das christliche Weihnachten feierte. Eine schöne Entwicklung. Offensichtlich haben die Nachfolger Fidel Castros erkannt, dass es langfristig nichts bringt, eine Religion zu unterdrücken. Ich halte das für einen normalen gesellschaftlichen Prozess, eine geschichtliche Entwicklung, und so habe ich auch darüber geschrieben. Aber genau das ist nach Meinung aller guten Freunde im Vatikan ein Fehler, sogar ein schwer verzeihlicher, weil ich es besser wissen müsste. Ich war doch dabei in Havanna, im Januar 1998, als Papst Johannes Paul II. auf den grauen Himmel über der Karibik blickte, der ausgerechnet mitten in seiner Predigt aufriss.

Ein starker Wind blies die Wolken weg. Diesen Wind halte er für sehr bedeutungsvoll, sagte damals Wojtyła. Er glaubte, dabei zu sein, wie der Heilige Geist die Insel erfasste und schließlich veränderte. Er glaubte eine Prophezeiung zu erleben, die Voraussage, dass Gott diese Insel Kuba mit Hilfe des Heiligen Geistes verändern werde.

Nach dem Besuch des Papstes hat sich Kuba tatsächlich verändert, unbestritten. Die Verfolgung von Christen hat nachgelassen. Dabei hatte Fidel Castro dem Papst noch 1998 vorgeworfen, die Kirche sei schuld an Rassismus und Unterdrückung auf seiner Insel. Aber können diese Veränderungen nicht eine simple historische Entwicklung signalisieren? Muss man sich wirklich fragen, ob hier der Heilige Geist gewirkt hat?

Okay, es gab damals einen Windstoß. Zufällig riss genau während der Predigt des Papstes der Himmel auf. So habe ich das damals beschrieben. Aber es lässt mir bis heute keine Ruhe, dass der Mann, der im Mittelpunkt des Geschehens stand, Papst Johannes Paul II., nicht an einen Zufall glaubte, sondern an eine Prophezeiung.

Der »Jahrtausendpapst« war davon überzeugt, dass Gott zu ihm sprach und ihm die Zukunft voraussagte.

Ich selbst halte meine Entscheidungen und Handlungen für eine Folge von Ideen und Launen. Manchmal sind sie nichts weiter als ein Resultat aus Langeweile oder Ratlosigkeit. Dass ich in Wahrheit nach dem Plan eines anderen leben soll, eines unerklärlichen Wesens, das die Menschen Gott nennen, geht mir nicht in den Kopf.

Es gab in meinem Leben nur einen Menschen, der es völlig richtig fand, dass ich so lange in Rom lebte: meine Mutter Martha. Wir standen uns sehr nahe, und ich erinnere mich, dass ich sie einmal fragte, warum sie so fröhlich sei, wenn ich sie besuchte. »Als ich dich zum ersten Mal im Arm hielt, da dachte ich, jetzt fängt mein Leben richtig an«, antwortete sie. Ich hatte immer gefürchtet, dass sie unter meiner Entscheidung litt, so weit entfernt von ihr zu leben. Als mein sterbender Onkel mich ermahnte, endlich nach Hause zu kommen, fühlte ich mich schuldig . Ich sprach mit meiner Mutter darüber, aber sie sagte nur: »Du wirst schon da unten bleiben.« Sie hegte keinen Groll, als wüsste sie, dass ich am richtigen Ort war; weil hier etwas passieren würde, das ich nicht verpassen durfte, etwas, das mit meiner Bestimmung zu tun hatte.

Sie besuchte mich oft, richtete sie sich während jeder Reise zu mir in meinem Leben in Italien ein. Sie kaufte auf dem Markt in der Via dei Quattro Coronati am Kolosseum ein und lernte, dass Hühnerschnitzel »petti di pollo« heißen. Sie kannte nach ein paar Tagen das halbe Stadtviertel, sprach mit Händen und Füßen. Sie konnte sich nicht genug wundern über die seltsamen Fische, die es auf dem Markt gab, und sie liebte es, mit mir die frischen Granatäpfel, Artischocken und Zucchiniblüten zu bestaunen, die es damals in Deutschland noch nicht gab. Sie hatte in ihrem Leben nur selten öffentliche Verkehrsmittel benutzt. In meiner Heimatstadt Werl war das kaum nötig, und sie wollte auch im großen Rom nicht damit anfangen. Deswegen ging sie zu Fuß. Kilometer um Kilometer erlief sie sich diese Stadt. Wenn ich mit ihr am Petrusgrab in der Peterskirche ein »Vaterunser« betete, hatte ich das Gefühl, dass sie froh darüber war, mich in Rom zu wissen. Als müsste ich hier leben, weil ich etwas finden würde. Sie grub mit mir den ersten Garten um, den ich in Italien hatte, wunderte sich über die Pflanzen, die hier wuchsen, die Bananenstauden und Olivenbäume. Das Einzige, was sie störte, war der ständige Zeitdruck, unter dem ich jahrelang stand. Sie mochte diese Hetzerei nicht. Sie sagte mir immer wieder: »Wenn ich einmal sterbe, dann muss ich mich wohl nach deinem Terminkalender richten.«

Ich wusste, worauf sie anspielte. Wir hatten einmal einen heftigen Streit ausgetragen. Ich muss so 16 Jahre alt gewesen sein und hatte mich aus irgendeinem Urlaub nicht gemeldet. Zu Hause empfing sie mich mit Vorwürfen: Sie hätte in der Zeit, in der ich weg war, sterben können, und ich hätte das nicht einmal mitbekommen. Trotzig erwiderte ich, dass ich wahrscheinlich sowieso nicht zur Beerdigung gekommen wäre, weil ich es viel besser gefunden hätte, mich an einem südländischen Strand in der Abenddämmerung an sie zu erinnern als auf einem hässlichen westfälischen Friedhof. Sie weinte damals, und mir tat das alles leid. Diesen Streit hatten wir beide nicht vergessen, und jedes Mal, wenn sie zum Spaß sagte: »Na, dann werde ich mein Sterben wohl nach deinem Terminkalender richten müssen«, lachten wir beide. Heute fröstelt es mich, wenn ich daran denke. Was diese Worte bedeuteten, konnte ich damals nicht ahnen.

Meine Mutter gab mir vielleicht auch deswegen stets das Gefühl, in Rom am richtigen Ort zu sein, weil ich ihr erzählt hatte, dass es für mich einen sehr persönlichen Grund gibt, über Vorbestimmung nachzudenken.

Es ist fast genau 30 Jahre her: Ich war 17 Jahre alt und ging mit meinem knallorangen Rucksack, auf den ein alter Schlafsack und eine schwarze Isoliermatte geschnallt waren, an dem Kochgeschirr baumelte und in den die streng riechenden Klamotten eines Jugendlichen im Urlaub gestopft worden waren, in die Kirche Santa Maria Novella in Florenz und betete.

Bis heute kann ich mir nicht erklären, warum ich eigentlich in diese Kirche gegangen bin, denn ich war damals bestimmt kein frommer Junge. Ich befand mich mitten in der Phase der

Rebellion. Eltern, Papst und Establishment konnten mir gestohlen bleiben. Aber dennoch erinnere ich mich genau daran, dass ich in die Kirche ging und betete. Ich bat Gott: »Lass mich hierbleiben! Lass mich in Italien bleiben! Nur hier kann ich herausfinden, ob es dich gibt.«

Es war eine normale, subjektive Erfahrung, wie sie täglich Millionen Menschen erleben, eine Art inneres Zwiegespräch mit Gott, zu welchem Gott auch immer die Menschen gerade beten mögen. Sie haben, das weiß ich aus einer Unzahl von Gesprächen, das Empfinden, erhört zu werden, und manchmal haben sie sogar das Gefühl, eine Antwort zu bekommen. Das hatte ich auch. Das war alles.

Danach habe ich aus eigener Kraft nie wieder etwas getan, um dem Ziel Italien näher zu kommen. Ich habe nach dem Abitur nicht Italienisch studiert, nie habe ich erwogen, mich an der für Ausländer bestimmten Universität in Perugia einzuschreiben. Stattdessen zog ich nach Hamburg, studierte Journalistik und arbeitete bei Zeitungen. An dem Tag, der mein Leben verändern sollte, hatte ich frei. Ich hätte nicht in die Redaktion fahren müssen. Ich tat es dennoch, weil ich frisch verliebt war in meine heutige Frau und sie nur am Arbeitsplatz treffen konnte. An diesem Tag besuchte der damalige Aufsichtsratschef des Verlages zufällig unsere kleine Lokalredaktion hinterm Deich und schwärmte von den phantastischen Entfaltungsmöglichkeiten, die sich uns boten, weil unser Provinzblatt dem größten Verlagshaus Europas gehörte. Ich schrieb damals über Schützenfeste und Kaninchenzüchter. Der Vortrag des Konzernchefs klang in meinen Ohren irgendwie höhnisch, und weil ich jung und überheblich war und nichts zu verlieren hatte, riskierte ich eine dicke Lippe und fragte, warum ich mich nicht sofort entfalten dürfte: Ich wäre lieber Rom-Korrespondent als Deichreporter. Zwei Tage später saß ich im Flugzeug auf dem Weg in die Ewige Stadt. Ich hatte den Job.

Das war natürlich Zufall. Dennoch bin ich später nach Florenz gefahren, bin in dieselbe Kirche gegangen, Santa Maria Novella, und habe Gott gedankt. Warum? Welchen Sinn machte das, wenn ich so sicher war, dass es nur Zufall sein konnte. Die Antwort lautet: Letztendlich war ich eben nicht sicher, ob es nicht doch einen Gott gab, der Gebete erhörte, der damals einen schmutzigen 17-jährigen in seiner Kirche knien sah und dachte: Okay, der junge Mann da, der will mich nicht im Gebet erfahren, der will mich anfassen, sehen, spüren. Das kann er haben. Er soll eines Tages in einem Vatikan-Bus in Baku sitzen, dem das Dach abgerissen wird, und der Glassplitterregen wird ihm die Haut zerschneiden; er wird mit Hubschraubern und Flugzeugen notlanden und panische Angst um sein Leben haben; er wird tagelang in sengender Hitze sitzen, die Zeit totschlagen, weil er auf Flugzeuge, Busse, Hubschrauber warten muss, die Männer Gottes durch Afrika, Asien und Amerika transportieren; er wird sich von ruppigen Polizeibeamten die Arme verdrehen lassen, er wird Bomben explodieren hören. Aber wenn er das will, wenn er sehen will, wie sich ältere Herren in meinem Namen um die Welt quälen, um sie dabei zum Besseren zu verändern, wenn er sich fragen will, ob es nicht doch einen gütigen, allmächtigen Gott gibt, der hinter allem steckt, dann kann er das haben.

Seitdem denke ich über diese Frage nach: Hat mich ein Gebet nach Italien gebracht, in das Leben, das ich dann in und um den Vatikan führte, oder war es eine Kombination aus Zufällen? Aber um diese Frage zu beantworten, muss man weit zurückgehen.

Im Jahr 1987 machte ich zufällig eine erstaunliche Entdeckung: Im Vatikan regierte ein Papst, der die göttliche Vorsehung nicht nur predigte. Er lebte sie; denn er war überzeugt, dass er nur noch am Leben war, weil dies dem göttlichen Plan entsprach. Der Papst wurde nicht müde zu erklären, dass eine Hand aus dem Jenseits die Kugel ablenkte, die ihn am 13. Mai 1981 auf dem Petersplatz hätte töten sollen.

Für mich war dies unfassbar. Ich hatte christliche Religion in ihrer katholischen Form in meinem Heimatland ganz anders erfahren: Man ging am Sonntag in eine Kirche, sprach Gebete, ließ sich aus der Bibel vorlesen und beichtete seine Sünden.

Aber man glaubte doch nicht wirklich daran, dass vor aller Augen übernatürliche Ereignisse stattfanden, weil Gott Wunder wirkte, weil er eine Kugel ablenkte, die der türkische Terrorist Ali Agça auf einen Papst abgefeuert hatte.

Dieser Glaube an die Vorsehung und an die konkrete Kraft Gottes hat mich damals geradezu herausgefordert. Warum sollte es einen Gott in irgendeinem Himmel geben, der ausgerechnet diesem einen Mann, Karol Wojtyła aus Wadowice in der polnischen Provinz, das Leben retten wollte? Für mich gab es keinen Zweifel daran, dass der Papst nur durch Zufall bei dem Attentat nicht starb. Als Michail Gorbatschow 1989 nach Rom kam und dem Papst unmissverständlich sagte, dass ohne ihn die Mauer in Berlin nicht gefallen wäre, fand ich, dass hier ein Staatsmann dem anderen ein nettes Kompliment gemacht hatte, mehr nicht.

3

Vorahnung

Den 28. Juli 2002 werde ich aus einem ganz bestimmten Grund nie vergessen. Ich habe oft in meinem Leben einen Papst beten sehen. Dafür werde ich bezahlt. Aber an diesem Tag habe ich miterlebt, dass Gott ein Gebet des Papstes erhört hatte.

Anders als jedem Staatsmann ist es dem Papst nur selten vergönnt, einen Triumph zu feiern. Der Papst erlebt nie das Hochgefühl, nach einer hitzigen Debatte seine Widersacher überzeugt zu haben, weil Päpste einfach anordnen, was zu glauben und zu tun ist. Darüber hinaus besteht die Aufgabe des Papstes darin, die Menschen darum zu bitten, etwas Bestimmtes zu tun. Die Päpste können bestenfalls mit ihren Botschaften und Gebeten säen. Sie ernten jedoch selten. Was das angeht, dürfte Papst Paul VI. eine der größten Niederlagen aller Zeiten eingesteckt haben. Er veröffentlichte am 25. Juli 1968 die Enzyklika »Humanae vitae«, in der es um ein Verbot künstlicher Verhütung ging. Der eheliche Akt war somit sittlich nur erlaubt, wenn die Frau prinzipiell schwanger werden konnte. Paul VI. und seine Nachfolger mussten erleben, dass die katholischen Gläubigen weltweit nicht daran dachten, sich an diesen Grundsatz zu halten. Papst Benedikt XVI. räumte am 4. Oktober des Jahres 2008 denn auch ein, dass die Gläubigen die kirchliche Lehrmeinung in diesem Punkt offenbar nicht verstehen und ihr deshalb nicht folgen.

Wenn der Papst tatsächlich einmal einen Sieg erringt, muss das, was wirklich geschehen ist, aus Gründen der Staatsraison geheim bleiben. Genauso war es für Papst Johannes Paul II. am 28. Juli 2002 im Downsview Park in Toronto (Kanada), als er den Abschlussgottesdienst für den 17. Weltjugendtag feierte. Der Papst erlebte damals einen Triumph, aber nur ganz wenige

Menschen wussten davon. Auch ich hatte keine Ahnung, was vor sich gegangen war.

Bereits im Winter hatte sich die Nachricht verbreitet, dass der Weltjugendtag des Jahres 2002 in Toronto abgesagt werden müsse. Die Begründung schien beschämend, aber plausibel zu sein: Die römisch-katholische Kirche in den USA, die größte Glaubensgemeinschaft des Landes, erlebte den schlimmsten Skandal ihrer Geschichte. Landesweit hatten mehr als 10 000 Opfer von pädophilen Priestern geklagt. Der Missbrauchsskandal verunsicherte die Gläubigen, kostete die Kirche Ansehen und brachte zahlreiche Diözesen an den Rand der Zahlungsunfähigkeit. 1,45 Milliarden US-Dollar mussten die Kirchen insgesamt an Entschädigungen zahlen. Kardinal Bernard Francis Law, der damalige Erzbischof von Boston, legte im Jahr 2002 die Leitung des Erzbistums nieder, weil ihm vorgeworfen wurde, Fälle von sexuellem Missbrauch an Kindern unter seinen Diözesanpriestern nicht in hinreichender Weise verfolgt und angezeigt zu haben.

Angesichts dieses Klimas schien es kaum wahrscheinlich, dass Hunderttausende von Eltern ihre Kinder guten Gewissens mit Priestern nach Kanada reisen ließen, wohl wissend, dass die Geistlichen dort mit ihren minderjährigen Schutzbefohlenen in Zelten übernachten müssten. Toronto in Kanada war ausgewählt worden, um den jungen Menschen auf dem nordamerikanischen Kontinent die Möglichkeit zu geben, am Weltjugendtag teilzunehmen. Aber wenn sich abzeichnen sollte, dass die erwarteten Hunderttausende aus den USA nicht kommen würden, schien dieser Weltjugendtag wenig Sinn zu machen.

Ich fiel auf diese Finte herein und ahnte nicht, dass es in Wirklichkeit um etwas ganz anderes ging. Wie viele andere hielt ich den Missbrauchsskandal für das Thema, das den Weltjugendtag in Toronto überschattete und vielleicht sogar verhindern konnte.

Ich führte fleißig Interviews, traf mich mit dem damals für die Weltjugendtage zuständigen Kardinal, plante und erreichte schließlich auch ein Interview mit dem damaligen Vorsitzenden der Deutschen Bischofskonferenz, Kardinal Karl Lehmann, zum heiklen Thema des Missbrauchs von Kindern und Jugendlichen durch katholische Priester.

In meinen Augen war damals ganz klar: Der Weltjugendtag in Toronto drohte abgesagt zu werden, um ein Debakel zu verhindern. Es konnte nicht im Interesse des Vatikans sein, der Welt zu demonstrieren, wie groß der Schaden war, den verbrecherische Priester in Nordamerika Kindern und auch der Kirche zugefügt hatten. Ein Papst, der vor leeren Rängen in Toronto die Gottesdienste eines Weltjugendtages zelebrierte, würde diese Niederlage deutlich machen. Im Frühjahr 2002 festigte sich der Eindruck, dass der Weltjugendtag abgesagt werden könnte. Ich schrieb fleißig Kommentare.

Bis heute frage ich mich, wie ich so einfältig sein konnte, einen klaren Hinweis darauf zu übersehen, worum es tatsächlich ging. Die Besorgnis wurde stets von kanadischer Seite vorgetragen. Immer betonten kanadische Organisatoren, dass sie wegen der Pädophilie-Skandale in den USA und Kanada fürchteten, statt der erhofften Millionen könnten nur wenige zehntausend Pilger kommen, dass Kanada dem Vatikan diese Schmach ersparen möchte.

Erst fünf Jahre später, im Jahr 2007, zwei Jahre nach dem Tod von Papst Johannes Paul II., erfuhr ich die Wahrheit von einem Funktionär des Vatikans. Wir sprachen beim Spazierengehen über den Schaden, den Priester, die Kinder oder Jugendliche missbraucht hatten, der katholischen Kirche zufügten, und ich ergänzte, dass wegen des Sexskandals ja beinahe der Weltjugendtag in Toronto ausgefallen wäre. Mein Begleiter blieb plötzlich stehen, sah mich an und begann schallend zu lachen. Als er sich gefangen hatte, fragte er: »Du hast den ganzen Quatsch damals auch geglaubt? Ich habe immer gedacht, irgendwann merken die Journalisten was – aber ihr habt nichts gemerkt.«

»Was haben wir nicht gemerkt?«

»Ist euch damals nicht aufgefallen, dass gerade die Aufdeckung der Verbrechen von Priestern, die sich an Schutzbefohlenen vergingen, das Vertrauen in die Kirche langsam wieder herstellte? Es wurde endlich nichts mehr bemäntelt, die Kirche begann selbst, verdächtige Priester bei der Polizei anzuzeigen. Die Gläubigen sahen, dass endlich aufgeräumt wurde, auch wenn das ein schmerzhafter Prozess war. Aber genau deswegen hat der Vatikan nie befürchtet, dass die Eltern ihre Kinder nicht zum Weltjugendtag nach Toronto schicken könnten.«

»Also stimmt es nicht, dass der Weltjugendtag damals abgesagt werden sollte?«

»Sicher stimmt das«, sagte er, »aber aus einem ganz anderen Grund.«

»Aus welchem?«

»Wir waren damals das perfekte Ziel. Das war das Problem«, erklärte er.

Die kanadische Regierung fürchtete das Großereignis, denn ihrer Ansicht nach war der Papst, der mit einer Million junger Menschen auf dem Rasen des Downsview Parks eine Messe feierte, vor allem eins: ein ideales Ziel für den ersten großen Schlag nach dem 11. September.

Heute fällt es schwer, die Entscheidungen von damals nachzuvollziehen; denn die kollektive Angst, dass die Welt durch eine ganze Reihe entsetzlicher Attentate bedroht sei, hat sich abgeschwächt. Doch unmittelbar nach den katastrophalen Anschlägen auf das World Trade Center glaubten viele, dass mit weiteren spektakulären Attentaten zu rechnen wäre. Der katholischen Kirche fiel eine neue Rolle zu: Sie war das ideale Ziel. Die Attentäter des 11. September hatten es nicht auf eine bestimmte Person abgesehen, sondern auf eine Zivilisation. Diese Zivilisation war nun einmal seit Jahrtausenden durch das Christentum geprägt. Bis zum 10. September 2001 war der Papst das Oberhaupt einer Kirche gewesen, die in der modernen globalen Welt mehr und mehr an Bedeutung verlor. Ab dem 11. September aber war der Papst das Symbol der christlich geprägten Zivilisation. Die Drohungen muslimischer Fundamentalisten gegen das Oberhaupt der römisch-katholischen

Kirche häuften sich nach dem 11. September drastisch. Papst Benedikt XVI. sah sich später sogar gezwungen, die Entmilitarisierung des Vatikans rückgängig zu machen.

Papst Paul VI. hatte angeordnet, dass alle Mitglieder der beiden Sicherheitskräfte des Vatikans, also sowohl die Gendarmen als auch die Schweizergardisten, ihre Waffen abzugeben hätten. Seitdem gab es im Vatikan nur noch jahrhundertealte Museumsstücke wie die Hellebarden der Schweizergardisten als Dekoration. Doch unter der Regentschaft von Benedikt XVI. erhielten die Gendarmen und Schweizergardisten wieder moderne Waffen, vor allem Präzisionspistolen.

Im Herbst des Jahres 2001 war es also überaus verständlich, dass die Planung des Weltjugendtages in Toronto einem Albtraum glich. Denn alle ungünstigen Umstände kamen zusammen: Die Teilnehmer des Weltjugendtages wirksam zu kontrollieren, war unmöglich. Da der Papst eingeladen hatte, konnte Kanada kaum wirksame Sicherheitsmaßnahmen ergreifen. Das größte Problem für die Kanadier war der religiöse Charakter des Weltjugendtages. Für ein Land ist es beispielsweise möglich, vor einem großen Sportereignis, einem Fußballspiel, einem Autosalon, vor einer Massendemonstration oder einem Rockkonzert bestimmte Personen nicht ins Land zu lassen. Niemand hätte Anstoß daran genommen, wenn Kanada sich geweigert hätte, möglicherweise gewaltbereite Fans vor einem Fußballspiel an der Grenze abzuweisen. Doch Pilgern, die zu einem Weltjugendtag reisen wollten, um mit dem Papst zu beten, konnte man schlecht die Einreise verweigern. Selbst wenn diese Pilger aus einem Land anreisten, in dem es nachweislich gefährliche terroristische Gruppen gab, etwa aus Syrien, Pakistan oder Ägypten, konnte man sie nicht zurückweisen. Zum perfekten Ziel wurde der Weltjugendtag, weil der Papst höchstpersönlich zusammen mit den wichtigsten Mitgliedern der Kirchenregierung am Altar des Downsview Parks in Toronto stehen würde. Die Kanadier wussten, dass es schon sehr schwierig war, die Besucher einer normalen Großveranstaltung, also zwischen 80 000 bis 100 000 Menschen, zu kontrollieren. Aber die erwarteten Besucher des Weltjugendtages, etwa eine Million Menschen, erst nach einem Sicherheitscheck durch Scanner, die nach Sprengstoff und Waffen suchen, auf den Platz zu lassen, war unmöglich. Die Kontrollen, selbst wenn die Organisatoren genügend Mittel für Polizisten und Scanner aufgeboten hätten, hätten länger gedauert als alle Hauptveranstaltungen des Weltjugendtages zusammen.

Nicht nur die Kontrollen am Boden machten den Kanadiern Sorgen, sondern vor allem die Kontrolle des Luftraumes. Natürlich fürchteten damals viele, dass Terroristen weitere spektakuläre Attentate aus der Luft planen und vorbereiten könnten. Der Weltjugendtag mit einer Million Teilnehmern unter freiem Himmel stellte für einen solchen Angriff ein kaum zu schützendes Ziel dar.

Im Herbst des Jahres 2001 setzte sich daher in der kanadischen Regierung die Überzeugung durch, dass man den Weltjugendtag am besten absagen sollte. Aber selbstverständlich durfte die wahre Begründung für die Maßnahme nicht genannt werden. Ein christliches Friedensfest aus Angst vor muslimischen Anschlägen ausfallen zu lassen, hätte ganz klar bedeutet: Die Terroristen haben gewonnen. Ein anderer Grund für die Absage musste gefunden werden. Der Missbrauchsskandal in den USA eignete sich ideal. Konsequent wurde die Sorge, dass die Eltern ihre Kinder nicht mit potenziell pädophilen Priestern auf eine Reise schicken würden, in allen Medien platziert.

Der Vatikan geriet unter erheblichen Druck. Der Papst hatte keine andere Wahl, als genau das zu tun, was seine Gegner sich wünschten. Er beteuerte, dass der Missbrauchsskandal längst unter Kontrolle sei, und heizte damit die Diskussion um das Thema erst richtig an. Papst Johannes Paul II. befand sich in einer heiklen Lage. Einen Weltjugendtag in Kanada ohne Unterstützung der Gastgeber durchzuziehen, schien wenig ratsam zu sein. Was sollte der Vatikan anbieten, um die Sicherheitsbedenken der Kanadier zu zerstreuen? Und wenn die Bedenken begründet waren? Würde der Papst nicht wider besseres Wissen eine Million junger Menschen in eine »Falle locken«? Zudem bestand nunmehr die Gefahr, dass die Pessimisten recht hatten und die Kampagne Erfolg hatte. Riskierte Johannes Paul II. nicht tatsächlich, zu einem Weltjugendtag auf dem nordamerikanischen Kontinent einzuladen, zu dem die Jugend Nordamerikas wegen des Missbrauchsskandals nicht kommen würde?

Gute Gründe sprachen dafür, die Veranstaltung einfach abzusagen. Aber keiner hatte für einen Mann mit dem Gottvertrauen des Papstes Gewicht. Johannes Paul II. ließ seinen Medienfachmann und Papstsprecher Joaquín Navarro Valls wissen, dass er eine Lösung suchen sollte. Der Vatikan sollte den Kanadiern antworten. Es sollte eine kurze Formel sein, die ihnen klar machte, dass der Vatikan den Grund der Sorge durchschaut hatte. Navarro Valls fand diesen einen Satz, den der Papst suchte, und verkündete ihn in einer Pressekonferenz in Rom. »Now, more than ever«: »Jetzt erst recht!« Für die Kanadier stand nach der Veröffentlichung dieser kurzen Stellungnahme fest, dass der Vatikan nicht nachgeben würde.

Ich selbst verstand nichts, konzentrierte mich auf die Debatte um den Missbrauch von Kindern und konnte nach zähem Ringen Kardinal Karl Lehmann, den Chef der Bischofskonferenz, dazu bringen, sich mit mir in Toronto zu treffen, um über den Fall eines pädophilen Priesters in seiner Diözese zu sprechen.

So verstand ich auch nicht, was am Tag des Abschlussgottesdienstes, am 28. Juli 2002, wirklich geschah. Am Himmel über Toronto herrschte damals eine Art Kriegszustand. Was immer fliegen und schießen konnte, befand sich in der Luft. Unten am Boden feierte Karol Wojtyła still und leise einen seiner größten Triumphe.

Alle Voraussagen waren falsch gewesen. Die Spekulation, die Jugendlichen würden nicht kommen, erwies sich als aus der Luft gegriffen. Statt der 25 000, die Pessimisten vorhergesagt hatten, kamen eine Million junger Menschen, vor denen der Papst die Messe zelebrierte. Er stand am Altar des Downsview Parks und zeigte, was sein Gottvertrauen bewirkt hatte. Die westliche Welt würde den Schock des 11. September überwinden.

Musste ihm dieser Augenblick nicht Mut machen? Musste er nicht am Ende des Abschlussgottesdienstes an den Altar treten, um die Formel zu sprechen, mit der er jeden Weltjugendtag beendete: »Auf Wiedersehen in ...«? Dieses Mal wäre es Köln gewesen, und wir Journalisten warteten auf diese Worte, die immer eine Woge der Begeisterung, einen aufbrausenden Jubelchor und La-Ola-Wellen ausgelöst hatten: »See you again in Cologne in 2005.« Sollte Gott sich entscheiden, ihn vorher abzuberufen, so war dennoch nichts Verwerfliches dabei, dass er, der Papst, der Gastgeber, persönlich zum nächsten Weltjugendtag einlud, zumal in einem solchen Augenblick, in dem Papst Johannes Paul II. gezeigt hatte, dass seine Erfindung, der Weltjugendtag, mehr war als ein katholisches Woodstock.

Ich stand damals inmitten der Menge, sah auf den Altar und auf die deutschen Jugendlichen, die sich mit ihren Fahnen in die Nähe des Altars drängten. Sie wollten so nah wie möglich dran sein, wenn dieser magische Moment eintreten würde, wenn er sagen würde: »See you again in Cologne 2005.« Ich wartete darauf, dass die deutschen Katholiken voller Stolz ihre Fahnen schwenken würden, in der Gewissheit, dass das Schicksal des nächsten Weltjugendtages jetzt in ihrer Hand lag. Es war ein seltsames, aber ein schönes Gefühl, damals dort auf der Wiese in Toronto daran zu denken, dass der nächste Weltjugendtag bei mir zu Hause stattfinden würde, keine 150 Kilometer von meinem Elternhaus entfernt, von der Kirche, in der ich Messdiener gewesen war.

Ein Weltjugendtag in deutscher Sprache – wie würde das sein? So viele Länder hatte ich mit Karol Wojtyła bereist, und jetzt ging es nach all den Jahren nach Hause. Dann geschah es: Papst Johannes Paul II. winkte noch einmal stumm – und verließ den Altar. Ich blieb fassungslos und wie angewurzelt stehen. Ohne jeden Grund, ohne eine rational nachvollziehbare Einsicht schoss mir in diesem Augenblick durch den Kopf: Er weiß es. Er wird Köln nicht mehr erleben, und er weiß es.

Zum ersten Mal hatte er es nicht gesagt, zum ersten Mal hatte er am Ende des Abschlussgottesdienstes eines Weltjugendtages nicht in die Stadt eingeladen, die den nächsten Weltjugendtag ausrichten würde. Er hatte es nicht ausgesprochen, das »See you again in Cologne 2005«. In diesem Augenblick des Triumphs ging er leise fort von der großen Bühne, die er so lange beherrscht hatte. Das schrieb ich an diesem Tag in einem Kommentar für das Hamburger »Abendblatt«, und wieder und wieder dachte ich darüber nach, was geschehen sein mochte.

Papst Johannes Paul II. war nicht der Mann, der am Ende eines großen Gottesdienstes einen solchen Satz vergaß. Er war nicht der Mann, der diese Formel aus seinen Unterlagen für die Abschlussansprache einfach überlas. Es gab nur einen Grund: Er wollte ihn nicht sagen.

Sicher, es lagen damals noch drei lange Jahre vor ihm; die Diözese Köln hatte die Ausrichtung des Weltjugendtages im Jahr 2004 abgelehnt, weil die Großveranstaltung mit dem Sommer zusammengefallen wäre, in dem die Olympischen Spiele stattfanden. Deswegen war der Weltjugendtag auf das Jahr 2005 verschoben worden. Aber war es nicht Karol Wojtyłas Pflicht, zu sagen, dass er die Jugendlichen in drei Jahren wiedersehen wolle?

Es gab eigentlich nur einen Grund, den Satz nicht zu sagen: Wenn er es bereits wusste. Wenn er wusste, dass er den Weltjugendtag in Köln nicht mehr erleben würde, wenn Gott ihn in die Zukunft hatte schauen lassen, wenn er eine Prophezeiung empfangen hatte.

4
Spitzenkandidat

Nach diesem Sommer im Jahr 2002 habe ich immer wieder Kontaktmänner im Vatikan, Bischöfe und Prälaten, gefragt, ob sich der Papst ihrer Ansicht nach in Toronto von der großen Bühne des Weltjugendtages verabschiedet habe, ganz leise, weil er »wisse«, dass er den Weltjugendtag in Köln nicht mehr erleben werde. Es gab zahlreiche Priester, denen ebenfalls aufgefallen war, dass der Papst den Satz »See you again in Cologne 2005« nicht gesagt hatte. Viele hielten es für selbstverständlich, dass »ihr Chef« eine Prophezeiung empfangen haben könnte.

Unterdessen verschlimmerte sich die Parkinson-Krankheit des Papstes. Und ich hatte den höchst irdischen Auftrag, seine gesundheitliche Verfassung im Auge zu behalten. Lange Zeit hegte ich keinen Zweifel daran, dass sich im Zwergstaat Vatikan, genau wie im Rest der Welt, zwar durchaus komplizierte, aber vor allem erklärbare Prozesse abspielen. Es schien mir, dass alles, was ich erlebte, mit der Erde, aber keinesfalls mit dem Himmel zu tun hatte. Doch ein kleines Detail ließ mich plötzlich zweifeln.

Im Mai des Jahrs 2004 erschien ein neues Buch von Papst Johannes Paul II. mit dem Titel »Auf, lasst uns gehen«. Ich las es aufmerksam und wurde nicht enttäuscht. Es enthielt eine Sensation. Der Papst präsentierte seinen Wunschkandidaten für die Nachfolge, Joseph Ratzinger.

Während er in diesen Lebenserinnerungen an seine Zeit als Bischof von Krakau viele Mitarbeiter und Weggefährten erwähnt, nennt er nur einen Mann »meinen bewährten Freund«: Joseph Ratzinger. Karol Wojtyła wusste natürlich, dass zum Erscheinungsdatum des Buches, als seine Gebrechen sich weiter verschlimmerten, bereits die ganze katholische Welt über seine Nachfolge diskutierte. Ihm musste klar sein, welche Wirkung es haben würde, wenn er in einem solchen Augenblick einen Kardinal unter allen anderen deutlich hervorhob. Es war kein Geheimnis, wen der Papst zu seinen besten Freunden zählte. Dazu gehörte auf jeden Fall Kardinal Marian Jaworski, der sogar einen Arm für Karol Wojtyła verloren hatte. Wojtyła hatte Jaworski in Polen einmal gebeten, ihn während einer Vorlesung in Lublin an der Universität zu vertreten. Jaworski war gefahren, der Zug entgleist. Bei dem Unfall büßte er seinen linken Arm ein. Nicht nur aus Dankbarkeit, auch wegen ihres gemeinsamen Lebensweges, war der Papst Marian Jaworski eng verbunden. Der Kardinal spendete ihm die letzte Ölung.

Noch ein Mann, der fast täglich zum Mittagessen kam, gehörte in den engsten Kreis um Karol Wojtyła: Andrzej Maria Kardinal Deskur. Karol Wojtyła und Deskur kannten sich aus Krakau, verbrachten dann 25 Jahre gemeinsam im Vatikan. Karol Wojtyła hatte Deskur mit den heikelsten Aufgaben seiner Amtszeit beauftragt. So zum Beispiel mit der schwierigen Mission, nach Civitavecchia, der Hafenstadt bei Rom, zu reisen, um nach der Beschlagnahmung einer umstrittenen, angeblich Blutstränen weinenden Muttergottesstatue durch die Polizei den Gläubigen eine neue, vom Papst geweihte Statue zu bringen. Joseph Kardinal Ratzinger war dagegen gewesen, die Muttergottesstatue zu ersetzen. Als Präfekt der Glaubenskongregation hatte er das Wunder der Blut weinenden Madonna nie anerkannt. Kardinal Deskur war auch mit der Aufklärung des Papstattentates aus dem Jahr 1981 vertraut gewesen. Er hatte die Theorie vertreten, dass der Anschlag auf den Papst tatsächlich ein perfektes Verbrechen gewesen sei, dass Ali Agça nicht wisse, wer seine Auftraggeber waren, und dass auch nach einer eventuellen Freilassung Ali Agças niemals bekannt werden würde, in wessen Auftrag er gehandelt hatte.

Die Kardinäle Jaworski und Deskur gehörten also unbestritten zum engsten Freundeskreis des Papstes. Dass beide in seinem Buch nicht vorkamen, musste im Vatikan auffallen. Mehrfach schon hatte Karol Wojtyła aus Schriften absichtlich die

Namen Deskur und Jaworski herausgehalten. Bisher hatte man das im Vatikan so verstanden, dass der Papst offensichtlich die Wahl seines Nachfolgers nicht dadurch beeinflussen wollte, indem er immer wieder betonte, wie sehr er Deskur und Jaworski zugetan war. Aber dass er in »Auf, lasst uns gehen!« keinen der engsten Freunde erwähnte, sondern stattdessen ausgerechnet Kardinal Ratzinger hervorhob, galt als Sensation.

Papst Johannes Paul II. hatte im Jahr 1996 aus gutem Grund die apostolische Konstitution »Universi Dominici Gregis« geschrieben. Er wollte unterstreichen, dass die Wahl eines Papstes keine politische Entscheidung ist, die die Kardinäle im Konklave treffen, sondern dass die Geistlichen eine von Gott selbst gelenkte Aufgabe erfüllen. Nach der Lehrmeinung der katholischen Kirche zeigt der Heilige Geist den Kardinälen den göttlichen Willen. Johannes Paul II. glaubte daran, dass der Heilige Geist auch ihn zum Amt des Papstes bestimmt hatte, ihn, der schließlich, wie die Prophezeiung von Fatima vorhersagte, der Papst sein würde, der ein Attentat knapp überleben sollte. Diese apostolische Konstitution des Papstes sollte vor allem eines verhindern: dass es bereits vor der Wahl Absprachen gab, bei denen ein Kandidat regelrecht aufgebaut wurde. In diesen Paragraphen der apostolischen Konstitution stellte der Papst es regelrecht unter Strafe, dass schon vor der Wahl ein Kandidat nach vorne geschoben wurde.

Es gibt zahlreiche Beispiele dafür, dass Johannes Paul II. bei der Besetzung wichtiger Kirchenämter geradezu allergisch auf Kungelei und Vetternwirtschaft reagierte. So gewährte er den Bischöfen keine Audienz, wenn sie über die eigenen Nachfolger sprechen wollten. Einer der berühmtesten Fälle betrifft einen regelrechten Helden, den Ruhrgebiets-Kardinal Franz Hengsbach. Der im Jahr 1910 geborene Hengsbach starb im Juni 1991 an einem Krebsleiden. Er hatte mit ungeheurer Energie die Diözese Essen aufgebaut. Er hatte sein Leben lang den Menschen des Ruhrgebiets nahegestanden, seinen Kardinalsring zierte ein Stück Kohle statt des üblichen Edelsteins. Hengsbach betrieb mit Eifer den Aufbau seines Nachfolgers, und er kannte Papst Johannes Paul II. sehr gut.

Er wusste auch, wie sehr der Papst ihn schätzte. Hengsbach hatte Polnisch gelernt, um die Polen in seiner Diözese besser verstehen zu können. Das brachte ihm später die Funktion des Kontaktmannes zu den polnischen Bischöfen ein.

So lernte er Bischof Karol Wojtyła kennen. Wojtyła konnte Franz Hengsbach keinen Wunsch abschlagen, doch selbst diesem engen Freund gestattete Karol Wojtyła nicht, sich in die Frage seines Nachfolgers einzumischen. Er gewährte den Kontaktmännern Hengsbachs keine Audienz.

Wenn aber Karol Wojtyła nicht einmal seinen engen Freund Hengsbach in dieser Frage unterstützte, ist Wojtyłas Verhalten kurz vor seinem Tod umso rätselhafter. Immer wieder sendete er deutliche Zeichen aus, die nicht nur Insider so verstanden: Johannes Paul II. wünschte sich, dass Joseph Ratzinger aus dem Konklave als 264. Nachfolger des heiligen Petrus hervorgehen möge.

Nach dem Erscheinen des Buches »Auf, lasst uns gehen!« änderte sich tatsächlich die Position Joseph Ratzingers im Kirchenstaat. Er galt jetzt als »Spitzenkandidat« für die Nachfolge. Doch im Vatikan fragten sich viele: Warum hatte Johannes Paul II. diese Entscheidung getroffen?

Joseph Kardinal Ratzinger hatte mehr als einmal überaus deutlich klargestellt, dass er auf keinen Fall der nächste Papst werden wolle. Er wollte sich zur Ruhe setzen. Er wollte nach Hause zurückkehren. Ich erinnere mich noch gut an den siebzigsten Geburtstag von Joseph Ratzinger, obwohl ich nicht zu den Gästen gehörte. Da ich jedoch über seinen Ehrentag schreiben sollte, befragte ich mehrere Gäste des Festes dazu. Alle Interviewpartner bestätigten vor allem eines: dass Joseph Ratzinger von der Pensionierung eines Priesters gesprochen habe, mit dem er in München im Priesterseminar gewesen war. »Eine möglichst rasche Pensionierung wünschte er sich auch«, sagten alle Gäste übereinstimmend. Das war im Jahr 1997 gewesen.

Inzwischen war Joseph Ratzinger weitere sieben Jahre älter. Dass er sich auf keinen Fall in den Vordergrund drängen wollte, dass er das Amt des Nachfolgers Petri nicht anstrebte, stand außer Frage. Was wollte Papst Johannes Paul II. also erreichen?

Es ließ mich nicht los, dass Karol Wojtyła, der sein Leben lang der Kirche gehorcht hatte, sich jetzt als Papst über die eigenen Bestimmungen hinwegsetzte. Wenn er Joseph Ratzinger seine besondere Wertschätzung aussprechen wollte, dann hätte er das problemlos im Vier-Augen-Gespräch machen können. Er traf ihn schließlich alle sieben Tage während der fest eingeplanten wöchentlichen Audienz mit dem Chef der Glaubenskongregation. Wenn er Joseph Ratzingers Arbeit besonders loben wollte, hätte er das während einer Audienz tun können, ohne damit allzu großes Aufsehen zu erregen. Aber Ratzinger als einzigen aus dem Kreis der Mitarbeiter herauszuheben und ihn in einem weltweit erscheinenden Buch erstens »meinen bewährten Freund« zu nennen und zweitens alle anderen zu verschweigen, das musste die Wahl des Nachfolgers von Johannes Paul II. beeinflussen, also genau das tun, was der Papst mit der apostolischen Konstitution »Universi Dominici Gregis« hatte verhindern wollen. Warum setzte er sich über sein eigenes Regelwerk hinweg?

Mein Gefühl sagte mir damals, dass es nur eine Antwort gab: Er wusste es bereits. Er wusste, dass Joseph Ratzinger sein Nachfolger werden würde. Er wusste, dass Gott seine Wahl getroffen hatte, dass der Heilige Geist den Mann aus Bayern aussuchen würde. Er wusste dies alles, und deswegen setzte er sich auch nicht über die eigene Regel hinweg, weil er nicht einen Spitzenkandidaten aufbaute, sondern demjenigen, der es werden würde, half, die ersten Schritte zu tun.

Natürlich fragte ich mich sofort, ob ich nicht einen Schritt zu weit ging. Denken nicht nur religiöse Spinner so? Glaubensfanatiker, Mystiker? Du bist ein Journalist, rief ich mich zur Ordnung, ein Mensch, der eher rational denkt. Wie konnte ich auf die Idee kommen, Karol Wojtyła habe einen Wink aus dem Jenseits erhalten? Es war noch nicht lange her, da hätte ich jemanden, der solche Gedanken formuliert, zum nächsten Psychologen geschickt. Also unterdrückte ich dieses Bauchgefühl und beteiligte mich munter an der Diskussion darüber, welcher Kardinal aus welchen politischen Gründen die besten Chancen hätte, zum Nachfolger von Johannes Paul II. gewählt zu werden.

5

Feuerprobe

Dann kam der 1. März des Jahres 2005. Es war ein Dienstag. Johannes Paul II. lag schwer krank im Gemelli-Krankenhaus in Rom. Ich erinnere mich gut an die ziemlich verzweifelte Lage, in der sich der Vatikan damals befand. Es war völlig klar, was von Nöten war. Weltweit hatte sich der Eindruck durchgesetzt, dass die 1,1 Milliarden Katholiken steuerlos durch die Geschichte trieben, weil ihr Oberhaupt nicht mehr fähig war, Entscheidungen zu treffen. Johannes Paul II. konnte sich nur noch durch Gesten und wenige Worte verständigen.

Jetzt erlebte die katholische Kirche die Kehrseite der Medaille, die letzte Wahlmonarchie der Welt zu sein. In den Jahrzehnten seit der Wahl hatte sich die Tatsache, dass es innerhalb der katholischen Kirche einen einzigen unumstrittenen Chef gab, durchweg ausgezahlt. Während andere Kirchen und Glaubensgemeinschaften, andere Religionen stets darunter litten, viele Vertreter zu haben, konzentrierte sich im Fall der katholischen Kirche alles auf diesen einen Mann: So eroberte dieser Papst das Fernsehen, sicherte sich die Aufmerksamkeit der Welt. Das Werk der Lichtgestalt Karol Wojtyła konnte sich sehen lassen. Nun aber rächte sich diese Struktur. Ein Papst kann wenig delegieren. Einen stellvertretenden Papst gibt es nicht. Wenn das Oberhaupt ausfällt, stockt der ganze riesige Kirchenapparat.

Als besonders schlimm erweist sich eine solche Situation, wenn es um Personalentscheidungen geht. Jeden Tag muss der Papst irgendwen ernennen: einen Bischof, den Rektor einer päpstlichen Universität, Mitarbeiter des Staatssekretariats und so weiter. Wenn der Verdacht entsteht, dass der Papst dies nicht mehr kann, verbreitet sich das Gerücht, dass die Entscheidung nicht vom Papst getroffen wurde, – und damit wird sie anfechtbar. Konkret sieht das so aus: Zwei Kandidaten wären gern Bischof in der Stadt x. Zu einem Zeitpunkt, als der Papst fast völlig ausgeschaltet in der Klinik liegt, fällt die Entscheidung, dass Kandidat A zum Bischof ernannt wird und Kandidat B eben nicht. Kandidat B wird annehmen, dass es gar nicht der schwer kranke Papst war, der sich gegen ihn entschied, sondern irgendeiner seiner Feinde im Vatikan. Dieses Problem betrifft im Fall einer ernsthaften Erkrankung des Papstes nicht nur eine einsame Personalentscheidung, sondern im Laufe der Wochen Dutzende, ja Hunderte wichtiger Entscheidungen. Dadurch entstehen innerhalb der Kirche Unruhe, Unsicherheit und eine explosive Stimmung. Daher ist es unglaublich wichtig, dass die Bischöfe und die Mitarbeiter des gigantischen, weltweit operierenden Apparats der katholischen Kirche zumindest glauben, der Papst habe alle päpstlichen Entscheidungen selbst gefällt.

Im März des Jahres 2005 hatte sich die Situation genau so zugespitzt. Es hatte bereits Geistliche gegeben, die wutschnaubend nach Rom gekommen waren, um zu protestieren. Sie glaubten, dass eine Entscheidung, die sie persönlich betraf und die ungünstig ausgefallen war, nicht vom Papst selber, sondern von einem Untergebenen getroffen worden war. Der Vatikan brauchte also eine PR-Veranstaltung, eine Show, wenn man so will, um zu zeigen, dass der Papst zwar krank und geschwächt, aber geistig völlig klar war. Die Aufgabe bestand darin, im Auftrag der katholischen Kirche nicht gerade zu lügen, aber so etwas wie eine lancierte Botschaft zu verbreiten, die Stärken des schwer kranken Karol Wojtyła zu unterstreichen und seine Schwächen zu übergehen.

Im Vatikan gab es eine Reihe von Kandidaten, die für diesen Job in Frage gekommen wären. Allen voran der Pressesprecher Joaquín Navarro Valls, ein Medienprofi, wie ich in meinem Leben selten einen zweiten kennen gelernt habe. Navarro konnte perfekt Nachrichten steuern, die katholische Kirche im günstigen Licht darstellen. Viele Kirchenmänner sind, wenn sie vor der versammelten Weltpresse stehen, überfordert. Sie kennen die Mechanismen nicht, die darüber entscheiden, ob aus einer Nachricht eine Schlagzeile oder eine Drei-Zeilen-Meldung wird. An Navarro Valls hingegen bissen sich selbst Reporter härtesten Kalibers die Zähne aus. Außer Navarro Valls stand noch Kardinalstaatssekretär Angelo Sodano zur Verfügung, ein Staatsmann und ein überaus erfahrener Diplomat. Sodano beherrschte die Sprache der Diplomaten wie kein Zweiter, er war geschickt und im Umgang mit dem Pressecorps überaus erfahren. Außerdem kam Angelo Sodano regelmäßig in die Klinik, um den Papst in seinem Krankenzimmer zu besuchen. Außer Sodano hätten noch weitere Männer bereitgestanden, die viel Fernseh-Erfahrung hatten und in der Lage gewesen wären, eine PR-Veranstaltung vor der Weltpresse durchzustehen. Da war der päpstliche Reisechef Bischof Renato Boccardo, ein ausgesprochen telegener und auch in unangenehmen Gesprächen mit Journalisten routinierter Mann. Aber auch einer der US-Kardinäle wäre geeignet gewesen: Diese Geistlichen sind hemdsärmelig, haben keine Angst vor den Medien und sind bereit, für den Papst durchs Feuer zu gehen. James Francis Kardinal Stafford aus Baltimore in Maryland, zum Beispiel, hatte bereits als damaliger Chef des Laienrates und Chef des Weltjugendtages viel Medien-Erfahrung gesammelt.

Ich stand also am 1. März des Jahres 2005 um 12.45 Uhr im vierten Stock der Gemelli-Klinik, vor der Übertragungswagen aller internationalen TV-Sender campierten, mit Hunderten von Kollegen aus aller Welt im extra eingerichteten Pressesaal, und wartete darauf, dass einer der üblichen wortgewandten Kirchenstars kommen würde, um den Zustand Papst Johannes Paul II. zu beschreiben. Doch dann passierte etwas Unglaubliches. Kardinal Joseph Ratzinger erschien auf dem Flur des Krankenhauses und ging auf uns zu. Uns allen fiel die Klappe herunter. Neben mir stand damals Daniela Simpson von der US-Agentur AP. Sie sprach aus, was alle dachten: »Das kann nicht wahr sein. Sie schicken Ratzinger! Unfassbar!«

Ich konnte es wirklich nicht fassen, dass es Kardinal Ratzinger war, der da den Krankenhausflur hinunterschritt. Hatte er sich vielleicht in dem riesigen Krankenhaus verlaufen? Nein, es konnte keinen Zweifel daran geben, dass Ratzinger absichtlich kam, dass er mit der Weltpresse sprechen wollte, ausgerechnet in einem so heiklen Moment über ein so heikles Thema wie den Gesundheitszustand des Papstes. Es wäre ein Kinderspiel für ihn gewesen, ungesehen den Papst zu besuchen. Das war im Gemelli-Krankenhaus überhaupt kein Problem und geschah zum Leidwesen von Journalisten ununterbrochen, denn ein Sonderfahrstuhl, der streng bewacht wurde, verband die Tiefgarage nur mit dem Appartement des Papstes. Der Fahrstuhl führte von der Tiefgarage direkt in den zehnten Stock.

Ich sah ihm an, wie peinlich ihm die Situation war, und dass er vor allem eins wollte: ganz schnell weg.

Zu allem eignete sich der damalige Kardinal: Keiner wissenschaftlichen Debatte ging er aus dem Weg. Er hatte keine Scheu, unpopuläre Entscheidungen zu treffen. Aber eine PR-Aktion zu starten, ein wenig gut Wetter zu machen angesichts der heiklen Situation, mit Journalisten, die jedes Wort auf die Waagschale werfen würden, locker und beschwichtigend über den Gesundheitszustand des Papstes zu plaudern: Das war beim besten Willen nichts für ihn.

Allein das Ansinnen, nach so etwas Privatem wie dem Gesundheitszustand eines Menschen gefragt zu werden, den er besucht hatte, und der ein Recht darauf besaß, dass seine Privatsphäre geschützt blieb, musste ihm zutiefst zuwider sein. Hier ging es für ihn nicht zuletzt auch um eine Frage des Anstands: War es schicklich, einen Schwerkranken zu besuchen, um sich danach vor der Weltpresse über dessen Gesundheitszustand auszulassen?

Ich selber habe mehrfach erlebt, wie unglaublich scheu Joseph Ratzinger auf Presse reagierte. Meist sagte er schlicht, dass er sich nicht für Interviews eigne. Wenn ihm keine andere Wahl blieb, sprach er sachlich und knapp. Ich selber hatte nie Schwierigkeiten mit ihm. Aber wie sehr Joseph Ratzinger den

Kontakt mit der Presse scheute, zeigte eine Episode aus dem Herbst des Jahres 2003. Der im Juni 1944 in meiner Heimat in Westfalen geborene Star-Journalist Paul Sahner hatte im Oktober des Jahres 2003 ein Treffen mit Joseph Ratzinger in Rom im Auftrag seiner Zeitschrift »Bunte«.

»Wir waren auf dem Weg zum Hauptquartier des Malteserordens in der Via dei Condotti in Rom, da konnte ich Joseph Ratzinger einige Fragen stellen. Ich hatte mein Aufnahmegerät dabei, und ich war ihm auch als Journalist vorgestellt worden. Er antwortete bereitwillig. Es ging natürlich um den Gesundheitszustand von Papst Johannes Paul II. und auch um seine Ambitionen«, sagte mir Paul Sahner im Herbst 2008.

Joseph Ratzinger empfahl in dem Gespräch mit Sahner, für den Papst zu beten; was seine eigenen Ambitionen angehe, glaube er nicht, der richtige Mann für das Amt des nächsten Papstes zu sein.

Sahner veröffentlichte das Gespräch; es existieren auch Fotos, die zeigen, dass Sahner und Joseph Ratzinger miteinander gesprochen haben. Doch dann erlebte Sahner eine unangenehme Überraschung. Joseph Ratzinger dementierte, der »Bunten« ein Interview gegeben zu haben. Paul Sahner verstand nicht, wie ihm geschah. »Ich konnte das einfach nicht begreifen. Ich meine, ich war ihm ganz klar als Reporter der ›Bunten‹ vorgestellt worden, und er hatte mir klare Antworten gegeben und gesehen, dass ein Aufnahmegerät lief. Ich hatte also auch die Kassette. Wie konnte der Kardinal danach bestreiten, mit mir gesprochen zu haben?«

Ich habe selber zwanzig Jahre lang Interviews geführt. Es ist völlig normal, dass Menschen Interviews anfechten, wenn sie plötzlich schwarz auf weiß und in hoher Auflage gedruckt lesen, was sie zuvor in einem vermeintlich intimen Rahmen von sich gegeben haben. Das betrifft vor allem Gespräche, in denen Menschen sich gehen lassen, ihrem Zorn über eine Angelegenheit Luft machen, ihre Abscheu über etwas Vorgefallenes zum Ausdruck bringen. Am Tag danach sehen sie die Sache oft mit mehr Abstand, und deswegen kommt es häufig vor, dass Menschen das in einem Interview Geäußerte ändern wollen. Genau deshalb lässt man Interviews autorisieren. Das heißt, man schickt den Interviewten den abgetippten Text und gibt ihnen die Gelegenheit, ihre Antworten eventuell zu korrigieren. Das gilt vor allem dann, wenn der Interviewte in seinen Antworten einen Dritten angreift, oder wenn es um heikle diplomatische Themen geht. Aber Kardinal Ratzinger hatte nichts weiter gesagt, als dass er empfehle, für Papst Johannes Paul II. zu beten, und dass er selber das Amt des Papstes nicht anstrebe. Wer hätte daran Anstoß nehmen sollen?

Paul Sahner hatte sogar eine Klage gegen den Kardinal erwogen. Immerhin schadete die Aussage Joseph Ratzingers seinem Ruf erheblich. Er stand da wie ein Lügner, ein Interview-Erfinder. »Ich habe dann eine Nacht darüber geschlafen, an die Geistlichen in meiner Familie gedacht und von der Klage abgesehen.« Möglicherweise hatte Joseph Ratzinger tatsächlich geglaubt, das Gespräch mit Paul Sahner wäre ein privates gewesen. Ich weiß es nicht, ich war nicht dabei.

Der Vorfall zeigt allerdings, dass Joseph Ratzinger während seiner Jahre als Kardinal um Pressetermine am liebsten einen Bogen machte und Journalisten auf Abstand hielt. Und dass der Gesundheitszustand des Papstes für ihn kein Thema war, das in den Medien diskutiert werden sollte.

Er war sicher kein Typ, der gern mal ein wenig mit Journalisten plauderte, und erst recht nicht der Mann, der sich gern in den Vordergrund drängte. Warum also betrat er jetzt nach dem Besuch am Krankenbett des sterbenden Papstes den Pressesaal? Ich bin überzeugt, dass sich im Vatikan niemand mehr gesträubt hätte, mit Journalisten über die Krankheit des Papstes zu sprechen als Joseph Ratzinger. Doch da stand er nun, dieser sanfte ältere Herr mit schlohweißem, korrekt geschnittenem Haar, die Hände leicht angehoben, wie zum Schutz. Ich glaubte zunächst, in seinem Blick so etwas wie ein freundschaftliches Werben für das, was er zu sagen hatte, zu sehen, aber eigentlich lag darin nur die Bitte um Nachsicht. Zwei Jahrzehnte lang hatten vor allem die italienischen Medien auf ihn eingedroschen, ihn als »Panzerkardinal« verhöhnt, »hart wie Kruppstahl«, und er hatte sich in seine Studierstube zurückgezogen zu den Büchern, die ihn nicht betrogen und auch nicht enttäuscht hatten. Er wusste, dass fast alle hier seiner Worte harrenden Männer und Frauen eine feste Meinung über den vermeintlichen »Großinquisitor« Ratzinger hatten, – allein schon, weil sein Titel Phantasien heraufbeschwor, als würde er am liebsten heute noch Hexen verbrennen. Ich erinnere mich genau an meine Überraschung darüber, dass der Mann, der da vor uns stand, überhaupt nicht unbeugsam wirkte, sondern – im Gegenteil – irgendwie rein.

Wir alle, die wir damals in dem Raum standen, machten einfach unseren Job. Wir hätten auch einen Präsidenten, einen Fußballer, einen Schwerverbrecher interviewt, gefilmt und ausgefragt, weil wir unseren Lebensunterhalt damit verdienten. Aber Joseph Ratzinger stand nicht dort, weil er seinen Job machte. Dieser Auftrag gehörte nicht zu seinen Aufgaben. Er stand da, weil er an Gott glaubte, und weil Karol Wojtyła ihn unter allen Kardinälen ausgewählt hatte, um ihn dann zu den Reportern zu schicken. Er, Joseph Ratzinger, fügte sich dem Wunsch des todkranken Papstes wie ein treuer Diener.

Seine Körpersprache drückte klar aus, dass er es absolut unschicklich fand, darüber zu sprechen, wie es einem Mann ging, der mit dem Tode rang. Seine beschwörenden, zierlichen Hände warben dafür, dass man Johannes Paul II. in Ruhe lassen möge, dass man die Kirche nicht durch immer neue Spekulationen in noch größere Unruhe stürzen solle. Aber diese offensichtliche Haltung half ihm natürlich gar nichts. Er wurde in die Zange genommen.

Joseph Ratzinger schilderte also, wie das Zusammentreffen mit dem Papst abgelaufen war. Was er zu sagen hatte, war sicher richtig. Er berichtete, dass er mit dem Papst italienisch und deutsch gesprochen habe. Aber auch wenn das sicher keine Lüge war, klang es wie eine Beschönigung. Joseph Ratzinger wurde von uns damit konfrontiert, dass Kardinal Murphy O'Connor, der den Papst ebenfalls erst kürzlich besucht hatte, zweifelte, ob Johannes Paul II. je wieder würde sprechen können. Wie konnte dann er, Kardinal Ratzinger, mit diesem so schwer kranken Papst geplaudert haben? Der Kardinal musste erleben, dass es unerheblich war, was er wie sagte: Die Journalisten vor ihm glaubten ihm nicht. Dabei sollte die Darstellung von Joseph Ratzinger nur den Eindruck verstärken, dass der Papst die Kirche noch regieren konnte. Joseph Ratzinger unterstrich, dass er Johannes Paul II. Unterlagen gebracht hatte, weil er eine Entscheidung vom Papst brauchte. All dies sollte belegen, dass der schwerkranke Papst noch im Vollbesitz seiner geistigen Kräfte war.

Joseph Ratzinger stand diese PR-Aktion während einer kirchlichen Notsituation durch. Was wohl in ihm vorgegangen sein mag, in diesem Mann, dem es sonst so fernlag, einen bestimmten Eindruck erwecken zu müssen? Ausgerechnet jener Joseph Ratzinger, der sein Leben lang um präzise Beschreibungen hochkomplizierter Zusammenhänge gerungen hatte, musste jetzt etwas tun, was er sein Leben lang verabscheute: ungenau sein, seinen Eindruck vom Gesundheitszustand des Papstes nur oberflächlich wiedergeben, im Interesse seiner Kirche.

Was ich mir damals nicht erklären konnte, war: Karol Wojtyła musste das alles doch gewusst haben. Er hatte Joseph Ratzinger 24 Jahre lang einmal in der Woche empfangen, den Mann, der schüchtern im Vorzimmer wartete, bis er an der Reihe war. Wie konnte er auf die Idee kommen, ausgerechnet Joseph Ratzinger um diesen Dienst zu bitten, der ihm so schwergefallen sein muss? Dass Ratzinger nicht aus eigenem Antrieb gekommen war, stand außer Frage. Aber es gab im Vatikan nur einen Mann, der Joseph Ratzinger bitten konnte, einen so schweren Gang zu gehen: sein Freund Karol Wojtyła.

Wollte Karol Wojtyła genau den Effekt erreichen, den er dadurch heraufbeschwor, dass er Joseph Ratzinger diese Aufgabe aufbürdete?

Was ich in diesem Augenblick nicht verstand, war die Frage der Rangordnung. Hätte Joseph Kardinal Ratzinger nicht in den Pressesaal kommen und sagen sollen: »Meine Damen und Herren, ich bin der Dekan der Kardinäle, der oberste Chef des Kardinalskollegiums, und in dieser Funktion bin ich hier. Ich glaube zwar nicht, dass ich Sie von meiner Darstellung überzeugen kann, sehe mich aber verpflichtet, hier vor Ihnen zu erscheinen.«? Dann hätte Joseph Ratzinger als Chef des Kardinalkollegiums für alle Kardinäle sprechen können. Er hätte eine klare Stellungnahme im Namen der ganzen katholischen Kirche zum Zustand des Papstes formulieren können, um Widersprüche unter den Kardinälen zu vermeiden. Aber so war es nicht. Joseph Kardinal Ratzinger sagte ausdrücklich, er sei als Chef der Glaubenskongregation gekommen, um dem Papst Unterlagen zu bringen, weil er eine Entscheidung brauchte.

Ratzinger stand damals im Gemelli-Krankenhaus nicht wie ein alles beherrschender Kardinal vor uns. Er sah zerbrechlich und machtlos aus, genau wie sein schwer kranker Chef Karol Wojtyła. Wollte Karol Wojtyła genau das, wonach es aussah? Wollte der sterbende Wojtyła das Antlitz der Kirche zeigen als das Antlitz eines hilflosen, schwachen, sich auf Gott verlassenden Mannes, eines reinen Mannes, wie eben jenes Joseph Ratzinger? Und wollte er seinen späteren Nachfolger schon einmal vorbereiten auf die Aufgaben, die auf ihn zukommen würden, darauf, die Last des Kreuzes als Papst auf den Schultern zu spüren, die Last, gegen den eigenen Willen auftreten zu müssen, ins Zentrum des Interesses treten zu müssen, – manchmal bis zu dem Punkt, die eigene Hilflosigkeit begaffen zu lassen von hunderten Millionen Menschen, die vor dem Fernsehschirm zuschauten? Es gab nur eine andere Erklärung: Karol Wojtyła hatte seinen alten Freund Ratzinger bewusst in diese für ihn unangenehme Situation gebracht, ohne sich überhaupt irgendetwas dabei zu denken. Aber diese Möglichkeit schien mir höchst unwahrscheinlich.

6

Botschaft

In jenem März des Jahres 2005 erhielt ich den Auftrag, einen Film über den Alltag des Papstes zu drehen. Nie zuvor hatte ich einen so direkten Einblick in das Leben im Apostolischen Palast bekommen. Alle Türen standen auf. Wir durften das private Appartement des Papstes besuchen und auf dem Bauernhof des Vatikans in Castel Gandolfo drehen. Der Zufall wollte es, dass wir ausgerechnet am 31. März des Jahres 2005 zu einer ganz simplen Besichtigung in das päpstliche Appartement kamen, an jenem Tag, als das Fieber einsetzte, dem Papst Johannes Paul II. drei Tage später, am Samstag, dem 2. April, erliegen sollte. Wir wollten nur technische Vorbereitungen für den Dreh treffen, prüfen, ob es genügend Steckdosen für unsere Scheinwerfer gab und wo die Kamera stehen sollte. Ich werde nie vergessen, dass in der päpstlichen Privatkapelle bereits das Messgewand für Papst Johannes Paul II. bereitlag, das er nie mehr tragen sollte, weil der Papst mit dem Tode zu ringen begann. In diesen Todesstunden erreichte mich eine unglaubliche Nachricht. Papst Johannes Paul II. hatte im Fieber an seinem Krankenbett noch eine Botschaft verfasst, die ich in diesen Tagen des Sterbens in die Hände bekam. Die Botschaft trug eindeutig die Unterschrift von Papst Johannes Paul II. Der Stempel (a secco) garantierte für die Echtheit. Es war eine Botschaft für die Teilnehmer des Weltjugendtages, der 120 Tage später eröffnet werden sollte.

Warum hatte der todkranke Papst diese Botschaft geschrieben? Warum hatte er diese Worte diktiert? Johannes Paul II. konnte nicht mehr sprechen. Er konnte unmöglich darauf hoffen, diese Botschaft noch vorlesen zu können.

Niemals brachte ein Papst so lange vor einem Ereignis seine

Ansprache für diesen Tag in Umlauf, weil sich nicht abschätzen ließ, was in der Zwischenzeit geschehen würde. Ein klassisches Beispiel dafür, wie so etwas schiefgehen kann, erlebte Papst Benedikt XVI. im März des Jahres 2009 während seiner Afrika-Reise in Luanda (Angola). Am Abend des 21. März, eines Sonnabends, feierte der Papst einen bunten Gottesdienst und begrüßte fröhlich während der Ansprache die versammelten Jugendlichen. Keiner hatte dem Papst gesagt, dass es vor dem fröhlichen Gottesdienst zu einer Katastrophe gekommen war: Menschen waren in ein Gedränge geraten, zwei junge Frauen waren zerquetscht worden und tot. Der Papst las seine vorbereitete Rede. Keiner sagte ihm, dass es völlig fehl am Platz war, einen fröhlichen Gottesdienst zu feiern, ohne auf die beiden toten Frauen einzugehen, die zum Papst hatten kommen wollen und deren Leichen noch warm waren. Benedikt XVI. war tief getroffen. Erst vor dem nächsten Gottesdienst am Sonntag konnte er der Opfer gedenken.

Selbst kurz bevor ein Papst eine Ansprache oder Predigt hält, können also Änderungen zwingend notwendig werden, geschweige denn Monate zuvor. So stand im März 2005 noch gar nicht fest, ob der Papst in Köln auf dem Rhein von einem Schiff aus die Menschen grüßen würde. Aber Papst Johannes Paul II. setzte sich über all diese sinnvollen Einwände hinweg und schrieb das Grußwort für Köln. Warum? Niemand konnte im März des Jahres 2005 eine Rede schreiben, die man so auf dem Weltjugendtag hätte halten können. Es war ja nicht einmal klar, ob der stumme Papst überhaupt nach Köln würde kommen können. Kardinal Meisner hatte mir geschildert, wie er immer wieder den schwer kranken Papst beschworen hatte, nach Köln zu kommen. Er hatte sich über sein Krankenbett im Gemelli-Krankenhaus gelehnt und ihn an den Ärmeln festgehalten. »Sie müssen nichts sagen, aber ich lasse Sie nicht los, bevor Sie mir nicht versprochen haben, zu kommen.«

Ein weiteres Problem zeichnete sich ab, das später auch Wirkung zeigte. Dem todkranken Johannes Paul II. musste im März 2005 klar gewesen sein, dass er den Weltjugendtag in

Köln nicht mehr erleben würde. Für seinen Nachfolger konnte es hinderlich sein, wenn für diesen Weltjugendtag eine Botschaft des Vorgängers vorlag. Diese Vorsicht, nicht in die Entscheidungen seines Nachfolgers hineinzuregieren, spielte für Papst Johannes Paul II. eine große Rolle. Er hatte dadurch zu seinen Ungunsten den kompletten vatikanischen Apparat gelähmt. Bereits im Jahr 2002 hatte die Nummer zwei im Vatikan, Kardinalstaatssekretär Angelo Sodano, das Höchstalter von 75 Jahren erreicht und hätte in Pension gehen sollen. Der Papst aber hielt den amtsmüden alten Mann im Amt, um seinem Nachfolger die Gelegenheit zu geben, Sodano sofort in Rente zu schicken und einen Mann seines Vertrauens auf diesen wichtigen Posten zu setzen. Aber wenn Karol Wojtyła so sensibel war, auf seinen Nachfolger Rücksicht zu nehmen, auch wenn er seinen eigenen Apparat schwächte, wie konnte er dann so unachtsam sein und ein Papier veröffentlichen, das bis in die Amtszeit seines Nachfolgers Gültigkeit behalten würde? Natürlich würde man sich in Köln die Frage stellen, wessen Botschaft für den Weltjugendtag eigentlich die richtige war: die Grußbotschaft von Papst Johannes Paul II., die im März 2005 verfasst wurde, oder die Botschaft, die der neue Papst mit nach Köln bringen würde. Tatsächlich ließ der Vatikan später die Botschaft von Johannes Paul II. unter den Tisch fallen. Sie wurde in Köln nicht verlesen, weil es nur einen Papst geben kann und nur dessen Wort zu einer bestimmten Gelegenheit gilt. Warum also hatte Karol Wojtyła das nicht bedacht?

Als ich endlich das Papier mit der Botschaft Karol Wojtyłas in der Hand hielt, stockte mir der Atem. Ich gebe zu, dass ich Karol Wojtyła eine gewisse Eitelkeit als Motiv unterstellt hatte: Dass der Papst diesen Gruß für den Weltjugendtag in Köln schreiben wollte, weil der Weltjugendtag seine ureigene Erfindung gewesen war, und weil die Jugendlichen, die zu diesem Weltjugendtag strömten, sehr eng mit diesem Papst verbunden waren. Sie liebten und schätzten ihn. Das zeigte sich auf dramatische Weise, als Zehntausende von Jugendlichen unaufgefordert und ohne Organisation und Hilfe in den Todesstunden

Karol Wojtyłas nach Rom pilgerten. Vielleicht hatte er sich von ihnen in einer persönlichen Botschaft über das Grab hinaus verabschieden wollen? Aber das war es nicht. Als ich den Text das erste Mal las, hatte ich den Eindruck, dass hier der Papst seinem Nachfolger den Weg bereiten wollte. Er wollte den Jugendlichen der Welt, die wirklich an Karol Wojtyła hingen, jetzt ans Herz legen, dass sie nun seinen Nachfolger genauso lieb gewinnen sollten. Aber etwas anderes ließ mich frösteln. Ich hatte erwartet, dass Karol Wojtyła, der selber unter den Nazis gelitten hatte, in Köln die Deutschen, wie schon so oft, mahnen würde, zu ihrer Geschichte zu stehen und verantwortungsvoll damit umzugehen. Aber er tat es nicht. Er tat etwas ganz anderes. Er schrieb: »Von Deutschland und den Deutschen aus, die den großen Krieg verursacht hatten, soll jetzt das Gute ausgehen.«

Der sterbende Papst formulierte also in einem der letzten Texte seines Lebens die perfekte Einführung für seinen deutschen Nachfolger. Konnte es noch Zufall sein, dass ein deutscher Papst auf einen polnischen Papst gefolgt war, der in den letzten Stunden seines Lebens geschrieben hatte, Deutsche würden nun das Gute in die Welt bringen?

Hatte er wirklich aus Versehen damals in Toronto den entscheidenden Satz nicht gesagt: »See you again in Cologne 2005«? Hatte er sich zufällig über sein eigenes Regelwerk »Universi Dominici Gregis« hinweggesetzt und seinen Nachfolger Joseph Ratzinger nach vorn geschoben? Hatte er zufällig in den schweren Tagen seines Sterbens Joseph Ratzinger, der endlich in den Ruhestand treten wollte, die heißen Eisen aus dem Feuer holen lassen, als müsste er ihn auf das Amt des Papstes vorbereiten, obwohl es keinen Grund dafür gab?

7

Propheten

Seit diesen Ereignissen frage ich mich: Sagt Gott den Menschen die Zukunft voraus? Gibt es moderne Prophezeiungen? Sendet Gott heute noch Botschafter, um Menschen zu verkünden, was eines Tages geschehen wird? Aber wie sucht man nach den Spuren einer Prophezeiung? Wie kann man herausfinden, ob Gott heute noch zu den Menschen spricht? Ist es überhaupt vorstellbar, dass Menschen auf diesem Planeten Botschaften eines Wesens erhalten, das sie nicht verstehen, das ihnen aber konkrete Ereignisse voraussagt? Als ich mit meiner Suche begann, hatte ich gleich zu Beginn Glück. Weil ich nicht wusste, wo ich anfangen sollte, hatte ich allen Freunden und Bekannten, wirklich jedem, den ich im Umfeld des Vatikans kannte, erzählt, dass ich Spuren moderner und vergangener Prophezeiungen suche. Die Arbeit schien relativ einfach zu sein, weil fast jeder Würdenträger im Vatikan davon überzeugt war, dass das Leben Karol Wojtyłas, seine Wahl zum Papst, das Attentat vom Jahr 1981, seine großen Erfolge, die Erfüllungen von Prophezeiungen waren. Hilfe kam auf unerwartete Weise. Nicht im Vatikan und auch nicht in Italien. Sie kam aus Kroatien. Von dort erhielt ich eine Einladung. Ausgerechnet die Hände eines Menschen, die den Körper von Jesus Christus festgehalten, die seine Mutter Maria und seinen Vater Joseph gesegnet hatten, sollten mir den Weg weisen.

Ein freundlicher Priester, der im Namen des Bischofs von Zadar sprach, lud mich ein. »Sie wollen doch anfangen, über Prophezeiungen zu arbeiten; dann kommen Sie nach Zadar.« »Warum soll ich ausgerechnet in Kroatien anfangen, wieso nicht hier in Rom?«

»Sie wissen doch, dass Zadar in der Geschichte der Kirche

zumindest ein kleines Rätsel aufgibt. Kommen Sie! Sie werden schon verstehen.«

Er legte auf, bevor ich ihn fragen konnte, was er mit dem Rätsel meinte.

Es gab durchaus in der modernen Kirchengeschichte ein Rätsel um Zadar. Es hatte mit Papst Johannes Paul II. zu tun. Der schwer kranke Papst war während seiner hundertsten Auslandsreise vom 5. bis zum 9. Juni 2003 nach Kroatien gefahren. Er kam, weil er in Dubrovnik die Ordensfrau Marija Petkoviç selig sprechen wollte. Da der Papst schon alt und gebrechlich war, lehnte er den ansonsten immer vorgeschriebenen Besuch in der Hauptstadt des besuchten Landes, also Zagreb, ab. Das war mehr als ungewöhnlich. Bei allen Auslandsreisen, außer es ging in einen Wallfahrtsort, hatte der Vatikan darauf geachtet, dass der Papst auch die Hauptstadt des jeweiligen Landes besuchte. Die Organisation einer Papstreise ist sehr teuer und für das besuchte Land extrem aufwendig. Es war eine Geste der Höflichkeit, den Gastgeber, also den Präsidenten des besuchten Landes, in dessen Residenz zu treffen. Doch in Kroatien weigerte sich der Papst. Obwohl die Regierung einen gewaltigen Duck auf ihn ausübte, blieb er bei dem Nein. Noch ungewöhnlicher aber war etwas anderes. Der Papst riskierte die Verärgerung der Gastgeber, also der Regierung Kroatiens, weil er nicht nach Zagreb fuhr, verlangte aber eine Verlängerung der Reise in den extremen Süden des Landes, nach Zadar. Warum? Was war dem Papst in dem beschaulichen Adria-Städtchen, dem ehemaligen Zara der Venezianer, so wichtig, dass er Krach mit dem Gastgeber riskierte? Ich hatte keine Ahnung, obwohl ich damals während der einhundertsten Papstreise nach Kroatien dabei gewesen bin. Warum er darauf bestand, ein kurzes Gebet in Zadar zu sprechen, obwohl er kaum mehr einen Satz deutlich aussprechen konnte, obwohl er so geschwächt war, dass er jeden Augenblick zusammenzubrechen drohte, das hatte ich damals nicht verstanden.

Vielleicht würde ich das alles jetzt verstehen, dachte ich und sagte zu. Am Flughafen von Split wollte mich der Bischof von

Zadar abholen lassen. Ich hatte im Vatikan bereits über Monate mit Freunden, Bekannten, Fachleuten über das Thema Prophezeiungen gesprochen. In der Geschichte der Kirche haben sich immer wieder Wissenschaftler mit dem Thema beschäftigt; doch was ich beim besten Willen nicht finden konnte, war Material über Prophezeiungen, die heute eine Rolle spielen. Über Prophezeiungen, die Papst Johannes Paul II. betroffen hatten oder gar Papst Benedikt XVI. betreffen könnten, fand ich so gut wie nichts Schriftliches. Man sprach im Vatikan durchaus darüber, aber nur hinter vorgehaltener Hand. Auf dem Weg nach Zadar schaute ich mir die Protokolle meiner Gespräche noch einmal an. Grundsätzlich gibt es in der Geschichte des Christentums wahrscheinlich kein anderes Ereignis, das so spektakulär ist wie eine Prophezeiung. Nach dem Glauben der Christen und Juden will Gott zu den Menschen sprechen. Immer dann, wenn ein besonders wichtiges Ereignis bevorsteht, will Gott den Menschen ankündigen, dass es eintreten wird. Das zentrale Ereignis der Geschichte aus der Sicht der Christen, die Geburt des Jesus von Nazareth, sagte Gott voraus. Er schickte einen Engel zu Maria, um sie wissen zu lassen: »Du wirst ein Kind empfangen, einen Sohn wirst du gebären: dem sollst du den Namen Jesus geben« (*Das Evangelium nach Lukas*, Kapitel 1, Vers 31). Auch die Prophezeiungen Gottes im Alten Testament sind spektakulär: Gott sagte Moses – dem Urbild des Propheten als göttlichem Botschafter – die Ankunft im Gelobten Land voraus, versprach schließlich Josua, dass sie den Jordan überqueren und in das Land ziehen würden, das er ihnen, den Israeliten, geben werde (*Das Buch Josua*, Kapitel 1, Vers 2). Diese Prophezeiung hat Auswirkungen bis auf den heutigen Tag. Für den Staat Israel, für alle frommen Juden ist es wesentlich, dass es Gott selbst war, der ihnen ihr Land gab. Die Propheten Israels interpretierten nicht nur die Geschehnisse der Vergangenheit und prangerten das Unrecht der Gegenwart an, sondern sie verkündigten auch Gottes Handeln für die Zukunft.

Bekannt sind die Prophetenbücher des Alten Testaments, die

nach ihrem Umfang (das umfangreichste macht den Auftakt) unterschieden werden – auf die »Großen Propheten« Jesaja, Jeremia und Ezechiel (oder Hesekiel) folgen die »Zwölf kleinen Propheten« Hosea, Joel, Amos, Obadja, Jona, Micha, Nahum, Habakuk, Zefanja, Haggai, Sacharja und Maleachi; erst später hinzugefügt wurden die Klagelieder Jeremias und das Buch Daniel. Das Wesen einer Prophezeiung bringt der Evangelist Johannes auf den Punkt: »Jetzt schon habe ich es euch gesagt, bevor es geschieht, damit ihr, wenn es geschieht, zum Glauben kommt« (*Das Evangelium nach Johannes*, Kapitel 14, Vers 29). So hatte Jesus den Jüngern seinen Tod, aber auch seine Rückkehr angekündigt – diese Weissagung und ihre Erfüllung berühren den innersten Kern der Botschaft Jesu Christi. Das seit mittelhochdeutscher Zeit bezeugte Fremdwort »Prophet« geht über das lateinische »propheta« zurück auf das griechische Wort »prophetes«, womit der »Verkünder und Deuter von Orakelsprüchen« gemeint war. Im biblischen Verständnis bezeichnete das Wort zunächst den von Gott berufenen Mahner und Weissager des Alten Testaments. Das hebräische Wort »Nabî« beschreibt einen, der »ruft« (verkündet), aber auch einen, der »berufen« ist (zu verkünden). Ein Prophet ist demnach ein »zum Rufen berufener Rufer«, den Gott sowohl aktiv als Botschafter (Verkünder) einsetzen kann als auch passiv (als Berufener) zu sich rufen. In der Bibel taucht das Wort erstmals im Buch Genesis auf.

In der dortigen Geschichte hat Abraham, der Stammvater Israels, ein echtes Problem, denn er gibt seine Frau Sara als seine Schwester aus. Daraufhin lässt Abimelech, der König von Gerar im Süden Kanaans, Sara zu sich holen. Doch Gott erscheint ihm im Traum und sagt ihm, dass er sterben müsse, denn er habe eine verheiratete Frau zu sich genommen. Abimelech verteidigt sich: Er habe doch nicht gewusst, dass Sara Abrahams Frau sei. Gott beruhigt ihn. Da Abimelech Sara noch nicht »nahe gekommen« war, will er ihm verzeihen und spricht: »Jetzt aber gib die Frau dem Mann zurück; denn er ist ein Prophet. Er wird für dich eintreten, dass du am Leben bleibst.« Gott macht unmissverständlich klar, wie wichtig Abraham für ihn ist, denn er droht: »Gibst du sie aber nicht zurück, dann sollst du wissen: Du musst sterben, du und alles, was dir gehört« (*Genesis*, Kapitel 20, Vers 7).

Als meine Maschine in Split in Kroatien landete, holten mich zwei verschmitzte, freundliche Mitarbeiter des Bischofs ab. Es war der Tag nach meinem Geburtstag, der 7. Juni 2008. Ich freute mich, sie zu sehen. Immerhin verband uns eine gemeinsame Erinnerung an jene Tage im Juni vor sechs Jahren, als Papst Johannes Paul II., so krank und so schwach, noch einmal nach Kroatien gepilgert war. Für mich gehört diese Reise zu den traurigsten Erinnerungen, weil es Karol Wojtyła schon so dramatisch schlecht ging. Aber die Reise war auch mit einer Überraschung für uns Journalisten verbunden. Für diese päpstliche Pilgerreise hatte der Vatikan zum ersten Mal seit Jahrzehnten für das Gefolge des Papstes einen ganz besonderen Stützpunkt ausgewählt. Er lag nicht wie sonst inmitten einer Stadt, abgeschirmt von der Polizei, nicht in klimatisierten Bunkern oder riesigen Pressezentren, nein, dieses eine Mal in Kroatien lag der Stützpunkt an einem Strand. Es war ein einfaches Hotel am Meer. Viele Mitarbeiter des Vatikans und Journalisten-Kollegen sah ich damals zum ersten Mal in Badehose, frühmorgens vor der Arbeit beim Schwimmen im Meer.

Im Auto auf dem Weg von Split nach Zadar erzählten mir die Mitarbeiter noch von ihren Erinnerungen an den Krieg in Kroatien. Sie zeigten mir, wo die Front verlaufen war, wo Zadar eingekesselt worden war. Ich redete zunächst um den heißen Brei herum, aber die bischöflichen Mitarbeiter wussten ganz genau, was mich bewegte: Die Frage, warum der Papst damals unbedingt hatte nach Zadar reisen wollen. Was hatte er dort gesucht, wieso hatte er auf dem kurzen Stopp in Zadar bestanden? »Sie arbeiten doch an dem Thema Prophezeiungen?«, erkundigte sich einer meiner freundlichen bischöflichen Begleiter. »Ich kann Ihnen nur so viel versprechen, Sie werden bei uns etwas finden. Seien Sie unbesorgt!« Es war heiß in

Zadar. Ich wurde durch die wunderschöne Stadt geführt und durfte dann am Tisch des Bischofs Platz nehmen zum Mittagessen. Er erzählte voller Dankbarkeit von der Reise Papst Johannes Pauls II. in seine Stadt. »Ich war wirklich überrascht, dass er die Einladung annahm und zu uns kam. Unsere Stadt lag ja nicht unbedingt auf der Route des Papstes. Aber es war für uns ein großes Geschenk.« Das Essen war ausgezeichnet. In der bescheidenen Wohnung des Bischofs tranken wir danach noch Kaffee und sprachen über die Bedeutung Papst Johannes Paul II. für die Kirche. Der Bischof war ebenfalls der Meinung, dass für ihn die Prophezeiung von Fatima, aber auch die Weissagungen der polnischen Heiligen Maria Faustyna Kowalska sehr wichtig gewesen waren. Außerdem hätte Papst Johannes Paul II. fest daran geglaubt, dass Gott ihm die Zukunft enthüllt habe. Ich fasste mir schließlich ein Herz und fragte ihn, warum der Papst seiner Ansicht nach unbedingt Zadar hatte sehen wollen. Er antwortete vieldeutig: »Wissen Sie, diese Stadt hat für die Geschichte der Prophezeiungen eine ganz besondere Bedeutung. Vielleicht wollte der Papst deshalb unseren Boden betreten. Aber das werden Sie jetzt gleich sehen. Ich habe einen wichtigen Termin, meine Mitarbeiter werden es Ihnen zeigen. Er brachte mich zur Haustür. Zwei Mitarbeiter des Bischofs in schwarzem Anzug warteten dort auf mich. »Wohin geht es?«, wollte ich wissen. Sie gaben keine Antwort, sondern sagten nur: »Kommen Sie…«

Wir wanderten durch die Gassen der dalmatischen Stadt. Urlauber versorgten sich in dem Gewirr mit Andenken, bunte bemalte Teller wurden angeboten, gut gelaunte Menschen saßen auf den Plätzen und in den Bars der Stadt. Es war ein perfekter Sommertag. Der Weg führte immer tiefer in das Gassengewirr. Wir gingen an Gebäuden vorbei, die aus jener Zeit stammen mussten, als die Seerepublik Venedig Zadar beherrschte. Ich konnte aber auch viel größere, gewaltige römische Ruinen erkennen. Bald hatte ich die Orientierung verloren, aber es war unverkennbar, dass uns der Weg in den ältesten Teil der Stadt leitete. Schließlich blieben meine beiden schweigsamen Führer vor einer sehr alten Kirche stehen. Sie war abgeschlossen. »Kommen Sie! Es ist besser, wenn uns keiner sieht.« Einer der beiden Männer in Schwarz holte ein großes Schlüsselbund hervor. Dann schlüpften wir in die Kirche. Hinter uns schlossen meine Begleiter ab. Es war fast vollkommen dunkel. Wir tasteten uns in die Sakristei. Dort erst schalteten die Männer das Licht ein. »Kommen Sie, da wartet jemand auf Sie«, sagte einer der beiden. Sie führten mich in die nun hell erleuchtete Kirche. Über dem Altar erkannte ich eine riesige uralte Kiste, etwas wie eine Schatztruhe. »Nur einmal im Jahr darf sie geöffnet werden«, erklärten die Männer. »Aber der Bischof hat uns erlaubt, dass wir für Sie eine Ausnahme machen. Er sagte, dass Sie sich für Prophezeiungen interessieren.« »Das ist wahr. Aber was hat das mit der alten Truhe zu tun?« »Warten Sie«, forderte mich einer der beiden auf. Sie gingen zu der Truhe am Altar und begannen sie zu entriegeln. Eine Vielzahl sehr alter Schlösser musste geöffnet werden. Es gab mehrere Riegel, die beiseite geschoben werden mussten, immer neue Schlüssel mussten in den Schlössern umgedreht werden, dann endlich hob sich der Deckel. »Kommen Sie schon, schauen Sie!«

In der Truhe lag eine Leiche, die Leiche eines kleinen Mannes. In das Grabtuch, das ihn umhüllte, waren zahlreiche kleine Zettel gesteckt worden. »Die Zettel sind Segenswünsche. Sie bleiben ein Jahr in der Truhe.« Ich sah die Inschrift auf dem Sargdeckel, und endlich begriff ich. »Es ist Simon, richtig?« »Ja«, bestätigten sie. »Es ist Simon«.

Ich stand damals vor dem einzigen Grab eines Propheten, das es auf dieser Welt gibt. Das Grab Moses ist nie gefunden worden, um das Grab Daniels ranken sich nur Legenden. Niemand weiß, wo die großen Propheten des Alten und Neuen Testaments begraben wurden. Es existiert weder das Grab des Jeremias noch das Grab Ezechiels oder Jesaias. Aber ein Grab gibt es doch, das Grab des Simon. Ich stand vor der Leiche des Mannes, der ein großer Prophet gewesen sein soll, ein Mann, dem etwas Unglaubliches widerfährt.

Im Lukas-Evangelium wird es erzählt. In Kapitel zwei, Vers

25 bis 35, heißt es: »In Jerusalem lebte damals ein Mann namens Simeon. Er war gerecht und fromm und wartete auf die Rettung Israels, und der Heilige Geist ruhte auf ihm. **Lk 2,26** Vom Heiligen Geist war ihm offenbart worden, er werde den Tod nicht schauen, ehe er den Messias des Herrn gesehen habe. **Lk 2,27** Jetzt wurde er vom Geist in den Tempel geführt; und als die Eltern Jesus hereinbrachten, um zu erfüllen, was nach dem Gesetz üblich war, **Lk 2,28** nahm Simeon das Kind in seine Arme und pries Gott mit den Worten: **Lk 2,29** Nun lässt du, Herr, deinen Knecht, / wie du gesagt hast, in Frieden scheiden. **Lk 2,30** Denn meine Augen haben das Heil gesehen, / **Lk 2,31** das du vor allen Völkern bereitet hast, **Lk 2,32** ein Licht, das die Heiden erleuchtet, / und Herrlichkeit für dein Volk Israel. **Lk 2,33** Sein Vater und seine Mutter staunten über die Worte, die über Jesus gesagt wurden. **Lk 2,34** Und Simeon segnete sie und sagte zu Maria, der Mutter Jesu: Dieser ist dazu bestimmt, dass in Israel viele durch ihn zu Fall kommen und viele aufgerichtet werden, und er wird ein Zeichen sein, dem widersprochen wird. **Lk 2,35** Dadurch sollen die Gedanken vieler Menschen offenbar werden. Dir selbst aber wird ein Schwert durch die Seele dringen.«

Die Hände dieses Mannes, dessen ausgezeichnet konservierter Körper da vor mir lag, hatten also vielleicht Gottes Sohn gehalten. Er war einer der wichtigsten Propheten des Neuen Testamentes, ein Mann, den Gott in die Zukunft hatte blicken lassen, der erkannt hatte, dass jenes Kind, das man zu ihm in den Tempel gebracht hatte, der Sohn Gottes war. Gott hatte ihn auch das entsetzliche Ende am Kreuz sehen lassen, denn er prophezeite der Muttergottes, dass ihr ein Schwert durch die Seele dringen werde.

Diese Hände, die ich in dem Sarg gut erkennen konnte, hatten also Maria, die Mutter Gottes, gesegnet und ihren Mann Joseph, ein einfaches Ehepaar, das nur in den Tempel gekommen war, um sein Kind zu Gott zu bringen. Die Wissenschaft räumt ein, dass dieser Körper tatsächlich der Körper des Simon aus dem Neuen Testament sein könnte. Denn es lässt sich nachweisen, dass er schon im sechsten Jahrhundert, vor der Invasion der Muslime in Jerusalem, nach Konstantinopel gebracht wurde. Die Venezianer stahlen die einzige komplett erhalten Reliquie eines Propheten dort und brachten sie im Jahr 1243 in eine ihrer Festungen nach Dalmatien, das heutige Zadar.

Ich stand dort fassungslos, froh, dass ich einen ersten Schritt getan hatte. Ich hatte einen Propheten der Bibel gesehen, den Körper eines Mannes, der tatsächlich ein Prophet gewesen sein soll. Ich war noch tief bewegt, als der Bischof mich am Abend zum Vortrag über den Papst begleitete. Für ihn war klar: »Ich kann mir nicht vorstellen, dass der Papst Zadar zufällig für einen Besuch ausgewählt hat. Es muss eine Rolle für ihn gespielt haben, dass wir den einzig vollständig erhaltenen Körper eines Propheten bewahren. Eines Menschen, der Christus in den Händen hielt. Der Boden von Zadar muss für einen Mann, dessen Bestimmung so eng mit Prophezeiungen verbunden war, ganz besonders heilig gewesen sein.«

8

Auguren

Päpste werden heute von den Menschen nur noch selten mit Weissagungen und Prophezeiungen in Zusammenhang gebracht, obwohl es erst wenige Jahre her ist, dass die ganze Welt auf die Enthüllung einer Prophezeiung wartete. Es ging um den jahrzehntelang geheim gehaltenen Inhalt der dritten Weissagung von Fatima. Papst Johannes Paul II. kam dem immer dringlicher vorgebrachten Wunsch, den Inhalt zu veröffentlichen, schließlich nach, vor allem, um die Gläubigen zu beruhigen. Ihre Befürchtung, die Muttergottes habe das Ende der Welt vorausgesagt, war unbegründet.

Die meisten Menschen sehen den Papst als einen Mann des Gebets, der zu Weihnachten und Ostern dem ganzen Erdkreis den Urbi-et-Orbi-Segen spendet, oder als den alles entscheidenden, obersten Theologen der katholischen Kirche. Dabei werden Päpste, wie im Übrigen alle Bischöfe, täglich daran erinnert, dass der Ursprung ihres Amtes genau damit zu tun hat: mit Prophezeiungen und mit der Deutung von Zukunft. Denn sie führen den Stab der Auguren, den Krummstab, auch »Baculus pastoralis« genannt.

Solche Stäbe trugen im Rom der Antike nur die Auguren, die staatlich angestellten Voraussager der Zukunft. Kaiser Konstantin erteilte im vierten Jahrhundert den Bischöfen das Recht, auch einen Augurenstab zu tragen. Zu Beginn der römischen Zivilisation gab es zunächst drei staatlich angestellte Auguren, seit der Amtszeit von Sulla wurden es fünfzehn, seit Caesar sechzehn. Ihre Aufgabe war nicht nur, die Zukunft vorauszusagen, sondern sie sollten auch überprüfen, ob ein geplantes Unterfangen den Göttern genehm sei, ob sie also in Zukunft einen Feldzug oder einen Friedensschluss unterstützen würden. Die Auguren meinten, diese Zeichen, »Auguria impetrativa« (erbetene Zeichen) und »Auguria olativa« (ungünstige Zeichen), aus dem Flug der Vögel erschließen zu können. Hinzu kam die Arbeit der Haruspices, die die sogenannte »disciplina etrusca« ausübten. Hierbei versuchte der Haruspex aus der Form der Leber von Tieren die Zukunft zu erkennen. Die Hochkultur der Etrusker, die Roms Zivilisation stark prägte, hatte diese Methode entwickelt und gehofft, damit die Zukunft voraussagen zu können. Im Römischen Reich durften gewisse privilegierte etruskische Familien diese Kunst ausüben.

In der jüdisch-christlichen Tradition allerdings sieht die Art und Weise der Voraussage ganz anders aus. Die Voraussagen kommen immer von Gott und werden den Menschen auf verschiedene Arten übermittelt. Wie in vielen anderen Religionen sendet auch der jüdisch-christliche Gott seine Botschaft manchmal in Form eines Traums. Doch häufiger bedient er sich Propheten, Frauen und Männern, die Gott besonders nahestehen und die er auserwählt, um den Menschen eine Botschaft zu übermitteln. In der Bibel existieren grob eingeteilt sechs Bezeichnungen für einen Propheten. Außer dem Begriff »Nabî« (1) nutzt die Bibel den Begriff vom »Mann Gottes« (2). Propheten können aber auch ausdrücklich »Botschafter« (3) genannt werden oder »Diener des YHWH« (4), Diener Gottes. Die letzten beiden Begriffe sind »Wachtposten«, aber auch »Verrückter«, auf Hebräisch: »mešugga«. Das abfällige Wort »meschugge« kommt daher.

Aber wie sahen Propheten aus, wie verhielten sie sich? Im Alten Testament werden die ersten Propheten als Frauen und Männer beschrieben, die manchmal in einen Extremzustand geraten. Die Nähe zu Gott kann zu einer Art Ekstase führen. Mehrfach berichtet die Bibel, wie stark sich Menschen verändern, wenn sie von Gottes Geist beseelt werden. Sie geraten völlig außer sich. An einer Stelle der Bibel wird genau beschrieben, wie seltsam sich Propheten aus der Sicht ihrer Zeitgenossen verhielten.

Im *Ersten Buch Samuel* ist David in Schwierigkeiten, weil

Saul ihn umbringen will, auf jede denkbare Weise. Er versucht, David mit einem Speer zu durchbohren, will ihn nachts aus dem Bett seiner Frau Michal entführen und töten. Im 19. Kapitel des *Ersten Buches Samuel* heißt es:

9 »Doch wieder kam vom Herrn ein böser Geist über Saul, während er in seinem Haus saß und den Speer in der Hand hielt und David auf der Zither spielte.«

Wieso schickt Gott einen bösen Geist zu Saul?

Wieso gibt sich der allwissende, liebende, gütige Gott überhaupt mit bösen Geistern ab?

Warum verhält sich Gott so seltsam, dass er einem im Grunde unschuldigen Menschen einen bösen Geist auf den Hals hetzt, bis dieser einen Mord begehen will?

In jedem Fall: Der böse Geist leistet ganze Arbeit, und Saul versucht alles, um David umzubringen. So wird der weitere Verlauf der Geschichte in *Das Erste Buch Samuel*, Verse 10 bis 18, geschildert:

10 »Da versuchte Saul, David mit dem Speer an die Wand zu spießen; aber er wich Saul aus, sodass der Speer in die Wand fuhr. David floh und brachte sich in Sicherheit. Noch in derselben Nacht

11 schickte Saul Boten zum Haus Davids, die ihm auflauern und ihn am nächsten Morgen töten sollten. Doch Michal, Davids Frau, warnte ihn und sagte: Wenn du dich nicht noch in dieser Nacht in Sicherheit bringst, wirst du morgen früh umgebracht.

12 Michal ließ David durch das Fenster hinab, sodass er fliehen und sich in Sicherheit bringen konnte.

13 Dann nahm Michal das Götterbild, legte es in Davids Bett, umgab seinen Kopf mit einem Geflecht von Ziegenhaaren und deckte es mit einem Kleidungsstück zu.

14 Als nun Saul die Boten schickte, die David holen sollten, sagte sie: Er ist krank.

15 Saul schickte die Boten (zurück), um nach David zu sehen, und befahl: Bringt ihn im Bett zu mir her; er soll umgebracht werden.

16 Als die Boten kamen, entdeckten sie im Bett ein Götterbild mit einem Geflecht von Ziegenhaaren um den Kopf.

17 Da sagte Saul zu Michal: Warum hast du mich so betrogen und meinen Feind entkommen lassen, sodass er sich in Sicherheit bringen konnte? Michal antwortete Saul: Er hat zu mir gesagt: Lass mich weggehen, sonst bringe ich dich um.

18 David floh also und brachte sich in Sicherheit. Er kam zu Samuel nach Rama und erzählte ihm alles, was Saul ihm angetan hatte. Dann ging er zusammen mit Samuel ins Prophetenhaus und beide blieben dort.«

An dieser Stelle erfährt die biblische Geschichte eine unerwartete Wendung:

19 »Als man nun Saul berichtete: David ist in Rama, und zwar im Prophetenhaus!,

20 da schickte Saul Boten, um David holen zu lassen. Sobald sie die Schar der Propheten mit Samuel an ihrer Spitze in prophetischer Verzückung sahen, kam der Geist Gottes auch über die Boten Sauls, und auch sie gerieten in Verzückung.«

Wer auch immer das geschrieben haben mag – eines will er in jedem Fall unmissverständlich klarmachen: Wer erlebt, dass der Geist Gottes über ihn kommt, der kann ihm nicht widerstehen, egal, wie böse er ist. Der Geist Gottes ist stärker als alle bösen Geister, selbst wenn der böse Geist von Gott geschickt wurde. Die Geschichte geht also weiter:

21 »Als man Saul das meldete, schickte er andere Boten; aber auch sie gerieten in Verzückung. Da schickte er zum dritten Mal Boten; doch auch sie gerieten in Verzückung.«

Dreimal hat Saul nun Boten geschickt, und alle versagten: Statt das Opfer anzuschleppen, gerieten sie nach der Berührung durch den Geist Gottes in Verzückung. Jetzt hat Saul nur noch eine Möglichkeit:

22 »Darauf ging er selbst nach Rama. Als er zu der großen Zisterne in Sechu kam, fragte er: Wo sind Samuel und David? Man antwortete ihm: Sie sind gerade im Prophetenhaus in Rama.

23 Als er von dort zum Prophetenhaus in Rama weiterging,

kam auch über ihn der Geist Gottes, und er ging in prophetischer Verzückung weiter, bis er zum Prophetenhaus in Rama kam.

24 Er zog sogar seine Kleider aus und blieb auch in Samuels Gegenwart in Verzückung. Den ganzen Tag und die ganze Nacht über lag er nackt da. Deshalb sagt man: Ist denn auch Saul unter den Propheten?«

9

Lehrer

Propheten sind also Menschen, die sich extrem verhalten, die so ausgefallene Sachen tun, wie »den ganzen Tag nackt« dazuliegen, erfahren wir aus der Bibel. Das erinnert mich an die indischen Sadhus, die heiligen Männer Asiens. »Sadhu« bedeutet im Sanskrit »der Gute« und ist ein Ehrenname für einen als Eremit oder Wandermönch streng asketisch lebenden Hindu.

Einmal habe ich erlebt, wie diese Männer, die so sehr den Propheten des Alten Testaments gleichen, auf die moderne katholische Kirche trafen. Nackte, charismatische Männer und der Papst. Und das Unglaubliche an der Begegnung war der Grund, weshalb sie ihn verehrten: Weil ihm die Zukunft prophezeit werde.

Am Abend des 6. November 1999 vor der Heilig-Herz-Kathedrale in Neu Delhi: Ich sah die Sadhus nicht gleich, wie alle sah ich zunächst ihre Elefanten. Dieser Abend gehört zu den magischsten Begegnungen einer Papstreise, an die ich mich erinnern kann. Das Papamobil fuhr kaum geschützt durch den dichten Straßenverkehr von Delhi zur Kathedrale, und davor wiegten sich zwei Elefanten wie gewaltige graue Segel in einem schwachen Wind hin und her. Vor ihnen standen völlig regungslos nackte, mit weißer Farbe bedeckte Männer. Es waren Sadhus. Vermutlich, ohne voneinander zu wissen, entwickelten die Sadhus in Indien vor zwei Jahrtausenden eine ähnliche Lebensweise wie die Mönche der christlichen Orden. Ebenso wie die Mönche Europas leben die Sadhus in Armut. Sie leben vom Betteln. Deswegen haben auch einige von ihnen einen Elefanten. Er hilft ihnen dabei, denn in den Dörfern erregt ein Elefant auch in Indien immer noch ein wenig Aufmerksamkeit.

Die Sadhus leben von ihren Frauen und Familien getrennt in Keuschheit. Auch christliche Mönche müssen Keuschheit geloben. Der einzige Unterschied betrifft das dritte und letzte Gelübde der christlichen Mönche: Ordensfrauen und Mönche schwören Gehorsam ihren Oberen gegenüber. Das tun die Sadhus nur auf eine eingeschränkte Art und Weise. Sie sind freier als Mönche, müssen sich nicht an ein Kloster binden. Sie wandern umher, schließen sich aber auch einem Lehrer an, dem sie dann dienen und dem gegenüber sie gehorsam sind.

Papst Johannes Paul II. wandte sich im Papamobil um und sah diesen Männern und ihren Elefanten zu, die nun ohne jede Bewegung im Abendlicht standen und konzentriert auf den Papst schauten. Ich weiß nicht, was der Papst gedacht haben mag. Für mich aber war klar: So, genau so müssen die ersten Propheten ausgesehen haben. Nach wenigen Augenblicken war der Papst hinter dem Portal der Kirche verschwunden. Ich ging mit den Mitgliedern der vatikanischen Delegation in den Gottesdienst. Die Hitze, die die Ventilatoren in der Heilig-Herz-Kirche nicht vertreiben konnten, war lähmend, und ich versuchte, einer endlos scheinenden Ansprache zu folgen.

Irgendwann schlich ich mich aus der Kirche heraus. Die Sadhus und ihre Elefanten standen immer noch auf der Straße. Eine der beiden Elefantenkühe spielte mit ihrem Herrchen wie ein Hund oder eine Katze. Sie legte den Rüssel immer wieder um seinen Brustkorb, und der Sadhu streifte den Rüssel immer wieder ab, als wollte er sagen: »Lass doch den Quatsch! Ich bin kitzlig.« Die Elefantenkuh stupste ihn erneut. Drei der Sadhus und der zweite Elefant gingen schließlich davon, aber einer blieb wie angewurzelt stehen. Der Mann war mir sofort sympathisch, weil sein Elefant in einem so hervorragenden Zustand war. Ich weiß, wie schwer es ist, nur ein Pferd, das in einer Großstadt wie Rom Touristen in einem Wagen ziehen soll, zu pflegen. Der Asphalt setzt den Tieren zu, der Smog, der Krach, die Autos. Sie werden sehr leicht krank. Kleine Schürfwunden, die durch Zügel, Halfter oder Decken verursacht werden, müssen sofort behandelt werden, damit sie sich nicht entzünden, die Hufe müssen sorgfältig beschlagen und eingefettet werden: Kurz und gut, man muss das Tier schon sehr mögen, um es so halten zu können, dass es im Verkehr einer Großstadt nicht vor die Hunde geht. Das galt für ein Pferd. Die Pflege eines Elefanten in einer Stadt musste zweifellos noch sehr viel aufwendiger sein. Aber an dem riesigen Tier des Sadhus konnte ich keine Verletzungen erkennen. Der Elefant trug eine Kette um den Hals geschlungen, doch ich sah weder Schürfwunden noch offene Stellen. Wie der Sadhu mit dem Tier mitten in Delhi leben konnte, war mir ein Rätsel. Um den Elefanten so in Form zu halten, musste der gute Sadhu viele Stunden am Tag auf die Pflege des Tiers verwenden.

Ich ging zu dem Elefanten und fragte auf Englisch, ob ich das Tier streicheln dürfe. Das war natürlich nur ein Vorwand. Ich wollte mir den nur mit Farbe und Staub bedeckten Mann genauer ansehen.

»Geben Sie dem Elefanten das hier«, sagte er plötzlich und hielt mir zwei Äpfel hin. Der Elefant verschlang die Früchte sofort.

»Sie sprechen exzellentes Englisch«, erwiderte ich völlig irritiert.

»Ja, ich habe lange für ein britisches Unternehmen gearbeitet. Financial services.«

Ich konnte es nicht fassen. Der Mann war Banker gewesen.

»Wieso?«, stotterte ich, weil ich nicht höflich ausdrücken konnte, was ich sagen wollte.

Er half mir. »Sie wollen sagen, warum läuft ein Mann, der mit viel Geld zu tun hatte, jetzt so herum wie ich, wie ein Verrückter, nackt und zudem begleitet von einem Elefanten?«

»Ich wollte nicht unhöflich sein.«

»Das ist schon in Ordnung«, sagte er. »Die Frage liegt ja auf der Hand.«

»Und was ist die Antwort?«

Er sah mich jetzt direkt an, in seinem Blick lag eine große Ernsthaftigkeit, als wollte er erforschen, wie ernst es mir mit dieser Frage war.

»Wissen Sie, ich habe drei Kinder großgezogen, drei Töchter, was nicht einfach war. Sie sind jetzt alle verheiratet, aus dem Haus und glücklich. Ich habe versucht, ein guter Ehemann zu sein, ich habe viel Geld in meinem Leben verdient, wir haben hier in Delhi eine sehr schöne Villa mit einem Schwimmbad und zwei großen Autos.«

»Und warum genießen Sie das nicht?«.

»Weil die letzte Phase meines Lebens mir gehört. Niemandem sonst. Nur mir. Irgendwann war der Tag gekommen, als ich mit Anzug und Krawatte nach Hause kam und dachte: So, jetzt hast du für die anderen genug getan. Dein Leben geht zu Ende, die letzte Zeit musst du dir nehmen. Ich habe meine Familie um mich versammelt, mich verabschiedet von meinen Kindern und meiner Frau, und dann bin ich gegangen. Ich werde auch nie wieder zurückkehren.«

Ich wusste nicht so recht, was ich sagen sollte. Ich dachte an meine Eltern, denen der liebe Gott gewährt hatte, fünfzig Jahre zusammenzuleben in Werl in Westfalen. Beim besten Willen konnte ich mir nicht vorstellen, dass einer der beiden einfach so gegangen wäre.

»Ich weiß, was Sie denken«, ergänzte der Sadhu. »Meine Frau hat das akzeptiert. Sie hat es nicht nur akzeptiert, sie hat sich für mich gefreut. Sie wusste, dass ich diesen Weg gehen muss, und ich weiß, dass sie froh ist für mich. Das hat sehr viel mit tiefer Liebe zu tun, verstehen Sie das?«

»Ich weiß es nicht genau.« Meine Verunsicherung blieb.

»Sie liebt mich so sehr, dass sie mich gehen lassen kann auf den Weg, den ich nur allein gehen kann.« Er streichelte den Elefanten.

»Darf ich Sie noch etwas fragen?«

»Bitte sehr«, sagte er freundlich.

»Warum sind Sie hier? Was erwarten Sie hier?«

»Ich wollte den Papst sehen, und ich bin froh, dass ich ihn gesehen habe.«

»Wieso?«

»Weil Gott ihm die Zukunft offenbart.«

Ich war verblüfft: »Wie bitte?«

Er dachte eine Weile nach. »Kommen Sie zu unserem Haus, dort wohnen einige Sadhus zusammen mit mir: Kommen Sie, dann verstehen Sie es vielleicht.«

»Okay«, sagte ich. »Aber wie soll ich Ihr Haus finden?«

»Sie würden es niemals finden; es wäre selbst für einen Inder aus Delhi schwer zu finden. In welchem Hotel wohnen Sie?«

Ich sagte es ihm.

»Haben Sie morgen Abend Zeit?«

Ich nickte.

»Vor morgen Abend kann ich nicht zu Hause sein. Ich brauche viel Zeit für den Weg zurück. Ein Fahrer wird Sie abholen. Er bringt Sie zu mir.«

»Ein Fahrer, mit einem Auto?«, fragte ich ungläubig.

»Ja, sicher, bezahlen müssen Sie ihn schon.«

Ich hätte auch nicht erwartet, dass ein indischer Sadhu mir mein Taxi bezahlte.

»Gut«, sagte er; »bis morgen.«

Ich ging zurück über die Straße, setzte mich wieder in den Gottesdienst und malte mir aus, was mich morgen erwarten könnte. Ich stellte mir eine Art romantisches Kloster der Sadhus vor. Wie immer es aussehen würde, es musste so etwas sein wie die moderne Form dessen, was im Alten Testament das Prophetenhaus war, in das Samuel ging. Ich freute mich auf den Besuch am nächsten Tag dort, vor allem deshalb, weil es wie eine Zeitreise sein musste, ein Haus, in dem wie vor langer Zeit David und Samuel in Ekstase Gott erlebt hatten, sodass sie sich nackt auszogen, nackt wie die Sadhus, und sich auf den Boden warfen.

Ich hatte schon andere spirituelle Orte in Indien erlebt. Besonders imponiert hatte mir ein Affen-Tempel in Rajasthan, im Norden Indiens, ein unglaublich magischer Ort. Der Tempel lag in einem Tal, das wie ein Dreieck in den Berg geschnitten war. Zunächst schien es breit, wurde dann aber um das Allerheiligste immer enger, bis schließlich die Becken mit dem heiligen Wasser im Schatten einer sehr engen Schlucht lagen. Überall saßen Affen vor den Eingängen der Häuser, die in rätselhafte Gemächer führen mochten. Eine unglaubliche Stille lag über dem Tal. Ich fühlte mich wie auf einem anderen Planeten. Diese Hunderte von Affen beobachteten jeden Schritt, den ich vorsichtig weiterging. Sie schienen ein definitives Urteil über mich zu fällen. Als ich schließlich im Allerheiligsten angekommen war, im Innersten der Tempelanlage, dort, wo auch die großen Wasserbecken lagen, schien mir der Rückweg vorbei an den bunten Fresken der Häuser versperrt. Die Affen fletschten die Zähne, als würden sie mich ab jetzt bewachen, als würde ich von jetzt an immer in diesem Tempel der Affen bleiben müssen. Es war so beklemmend wie eindrucksvoll.

Ich wartete am nächsten Tag vor dem Hotel auf den versprochenen Fahrer und hielt nach einer dieser sensationellen Ambassador-Limousinen Ausschau, von denen ich nie begriff, wie sie sich trotz Uralttechnik irgendwie unbeschadet über diese schlechten Straßen quälten. Ein eleganter Herr, der aus einem neuen Mercedes-E-Klasse-Modell gestiegen war, kam auf mich zu.

»Ich nehme an, Sie sind Herr Englisch«, sagte er in reinstem Englisch.

Ich war verblüfft.

»Ich soll Sie abholen.«

Er brachte mich zu dem Luxusauto. Wir einigten uns über den nicht einmal allzu hohen Preis für die Fahrt. Dann fragte ich ihn: »Woher kennen Sie denn den Sadhu, zu dem Sie mich fahren wollen?«

Der elegante Fahrer lachte: »Er war mein Chef, jahrelang.«

Der Sadhu hatte recht gehabt. Ich hätte den Ort, an den er mich bestellt hatte, niemals gefunden. Wir brauchten lange, bis wir endlich das Zentrum von Delhi verlassen hatten, fuhren weiter über einfache Lehmstraßen. An den Straßenrändern standen Pritschen, auf denen Menschen lagen und aßen, oder Reifen reparierten oder einfach schliefen. Es schien mir eine Ewigkeit, bis wir endlich die dichte Besiedlung der Stadt verließen. Dass hier einmal Dschungel gewesen war, konnte man noch ahnen. Ab und zu standen Baumgruppen zusammen, Affen hangelten sich durch die Äste. Gelegentlich sah man eine Farm, meist weit weg von der Straße.

Unser Ziel stellte ich mir etwa so vor wie ein großes Kloster mit bunt bemalten Mauern, einem prächtigen Innenhof mit Blumen und Teichen. Als der Wagen anhielt, konnte ich nicht fassen, dass wir angekommen sein sollten. Das Haus glich einem Rohbau nach einem Krieg. Betonpfeiler, die zum Teil schief standen, hielten die Ruine eines nicht ganz dichten Betondachs; Seitenwände dessen, was einmal ein Gebäude hätte werden sollen, gab es nur teilweise. Von einem Haus konnte man schwerlich sprechen. Türen und Fenster fehlten, dafür lagen ungeheure Mengen von alten Zementsäcken herum. Ein riesiges Metalltor sperrte eine Art Parkplatz gewaltigen Ausmaßes ab. Als ich ausstieg, erkannte ich, was es war: das Elefantengehege. Die Elefantenkuh stand in diesem aus Lehmboden bestehenden Hof. Sie war nicht angekettet und aß mit großer Konzentration Palmenblätter. Sie schien bei jedem Bissen genau nachzudenken, was sie als Nächstes mit großer Sorgfalt in den Mund stecken und kauen sollte.

»Kommen Sie«, sagt mein Fahrer, »ich bringe Sie zu ihm.«

Wir stiegen durch Unrat, über zerbrochene Kacheln und Sandhaufen. Irgendwann hatte irgendjemand einmal vorgehabt, das Haus zu Ende zu bauen. Das konnte noch gar nicht so lange her sein, aber irgendetwas hatte dann dazu geführt, dass der Bau abgebrochen wurde.

Der Sadhu saß in einem nahezu leeren Raum. Es wurde langsam dunkel, und er hatte ein Feuer angezündet. Er saß auf dem Betonboden. Als ich eintrat, stand er auf und sagte lächelnd: »Elefantendung brennt ganz hervorragend. Sie müssen entschuldigen, dass ich so weit draußen lebe, aber ich muss meine Elefantenlady regelmäßig waschen, und dazu brauche in einen Teich; in Delhi gibt es nicht so viele davon, zumindest nicht solche, in denen Elefanten baden dürfen.«

Er führte mich zu der Feuerstelle. Auf dem Boden stand eine Tontasse mit dampfendem heißem Tee. »Trinken Sie! Wenn

Sie mögen, wir nehmen Mineralwasser für unser Gäste, keine Sorge!«

Ich schämte mich ein bisschen. Er hatte mir natürlich diese typische Angst der Ausländer vor unreinem Wasser angesehen.

Ich trank einen Schluck, dann sagte er: »Ich möchte Sie jemandem vorstellen, warten Sie einen Augenblick!«

Er ging hinaus und kam nach kurzer Zeit mit einem Mann zurück, den er am Arm stützte. Er sah unvorstellbar dünn und ziemlich alt aus, aber er hatte eine sehr angenehme Ausstrahlung. Sein Gesicht schien das eines sehr mageren, alten, freundlichen Katers zu sein.

Er setzte sich und trank einen Schluck Tee. »Er ist mein Lehrer. Wenn Sie so wollen, können Sie auch Guru oder Jogi zu ihm sagen.« Der alte Mann sah mich an.

In perfektem Englisch fragte er: »Sie sind im Gefolge von Papst Johannes Paul II. Ist er Ihr Lehrer?«

Ich musste lachen. »Nein, ich bin nur ein Reporter. Ich bin kein Priester.«

Ich versuchte, ihm klar zu machen, was ein Reporter ist. Ich nahm an, dass ein Guru in Indien sich kaum würde vorstellen können, wie mein Job aussieht. Der Sadhu unterbrach mich: »Er weiß durchaus, was ein Reporter ist. Er hat lange in New York gearbeitet, Business gemacht.«

Der alte Mann sah mich jetzt lächelnd an: »Real Estate Business.« – »Unfassbar«, dachte ich, »der Guru hat einmal mit Immobilien in New York gehandelt und sitzt jetzt vor einem Haufen brennendem Elefantendung in einer Ruine am Stadtrand von Delhi.«

»Ich glaube Ihnen nicht«, unterbrach er meine Gedanken. »Dieser Papst ist Ihr Lehrer, auch wenn Sie es nicht sagen, auch wenn Sie es vielleicht nicht wissen. Ich weiß, warum Sie ihm folgen. Sie spüren, dass ihm die Zukunft prophezeit wurde. Ich habe Mahod geschickt, damit er den Papst sieht.« Der Guru deutete auf den Sadhu. Ich hörte zum ersten Mal seinen Namen.

»Warum sollte er den Papst sehen?«

»Weil der Mann eine große Seele ist, ein Ausnahme; ja, dieser polnische Karol Wojtyła hat ein großes Karma und ist nahe der Vollendung.«

Ich musste lächeln. »Ich kann Ihnen versichern, dass Johannes Paul II., was religiöse Dinge angeht, eher ein Traditionalist ist. An eine Art Cross-over-Religion mit Hindu-Anteilen glaubt er nicht. Für ihn gibt es keine Seelenwanderung.«

»Sie verstehen nicht«, sagte der Guru. »Das wundert mich auch nicht. Ich habe in New York einmal im Fernsehen gesehen, wie Menschen zu diesem Papst kamen und plötzlich in seiner Nähe weinten. Sie haben es gespürt, das Karma. Wenn Sie wollen, können Sie sagen, die Ausstrahlung. Man kann das nur spüren in der Nähe der Menschen, denen die Zukunft prophezeit wurde. Glauben Sie mir!«

»Der Papst ist sicher eine Persönlichkeit; aber ich würde das nicht überbewerten.«

»Ich wusste, dass Sie so etwas sagen würden, weil Sie den gleichen Fehler machen wie fast alle Christen. Sie sehen mit den Augen, deswegen sehen Sie ihn nicht.«

»Und Johannes Paul II.?«

»Er sieht mit seinem Herzen. Für ihn zählt nicht das Leben, sondern die Seele. Er ist ein Hindu, was das angeht. Er stellt die Seele über alles, – genau wie wir es tun sollten.« Er deutete wieder auf den Sadhu.

»Sehen Sie Ihren Freund hier an. Die Menschen nennen ihn einen Heiligen, einen Sadhu, aber er weiß, dass er schwach ist. Er hat einen Elefanten, das wissen Sie doch, seit Jahrtausenden haben Sadhus in Indien Elefanten, heute sind Elefanten sehr teuer. Der Elefant ist die Lebensversicherung Ihres Sadhu-Freundes. Er hilft ihm beim Betteln.«

Der Sadhu sah beschämt auf den Boden.

»Er ist noch nicht so weit wie Ihr Papst Johannes Paul II. Für den zählt nur die Seele.«

Diese Worte habe ich nie vergessen, und ich weiß heute, dass sie vielleicht wirklich prophetisch waren, eine Vorhersage. Ich habe inzwischen kaum Zweifel daran, dass ich damals bei Menschen saß, in einem Rohbau am Stadtrand von Delhi, die den jüdischen Propheten sehr ähnlich waren, denn ihre Prophezeiung trat ein. Ich wurde am 13. September des Jahres 2008 mit der Nase noch einmal darauf gestoßen.

Papst Benedikt XVI. landete auf dem Flughafen Tarbes bei Lourdes in den Pyrenäen. Wenn wirklich die Wahl Benedikt XVI. prophezeit worden war, wenn Gott also den ehemaligen Präfekten der Glaubenskongregation ausgewählt hatte, zu Ende zu bringen, was Karol Wojtyła begonnen hatte, dann musste man das in Lourdes erkennen können.

Ich sehe noch vor mir, wie wir uns im Jahr 2004 nach der Ankunft von Papst Johannes Paul II. auf demselben Flughafen in Tarbes bei Lourdes auf das Zusammentreffen Karol Wojtyłas mit Jacques Chirac vorbereiteten. Die beiden hatten sich ein langes, heftiges Gefecht geliefert über die Frage, ob die Verfassung der Europäischen Union in ihrer Präambel Gott erwähnen sollte oder nicht. Der Papst verlor schließlich, der Präsident setzte sich durch. Gott war nicht bedeutend genug, um in der Präambel erwähnt zu werden, meinte Chirac. Ich war mir sicher, dass der Papst genau diese Frage hier und jetzt mit Jacques Chirac besprechen würde; aber er saß nahezu sprachlos, in sich gekehrt, neben dem Präsidenten.

Vier Jahre später erledigte Benedikt XVI. den Job – und zwar gründlich. Der französische Staatspräsident hieß mittlerweile Nicolas Sarkozy, und was Karol Wojtyła nicht mehr geschafft hatte, Frankreich ein Bekenntnis zum Christentum abzuringen, erreichte Benedikt XVI. mit Bravour. Sarkozy beschrieb sogar einen neuen Kurs der französischen Politik, einen Kurs, der nicht mehr abstreitet, dass ohne das Christentum das heutige Europa so nicht existieren würde. Ohne die Klöster wäre die Entstehung von Universitäten, Schulen, Krankenhäusern ganz anders abgelaufen, wenn sie überhaupt je entstanden wären. Sarkozy fuhr diesen Kurs der französischen Politik so nachhaltig, dass die französischen Sozialisten empört gegen den Papstbesuch protestierten. Denn einen solchen Fall hatte es in der französischen Politik überhaupt noch nie gegeben, dass ein französischer Präsident seine Politik mit einem Papst abstimmte.

Joseph Ratzinger und der Vatikan hatten gewonnen. Ich habe mich lange gefragt, warum der Kämpfer Karol Wojtyła damals, während seiner 104. und letzten Auslandsreise, den Kampf gegen Jacques Chirac nicht mehr aufgenommen hatte. Und ich glaube, dass der seltsame Guru in Delhi die richtige Antwort darauf gegeben hat. Für Karol Wojtyła war zu diesem Zeitpunkt seine Seele schon viel wichtiger als seine Arbeit, seine Politik und sein Leben. Es ging ihm nur noch um seinen letzten Weg zu Gott, und ebenso wie die Sadhus in Indien wollte er diese letzte Phase des Lebens ganz allein für sich.

10

Verkündigung

Während die Sadhus ganz selbstverständlich in das indische Straßenbild passen, ist es in Europa und Nordamerika unvorstellbar, dass nackte Männer herumlaufen könnten, die von der katholischen Kirche als Propheten angesehen werden. Im Bewusstsein der modernen Menschen haben Propheten keinen Platz mehr. Wenn es sie gegeben hat, dann vielleicht vor Christi Geburt. Doch dieser Eindruck ist falsch. Nach der Lehrmeinung der katholischen Kirche gab es Propheten vor der Lebenszeit des Jesus von Nazareth, während er auf der Erde war und nach seinem Tod.

Der Vatikan selber unterstreicht zum Beispiel in der Biographie der heiligen Maria Faustyna Kowalska (1905–1938) auf seiner Homepage, dass diese Polin, die Papst Johannes Paul II. im Jahr 2000 heilig sprach, die Gabe der Prophezeiung besessen hat.

»Die Jahre ihres Ordenslebens waren von außergewöhnlichen Gnaden erfüllt: Von Erscheinungen, Visionen, verborgenen Stigmata, der Teilnahme an der Passion Christi, der Gabe der Bilokation, dem Lesen in den menschlichen Seelen, Prophezeiungen und der mystischen Verlobung und Vermählung. Der lebendige Kontakt mit Gott, der Muttergottes, den Engeln, Heiligen, den Seelen im Fegefeuer – die ganze übernatürliche Welt war für sie nicht weniger real und wirklich als die mit den Sinnen wahrnehmbare Welt.«

Dass viele Christen irrtümlich glauben, mit dem Ende der biblischen Zeit vor 2000 Jahren habe auch die Zeit der Prophezeiungen ein Ende gefunden, ist nachvollziehbar. Aus katholischer Sicht sind alle Glaubensinhalte mit der Auferstehung Jesu Christi bekannt, das heißt, alles, was Gott den Menschen mitzuteilen hatte, hat er durch Jesus Christus mitgeteilt. Wer der Meinung ist, dass alle Marienerscheinungen Unfug seien, bleibt dennoch Katholik. Es gibt nur einen Glaubensinhalt, der nach Christi Auferstehung dazu kam. Die Tatsache, dass es Heilige gibt, die nach dem Tod Jesu Christi aufgetreten sind – die sogenannte Gemeinschaft der Heiligen –, darf man als Katholik nicht leugnen.

Obwohl mit Jesus von Nazareth alles gesagt ist, spricht Gott aber, nach Meinung der Kirche, auch heute immer wieder direkt mit den Menschen: zum Beispiel in Form von Prophezeiungen. Und ebendiese Prophezeiungen bereiten manchen modernen Theologen schlaflose Nächte.

Die Wahl des Präfekten der Glaubenskongregation zum Papst hat einen Einschnitt in der Geschichte der Kirche markiert. Die Fraktion der »rationalen« Theologen wie Joseph Ratzinger ist auf dem Vormarsch. Für diese Theologen gibt es nur äußerst selten übernatürliche Erscheinungen. Wenn überhaupt, dann sprechen sie von »Privatoffenbarungen«, also Zeichen Gottes, die Menschen in ihrem Inneren zu erleben glauben. Dass Gott aktiv und sichtbar in den Lauf der Geschichte eingreift, sichtbare Zeichen setzt, halten sie für unwahrscheinlich.

Ein besonders drastisches Beispiel für diesen Kurs ist das sogenannte Wunder von Civitavecchia. Dort hatte sogar ein Bischof, Monsignor Girolamo Grillo, geschworen, in aller Öffentlichkeit selber ein Wunder erlebt zu haben: Eine Madonnen-Statue, die er in der Hand hielt, weinte Tränen. Papst Johannes Paul II. schickte beeindruckt einen Rosenkranz. Doch nach dem Tod des Papstes wurde dem Bischof ein Maulkorb verpasst. Als ich ihn 2008 bat, mir zu erzählen, was er erlebt hatte, sagte er mir: »Schreiben Sie, dass ich darüber nicht sprechen darf, dass ich gerügt werde, wenn ich etwas sage.«

Auf seinem Flug nach Lourdes am 12. September 2008 sagte Papst Benedikt XVI. ganz deutlich, dass er nicht wegen der »Wunder« nach Lourdes fahre, sondern wegen der Erfahrung der mütterlichen Liebe.

Ebenso wie Wunder bereiten auch Prophezeiungen den modernen Theologen Kopfschmerzen. Oft werden Propheten nicht als Menschen dargestellt, die die Zukunft voraussagen können, sondern abstrakt als Frauen und Männer, die Gott besonders nahestanden. Aber im Fall der Prophezeiungen funktionierte diese Art der »Entschärfung« von Propheten nicht; denn in der Bibel steht eindeutig, was nach Meinung Gottes ein Prophet ist, nämlich einer, der korrekt die Zukunft voraussagt.

Moses erklärt im Buch *Deuteronomium* dem Volk Israel genau den Unterschied.

Es heißt im achtzehnten Kapitel:

10 »Es soll bei dir keinen geben, der seinen Sohn oder seine Tochter durchs Feuer gehen lässt, keinen, der Losorakel befragt, Wolken deutet, aus dem Becher weissagt, zaubert,

11 Gebetsbeschwörungen hersagt oder Totengeister befragt, keinen Hellseher, keinen, der Verstorbene um Rat fragt.

12 Denn jeder, der so etwas tut, ist dem Herrn ein Gräuel. Wegen dieser Gräuel vertreibt sie der Herr, dein Gott, vor dir.

13 Du sollst ganz und gar bei dem Herrn, deinem Gott, bleiben.

14 Denn diese Völker, deren Besitz du übernimmst, hören auf Wolkendeuter und Orakelleser. Für dich aber hat der Herr, dein Gott, es anders bestimmt.

15 Einen Propheten wie mich wird dir der Herr, dein Gott, aus deiner Mitte, unter deinen Brüdern, erstehen lassen. Auf ihn sollt ihr hören.«

Der ewige Gott YHWH verbietet also alle magischen Tricks, wenn die Israeliten in die Zukunft schauen wollen. Die in der antiken Welt weit verbreitete Befragung der Orakel sollen sie ausdrücklich meiden. Im achtzehnten Kapitel des *Buch Deuteronomium* erklärt Moses, was Gott mit einem Propheten vorhat:

Dtn 18,18 »Einen Propheten wie dich will ich ihnen mitten unter ihren Brüdern erstehen lassen. Ich will ihm meine Worte in den Mund legen, und er wird ihnen alles sagen, was ich ihm auftrage.«

Propheten sind also Menschen, denen Gott eingibt, was sie

sagen sollen. Ihre Worte werden dadurch für die Menschen verpflichtend. Gott warnt die Menschen ausdrücklich davor, den Worten des Propheten nicht zu folgen. Im *Buch Deuteronomium* heißt es dazu:

Dtn 18,19 »Einen Mann aber, der nicht auf meine Worte hört, die der Prophet in meinem Namen verkünden wird, ziehe ich selbst zur Rechenschaft.«

Jetzt geht Moses auf die falschen Propheten ein.

Dtn 18,20 »Doch ein Prophet, der sich anmaßt, in meinem Namen ein Wort zu verkünden, dessen Verkündigung ich ihm nicht aufgetragen habe, oder der im Namen anderer Götter spricht, ein solcher Prophet soll sterben.«

Jetzt kommt das entscheidende Kriterium. Moses erklärt, wie das Volk Israel einen falschen von einem echten Propheten unterscheiden kann:

Dtn 18,21 »Und wenn du denkst: Woran können wir ein Wort erkennen, dass der Herr nicht gesprochen hat,

Dtn 18,22 dann sollst du wissen: Wenn ein Prophet im Namen des Herrn spricht und sein Wort sich nicht erfüllt und nicht eintrifft, dann ist es ein Wort, das nicht der Herr gesprochen hat. Der Prophet hat sich nur angemaßt, es zu sprechen. Du sollst dich dadurch nicht aus der Fassung bringen lassen.«

An keiner anderen Stelle in der Bibel stellt der ewige Gott im Himmel, hier durch die Worte des Moses, so deutlich klar, was einen Propheten ausmacht. Er sagt die Zukunft korrekt voraus, und wenn das Vorausgesagte eintrifft, dann handelt es sich um einen echten Propheten und tatsächlich um Gottes Wort. Wenn die Vorhersage nicht eintrifft, handelt es sich um einen Scharlatan.

Im Neuen Testament geht es häufig um die Frage, ob Jesus auch ein Prophet ist. Der Evangelist Markus berichtet im sechsten Kapitel, Vers 15, dass die Menschen sich fragen, wer Jesus sei.

»Andere sagten: Er ist Elija. Wieder andere: Er ist ein Prophet, wie einer von den alten Propheten.«

Im Neuen Testament endet die Geschichte der Prophezeiungen und Propheten aber nicht mit dem Tod und der Auferstehung Jesu Christi, auch nach seinem Tod gibt es zahlreiche Propheten im Neuen Testament.

In der *Apostelgeschichte* heißt es im Kapitel 11, Vers 27:

»In jenen Tagen kamen von Jerusalem Propheten nach Antiochia hinab.«

Dann nennt die *Apostelgeschichte* ausdrücklich eine bestimmte Prophezeiung und ihre Erfüllung, wie Moses sie im *Buch Deuteronomium* im Namen Gottes fordert.

Im Kapitel 11, Vers 28 heißt es:

»Einer von ihnen namens Agabus trat auf und weissagte durch den Geist, eine große Hungersnot werde über die ganze Erde kommen. Sie brach dann unter Claudius aus.«

Aber auch mit dem Ende der biblischen Geschichte endet die Geschichte der Propheten und Prophezeiungen nicht. Sie ziehen sich weiter durch die kommenden zwei Jahrtausende der christlichen Tradition. Gott sagt immer wieder den Gläubigen ihre Propheten voraus. Ein berühmtes Beispiel ist Polykarp von Smyrna, dem heutigen Izmir in der Türkei. Es steht nicht fest, wann der Bischof genau gelebt hat. Als Lebensdaten gelten die Jahre 69 für seine Geburt und das Jahr 155 für seinen Tod.

Eines ist jedoch unbestritten: Er lebte im zweiten Jahrhundert nach Christus, also zu einem Zeitpunkt, als die Geschichten, von denen die Apostel berichteten, längst vergangen waren. Dennoch gilt Polykarp in der christlichen Tradition eindeutig als Märtyrer. In der Geschichte des Martyriums des Polykarp, die als ein relativ authentischer Bericht der Christenverfolgung gilt, wird erzählt, wie Polykarp korrekt in die Zukunft schaut. Während eines Gebets hat er eine Vision. Er sieht drei Tage vor seiner Festnahme, wie er verbrannt werden wird, und bringt seinen Anhängern diese traurige Nachricht.

Auch im zweiten Jahrhunderts geht es immer noch um das wichtigste Kriterium des Moses für einen Propheten, nämlich die, dass seine Voraussage eintrifft. Mit einem geschickten Trick erweckt der Autor des Martyriums des Polykarp zunächst den Eindruck, der Prophet habe sich in seiner Vorhersage getäuscht. Polykarp wird in den Zirkus geschleppt, wo er einem Löwen vorgeworfen werden soll. Der Leser denkt: »Aha, Polykarp hat sich getäuscht. Er sah zu Unrecht, dass er verbrannt werden würde.« Doch dann schaltete sich der Prokonsul ein. Er befahl, dass Polykarp nicht den wilden Tieren vorgeworfen werde. Der Programmpunkt sei schon vorbei, die Menge dürfe ihn aber verbrennen. Die Prophezeiung hatte sich erfüllt.

11

Sibyllen

Sowohl im Alten als auch im Neuen Testament erfüllen sich Prophezeiungen an den unterschiedlichsten Orten – mit einer Ausnahme. Wenn es stimmt, dass Gott den Heiligen Geist aussendet, um den Kardinälen einzuflüstern, wer Vikar seines Sohnes Jesus Christus werden wird, dann ist eines unbestreitbar: Diese Prophezeiung erfüllt sich immer am gleichen Ort – in der als Trutzburg und Verteidigungsanlage während der Regentschaft von Papst Sixtus IV. (Papst zwischen 1471 bis 1484) erbauten Sixtinischen Kapelle im Vatikan.

Normalerweise schieben sich gewaltige Touristenmassen durch die Kapelle und versuchen, heimlich mit Blitzlicht zu fotografieren. Um zu verhindern, dass Dutzende Touristenführer mit lautstark herausgebrüllten Beschreibungen der Fresken die Heiligkeit des Ortes entweihen, stehen seit Jahrzehnten Poster der Kapelle in den kilometerlangen Gängen der Vatikanischen Museen. Vor diesen Posterwänden lässt sich, lange bevor die Urlauber die Kapelle erreichen, die komplizierte Entstehungsgeschichte der Fresken erklären. Es ist ziemlich schwierig, sich an einem normalen Öffnungstag im Gedränge der Sixtinischen Kapelle klarzumachen, dass dieser Raum einer der geheimnisvollsten Orte der katholischen Kirche ist. Denn nur in diese Kapelle befehlen die Kardinäle der Kirche Gott in Form des Heiligen Geistes regelrecht hinein. »Veni, Creator Spiritus!« – »Komm herbei, Heiliger Geist!«, singen sie vor der Wahl. Es ist ein Befehl, ein Imperativ. Nach dem Glauben der Kirche kommt der Geist dem Befehl nach und sorgt dafür, dass der von Gott erwählte Kandidat auch tatsächlich der nächste Papst sein wird. Dass Prophezeiungen in dieser Kapelle in Erfüllungen gehen, dass es ein prophetischer Ort ist, hat keiner so deutlich gezeigt wie das Genie Michelangelo Buonarroti.

Den meisten Menschen, die heute die Sixtinische Kapelle betreten, fällt zweierlei auf, wenn sie die Propheten an der Decke betrachten. Die erste Beobachtung behalten sie meist für sich, weil sie nicht wagen, auszusprechen, was sie sehen: Dass nämlich das unbestrittene Genie Michelangelo Buonarroti erbärmlich schlecht Frauenkörper malen konnte. Ihre Arme, Schultern und Hände scheinen von muskelbepackten Bodybuildern zu stammen. Die zweite Beobachtung ist ebenfalls eine Überraschung: Warum verfiel Michelangelo auf die aus heutiger Sicht ungewöhnliche Idee, neben den Propheten des Alten Testaments auch Wahrsager darzustellen? Er malt die Sibyllen, Frauen, die in der antiken Welt für ihre Orakelsprüche bekannt waren.

Unter den Propheten des Alten Testaments wählte Michelangelo die Propheten Sacharja, Daniel, Jesaja, Jona, Jeremias, Ezechiel und Joel aus. Diesen Männern stellte er die Sibylle von Cuma, die delphische Sibylle, die sogenannte persische Sibylle, die Sibylle Libyens und die Sybille aus Kleinasien, die sogenannte Erythräische Sibylle, gegenüber. Diese Frauen haben wahrscheinlich nie, wenn aber doch, dann lange vor Christi Geburt gelebt. Was haben sie also in der wichtigsten Kapelle des Vatikans zu suchen? Eines fällt an den Frauenfiguren auf: Alle haben ein Buch vor sich, sie scheinen darin zu lesen. Einige von ihnen könnten eine Vision haben, die sie in das Buch schreiben wollen. Dieses Buch, das die Sibyllen dort an der Decke des Michelangelo vor sich haben, hat es tatsächlich gegeben. In der christlichen Geschichte ist es eines der faszinierenden Bücher, und es muss Michelangelo ebenfalls fasziniert haben: das Buch der »Oracula Sibyllina«. Es ist nämlich nicht nur der Krummstab des Bischofs von Rom, der dem Stab der Auguren von Rom nachempfunden ist, der also die Päpste mit den Propheten der Antike verbindet. Auch diese Prophetinnen der Sixtinischen Kapelle, des Schicksalsraums der Päpste, haben eine Verbindung zum katholischen Glauben.

Heute scheint uns der Zusammenhang der vorchristlichen Orakel mit Jesus von Nazareth abwegig und bizarr. In der Welt Michelangelos vor 500 Jahren, in der die »Oracula Sibyllina« in zahlreichen Abschriften kursierte, war das nicht so. Diese Prophezeiungen sollen im Kern vor allem eins vorausgesagt haben, das Kommen Jesu Christi. Diese rätselhafte Sammlung von Orakelsprüchen stammt aus der Feder einer Vielzahl von Autoren, und jetzt ist es nicht mehr möglich, herauszufinden, wer, was, wann in den Text geschrieben hat. Uralte griechische Orakelsprüche wurden in dem Text verbunden mit jüdischer und lateinischer Tradition. Sicher haben christliche Autoren einen Großteil der Prophezeiungen umgeschrieben, vermutlich in ihrem Sinne. Doch diese »Oracula Sibyllina« sind keineswegs nur eine vielfältige Sprüchesammlung. Frühe Kirchenlehrer, vor allem Lactanz (Lucius Caecilius Firmianus, geboren um 250, gestorben um 325, er war von Kaiser Konstantin aus Nordafrika nach Trier gerufen worden), sehen in der Orakelschrift einen nicht unwichtigen Hinweis auf das Erscheinen Christi.

Ob Sibyllen überhaupt je existiert haben, ist unklar. Soweit heute bekannt, beschreibt Heraklit von Ephesos erstmals diese antiken Prophetinnen in dem berühmten Fragment 22B 92: »Die Sibylle mit rasendem Munde, Ungelachtes und Ungeschminktes und Ungesalbtes hinwerfend, dringt durch Jahrtausende mit der Stimme, getrieben von Gott.« (Übersetzung nach Hans Martin Gauger)

Heute geht die Forschung davon aus, dass es irgendwann in Marpessos bei Troja in Kleinasien möglicherweise eine Frau namens Sibylle gegeben hat, die die Zukunft vorhersagte. Der Name soll dann auf alle Weissagerinnen übergegangen sein. Später entstehen wichtige Orte für Orakel, vor allem in Delphi, Dodona, Didyma, Klaros und auch in der Oase Siwah in Ägypten, wo das Ammon-Orakel befragt wurde.

Dass dabei kräftig gepfuscht wurde, war in der Antike bekannt. Schon Herodot beklagte, dass es immer wieder zu Bestechungen der Oberpriester kam, woraufhin die »Pythia«, die einzige im Heiligtum zugelassene Frau, die Seherin des Orakels von Delphi, entsprechende Weissagungen aussprach. Bis heute ist umstritten, ob die Delphische Sibylle durch Gase, die aus einer Felsspalte unterhalb des Tempels austraten, in eine Art Trance versetzt wurde.

Einen dieser rätselhaften Orte der Prophezeiungen hat Michelangelo mit Sicherheit gekannt. Möglicherweise hat er ihn selbst besucht. Von Rom aus ist er leicht zu erreichen. Sicherlich aber hat man ihm von dem Ort erzählt: von der Grotte der Sibylle von Cuma.

Es gibt heute in Italien nur wenige Reiseziele, die einen so interessanten Ausflug versprechen wie die Fahrt zur Grotte der Sibylle von Cuma. Eine Reise dorthin ist nicht deswegen so interessant, weil die Kunstschätze der Umgebung so einzigartig wären. Phantastische Kunstschätze gibt es in Italien an vielen Orten zu sehen. Aber an kaum einem anderen Ort sind die Kontraste so stark.

Die Grotte von Cuma liegt etwa zwei Autostunden südlich von Rom. Urlaubsreife Römer jagen auf der uralten Via Domitiana, die natürlich unter Kaiser Domitian angelegt wurde, an der Grotte achtlos vorbei nach Neapel, um von dort auf die Urlaubsinseln Ischia und Capri überzusetzen. Gerhard Polt drehte in dieser Region, in Terracina, seine Urlauberpersiflage »Man spricht deutsch« – und diese Satire trifft die Atmosphäre sehr genau. Die Atmosphäre an dieser Küste ist vor allem deshalb so seltsam, weil die Bewohner der Region nie begriffen haben und nie begreifen werden, wieso man sein Auto vollpacken, den langen Weg von Nord- und Mitteleuropa über die Alpen antreten kann, um die Po-Ebene zu durchqueren, an Rom vorbeizufahren, um ausgerechnet im Norden der Region Kampanien anzuhalten und der Meinung zu sein, man wäre angekommen.

Nirgendwo in Italien gibt es so viele regelrechte Slums wie in der Region nördlich von Neapel. Erntehelfer aus Nordafrika, in der Mehrzahl illegal eingewandert, arbeiten und leben unter menschenunwürdigen Bedingungen. Ein Vergleich mit der Sklaverei ist nicht übertrieben. Für einen Hungerlohn müssen sie auf den unerträglich heißen Feldern italienische Tomaten für ganz Europa pflücken. Eine der Begleiterscheinungen dieser Praxis ist die weit verbreitete Prostitution. Afrikanerinnen, die ebenfalls wie Sklavinnen leben müssen, bieten ihre Dienste an jedem Straßenrand an. Der Drogenhandel blüht, die lokale Mafia, die Camorra, regiert in dieser Region, und immer wieder kommt es zu Schießereien und Morden auf offener Straße. Die Städte an der Küste wurden meist illegal und ohne Bebauungsplan errichtet; sie verbreiten eine unglaubliche Tristesse. Die Schwerindustrie im nahen Bacoli und die Basis der Sechsten US-Flotte in Bagnoli, wo auch die Anlagen des Hauptquartiers der NATO für Südeuropa liegen, belasten das Meer stark. An zahlreichen Strandabschnitten herrscht ein generelles Badeverbot, weil das Wasser so dreckig ist.

Wer an dieser Küste lebt, kann sich nicht vorstellen, dass man aus Deutschland anreist, um sich ausgerechnet hier Badelatschen anzuziehen, ein Zelt auf einem Campingplatz aufzubauen und der Meinung zu sein, einem paradiesischen Zustand des Urlaubsglücks nahe zu kommen. Dass Sekretärinnen und Familienväter ein Jahr lang darauf sparen, um in diesen Teil der Welt zu fahren, ist den Einheimischen nicht nur unverständlich, sondern geradezu unheimlich. Das hat auch damit zu tun, dass viele Urlauber an der Via Domitiana auf den zahlreichen Campingplätzen der Region ihre Ferien verbringen. Während in Nord- und teilweise noch in Mittelitalien Camping ein gewisses Lebensgefühl ausdrückt, halten Süditaliener die Tatsache, dass Menschen freiwillig ihren Urlaub in einem Zelt verbringen, für bizarr. Mit einem riesigen Campingbus herumzufahren, ist vollkommen okay, aber Zelten hat für Süditaliener den Beigeschmack höchster Not: In Zelten leben Süditaliener nur gezwungenermaßen nach einer Naturkatastrophe wie einem Erdbeben oder einem Vulkanausbuch, und das auch nur dann, wenn die Familie so arm oder so sozial ausgestoßen ist, dass sich nicht einmal Verwandte finden lassen, die sie aufnehmen. Dass seit Jahrzehnten Heerscharen von Mitteleuropäern in die von den Bausünden der sechziger und siebziger Jahre entstellte Region reisen und das Gleiche tun, wozu die armen afrikanischen Wanderarbeiter gezwungen sind, nämlich abends ein Zelt aufzubauen, vor dem dann auf einem Gaskocher rudimentäre Gerichte hergestellt werden, und das alles auch noch herrlich zu finden, ist einem Süditaliener nicht klarzumachen.

Deswegen führt diese Region ein eigenartiges Doppelleben. Die Bewohner liefern den Urlaubern das Lebensgefühl, von dem die Gäste glauben, es sei ein italienisches. Das heißt: Sie mischen Hackfleisch in ihren Tomaten-Sugo und nennen das ganze Bolognese-Soße, legen einen Löffel neben den Teller, obwohl sie selbst niemals Spaghetti auf einem Löffel aufrollen würden, mixen Campari mit Orangensaft statt mit Soda. Sie streuen Parmesan auf Thunfisch-Saucen, obwohl sie bereits als Zweijährige gelernt haben, dass nur Geisteskranke Fisch und Käse kombinieren, servieren ohne mit der Wimper zu zucken Cappuccino nach dem Abendessen, obwohl sich ihnen der Magen bei dem Gedanken daran umdreht, um diese Uhrzeit ein Milchmixgetränk verdauen zu müssen. Und wundern sich darüber, dass ihre Gäste zufrieden sind.

Ausgerechnet an dieser Küste also liegt einer der geheimnisvollsten Orte Italiens, dessen Spuren bis in die Sixtinische Kapelle und zu den Päpsten führen. Hier soll in einer Grotte, die man heute noch sehen kann, das Tor zur Unterwelt liegen. Hier soll die Sibylle von Cuma gelebt haben. Noch heute ist die Grotte leicht zu besichtigen. Es ist ein beklemmendes Gefühl, an den Bergen von Abfall, weggeworfenen Waschmaschinen, brennenden Reifen und benutzten Präservativen zu dem Parkplatz zu gelangen, von dem aus man die Grotte erreichen kann. Ein exakt in den Tuffstein geschlagener trapezförmiger Gang, dem die hineinfallenden Sonnenstrahlen je nach Uhrzeit eine immer neue Form geben, führt in den rechteckigen Raum der Sibylle. Wenige Plätze in Italien strahlen eine so starke suggestive Kraft aus wie diese Grotte, in der die Sibylle ihre Orakelsprüche verkündet haben soll. Die Griechen, die auf Ischia gelandet waren, bauten gegen 750 vor Christus hier die erste Niederlassung in Italien und nannten sie Kymae. Auf der Akropolis errichteten sie zwei bedeutende Tempel. Zu Beginn des 20. Jahrhunderts entdeckte man unter der Tempelanlage einen Tunnel, von dem aus im Jahr 1932 Professor Amedeo Maiuri die Grotte der Sibylle wiederentdeckte.

Der Gott Apollon persönlich soll sich in die Priesterin verliebt haben. Er bat sie, sich ihm hinzugeben und ihre Jungfernschaft zu opfern. Sie weigerte sich zwar, dennoch schenkte der Gott ihr, nach der Legende, so viele Lebensjahre, wie Staubkörner in einem Kehrrichthaufen seien: Das waren genau 1000. Die Sage nimmt ein böses Ende. Die Sibylle verfällt in erschreckendem Maß, sie schrumpft, bis sie schließlich auf die Größe eines Vogels zusammengesunken ist und in einer Glasflasche Platz hat, die unter der Decke der Höhle gehangen haben soll. Nach der Sage kamen immer wieder Kinder in die Höhle und fragten die uralte Sibylle, was sie wolle. Sie antwortete nur noch: »Ich will sterben.«

Der römische Dichter Vergil beschreibt das Schicksal der Sibylle wie folgt. Nach der Flucht aus Troja kommt Aeneas zu ihr, sie gibt ihm, was er verlangt: den goldenen Zweig, mit dem es ihm gelingt, in die Unterwelt hinabzusteigen, um seinen Vater zu sehen.

Später soll ebendiese Sibylle die rätselhaftesten Bücher des tausendjährigen römischen Imperiums geschrieben haben. Der Sage nach bot sie neun ihrer Orakel-Bücher dem letzten König von Rom an, jenem Tarquinius Superbus, dem hochmütigen Mann aus Tarquinia, der aus einer etruskischen Adelsfamilie stammte. Der lehnte das Angebot ab, woraufhin die Sibylle drei Bücher verbrannte, um die restlichen sechs wieder dem König anzubieten, der erneut ablehnte. Wieder verbrannte die Sibylle drei Bücher und bot die restlichen drei wieder zum gleichen Preis wie die ursprünglichen neun dem König an, der – unsicher geworden – die Bücher erwarb. Die staatlichen Priester des römischen Imperiums mussten diese sibyllinischen Bücher in Krisenzeiten befragen. Um das Jahr 400 vor Christus sollen die Priester den sibyllinischen Büchern entnommen haben, dass Staatsbankette einzuführen seien, um die Götter zu beschwichtigen. Nach einem strengen Winter und einem zu heißen Sommer mitten in Kriegszeiten litt die Bevölkerung sehr, und diese Bankette bei den Figuren der Götter (Lectisternia) müssen sie zumindest abgelenkt haben. Die Bücher galten als einer der wichtigsten Schätze des Staates und wurden auf dem Kapitolshügel aufbewahrt, bis sie bei einem Brand im Jahr 82 vor Christus zerstört wurden.

12

Gottes Wohnstätte

Die Propheten des Alten Testaments und die Sibyllen haben natürlich gemeinsam, dass sie die Zukunft vorhersagen, doch auf den ersten Blick scheint sie eins zu trennen: Die Sibyllen verkünden ein Orakel; dies ist meist so formuliert, dass es immer zutrifft. Es ist eine Art Rätsel, ein Trick. Erstaunlicherweise aber bedient sich auch die Bibel dieser Form des Orakels. Das berühmteste Beispiel erzählt wieder einmal Herodotus. Krösus, der König des gewaltigen Reichs der Lydier, soll vor dem Angriff auf den Perserkönig Kyros II. das Orakel von Delphi befragt haben, ob die Lage günstig für einen Angriff sei. Die Antwort gilt seit der Antike als die typische Antwort der Sibyllen: Wenn du angreifst, wirst du ein großes und mächtiges Reich zerstören, soll die Priesterin, die Pythia, gesagt haben. Natürlich glaubte Krösus, dass dies eine günstige Prophezeiung wäre, obwohl die Lage eigentlich ungemütlich war. Der Perserkönig befand sich damals mit seinem Heer gerade auf einem ausgesprochen vielversprechen Beutefeldzug und hatte Krösus gedroht. Dessen Reich umfasste fast die gesamte Westtürkei. Krösus war durchaus klar, wie ernst die Bedrohung war; er schloss Allianzen mit den Ägyptern und mit Babylon. Doch nach einem langen Krieg, während die Truppen des Krösus im Winterlager ausruhten, griff Kyros II. kurzerhand die Hauptstadt Lydiens an, Sardes in der heutigen Türkei, und überrumpelte Krösus. Das Orakel hat also recht behalten. Tatsächlich zerstörte Krösus ein großes, mächtiges Reich durch den Angriff, nämlich sein eigenes.

In der Bibel, im *Ersten Buch der Könige,* findet sich ein Orakel, das dem von Delphi stark ähnelt. An dieser Stelle machen die Autoren des Buchs der Könige genaue Angaben über die

Arbeit der Propheten. Es fängt damit an, dass Joschafat, der König von Juda, zu Ahab, dem König von Israel, kommt. Der König von Israel möchte sich die Stadt Ramot-Gilead zurückholen, die aber der König von Aram besetzt hat. Der König von Israel fragt also den König von Juda, ob er mitmachen, mit ihm also in den Krieg ziehen möchte, gegen den König von Aram. Joschafat will auf Nummer sicher gehen und schlägt vor:

1 Kön 22,5 »Joschafat bat aber den König von Israel: Befrag doch zuvor den Herrn!«

Diese Idee gefällt dem König von Israel, und deshalb lässt er seine Propheten kommen. Das Erstaunliche daran ist, wie viele es sind. Während später in Israel nur einige wenige Propheten bekannt sind, versammelt König Ahab von Israel gleich 400 Weissager.

1 Kön 22,6 »Da versammelte der König von Israel die Propheten, gegen vierhundert Mann, und fragte sie: Soll ich gegen Ramot-Gilead zu Felde ziehen, oder soll ich es lassen? Sie gaben den Bescheid: Zieh hinauf! Der Herr gibt die Stadt in die Hand des Königs.«

Die etwa vierhundert Propheten haben gesprochen, aber der König hat die Falle erkannt. Es ist die gleiche Falle, in die Krösus lief, als er dem Orakel von Delphi Glauben schenkte. Die Auskunft der Propheten, dass der Herr die Stadt in die Hand des Königs geben werde, ist schön und gut. Aber die entscheidende Frage bleibt unbeantwortet: In die Hand welchen Königs? Ist es die Hand des Königs von Israel oder die des Königs von Aram? In beiden Fällen hätten die Propheten recht behalten, genau wie beim Orakel von Delphi. Der König von Juda merkt aber gleich, was gespielt wird, und zeigt sofort, dass er mit dieser Antwort nicht zufrieden ist.

1 Kön 22,7 »Doch Joschafat sagte: Ist hier sonst kein Prophet des Herrn, den wir befragen könnten?«

Joschafat will also Gewissheit. Er will einen anständigen Propheten hören, der klar sagt, ob sie den Krieg um Ramot-Gilead gewinnen oder verlieren werden. So ein Prophet muss her. Doch mit einem weiteren verlässlichen Propheten kann der

König nicht dienen. Da ist zwar noch ein Prophet, doch der hat einen gewaltigen Haken.

1 Kön 22,8 »Der König von Israel antwortete Joschafat: Es ist noch einer da, durch den wir den Herrn befragen könnten. Doch ich hasse ihn; denn er weissagt mir nie Gutes, sondern immer nur Schlimmes. Es ist Micha, der Sohn Jimlas.«

Es gab also damals »Lieblingspropheten«, die dem König genehm waren, und Propheten, die er gar nicht gern hören mochte, weil sie ihm Schlimmes weissagten. Eines wird damit auf jeden Fall klar: Gott scheint sich nicht allen Propheten auf gleiche Weise zu offenbaren, oder aber es gibt »bessere« Propheten, die näher dran sind an dem, was Gott will, und es gibt schlechtere Propheten, die keine Ahnung haben, was Gott eigentlich vorhat. Weil der König von Israel sicher gehen will, lässt er auch den ungeliebten Propheten holen.

1 Kön 22,9 »Da rief der König von Israel einen Hofbeamten herbei und befahl ihm, unverzüglich Micha, den Sohn Jimlas, zu holen.

1 Kön 22,13 Der Bote aber, der Micha holen sollte, redete ihm zu: Die Worte der Propheten waren ohne Ausnahme günstig für den König. Mögen deine Worte ihren Worten gleichen. Sag daher Gutes an!

1 Kön 22,14 Doch Micha erwiderte: So wahr der Herr lebt. Nur was der Herr mir sagt, werde ich sagen.«

Es ist also tatsächlich so: Micha sagt, dass er ganz nah dran ist am wahren Wunsch Gottes; er will nur das sagen, was der Herr ihm geweissagt hat, egal, ob das günstig oder ungünstig sein wird.

1 Kön 22,15 »Als er zum König kam, fragte ihn dieser: Micha, sollen wir gegen Ramot-Gilead zu Felde ziehen, oder sollen wir es lassen? Micha antwortete: Zieh hinauf und sei erfolgreich! Der Herr gibt die Stadt in die Hand des Königs.«

Auch Micha bedient sich also zunächst des alten Tricks des Orakels von Delphi, er wiederholt, dass der Herr die Stadt in die Hand des Königs geben wird, ohne zu sagen, welchen Königs.

Wieder erkennt der König von Israel die Falle.

1 Kön 22,16 »Doch der König entgegnete: Wie oft muss ich dich beschwören, mir im Namen des Herrn nur die Wahrheit zu sagen?

1 Kön 22,17 Da sagte Micha: Ich sah ganz Israel über die Berge zerstreut wie Schafe, die keinen Hirten haben. Und der Herr sagte: Sie haben keine Herren mehr. So gehe jeder in Frieden nach Hause.«

Das ist nun eine Antwort, die der König sicher nicht hören wollte. Sie sagt voraus, dass er sterben muss, wenn er Ramot-Gilead angreift. Endlich ist die Wahrheit heraus. Der Prophet versteckt sich nicht mehr hinter dem alten Delphi-Trick. Der König ist verständlicherweise verärgert und beschwert sich:

1 Kön 22,18 »Da wandte sich der König von Israel an Joschafat: Habe ich es dir nicht gesagt? Er weissagt mir nie Gutes, sondern immer nur Schlimmes.«

In den Worten des Königs klingt natürlich mit, dass der Prophet Micha absichtlich Schlimmes vorhersage. Micha fühlt sich offensichtlich herausgefordert und erzählt etwas, das in der Bibel einzigartig ist. Micha behauptet, Gott selber gesehen zu haben, den rätselhaften YHWH, und zwar in dem Augenblick, in dem er gerade die Frage nach dem Schicksal des Königs von Israel beraten hat.

1 Kön 22,19 »Micha aber fuhr fort: Darum – höre das Wort des Herrn. Ich sah den Herrn auf seinem Thron sitzen; das ganze Heer des Himmels stand zu seiner Rechten und seiner Linken.

1 Kön 22,20 Und der Herr fragte: Wer will Ahab betören, sodass er nach Ramot-Gilead hinaufzieht und dort fällt? Da hatte der eine diesen, der andere jenen Vorschlag.

1 Kön 22,21 Zuletzt trat der Geist vor, stellte sich vor den Herrn und sagte: Ich werde ihn betören. Der Herr fragte ihn: Auf welche Weise?

1 Kön 22,22 Er gab zur Antwort: Ich werde mich aufmachen und zu einem Lügengeist im Mund all seiner Propheten werden. Da sagte der Herr: Du wirst ihn betören; du vermagst es. Geh und tu es!

1 Kön 22,23 So hat der Herr jetzt einen Geist der Lüge in den Mund all deiner Propheten gelegt; denn er hat über dich Unheil beschlossen.«

Die Nachrichten aus dem Munde des Propheten Micha sind ausgesprochen schlecht. Gott im Himmel soll selber beschlossen haben, dass König Ahab von Israel sterben werde; deswegen gestattet Gott, den König mit Hilfe einer Lüge der Propheten hereinzulegen. Klarerweise müssen jetzt die anderen vor dem König von Israel versammelten Propheten ziemlich verärgert sein, was auch der Fall ist.

1 Kön 22,24 »Da trat Zidkija, der Sohn Kenaanas, zu Micha, schlug ihn ins Gesicht und rief: Wie sollte denn der Geist des Herrn von mir gewichen sein, um mit dir zu reden?

1 Kön 22,25 Micha erwiderte: Du wirst es an jenem Tag erfahren, an dem du von einem Gemach in das andere eilst, um dich zu verstecken.

1 Kön 22,26 Der König von Israel aber gab den Befehl: Nehmt Micha fest, führt ihn zum Stadtobersten Amon und zum Prinzen Joasch

1 Kön 22,27 und meldet: So spricht der König. Werft diesen Mann ins Gefängnis, und haltet ihn streng bei Brot und Wasser, bis ich wohlbehalten zurückkomme.«

Ahab, der König von Israel, nimmt einfach an, dass Micha ein Lügner sei. Er glaubt der Prophezeiung nicht. Dass ein Prophet die versammelten 400 Propheten ins Unrecht setzen könnte, dass Micha gar den ewigen Gott in einer Vision gesehen haben könnte, glaubt er nicht, was er besser doch hätte tun sollen.

1 Kön 22,29 »Darauf zog der König von Israel mit Joschafat, dem König von Juda, gegen Ramot-Gilead.«

Das böse Ende muss Ahab geahnt haben, denn in letzter Sekunde, als sie schon auf das Schlachtfeld ziehen müssen, fällt ihm eine letzte Vorsichtsmaßnahme ein, als könnte er Gott täuschen.

1 Kön 22,30 »Der König von Israel sagte zu Joschafat: Ich will mich verkleiden und so in den Kampf ziehen. Du aber behalte deine Gewänder an! So ging der König von Israel verkleidet in den Kampf.

1 **Kön 22,31** Der König von Aram hatte aber den zweiunddreißig Obersten seiner Kriegswagen befohlen: Greift niemanden an, er sei hohen oder niederen Ranges, außer den König von Israel!

1 **Kön 22,32** Als daher die Obersten der Kriegswagen Joschafat erblickten und ihn für den König von Israel hielten, stürmten sie auf ihn ein, sodass er um Hilfe schrie.

1 **Kön 22,33** Doch als sie sahen, dass er nicht der König von Israel war, ließen sie von ihm ab.«

Jetzt kommt es, wie es kommen muss, Gott lässt sich eben nicht täuschen.

1 **Kön 22,34** »Ein Mann aber spannte aufs Geratewohl seinen Bogen und traf den König von Israel zwischen Panzer und Leib-Gurt. Dieser befahl daher seinem Wagenlenker: Wende um und bring mich aus der Schlacht; denn ich bin verwundet.

1 **Kön 22,35** Da aber die Schlacht an jenem Tag heftig wurde, blieb der König im Kampf gegen die Aramäer aufrecht im Wagen stehen. Am Abend starb er. Das Blut der Wunde war in das Innere des Wagens geflossen.

1 **Kön 22,36** Bei Sonnenuntergang ließ man im Lager ausrufen: Jeder kehre in seine Stadt, in sein Land zurück!

1 **Kön 22,37** So starb der König; man brachte ihn nach Samaria und begrub ihn dort.«

13

Elija

Auch wenn der Vatikan im Grunde eine Gott gewollte Institution ist, lässt es sich nicht vermeiden, diesen Umstand im täglichen Leben des Kirchenstaates einfach zu vergessen. Der Alltag im Vatikan gleicht der Arbeit in einem Ministerium oder in der Zentrale eines großen Konzerns. Hohe Geistliche zerbrechen sich darüber den Kopf, wie sich die Reisekosten im Gefolge Seiner Heiligkeit senken lassen oder wie man die Internet-Leitungen optimieren kann. Es geht darum, wer gerade Karriere macht, welcher Kardinal auf- und welcher absteigt. Da wird um das Privileg gestritten, einen der raren Parkplätze im Vatikan zu ergattern, und um das Recht, an der Tankstelle mit 20 Prozent Rabatt Treibstoff kaufen zu können. Es gehört dazu, über das Essen und die extrem kühle Einrichtung im Hotel des Papstes, des Domus Sanctae Marthae, zu meckern und zu versuchen, die raren Vatikan-Euro-Münzen zu besonderen Ereignissen zu erwischen. Doch manchmal, in seltenen Augenblicken, steht plötzlich Gott in der Tür. Ich meine damit, dass es selten Ereignisse gibt, die die Päpste auf eine magische Art mit Gott zu verbinden scheinen. Meistens geht es dabei um eine Prophezeiung. Und einmal, ein einziges Mal, habe ich erlebt, wie ein Papst auf die Erfüllung einer Prophezeiung wartete. Diese Stunde gehört zu den rätselhaftesten meines Lebens, und zu tun hatten sie eben mit diesem Propheten und diesen Prophezeiungen, mit Elija.

Am 26. Februar des Jahres 2000, übrigens einem Samstag, erreichte Papst Johannes Paul II. eines der wichtigsten Ziele seines Lebens, den Berg Sinai. Zum ersten Mal in der Geschichte betete ein Papst an der Stelle, an der Gott sich gezeigt hatte. Der Papst hielt damals eine der besten Reden während eines

Wortgottesdienstes, die ich je von einem Bischof von Rom gehört habe – und das sind Tausende gewesen. Die Rede war deshalb so gut, weil der Papst mit beeindruckender Klarheit über die Grundlagen seines Glaubens sprach:

»Voll Freude und tief bewegt ist der Bischof von Rom heute als Pilger auf dem Sinai, angezogen von diesem heiligen Berg, der emporragt als erhabenes Monument dessen, was Gott hier verkündet hat. *Hier offenbarte er seinen Namen! Hier gab er sein Gesetz, die Zehn Gebote des Bundes!*«

Schon damals war mir bewusst, dass dieser Tag in die Geschichte eingehen würde. Die ägyptische Armee hingegen schien an diesem Tag nicht sonderlich konzentriert gewesen zu sein. Als das Gefolge des Papstes am Flughafen in Kairo eintraf, um zum Sinai geflogen zu werden, erklärte ein vor Schreck aschfahler Offizier, dass ein Irrtum vorliegen müsse. Das vatikanische Gefolge sei doch längst in einer Transall-Maschine in der Luft. Die Ägypter hatten das falsche Pressecorps – einige Journalisten, die sich als Vatikan-Mitarbeiter ausgegeben hatten – zum Sinai geflogen. Die Maschine kehrte in der Luft noch um, flog die falsche Gruppe zurück und lud die richtige ein. Wir trafen schließlich doch noch auf dem Flughafen des Sinai ein, und ich erinnere mich deutlich, wie seltsam Johannes Paul II. wirkte.

Nur ihm allein war es gestattet, die Kirche des Katharinenklosters zu besuchen. Danach kam er in den Garten, in dessen Gluthitze erstaunlicherweise ein paar Olivenbäume überlebten.

Weil der Berg Sinai nun einmal in der Wüste liegt und weil es nicht einfach ist, dorthin zu kommen, waren nur eine Handvoll Pilger und wenige Begleiter des Papstes anwesend. Ich saß an diesem Tag deshalb etwas mehr als eine Stunde lang fast unmittelbar neben dem Papst. So nah, dass wir hätten Karten spielen können.

Eine solche Situation ist selten, denn normalerweise tauchen während päpstlicher Zeremonien Hunderttausende von Pilgern auf. Aber damals, im Garten des Katharinenklosters am Berg Sinai, waren wir alle zusammen, die päpstliche Delegation, die Sicherheitsleute, die Journalisten und die wenigen Pilger, nicht einmal hundert Personen. In meiner Nähe saß mein alter Freund, der Vatikan-Experte der italienischen Tageszeitung »La Repubblica«, Marco Politi.

Und dann passierte das Unglaubliche: Nichts. So etwas hatte ich noch nie erlebt. Normalerweise kam der Papst an den Ort einer Gebetsstätte, in eine Kirche, in ein Stadion, und begann mit seinem Programm. Das heißt, er zelebrierte eine Messe, hielt eine Ansprache, tat irgendetwas. Nur damals am Sinai tat er nichts, gar nichts. Er schaute still vor sich hin, er begann einfach nicht wie vorgesehen mit der Zeremonie. Die Minuten verstrichen. »Was macht er da, warum fängt er nicht an?«, flüsterte ich Marco zu. Der sagte nur: »Ich habe keine Ahnung, was da passiert.«

Der Papst sah uns an. Er hatte gehört, dass wir miteinander getuschelt hatten. Er sah uns aber nicht anklagend an, eher werbend, als wollte er mit dem Blick etwas sagen. Er sah unglaublich konzentriert aus, ein Mann, dem in diesem Augenblick auf keinen Fall etwas entgehen durfte.

Mir fielen die Worte ein, die er auf dem Weg zu dieser Auslandsreise gesagt hatte: »Es ist eine Pilgerreise zum Herrn.«

Ich war mir sicher: Er weiß genau, dass zum ersten Mal in der Geschichte ein Papst an dieser Stelle betet, an der sich Gott den Menschen gezeigt haben soll. Ihm, Karol Wojtyła, war prophezeit worden, dass er die katholische Kirche in das dritte Jahrtausend führen sollte. Genau das war gerade geschehen, und seine erste Reise im neuen Jahrtausend führte ihn an den Ort, den Gott dafür auserwählt hatte, um sich von Moses seine Wohnstätte bauen zu lassen.

Das Buch Exodus, 25,8:

»Macht mir ein Heiligtum! Dann werde ich in ihrer Mitte wohnen.«

Deswegen war Johannes Paul II. hier: Er glaubte zutiefst, dass Gott hier, wo er als Wolke zu Moses gekommen war, auf ihn gewartet hatte. Und jetzt verstand ich auch, worauf der Papst nun wartete: Er wartete auf ein Zeichen.

In seiner Predigt sollte er sich später darauf beziehen:

»Hier suchte der Prophet Elija Zuflucht in einer Höhle« (vgl. 1 Kön 19,9), würde der Papst sagen und daran erinnern, wie Gott zu Elija sprach.

Wie heißt es noch im *Ersten Buch der Könige:*

»Doch der Engel des Herrn kam zum zweiten Mal, rührte ihn an und sprach: Steh auf und iss! Sonst ist der Weg zu weit für dich.

1 Kön 19,8 Da stand er auf, aß und trank und wanderte, durch diese Speise gestärkt, vierzig Tage und vierzig Nächte bis zum Gottesberg Horeb.«

Horeb, der Berg Sinai, das war der Berg, dessen Gipfel der Papst jetzt vor sich sah.«

Im Buch der Könige heißt es weiter:

1 Kön 19,9 »Dort ging er in eine Höhle, um darin zu übernachten. Doch das Wort des Herrn erging an ihn: Was willst du hier, Elija?«

Dann kommt es zur Überraschung. Der Herr zeigt sich Elija aber auf eine ganz andere Art und Weise, als der erwartet hatte.

1 Kön 19,11 »Der Herr antwortete: Komm heraus und stell dich auf den Berg vor den Herrn! Da zog der Herr vorüber: Ein starker, heftiger Sturm, der die Berge zerriss und die Felsen zerbrach, ging dem Herrn voraus. Doch der Herr war nicht im Sturm. Nach dem Sturm kam ein Erdbeben. Doch der Herr war nicht im Erdbeben.

1 Kön 19,12 Nach dem Beben kam ein Feuer. Doch der Herr war nicht im Feuer. Nach dem Feuer kam ein sanftes, leises Säuseln.

1 Kön 19,13 Als Elija es hörte, hüllte er sein Gesicht in den Mantel, trat hinaus und stellte sich an den Eingang der Höhle.«

Das ist es also gewesen. Hier zeigte der Herr sich Elija in Form eines leichten Säuselns, nichts weiter: Ein lauer Wind.

Ich weiß nicht mehr, wie lange Karol Wojtyła damals schweigend auf diesen Berg schaute, auf den tiefblauen Himmel; er saß in dieser Hitze und schwieg. Irgendwann trafen sich wieder unsere Blicke. Er sah mich an, erwartungsvoll, er blickte immer wieder zum Himmel, und plötzlich hellte sich sein Blick auf, eigenartig berührt, voller Freude sah er mich an, als wollte er sagen: Spürst du es denn nicht? ER ist hier. Ich habe keine Ahnung, was die unglaubliche Freude auf seinem Gesicht auslöste. Über den Berg zogen ein paar Wolken, ein plötzlicher lauer Wind trieb weiße Wattewolken vor sich her, dann war der Himmel wieder wolkenlos. Jetzt erst begann der Papst mit dem Wortgottesdienst.

Karol Wojtyła sagte an diesem Tag in seiner legendären Predigt am Sinai: »Er ist der Gott, der sowohl ganz nah als auch weit entfernt ist; *er ist in der Welt, aber nicht von ihr.* Er ist der Gott, der uns entgegenkommt, den wir aber nicht besitzen können. Er ist der ›ICH-BIN-DA‹ – *der Name, der kein Name ist!* Ich bin der ›ICH-BIN-DA‹: die Unergründlichkeit Gottes, in der Wesen und Sein eins sind.«

Mit dieser Zeremonie in der Hitze feierte Karol Wojtyła eines der fröhlichsten spirituellen Feste, an die ich mich während seines langen Pontifikats erinnern kann. Er hatte seinen Gott dort gespürt. Er hat dort irgendetwas Besonderes erfahren, dessen bin ich mir ganz sicher.

Der Papst, dem vorhergesagt worden war, dass er die Kirche in das nächste Jahrtausend führen würde, der das trotz zweier Mordanschläge tatsächlich geschafft hatte, widmete diese erste Reise im neuen Jahrtausend dem Ort, an dem Gott wohnte, und zwar aus einem ganz bestimmten Grund: Er wollte wissen, ob er zu ihm sprechen würde.

Nach dieser Reise zum Berg Sinai war Karol Wojtyła wie ausgewechselt. Der Mann, der als Leidensmann das Heilige Jahr mit so viel Mühen begonnen hatte, schien auf einmal stark genug, das anstrengende Heilige Jahr 2000 durchzustehen.

Aus allem, was Karol Wojtyła an dem Tag des Wortgottesdienstes am Sinai sagte, lässt sich erkennen, wie wichtig ihm dieser Propheten Elija war.

Er ist der erste Mensch der Bibel, der eine unglaublich enge Beziehung zu Gott hat. Es ist Elija, der Gott nachgerade zwingt, durch eine rhetorische Frage einem Toten das Leben zurückzugeben, ebenso wie es später der Sohn Gottes mit dem verstorbenen Lazarus tun wird.

Im *Buch der Könige* wird erzählt, wie Elija zunächst einer armen Witwe und ihrem Sohn hilft, die zu verhungern drohen. Sie geben ihnen zu essen, und Elija erwirkt, dass Gott ein Wunder tut.

»Der Mehltopf wurde nicht leer und der Ölkrug versiegte nicht, wie der Herr durch Elija versprochen hatte.« (1 Kön 17,16)

Dann zeigt sich, dass dem Propheten Elija tatsächlich eine Sonderstellung in der Bibel zugedacht ist. Seine schon unfassbare Nähe zu Gott wird gezeigt, als der Sohn des Hauses, in dem er als Gast lebt, plötzlich stirbt.

1 Kön 17,17 »Nach einiger Zeit erkrankte der Sohn der Witwe, der das Haus gehörte. Die Krankheit verschlimmerte sich so, dass zuletzt kein Atem mehr in ihm war.

1 Kön 17,18 Da sagte sie zu Elija: Was habe ich mit dir zu schaffen, Mann Gottes? Du bist nur zu mir gekommen, um an meine Sünde zu erinnern und meinem Sohn den Tod zu bringen.

1 Kön 17,19 Er antwortete ihr: Gib mir deinen Sohn! Und er nahm ihn von ihrem Schoß, trug ihn in das Obergemach hinauf, in dem er wohnte, und legte ihn auf sein Bett.

1 Kön 17,20 Dann rief er zum Herrn und sagte: Herr, mein Gott, willst du denn auch über die Witwe, in deren Haus ich wohne, Unheil bringen und ihren Sohn sterben lassen?«

Im Grund verhält sich Elija wie ein Erpresser. Er setzt mit einer rhetorischen Frage Gott unter Druck, ein wenig demütiges Verhalten für einen gottesfürchtigen Propheten, aber Gott lenkt ein.

1 Kön 17,21 »Hierauf streckte er sich dreimal über den Knaben hin, rief zum Herrn und flehte: Herr, mein Gott, lass doch das Leben in diesen Knaben zurückkehren!

1 Kön 17,22 Der Herr erhörte das Gebet Elijas. Das Leben kehrte in den Knaben zurück, und er lebte wieder auf.

14

Tyros

Wenn ich die inneren Bilder von diesem Tag auf dem Sinai an mir vorüberziehen lasse, glaube ich fest daran, dass Karol Wojtyła sich damals der Zeit des Propheten Elija und seinem Gott YHWH ganz nahe fühlte. Aber das hatte natürlich auch damit zu tun, dass Karol Wojtyła eine Ausnahmegestalt war, nicht nur als Papst, sondern auch als ein Mann, der in der Kraft seines Glaubens ruhte.

In seinem Gefolge und im Gefolge von Papst Benedikt XVI. gibt es allerdings auch viele Priester, die keineswegs so tief in ihrem Glauben verwurzelt sind – einem von ihnen hatte diese Reise nach Ägypten gar nicht gutgetan. Ihm habe ich es aber zu verdanken, dass ich wohl damals zum ersten Mal die ganze Tragweite der größten und wichtigsten aller Prophezeiungen begriff. Am Tag, bevor der Papst zum Sinai flog, im Februar des Jahres 2000, saß ich mit ihm auf dem Platz vor dem Ägyptischen Museum in Kairo. Wir hatten gemeinsam die Messe Seiner Heiligkeit geschwänzt. Statt den Papst zu beobachten, der in jener Kirche betete, die an die Flucht der Heiligen Familie nach Ägypten erinnerte, hatten wir uns weggestohlen und mit einem ausgezeichneten Führer das unglaublich reichhaltige Museum angeschaut. Mein Freund, nennen wir ihn einfach Pater P., normalerweise ein quirliger Mann, war ausgesprochen schweigsam. Irgendetwas beschäftigte ihn. Wir saßen in einem Café, nippten an den Coca Colas (ohne Eis, man weiß ja nie) und schwiegen. Auf einmal brach es aus ihm heraus: »Ich wusste das alles nicht.«

»Was wusstest du nicht?«, fragte ich nach.

»Ich hatte keine Ahnung, dass ...«

»Dass was?«

»Dass es so ähnlich ist. Es hat mich fast schockiert. Ich meine, es kann doch nicht wahr sein, dass die Ägypter Isis als eine Gottesmutter verehrten, die jungfräulich Horus zur Welt gebracht hat. Sie ist die Himmelsgöttin, die auch schmerzensreiche Mutter ist; sie versucht, Osiris wieder von den Toten auferstehen zu lassen. So einen Zufall gibt es doch gar nicht, Isis ist ja praktisch identisch mit unserer Maria!«

»Na ja, identisch ist nun doch ein bisschen übertrieben...«

»Aber hast du nicht gesehen? Sie wird als eine liebende Mutter dargestellt, die einen Säugling an der Brust hat. Das sieht doch ganz genau so aus wie die Muttergottes, die das Jesuskind an der Brust nährt. Ich hätte nie gedacht, dass unsere Gottesmutter Maria aus Galiläa nur ein paar Tagesreisen entfernt in Kairo ein so deutliches Vorbild hatte. Auch wenn es natürlich viel älter war. Die Ägypter beteten Jahrtausende vor der Geburt Christi die liebende jungfräuliche Gottesmutter an. Das muss man sich mal vorstellen. Und das geht noch weiter: Die Ägypter glauben an ein Jüngstes Gericht nach dem Tod. Die Menschen werden beurteilt nach ihren Taten, die Bösen werden bestraft, die Guten erhalten das ewige Leben. Das gibt es doch gar nicht, wie ähnlich es ist.«

»Religionen ähneln sich eben.«

»Wenn die Juden tatsächlich in Gefangenschaft in Ägypten waren, dann haben sie die Religion der Ägypter gekannt.«

»Sicher haben sie die gekannt.«

»Ist Maria so etwas wie eine Weiterentwicklung von Isis? Natürlich kann ich das nicht glauben.«

»Es gibt ja auch eine Menge Unterschiede«, wandte ich ein und sah den Soldaten zu, die argwöhnisch jeden beäugten, der über den mit Touristen überfüllten Platz ging.

P. wandte sich jetzt aufgeregt an mich: »Aber woher weiß ich, dass es die Gottesmutter Maria gegeben hat, die Geschichte von Isis aber erfunden ist?«

»Keiner weiß das. Das ist eben der Witz am Glauben. Wenn du im alten Ägypten geboren worden wärst, hättest du sehr wahrscheinlich an Isis geglaubt.«

»Wahrscheinlich«, stimmte er zu. »Auch wenn ich das nicht verstehe.«

»Ich sage doch, es ist eine Frage des Glaubens.«

Er schwieg und sah den Touristen zu, die aus den Bussen stiegen. »Weißt du, dass wir euch manchmal beneiden?«

»Wie meinst du das?«, fragte ich verblüfft.

»Ich meine euch Journalisten, aber auch alle anderen, die nicht Priester sind. Im Vatikan wird es nie jemand zugeben, doch es ist wahr.«

»Wieso?«

»Vor allem, wenn ihr zu Weihnachten einfach nach Hause geht, um die Geschenke mit euren Kindern auszupacken, wenn ihr mit der ganzen Familie im vollgepackten Auto in den Urlaub startet – und vor allem abends.«

»Wieso abends?«

»Wenn ich einen von euch anrufen muss, abends, dann habt ihr nie Zeit. Ihr müsst eure Kinder ins Bett bringen, mit euren Frauen ausgehen, ihr müsst den Familienhund noch runterbringen, zum Elternabend oder so. Hast du schon mal spät, also nach dem Abendessen, im Vatikan angerufen?«

»Natürlich«, sagte ich, »wenn es sich nicht verhindern ließ.«

»Hast du einmal, nur ein einziges Mal, jemanden erwischt, der keine Zeit hatte?«

Ich dachte nach.

»Nein, nie.«

»Siehst du? Wenn du abends um zehn Uhr irgendjemanden im Vatikan anrufst, egal, wen, er hat immer Zeit. Im Gegenteil: Er wird erfreut sein, dich zu hören. Und weißt du wieso? Weil wir alle einsam sind. Euch interessiert nur, wie wir ein Leben ohne Sex leben, aber das ist im Grunde eine langweilige Frage. Es ist viel schwerer zu ertragen, dass wir immer Zeit haben, dass wir unsere Weihnachtsgeschenke freudlos mit alten Männern statt mit unseren Kindern auspacken und auch nie im vollgepackten Auto mit dem Schwimmring obendrauf in den Urlaub fahren.«

»Was willst du damit sagen?«

»Ich will sagen, dass es wahrscheinlich auch für dich tragisch sein könnte, wenn sich nach dem Tod herausstellen sollte, dass Isis existiert, aber der christliche Gott nicht. Du bist gläubig, und es wäre enttäuschend zu wissen, an das Falsche geglaubt zu haben. Aber bei uns Priestern ist das anders. Wir haben unser Leben auf eine Karte gesetzt, und wenn diese Karte nicht sticht, dann ist unser ganzes Leben für die Katz gewesen. Die Entbehrungen, die Wahl, allein zu bleiben…«

Er sprach jetzt langsam, betonte jedes Wort sorgfältig und sah mich dabei genau an: »Für die Katz. Verstehst du? Wenn diese eine, alles entscheidende Prophezeiung nicht eintrifft, dass meine Seele unsterblich ist und Jesus Christus kommen wird, zu richten die Lebenden und die Toten, dann ist alles für die Katz.«

»Eine Prophezeiung?«, fragte ich.

»Klar. Eine Prophezeiung, darum geht es, diese eine Prophezeiung ist der Kern von allem. Klar ist es auch interessant, ob sich Wein während einer Messe tatsächlich in das Blut Christi verwandelt. Doch um ehrlich zu sein, geht mich persönlich diese Frage nur sehr am Rande etwas an. Sicher ist es interessant zu wissen, ob der Satan tatsächlich persönlich Jesus in der Wüste versuchen wollte, aber auch das geht mich eigentlich nichts an. Ob ich nach meinem Tod von einem christlichen Gott gerichtet werde, weil meine Seele unsterblich ist, das geht mich sehr wohl etwas an, darum dreht sich mein ganzes Leben.«

»Du meinst, weil du dir kein Hintertürchen aufhältst wie ich?«

»Da klingt zwar gemein, ist im Kern aber so. Wenn du nach dem Tod vor Isis erscheinst, die dir erklärt, dass dein christlicher Gott leider einem Irrtum entspringt, ist das sicher auch für dich unschön, aber ein erfülltes Leben mit einer Frau, die du liebtest, das hast du gehabt. Ich hingegen stünde da wie ein Idiot. Ich hätte mein Leben weggeworfen in der Hoffnung auf einen Gott, den es gar nicht gibt.«

»Es sei denn, die Prophezeiung erfüllt sich, und du stehst vor Christus, der dich richtet.«

»Deswegen ist Papst Johannes Paul II. so interessant.«

»Ich weiß.«

»Er ist für meine Generation der Priester ein positiver Sturm. Da kommt ein Mann aus Polen und versteckt sich nicht hinter komplizierten theologischen Formeln, sondern sagt: Gott gibt es, ohne Zweifel. Er sagt: Ich habe Gott erfahren, denn er hat den Kindern in Fatima prophezeit, dass auf einen Papst geschossen werden wird und dass Gott diesem Papst das Leben retten wird. Ich bin der Papst. Ich habe das erlebt. Verstehst du? Da war nicht mehr nur die Hoffnung darauf, dass sich die Prophezeiung des Jesus von Nazareth erfüllen könnte, da hatte sie sich sichtbar erfüllt. Das hat in meinem Leben vieles verändert.«

In dem Augenblick ging ein Priester der Vatikanischen Nuntiatur in Kairo über den Platz. Pater P. und ich duckten uns unter den Tisch, damit der Priester uns nicht erkannte und nicht sah, dass wir die päpstliche Messe geschwänzt hatten. Wir mussten beide lachen, als er verschwunden war und wir wieder »auftauchten«. Aber dieses Gespräch habe ich nie vergessen, denn mir ist damals zum ersten Mal wirklich klar geworden, wie entscheidend die Vorhersage des Jüngsten Gerichts und der Chance auf ein ewiges Leben im Paradies für den katholischen Glauben ist. Bei Johannes heißt es (5, 28): »Die Stunde kommt, in der alle, die in den Gräbern sind, seine Stimme hören und herauskommen werden: die das Gute getan haben, werden zum Leben auferstehen, die das Böse getan haben, zum Gericht.«

Seit es das Christentum gibt, haben sich die Menschen gefragt, ob diese Prophezeiung eintreten wird. In der Theologie gibt es ein ganzes Fachgebiet, das sich damit beschäftigt, die Eschatologie. Diese Prophezeiung des Jüngsten Gerichts, des Untergangs der Welt, des Gerichts vor Gott nach unserem Tod, betrifft eben jeden Einzelnen von uns, und wenn sie eintreffen sollte, ist sie die wichtigste Prophezeiung unseres Lebens.

Seitdem Menschen von Jesus von Nazareth hörten, stand diese Frage immer im Mittelpunkt: Wird Gottes Sohn meine Seele retten? Mit allen Mitteln, mit Mathematik, mit Erforschung der biblischen Texte, mit Statistiken, mit hochmodernen Computerprogrammen versuchen die Menschen herauszubekommen, ob die Prophezeiungen der Bibel zutreffen könnten. Eine Möglichkeit, die Vorhersagen der Bibel zu überprüfen, liegt auf der Hand: Die Bibel, sowohl das Alte als auch das Neue Testament, sagt Ereignisse voraus, die bereits eingetroffen sind.

Eine der berühmtesten Prophezeiungen der Bibel betrifft den Tempel der Juden in Jerusalem. Zu Beginn des Kapitels 24 im Matthäus-Evangelium heißt es: »Als Jesus den Tempel verlassen hatte, wandten sich seine Jünger an ihn und wiesen ihn auf die gewaltigen Bauten des Tempels hin. Er sagte zu ihnen: Seht ihr das alles. Amen, das sage ich euch. Kein Stein wird hier auf dem anderen bleiben, alles wird niedergerissen werden.«

Bei Lukas hört sich das ganz ähnlich an. Im Kapitel 21, ab Vers 5 bis 6, heißt es: »Als einige darüber sprachen, dass der Tempel mit schönen Steinen und Weihegeschenken geschmückt sei, sagte Jesus: Es wird eine Zeit kommen, da wird von allem, was ihr hier seht, kein Stein auf dem anderen bleiben, alles wird niedergerissen werden.«

Auf den ersten Blick scheint diese Prophezeiung genau das zu erfüllen, was Christen herbeisehnen: den Beweis dafür, dass Jesus von Nazareth die Zukunft voraussagen konnte. Nach allem, was man heute weiß, lebte Jesus von Nazareth nach groben Schätzungen zwischen den Jahren 10 vor bis 40 nach Christus. Im Jahr 70 kann er nicht mehr gelebt haben. Der Tempel in Jerusalem wurde aber erst im Jahr 70 nach Christus durch die Römer unter dem Feldherrn Titus zerstört. Das scheint alles wunderbar zu passen. Jesus sagte also zweifelsfrei ein Ereignis, das in der Zukunft lag, nämlich die Zerstörung des Tempels, voraus. Die Geschichte hat aber einen nicht ganz unwesentlichen Haken. Was ist, wenn Matthäus »geschwindelt« hat? Matthäus schreibt sein Evangelium vermutlich um das Jahr 80 nach Christus. Das Lukas-Evangelium entsteht etwa in der gleichen Zeit, also nachdem der Tempel zerstört wurde. »Schwindeln« Matthäus und Lukas die Voraussage über die Zerstörung des Tempels in das Evangelium hinein? Unterstellen die Evangelisten, Jesus habe prophezeit, dass der Tempel zerstört werden wird, um seine prophetische Gabe zu beweisen?

Verdächtig scheint natürlich, welch großen Wert Matthäus darauf legte, dass Jesus die Prophezeiungen des Alten Testaments erfüllte. So beschreibt Matthäus zu Beginn des 21. Kapitels Jesu Einzug in Jerusalem auf einem Esel. Matthäus betont dabei in Vers 4 und 5: »Das ist geschehen, damit sich erfüllte, was durch den Propheten gesagt worden ist: Sagt der Tochter Zion: Siehe, dein König kommt zu dir. Er ist friedfertig, und er reitet auf einer Eselin und auf einem Fohlen, dem Jungen eines Lasttiers.«

Warum ist es Matthäus so wichtig, zu unterstreichen, dass sich die Prophezeiung des Alten Testaments erfüllte? Weil sie sich tatsächlich erfüllte? Oder erfand Matthäus den Ritt auf dem Esel, damit sich die Prophezeiung erfüllte? Niemand kann das heute noch kontrollieren.

Außer der Zerstörung des Tempels gibt es noch ein hoch berühmtes Beispiel für die eingetroffenen Prophezeiungen der Bibel; diesmal betrifft sie das Alte Testament.

Die Prophezeiung der Zerstörung von Tyrus gehört zu den erstaunlichsten Vorhersagen der Bibel. Im Grunde geht es dabei um die Frage: Konnte irgendjemand im Jahr 570 vor Christus wissen, was sich 250 Jahre später abspielen würde? Selbstverständlich konnte das niemand, dennoch enthält die Bibel im *Buch Ezechiel* eine atemberaubende, absolut unglaubliche Beschreibung. Ezechiel sieht bis in Einzelheiten die Zerstörung der phönizischen Stadt Tyrus, die heute im Süden des Libanon liegt, voraus. Ezechiel lebte nachweislich etwa in dem Zeitraum zwischen den Jahren 600 und 550 vor Christi Geburt. Er sagte den Untergang von Tyrus voraus, der sich unter Alexander dem Großen im Jahr 332 vor Christus abspielte. Verblüffend sind dabei die Einzelheiten. Die Zerstörung wird so genau beschrieben, als hätte jemand im 18. Jahrhundert, lange vor der Erfindung des Motor-Flugzeugs, den Bombenhagel des Zweiten Weltkriegs über der Stadt Berlin vorhergesagt.

Der Ingenieur Werner Gitt versuchte mit Hilfe der Mathematik nachzuweisen, dass die Wahrscheinlichkeit, die Einzelheiten der Einnahme von Tyrus vorauszusagen, noch viele tausend Mal geringer war, als einen Jackpot im Lotto zu knacken. Wie konnte Ezechiel im Jahr 550 aufschreiben, was zwei Jahrhunderte später passieren sollte? Ezechiel schreibt:

Ez 26, 3: »Darum – so spricht Gott, der Herr: Jetzt gehe ich gegen dich vor, Tyrus, und lasse viele Völker gegen dich anbranden, wie das Meer seine Wogen anbranden lässt.

Ez 26,4: Sie zerstören die Mauern von Tyrus, und seine Türme reißen sie ein. Sein Erdreich schwemme ich weg, zum nackten Felsen mache ich Tyrus.

Ez 26,5: Ein Platz zum Trocknen der Netze wird es mitten im Meer;

Ez 26,7: Denn so spricht Gott, der Herr: Nebukadnezzar, den König von Babel, den König der Könige, führe ich von Norden gegen Tyrus heran, mit Rossen und Wagen und Reitern, [...]

Ez 26,8: [...] Er baut dir gegenüber einen Belagerungswall, schüttet einen Damm gegen dich auf und errichtet ein Schilddach.

Ez 26,12: [...] Deine Steine, deine Balken, deinen ganzen Schutt werfen sie mitten ins Meer.

Ez 26, 14: [...] Man baut dich nie wieder auf.«

Ezechiel lebte im Exil in Babylon. Es ist wahrscheinlich, dass er von der Absicht König Nebukadnezzars erfahren hat, Tyrus anzugreifen. Möglicherweise fand der Angriff zu Lebzeiten von Ezechiel statt, wahrscheinlich im Jahr 586 vor Christus. Ezechiel muss aber gewusst haben, dass Nebukadnezzar die Stadt erfolglos belagerte. Er erwähnt ausdrücklich, dass Nebukadnezzar nur einer von mehreren ist, die Tyrus angreifen werden, denn er spricht von vielen Völkern, die gegen Tyrus anbranden werden. Nebukadnezzar belagerte etwa 13 Jahre lang die Insel Tyrus. Sie war das Hauptquartier der überaus erfolgreichen Handelsleute der Phönizier. Die Stadt lag – nicht unähnlich dem heutigen Venedig – gut geschützt im Meer. Es gelang dem babylonischen König zwar, den Teil von Tyrus zu zerstören, der auf dem Festland lag. Damit hatte es sich aber auch. Die eigentliche Stadt Tyrus, die auf der Insel lag, konnte er nicht erreichen.

Die endgültige Zerstörung der Stadt Tyrus besorgte erst ein anderer. Tatsächlich rückten »viele Völker«, wie Ezechiel prophezeit hatte, gegen die Stadt an. Alexander der Große stand mit seinem Riesenheer aus Menschen, die »vielen Völkern« entstammten, im Jahr 332 vor Tyrus: Er erkannte gleich, dass er vor dem gleichen Problem stehen würde wie schon der babylonische König Nebukadnezzar. Die Insel Tyrus war durch das Meer geschützt und schien uneinnehmbar. Da entschied sich Alexander für eine Technik, die Gott seinem Propheten Ezechiel vorhergesagt hatte. Er baute vom Festland aus einen Damm zur Insel. »Deine Steine, deine Balken, deinen ganzen Schutt werfen sie ins Meer.« So wollten, laut der Prophezeiung des Ezechiel, die Angreifer von Tyrus vorgehen, und genauso ging auch Alexander der Große vor. Er benutzte den Schutt des von Nebukadnezzar zerstörten, auf dem Festland gelegenen Teils von Tyrus, um in dem flachen, nur etwa zwei Meter tiefen Wasser einen bis zu 60 Meter breiten Damm zu errichten. Alexander nahm alles, was sich ins Meer werfen ließ. Dort, wo Tyrus stand, ragt heute tatsächlich nur noch ein nackter Felsen aus dem Meer, auf dem die Fischer ihre Netze trocknen.

Aber wie konnte Ezechiel geahnt haben, dass es eines Tages ein Heer geben könnte, das groß genug war, um einen gewaltigen, mehr als einen Kilometer langen Damm ins Meer bauen zu können und damit die Stadt Tyrus zu erobern? Wie konnte Ezechiel, der den Untergang des Insel-Imperiums Tyrus voraussagte, wissen, dass diese totale Zerstörung eben durch den Tyrus-Trick, den Bau eines Dammes, ausgelöst wird? Der Dammbau war nur möglich geworden, weil die Natur Alexander dem Großen zuvor geholfen hatte: Während zu Nebukadnezzars Zeiten die Insel Tyrus noch in tiefem Wasser gelegen hatte, fand Alexander zweihundert Jahre später nur noch zwei Meter tiefes Wasser vor. Sand war zwischen Insel und Festland angeschwemmt worden. Da, wo einst die mächtige Insel Tyrus lag, ist heute keine Insel mehr zu sehen. Sie ist Teil des Festlandes geworden und hat ihre dominierende und sichere Stellung im Meer verloren. Tatsächlich konnte deswegen nie wieder eine Inselstadt aufgebaut werden. Es fällt in diesem Fall fast schwerer, an einen Zufall der Geschichte zu glauben, als an eine Prophezeiung, weil die Voraussage so exakt ist.

Seitdem es Christen gibt, fragen sich die Nicht-Christen, wieso in der Bibel so viele Prophezeiungen genannt sind, die zum größten Teil einzutreffen scheinen. Zweifler glauben, dass die Christen mit Tricks arbeiten. Einer der bedeutendsten Kirchenlehrer, der heilige Augustinus (Augustinus von Hippo, 354–430), schlug sich bereits mit diesem Problem herum. Zu seiner Zeit scheint es schon lange gang und gäbe gewesen zu sein, dass die Nicht-Christen den Christen Betrug vorwarfen. Augustinus lässt im 35. Traktat über das Johannes-Evangelium die Nicht-Christen folgenden Einwand erheben:

»Ihr [die Christen], sagt er, habt das zu euren Gunsten erfunden, ihr habt es geschehen sehen und habt es, gleich als wäre es als etwas in der Zukunft Eintretendes vorausgesagt, nach eurem Gutdünken in den Büchern aufgeschrieben.«

Die Voraussage zur Zerstörung des Tempels von Jerusalem betrifft genau diesen Vorwurf. Hatte Jesus tatsächlich die Zerstörung des Tempels von Jerusalem vorhergesehen, oder aber geschah, was Augustinus die Nicht-Christen vermuten lässt, dass die Anhänger Jesus ein Ereignis erleben und dieses danach im Evangelium Jesus von Nazareth voraussagen lassen?

Doch Augustinus war überzeugt davon, dass die Vielzahl der präzisen Prophezeiungen des Alten Testaments, die Jesus betreffen, kein Zufall sein konnte. Augustinus unternahm im Grunde das Gleiche, was heute einige Mathematiker versuchen: den Nachweis zu erbringen, dass es statistisch gerechnet unmöglich ist, dass alle etwa 6000 Prophezeiungen der Bibel ohne göttliches Zutun eingetroffen sind.

Augustinus schreibt im 35. Traktat zum Johannes-Evangelium:

»Denn durch die Prophetie überführen wir die widersprechenden Heiden. Wer ist Christus?, sagt der Heide. Wir antworten ihm: Der, den die Propheten vorausverkündet haben. Und er: Welche Propheten? Wir zählen auf Jesaia, Daniel, Jeremias und die andern heiligen Propheten; wir weisen darauf hin, wie sie lange vor ihm kamen, wie sie geraume Zeit seiner Ankunft vorausgingen. Dies also antworten wir: Die Propheten sind ihm vorausgegangen, sie haben sein Erscheinen vorausgesagt.«

Augustinus führte Beispiele von Prophezeiungen an, die eingetroffen waren und die ihn besonders beeindruckt hatten. Er nannte die Prophezeiung des Jesaia, der in Vers 4 und 5 des 53. Kapitels über den Messias sagt:

»Aber er hat unsere Krankheit getragen und unsere Schmerzen auf sich geladen, […] Doch er wurde durchbohrt wegen unserer Verbrechen, wegen unserer Sünden zermalmt«, und in Vers 7 heißt es: »Er wurde misshandelt und niedergedrückt. Aber er tat seinen Mund nicht auf.«

Was Augustinus besonders erstaunte, war die Präzision, mit der Jesaia, der etwa zwischen den Jahren 740 bis 700 vor Christus lebte, so viele Jahrhunderte im Voraus so genau die Passion Christi beschreiben konnte. Woher konnte Jesaia wissen, dass Jesus »durchbohrt« werden würde? Die römische Armee, die Gekreuzigten Nägel durch Hände und Füße trieb, existierte zur Zeit Jesaias noch nicht. Woher wusste Jesaia, dass Jesus am Kreuz seinen Mund nicht auftun würde, also nicht herabsteigen würde vom Kreuz, sondern stumm bis zum Tod litt? Wie kann Jesaia 700 Jahre in die Zukunft geschaut haben? War das schlicht Zufall? Augustinus konnte sich beim besten Willen nicht vorstellen, dass dies alles Zufall gewesen sein sollte. Noch eine Stelle faszinierte ihn, der Psalm 22, der von König David höchstpersönlich stammen soll. In Vers 17 heißt es: »Eine Rotte von Bösen umkreist mich, sie durchbohren mir Hände und Füße, man kann alle meine Knochen zählen, sie gaffen und weiden sich an mir, sie verteilen unter sich meine Kleider und werfen das Los um mein Gewand.«

David muss etwa um das Jahr 1000 gelebt haben; zehnmal hundert Jahre, bevor die römischen Soldaten das Los um das Gewand von Jesus von Nazareth werfen würden, sein Hände und Füße durchbohrten. Wie konnte David das geahnt haben? Auch in diesem Fall war Augustinus sicher, dass es kein Zufall gewesen sein konnte, sondern eine Prophezeiung eingetroffen war.

Augustinus beeindruckte auch die größte aller Prophezeiungen, die Prophezeiung vom Ende der Welt. Er stellte seine Gedanken zum Ende der Welt an den Schluss seines Werks *De Civitate Dei* (»Vom Gottesstaat«). Im dreißigsten und letzten Kapitel seines »Gottesstaates« rechnete er vor, wie Gott die Zeit bis zum Weltuntergang eingeteilt habe:

»Selbst die Zahl der Weltalter, sozusagen der Welttage, weist deutlich auf diese Sabbatruhe hin, sofern man die Weltalter nach den in der Schrift angegebenen Zeitabschnitten berechnet. Denn da fällt sie auf den siebenten Zeitabschnitt: Das erste Weltalter als der erste Tag reicht von Adam bis zur Sintflut, der zweite von da bis Abraham, beide sind einander gleich an Zahl der Geschlechtsfolgen, deren auf jedes zehn treffen, nicht an Zeitdauer. Darauf folgen nun die drei vom Evangelisten Matthäus begrenzten Weltalter bis zur Ankunft Christi, jedes in vierzehn Generationen sich entwickelnd, nämlich das eine von Abraham bis David, das andere von da bis zur babylonischen Gefangenschaft, das dritte von da bis zur Menschwerdung Christi. Alle zusammen bis daher machen fünf aus. Das sechste Weltalter ist jetzt im Laufe, und es lässt sich nicht nach einer bestimmten Zahl von Geschlechtsfolgen abgrenzen, weil es heißt: ›Es steht euch nicht an, die Zeiten zu wissen, die der Vater in eigener Macht festgesetzt hat.‹ Nach Ablauf auch dieses Weltalters wird Gott am siebenten Tage ruhen, indem er in sich selbst eben diesen Tag, der wir sind, ruhen lassen wird.«

Während zwei Jahrtausenden wird sich diese Prophezeiung vom Ende der Welt als ganz entscheidend für das Christentum herausstellen, denn es betrifft alles und alle. Es gibt keine Grenzen. Diese Prophezeiung betrifft nicht Einzelheiten, keinen bestimmten Ort oder eine bestimmte Zeit, sie betrifft alles: die Ankunft des himmlischen Richters und die Auferstehung der Toten. Diese Prophezeiung erweist sich aus einem einfachen Grund im Laufe der Jahrhunderte als so gewichtig: weil sie nachprüfbar sein wird.

Während sich die Aufnahme einer Seele in einen wie auch immer gearteten Himmel nicht beweisen lässt, ebenso wenig wie Seelenwanderung oder das Erreichen des Paradieses im Islam, behaupten die Christen, etwas zu wissen, das sie von allen anderen unterscheidet. Sie wollen erfahren haben, dass es ein Ende der Zeit geben wird, und sie glauben zu wissen, was dann geschehen wird: Vor den Augen aller, die noch am Leben sein werden, soll sich dieses gewaltigste aller Zeichen, die Ankunft Gottes, zutragen. Augustinus gibt zu, dass er nicht voraussagen kann, wann das sein wird, aber dass es das Ende eines siebten Erdzeitalters geben wird, daran hat er keinen Zweifel.

Die Einteilung in Weltalter, die eine bestimmte Anzahl von Generationen dauern sollen, erscheint uns heute naiv. Doch die Faszination, die von der Frage nach dem Ende der Welt ausgeht, ist nach wie vor spürbar. Als das Jahr 1999 zu Ende ging, trafen im Vatikan aus mehreren Bistümern dieser Welt besorgte Briefe ein, alle mit der bangen Frage, ob mit dem Ende des zweiten Jahrtausends auch das Ende der Welt bevorstehe, ob damit zu rechnen sei, dass am Morgen des ersten Tages im Jahr 2000 mit dem Jüngsten Gericht zu rechnen sei und mit der Rückkehr Christi.

Es waren keineswegs nur Verrückte, die mit dem Ende der Welt rechneten. Papst Johannes Paul II. sah sich sogar gezwungen, auf diese Sorgen einzugehen und in einer Rede darauf hinzuweisen, dass bitte niemand damit rechnen möge, mit der 2000-Jahr-Feier der Geburt Christi sei das Ende der Welt gekommen. Heute scheint uns die Vorstellung eines unmittelbar bevorstehenden Jüngsten Gerichts eher lächerlich, doch das gilt vermutlich nur für Erwachsene.

Ich kann mich gut daran erinnern, dass mein Religionslehrer, Herr Schwiertz, vom Ende der Welt erzählte, vom Jüngsten

Gericht. Ich saß in einem Schulzimmer im Mariengymnasium in Werl. Unser Lehrer erklärte, dass Erwachsene nicht mehr damit rechnen, das Ende der Welt zu erleben, während Kindern die Zeit des Lebens, die vor ihnen liegt, so ungeheuer lang scheint, dass sie selbstverständlich damit rechnen, noch während ihres Daseins auf der Erde das Jüngste Gericht zu erleben. Für mich stand außer Frage, dass ich, hätte ich erst einmal ein so biblisches Alter wie dreißig oder vierzig Jahre erreicht, das Ende der Welt erleben würde. Bis dahin schien mir eine Ewigkeit verstreichen zu müssen.

In den ersten Jahrhunderten nach dem Tod von Jesus von Nazareth muss es seinen Anhängern ähnlich ergangen sein. Die gewichtigste aller Prophezeiungen schien sich zwangsläufig in absehbarer Zeit vollziehen zu müssen.

15
Geheimnis

Nichts hat die katholische Kirche seit dem Jahr 1981 so sehr geprägt wie die Gewissheit, dass Gott sich direkt schützend vor den Vatikan stellt. Keine andere große Religionsgruppe behauptet von sich, dass Gott ihr direkt, konkret, mit spektakulären Aktionen unter die Arme greift. Seitdem Johannes Paul II. ohne einen Hauch von Zweifel klargestellt hat, dass eine Hand aus dem Jenseits ihn während des Attentats vom 13. Mai 1981 vor dem Tod bewahrte, geht die katholische Kirche von einem direkten göttlichen Eingriff zur Unterstützung der Kirche aus. Auch sein Nachfolger Papst Benedikt XVI. ist von der zentralen Bedeutung des Fatima-Wunders überzeugt. Benedikt XVI. schrieb in dem Buch *Die letzte Seherin von Fatima*: »Der große Papst, der mein Vorgänger war, Johannes Paul II., ein Mann voller fruchtbarer prophetischer Inspirationen, war persönlich davon überzeugt, dass die ›mütterliche Hand der Jungfrau‹ die Kugel abgelenkt hat, die für ihn hätte tödlich sein können.«

Keine wichtige Entscheidung der katholischen Kirche, weder die politischen Erfolge noch die Wahl Joseph Ratzingers zum 264. Nachfolger des heiligen Petrus, lässt sich erklären, wenn man nicht von dieser grundsätzlichen Tatsache ausgeht. Aber hatte der fromme Karol Wojtyła wirklich einen Grund, anzunehmen, dass sein Leben die Erfüllung einer alten, göttlichen Prophezeiung sei? Wenn man alle Fakten überprüft und vernünftig überdenkt, kommt man dann zum Ergebnis, dass Wojtyła glauben musste, an ihm vollziehe sich konkret Gottes Willen? Habe ich also in den vielen Jahren mit Karol Wojtyła den Vollzug göttlichen Willens nach einer alten Prophezeiung erlebt, oder wurden Fakten umgebogen, gab es phantasievolle

Interpretationen, wurden Tatsachen ignoriert? Lässt sich an der Lebensleistung Karol Wojtyłas Gottes Wirken ablesen, oder handelte es sich einfach um Zufälle, normale gesellschaftliche und geschichtliche Prozesse?

Diese Frage lässt sich nicht klären, ohne zu fragen, was sich eigentlich am 13. Mai 1917 in dem Ort Cova de Iria bei Fatima in Portugal zugetragen hat. Dieses spektakulärste Wunder in der modernen Geschichte der katholischen Kirche verbindet alle anderen Fragen zum göttlichen Eingriff im Vatikan in den vergangen Jahrzehnten. Konnte Karol Wojtyła wirklich davon ausgehen, dass seine Leidensgeschichte in Fatima vorausgesagt worden war, 64 Jahre, bevor das Ereignis eintrat? War es Zufall, dass ausgerechnet Kardinal Joseph Ratzinger in der Geschichte um das Geheimnis von Fatima die zentrale Rolle spielte? Oder gehörte der Aufstieg Benedikt XVI. zum Teil der Prophezeiung?

Zunächst nur die Fakten: Im Laufe des Jahres 1916 wollen drei Kinder in Portugal, Lucia dos Santos, geboren am 22. März 1907, Francesco Marto, geboren am 11. Juni 1908, und Giacinta Marto, geboren am 11. März 1910, dreimal einen Engel gesehen haben. Am 13. Mai 1917 schließlich wollen Lucia, damals neun Jahre, Francesco, acht Jahre, und Giacinta, sieben Jahre, auf einer Steineiche in Covo de Iria eine Frau gesehen haben, die vom Himmel kam. Giacinta berichtet am selben Abend ihrer Mutter von der Vision. Die Frau vom Himmel bittet die Kinder, am 13. Juni wiederzukommen. Die Visionen wiederholen sich am 13. Juni und am 13. Juli. Die Muttergottes gibt sich angeblich den Kindern zu erkennen und kündigt ein Wunder für den 13. Oktober 1917 an. Nach Schätzungen kamen etwa 70000 Menschen am 13. Oktober nach Covo de Iria und werden später aussagen, einen minutenlangen Tanz der Sonne am Himmel gesehen zu haben, als hätte der Himmelskörper sich auf und ab bewegt. Dieser Tag wird für immer den einzigartigen Ruf von Fatima begründen und zum Entstehen eines der größten Wallfahrtsorte der Erde führen, mit jährlich über vier Millionen Besuchern. Denn das, was Fatima von allen anderen Orten spektakulärer Wunder unterscheidet, ist, dass hier das Wunder vor so vielen Zeugen geschieht.

Für alle Kritiker, also Menschen, die die Existenz von Wundern schlicht leugnen, ist dieses Ereignis von Fatima eine ganz besonders harte Nuss, weil zahlreiche Journalisten erklärt kirchenfeindlicher Zeitungen vor Ort waren und das Wunder beschrieben. Einige ließen sich nach dem Wunder sogar zu Priestern weihen. Die kirchenfeindliche Zeitung *O Dia* aus Portugal beschrieb das Wunder so: »Eine silbrig glänzende Sonne sah man am Himmel herumwirbeln und sich im Kreis bewegen, als die Wolken aufrissen. Aus allen Mündern hörte man Schreie, und die Menschen fielen auf die Knie auf dem schlammigen Boden. Das Licht wurde ganz blau, als wenn es durch die Fenster einer Kathedrale fallen würde, und das Licht breitete sich über den Menschen aus, die ihre Hände erhoben. Das Blau verschwand langsam, und das Licht schien gelbes Gras zu durchleuchten. Die Anwesenden weinten und beteten angesichts des Wunders, das sie erwartet hatten. Die Sekunden schienen Stunden zu dauern.«

Für die Tageszeitung *O Seculo* war an diesem Tag Avelino de Almeida in Fatima, der eigentlich gekommen war, um den »dummen Aberglauben« der Menschen zu beschreiben. Der überzeugte Atheist glaubte, dass hinter dem angeblichen Wunder von Fatima in Wirklichkeit eine Attacke der Kirche gegen die neue Politik in Portugal steckte. Er schrieb: »Man sah die ungeheure Menschenmenge sich zur Sonne wenden. Der Himmelskörper war klar zu sehen, nicht von Wolken verdeckt. Es schien wie eine Platte aus trübem Silber, man konnte sie anschauen ohne das geringste bisschen Unbehagen. Es hätte sich um eine Sonnenfinsternis handeln können, doch in diesem Moment hörte man überall laute Schreie: Ein Wunder, ein Wunder.« Vor den überraschten Augen der Menschen zitterte die Sonne und machte unglaublich ruckartige Bewegungen, die jenseits jedes kosmischen Gesetzes lagen. Die Sonne tanzte, wie die Menschen es später nannten. Dann berieten sich die Menschen untereinander über das, was sie gehen hatten. Die allergrößte Mehrheit gab zu, dass sie die Sonne hatte tanzen sehen. Andere wiederum schworen, dass sie gesehen hatten, wie die Sonne sich um sich selber drehte. Andere wiederum sagten, dass sie gesehen hatten, dass die Sonne gleichzeitig ständig die Farbe gewechselt hatte.

Auch wenn sich im Nachhinein vermutlich nie wird klären lassen, was tatsächlich in Fatima geschah, so kann man doch einen Punkt festhalten. Es gibt eine Vielzahl von glaubwürdigen Aussagen, dass an diesem Tag, am 13. Oktober 1917, in Fatima etwas Außergewöhnliches ereignete. Für einen frommen Mann wie Papst Johannes Paul II. schien auf der Hand zu liegen, dass sich in Fatima ein Wunder zugetragen hat.

Doch so leicht man zu dem Ergebnis kommen kann, dass sich in Fatima tatsächlich etwas Unerklärliches ereignet hatte, so schwierig mutete es an, die Rätsel der Prophezeiungen zu lösen. Die ersten beiden Prophezeiungen der Muttergottes scheinen besonders rätselhaft zu sein. Sie sagt den Kindern Francesco und Giacinta Marto ihren kurz bevorstehenden Tod voraus.

Von Anfang an waren die Menschen von der Echtheit des Wunders in Fatima vor allem deshalb überzeugt. Die Kinder erzählten ihren Eltern, dass die Muttergottes ihnen vorausgesagt habe, dass sie sehr bald sterben würden. Tatsächlich stirbt Francesco Marto am 4. April 1919 im Alter von nur zehn Jahren, seine Schwester am 20. Februar 1920, erst neun Jahre alt. Warum belastet die Muttergottes aber die beiden Kinder mit der Ankündigung ihres bevorstehenden Todes und lässt diesen Tod dann tatsächlich eintreten, statt um göttliche Hilfe zu bitten und gerade die Kinder am Leben zu lassen, denen sie sich anvertraut hatte? Wird von nun an nicht jeder, der eine Erscheinung der Muttergottes hatte, auch um sein Leben fürchten müssen?

Nur eines der Kinder, Lucia Dos Santos, bleibt am Leben und schreibt am 2. Februar 1940 an Papst Pius XII. Sie will ihm mitteilen, was die Muttergottes ihr verraten hat. Doch der Papst antwortet nicht. Was mag in Eugenio Pacelli, Papst

Pius XII., damals vorgegangen sein? Eine Ordensfrau, die weltberühmt ist, weil die Muttergottes mit ihr sprach, schreibt an den Heiligen Vater, um ihm zu sagen, was die Jungfrau Maria ihr aufgetragen hat – und den Papst schert es nicht. Mehrere Kirchenmänner versuchten mir zu erklären, dass der Papst der Ordensfrau nicht antwortete, weil sie darum gebeten hatte, den Brief bis zum Jahr 1960 verschlossen zu lassen.

Obwohl der Papst die Ordensfrau in keiner Weise ermutigte, schreibt Lucia Dos Santos am 31. August 1941 die ersten beiden Geheimnisse, die ihr die Muttergottes anvertraut hat, auf. Nach der offiziellen Übersetzung des Vatikans lauten sie so:

»Ich werde daher etwas über das Geheimnis sagen und die erste Frage beantworten müssen.

Welches ist das Geheimnis? Ich glaube, ich kann es sagen, da ich doch die Erlaubnis vom Himmel dazu habe. Die Vertreter Gottes auf Erden haben mich verschiedentlich und in mehreren Briefen dazu ermächtigt. Ich glaube, dass Eure Exzellenz einen davon aufbewahrt. Er stammt von P. José Bernardo Gonçalves, und er trug mir darin auf, an den Heiligen Vater zu schreiben. Ein Punkt in diesem Schreiben bezieht sich auf die Offenbarung des Geheimnisses. Etwas habe ich bereits gesagt. Aber um dieses Schreiben, das kurz sein sollte, nicht zu lang werden zu lassen, habe ich mich auf das Nötigste beschränkt und überließ es Gott, mir eine günstigere Gelegenheit dafür zu geben.

Im zweiten Schreiben habe ich bereits den Zweifel geschildert, der mich vom 13. Juni bis 13. Juli quälte und der bei dieser Erscheinung völlig verschwand.

Nun gut! Das Geheimnis besteht aus drei verschiedenen Teilen, von denen ich zwei jetzt offenbaren will. Der erste Teil war die Vision der Hölle.

Unsere Liebe Frau zeigte uns ein großes Feuermeer, das in der Tiefe der Erde zu sein schien. Eingetaucht in dieses Feuer sahen wir die Teufel und die Seelen, als wären es durchsichtige schwarze oder braune, glühende Kohlen in menschlicher Gestalt. Sie trieben im Feuer dahin, emporgeworfen von den Flammen, die aus ihnen selber zusammen mit Rauchwolken hervorbrachen. Sie fielen nach allen Richtungen, wie Funken bei gewaltigen Bränden, ohne Schwere und Gleichgewicht, unter Schmerzensgeheul und Verzweiflungsschreien, die einen vor Entsetzen erbeben und erstarren ließen. Die Teufel waren gezeichnet durch eine schreckliche und grauenvolle Gestalt von scheußlichen, unbekannten Tieren, aber auch sie waren durchsichtig und schwarz.

Diese Vision dauerte nur einen Augenblick. Dank sei unserer himmlischen Mutter, die uns vorher versprochen hatte, uns in den Himmel zu führen [in der ersten Erscheinung]. Wäre das nicht so gewesen, dann glaube ich, wären wir vor Schrecken und Entsetzen gestorben.

Wir erhoben den Blick zu Unserer Lieben Frau, die voll Güte und Traurigkeit sprach:

– Ihr habt die Hölle gesehen, wohin die Seelen der armen Sünder kommen.«

In diesem Augenblick endete eine seit zwei Jahrtausenden geführte Diskussion innerhalb der Kirche, beendet wurde sie vom Himmel selber. Die Frage, ob es die Hölle gibt und arme Seelen darin sadistisch gequält werden, hatte sich erledigt, beantwortet wurde sie von der Muttergottes in Person mit einem eindeutigen Ja. Die Seelen sahen aus wie »braune, glühende Kohlen in menschlicher Gestalt«, sie stießen »Schmerzensgeheul und Verzweiflungsschreie« aus. Für alle Katholiken der Welt ist diese Information durchaus von Bedeutung. Die Vorstellung vieler Theologen, dass ein gütiger Gott niemals Menschen, die Fehler begangen haben, sadistisch quälen lassen würde, kann man ad acta legen. In der Hölle wird die »Seele« auf die schlimmste Art und Weise gefoltert; die Muttergottes selber hat es gesagt.

Aber hat sie das wirklich? Warum schreibt Lucia Dos Santos erst im Jahr 1940, also im Alter von 33 Jahren, auf, was sie erlebte, als sie zehn Jahre alt war. Es sind immerhin 23 Jahre verstrichen, nachdem ihr die Muttergottes das Bild der Hölle gezeigt hat. Hat die Muttergottes ihr das wirklich gezeigt, oder log Schwester Lucia dos Santos schlicht und einfach?

Der zweite Teil der Offenbarung lautet in der offiziellen Übersetzung durch den Vatikan so:

»Um sie zu retten, will Gott in der Welt die Andacht zu meinem Unbefleckten Herzen begründen. Wenn man tut, was ich euch sage, werden viele Seelen gerettet werden, und es wird Friede sein. Der Krieg wird ein Ende nehmen. Wenn man aber nicht aufhört, Gott zu beleidigen, wird unter dem Pontifikat von Papst Pius XII. ein anderer, schlimmerer beginnen. Wenn ihr eine Nacht von einem unbekannten Licht erhellt seht, dann wisst, dass dies das große Zeichen ist, das Gott euch gibt, dass Er die Welt für ihre Missetaten durch Krieg, Hungersnot, Verfolgungen der Kirche und des Heiligen Vaters bestrafen wird. Um das zu verhüten, werde ich kommen, um die Weihe Russlands an mein unbeflecktes Herz und die Sühnekommunion an den ersten Samstagen des Monats zu verlangen. Wenn man auf meine Wünsche hört, wird Russland sich bekehren, und es wird Friede sein. Wenn nicht, wird es seine Irrlehren über die Welt verbreiten, wird Kriege und Kirchenverfolgungen heraufbeschwören. Die Guten werden gemartert werden, der Heilige Vater wird viel zu leiden haben, verschiedene Nationen werden vernichtet werden, am Ende aber wird mein Unbeflecktes Herz triumphieren. Der Heilige Vater wird mir Russland weihen, das sich bekehren wird, und der Welt wird eine Zeit des Friedens geschenkt werden.«

Was hat die Ordensfrau damit gemeint? War das die Voraussage der Atombombe, der Katastrophen von Hiroshima und Nagasaki, als sie 1941, also vier Jahre vor dem ersten Abwurf einer Atombombe, schrieb, dass »eine Nacht von einem unbekannten Licht erhellt« werden wird? Hat sie wirklich die Zukunft gesehen? Es gibt eine ganze Menge Menschen innerhalb der katholischen Kirche, die davon überzeugt sind. Zu ihnen gehörte auch Papst Johannes Paul II. Kann die Ordensfrau das »unbekannte Licht« geschaut haben, den Atompilz, das Licht der Atombombe, ein bisher auf dieser Welt noch nie erlebtes Licht? Hat sie diese Prophezeiung gesehen? Schreibt sie deshalb: »Wisst, dass dies das große Zeichen ist, das Gott euch gibt, dass Er die Welt für ihre Missetaten durch Krieg, Hungersnot, Verfolgungen der Kirche und des Heiligen Vaters bestrafen wird.«?

Was meint die Ordensfrau, wenn sie schreibt, dass dies unbekannte Licht das große Zeichen ist, das Gott der Welt gibt? Meint sie, dass dann, wenn das »unbekannte Licht« leuchtet, der Krieg vorbei sein wird? Hat Gott das Ende des Zweiten Weltkriegs, bezahlt mit dem unglaublichen Leid der Opfer in Hiroshima und Nagasaki, ankündigen wollen? Oder phantasierte die Ordensfrau einfach von einem großen Licht?

Ein Teil der Prophezeiung legt den Verdacht nahe, dass die Ordensschwester geschummelt hat: Sie sagt den Zweiten Weltkrieg voraus unter dem Pontifikat von Papst Pius XII. Wenn sie diese Prophezeiung aufgeschrieben hätte, als die Muttergottes sie ihr verriet, also im Jahr 1917, wäre diese Vorhersage eine Sensation gewesen. Im Jahr 1917 hätte nur Gott voraussagen können, dass es einmal einen Papst mit dem Namen Pius XII. und einen Zweiten Weltkrieg in seiner Amtszeit geben werde. Aber im Jahr 1940 den Zweiten Weltkrieg unter Papst Pius XII. vorauszusagen, nachdem der schon sein Amt angetreten hatte und der Krieg ausgebrochen war, scheint mir nicht unbedingt eine Meisterleistung zu sein. Es stellt sich die Frage, wie sorgfältig Lucia Dos Santos mit dem Inhalt der Prophezeiung umgeht, sofern sie denn je eine erfahren hat. Muss man nicht davon ausgehen, dass die komplette Erscheinung von Fatima erlogen ist? Eine Tatsache allerdings ließ Papst Johannes Paul II. aufhorchen: Die Muttergottes verlangt die Weihe Russlands an ihr unbeflecktes Herz, dann, so sagt die Muttergottes, »wird Russland sich bekehren, und es wird Friede sein«. Papst Johannes Paul II. war zutiefst überzeugt davon, dass in diesem Satz der Zusammenbruch des Sowjetimperiums vorausgesagt wird.

Am 8. Dezember 1941 hatte Lucia Dos Santos das Geheimnis noch einmal ergänzt, und am 4. Januar 1944 schrieb sie schließlich das dritte und letzte Geheimnis von Fatima auf. Diese dritte Prophezeiung von Fatima sollte die Welt über zwei Generationen in Angst und Schrecken versetzen, weil ein Aberglaube sich breitmachte, der den Menschen einredete, dass das dritte Geheimnis von Fatima den Zeitpunkt des Weltuntergangs voraussagen würde.

Eine gespenstische Gruppe gehörte jahrzehntelang zu allen Papstbesuchen. Ich habe sie in Rio de Janeiro in Brasilien, in Abudja in Nigeria, in Mexico-City und Jerusalem gesehen. Mittlerweile fehlen sie mir richtig. Wie eine Mauer der Anklage standen sie immer da, mit großen Schildern, und forderten: »Heiligkeit, verraten Sie endlich das dritte Geheimnis von Fatima! Wann bricht der letzte Tag auf Erden an?«

Nach dem Tod Papst Pius XII. landete der Umschlag mit den Geheimnissen aus Fatima im Geheimarchiv des Sanctum Ufficium. Erst acht Jahre später, im Jahr 1965, unter der Regentschaft von Papst Paul VI., wird das alte Sanctum Ufficium, das für die Ermordung von Ketzern verantwortlich war, in die heutige »Glaubenskongregation« umbenannt. Der Umschlag wird am 4. April 1957 im Sanctum Ufficium abgelegt, deren Chef später Kardinal Joseph Ratzinger werden sollte. Der neue Papst, der besonders fromme, selig gesprochene, menschenfreundliche Johannes XXIII., interessiert sich nicht für das Geheimnis von Fatima. Der Kommissar des Sanctum Ufficium, Pater Pierre Paul Philippe, brachte ihm am 17. August des Jahres 1959 den versiegelten Umschlag. Johannes XXIII. antwortete: »Warten wir noch, ich werde beten, ich lasse Sie wissen, was ich entschieden habe.« Er beschließt, dass das Geheimnis von Fatima geheim bleiben soll. Erst am 27. März 1965 liest Papst Paul VI. zusammen mit dem Substituten des Staatssekretariats, Monsignor Angelo Dell'Acqua, die drei Prophezeiungen von Fatima. Auch sein Sekretär Pasquale Macci liest sie. Der Papst beschließt, den Text nicht zu veröffentlichen, und schickt ihn zurück in die Glaubenskongregation. Ich kann mir nicht vorstellen, dass Papst Paul VI. Fatima als göttliche Prophezeiung gesehen hat. Als er am 13. Mai 1967 Fatima besuchte, hatte er an diesem Tag Zeit für zahlreiche Treffen, aber nicht für ein Gespräch mit der Seherin Lucia Dos Santos. Er zeigte ihr, dass er nicht mit ihr sprechen wollte, obwohl sie neben ihm niederkniete.

16

Komplott

Als ich 1987 nach Rom kam, bin ich auch an jenen Ort auf dem Petersplatz gepilgert, an dem sich das Schicksal der katholischen Kirche entschieden hat. Damals war er nicht leicht zu finden. Man muss die Fotos von jenem 13. Mai 1981 schon ziemlich genau anschauen, um auf der linken Seite des Petersplatzes die Stelle zu erkennen, wo Papst Johannes Paul II. von der Kugel aus der Browning-Pistole Ali Agças getroffen wurde. Im Jahr 2006, 25 Jahre nach dem Attentat, ließ der Vatikan an der Stelle, wo Ali Agça auf den Papst geschossen hatte, eine Marmorplatte zur Erinnerung anbringen. Das Denkmal im Vatikan, das an das Attentat erinnert, steht für die meisten Rombesucher unerreichbar in den Vatikanischen Gärten.

Die Audienzen fanden damals noch am Nachmittag statt. Mit einem Attentat auf den Papst rechnete niemand. Die Schweizergardisten bewachten den Eingang zum Vatikan weit weniger streng als heute. Damals war noch möglich, wovon heute Rombesucher träumen, nämlich unbehelligt durch den Vatikan zu spazieren. Aber damit war nach dem 13. Mai 1981 Schluss. Extreme Sicherheitsvorkehrungen wurden nach den Schüssen Ali Agças auf den Papst getroffen. Die meisten sind heute noch in Kraft und gelten auch für Papst Benedikt XVI. Nur die für die Anwohner belastendsten Maßnahmen hat man wieder zurückgenommen. So galt für einige Monate nach dem Attentat, dass Polizeiwagen ständig den Grenzbereich des Vatikans umfuhren. Vor allem in Castel Gandolfo, dem Sommersitz der Päpste, kam es zu heftigen Protesten der Anwohner, weil auch nachts in kurzen Abstände hintereinander die Polizeiwagen um die Mauer der päpstlichen Residenz durch die engen Gassen von Castel Gandolfo kreisten.

Erst sehr lange nach meinem ersten Besuch am Tatort habe ich von Augenzeugen erfahren, was damals in diesen dramatischen Minuten wirklich geschehen ist. Ich erinnere mich in Dankbarkeit an die Gespräche mit dem legendären Papstfotografen Arturo Mari, der bereits unter Papst Pius XII. mit der Arbeit im Vatikan begonnen hatte. Er schoss das weltberühmte Foto, auf dem der verletzte Papst im weißen Toyota-Jeep in sich zusammensackt. »Ich habe damals gar nichts gedacht«, sagte mir Arturo. »Ich habe einfach auf den Auslöser gedrückt.«

Der Sekretär des Papstes Don Stanisław Dziwisz erzählte mir nach dem Tod von Papst Johannes Paul II., dass er gar nicht auf den Papst schaute, nachdem er den Knall gehört hatte, sondern auf die Tauben, die plötzlich losflogen; vielleicht weil er nicht sehen wollte, was ihn erwartete. Erst dann blickte er den Papst an, der in seinen Armen zusammengebrochen war. »Der Heilige Vater bat die Muttergottes um Hilfe. Mit leiser Stimme betete er zur Madonna«, sagte Dziwisz.

Später bückte sich der Sekretär, um die Kugel aufzuheben, die den Körper des Papstes durchschlagen hatte und auf den Boden des Jeeps gefallen war.

Ich habe bis heute nicht herausgefunden, wer eigentlich die katastrophale Fehlentscheidung traf, die Johannes Paul II. nach dem Attentat um Haaresbreite das Leben gekostet hätte. Die Rettung für den Papst war ganz nah. Doch statt dem sterbenden Mann zu helfen, schleppten die Mitarbeiter des Vatikans den schwer verletzten Papst in den kommenden Minuten quer durch die Stadt und dann kreuz und quer durch ein Krankenhaus, bis die Ärzte zu dem Ergebnis kamen: Es ist hoffnungslos. Er sollte die Sakramente bekommen, die Sterbende erhalten.

Grund allen Übels war eine Grundsatzentscheidung, die irgendwer zuvor im Vatikan getroffen hatte. Sie besagte, dass der Papst im Fall eines Unfalls oder einer akuten Erkrankung in den zehnten Stock des vatikaneigenen Krankenhauses zu bringen sei, das den Namen des Priesters und Arztes Agostino

Gemelli trägt. Nachdem die Schüsse gefallen waren, raste der Jeep zur Krankenstation im Vatikan, hinter dem Petersdom, wo immer ein Krankenwagen bereitsteht. Dort legte der behandelnde Arzt Renato Buzzonetti den Papst auf eine Liege und bemerkte, dass Johannes Paul II. sehr rasch sehr viel Blut verlor.

Von jetzt an machte der Vatikan alles falsch, und jeder, der Rom besucht, kann das sofort mit eigenen Augen erkennen. Wenn man vor dem Petersdom steht und die schnurgerade Via della Conciliazione hinunterschaut, sieht man am Ende der Straße den Tiber. Dort liegt das Krankenhaus Santo Spirito (Heiliger Geist). Papst Johannes Paul II. hatte also Glück im Unglück, weil sich in unmittelbarer Nähe des Vatikans ein Krankenhaus mit einer Notfallstation befindet. Selbst mit einem normalen Auto braucht man höchstens ein, zwei Minuten vom Vatikan bis zum Santo-Spirito-Krankenhaus. Bis heute ist mir unbegreiflich, dass die Verantwortlichen des Vatikans nicht das Offensichtliche taten und einen angeschossenen Mann, von dem man mit Sicherheit wusste, dass er viel Blut verlor, in das am nächsten gelegene Krankenhaus brachten. Stattdessen hielten sich die Verantwortlichen an die Regel, die irgendwann einmal festgelegt worden war, ohne an ein Attentat zu denken. Die Entscheidung, den Papst in die Gemelli-Klinik zu bringen, folgte der Logik, dass ein Fürst seinen eigenen Staat nicht verlässt, und der Papst ist als Oberhaupt der ältesten Wahlmonarchie der Welt nun einmal auch ein Staatsoberhaupt, ein Fürst. Als der Krankenwagen losfuhr, ahnte der Sekretär des Papstes Don Stanisław Dziwisz, dass es um Leben und Tod ging. Er erinnerte sich später in Gesprächen mit mir daran, dass die Sirenen des Krankenwagens nicht funktionierten. Der Krankenwagen schlängelte sich also durch den dichten Berufsverkehr.

Die Gemelli-Klinik liegt genau 6,4 Kilometer entfernt vom Vatikan. Es lässt sich heute nicht mehr nachrechnen, wie lange der Krankenwagen damals unterwegs war. Nach Schätzungen fuhr der Wagen etwa 20 Minuten, bis der Papst in dem Krankenhaus ankam. Don Stanisław Dziwisz erinnert sich nur daran, dass ihm die Zeitspanne neben dem stark blutenden Papst »unendlich« vorkam. Angekommen im Krankenhaus, folgt eine weitere Fehlentscheidung: Der Papst wird in den zehnten Stock gebracht, wo ein Appartement für ihn vorbereitet wurde. Erst in letzter Sekunde verstehen die Ärzte, dass das ein Fehler war. Was soll der verblutende Mann in seinem Appartement? Also wird der Papst wieder hinuntergebracht. Erst jetzt begreifen die Verantwortlichen die Dringlichkeit der Lage. Zwei Türen werden aufgebrochen, bis der Papst endlich im Operationssaal ist.

Als er ankam, etwa dreißig Minuten nach dem Attentat, schien jede Hilfe zu spät. Die Ärzte stellten fest, dass der Papst während der Fahrt so viel Blut verloren hatte, dass Johannes Paul II. die Notoperation kaum überleben würde. Die 30-Minuten-Reise war einfach zu lang gewesen. Der päpstliche Leibarzt Renato Buzzonetti bittet den Papstsekretär, die Krankensalbung vorzunehmen, weil der Papst auf dem Sterbebett zu liegen scheint.

Was für ein Risiko ging die katholische Kirche damals eigentlich ein? Der Mann, dem die große Auseinandersetzung des Jahrhunderts bevorstand, der wegen seiner polnischen Herkunft und seines Charakters, aber auch wegen seines tiefen Glaubens perfekt darauf vorbereitet war, den ungleichen Kampf mit den Politikern und Generälen des Sowjetimperiums aufzunehmen, drohte zu verbluten, nur weil irgendwer im Vatikan einfach das Offensichtliche nicht getan hatte, nämlich einen verblutenden Mann, so schnell es ging, in das nächste Krankenhaus zu bringen.

Viele Millionen Menschen im damaligen Ostblock würden schon bald auf den einzigen Hoffnungsträger gegen die drohende militärische Invasion der Sowjets in Polen schauen, auf Papst Johannes Paul II. Dieser Papst würde sich auf einen harten Kampf gegen den Generalsekretär der KPdSU Leonid Breschnew einlassen, doch auf dem langen, wertvolle Minuten verschlingenden Weg in das Gemelli-Krankenhaus schien all das Gute, das Johannes Paul II. in seinem langen Pontifikat noch würde erreichen können, bedroht. Johannes Paul II., der genau das vollbringen sollte, was das Hirtenmädchen Lucia Dos Santos von der Muttergottes erfahren haben will, nämlich eine Umkehr Russlands, schien dem Tod weit näher als dem Leben.

Jedes Mal, wenn ich mich nach einer Generalaudienz am Mittwoch an diesen Ort stelle, wo das Leben des Papstes beinahe sein Ende gefunden hätte, frage ich mich, ob es tatsächlich sein kann, dass 64 Jahre, bevor die Schüsse aus der Pistole Ali Agças den Papst trafen, im weit entfernten Covo di Iria in Portugal ein neunjähriges Hirtenmädchen tatsächlich gesehen hatte, was geschehen sollte. Bis zu seinem Lebensende war der Papst felsenfest davon überzeugt, dass die Hand Marias ihm das Leben gerettet hatte.

Dabei hatte der Papst an jenem 13. Mai 1981 tatsächlich keine Ahnung von der Prophezeiung von Fatima gehabt. Karol Wojtyła, immerhin schon fast drei Jahre im Amt, hatte sich ebenso wenig für das Geheimnis von Fatima interessiert wie seine Vorgänger. Damals spekulierte noch die halbe katholische Welt über die geheime dritte Prophezeiung von Fatima. Wie auch Papst Benedikt XVI. heute einräumt, gingen die Gläubigen davon aus, dass das dritte Geheimnis den Weltuntergang voraussagte und dass die Päpste es daher unter Verschluss hielten. Doch Papst Johannes Paul II. interessierte sich überhaupt nicht für das dritte Geheimnis. Er hatte nachweislich in dem Augenblick, in dem die Schüsse fielen, keine Ahnung davon, dass in seiner Glaubenskongregation eine Schrift ruhte, in der dieses Attentat möglicherweise vorausgesagt worden war.

Dass es sich bei seiner Rettung um ein Wunder gehandelt haben könnte, auf diese Idee kam als Erster der Chirurg des Papstes Francesco Crucitti. Der Professor erklärte dem Papst, dass die Kugel in seinem Körper zwar ein großes Stück des Darms zerstört habe. Aber »als wäre sie von einer unsichtbaren Hand abgelenkt worden«, beschreibe die Kugel Kurven im Körper, sodass weder lebenswichtige Organe noch die Wirbelsäule verletzt worden waren. Crucitti: »Die Kugel scheint von unsichtbaren Knochen abzuprallen, abgelenkt zu werden, nur dass da, wo die Kugel eine Kurve beschreibt, keine Knochen sind.« Ein anderer Arzt in einem anderen Krankenhaus als der Vatikan-Klinik hätte Papst Johannes Paul II. vielleicht schlicht und einfach gesagt, dass er sehr, sehr großes Glück gehabt hatte, dass der Pontifex aus Zufall, durch eine Laune der Geschichte, noch am Leben sei. Aber dieser Papst glaubte nicht an Zufälle, sondern an Gott.

Das Attentat geschah am 13. Mai, auf den Tag genau 64 Jahre nach der ersten Erscheinung der Muttergottes in Fatima.

Am 18. Juli 1981 bringt der Vorgänger von Kardinal Joseph Ratzinger, Kardinal Franjo Seper, Präfekt der Glaubenskongregation, zwei Umschläge, einen weißen Umschlag mit dem Original und einen orangefarbigen Umschlag mit der Übersetzung ins Italienische, zum Substituten des Staatssekretariats. Damals bekleidete dieses Amt Eduardo Martinez Somalo, der noch nicht Kardinal, sondern Bischof war. Somalo bringt die beiden Umschläge in das Gemelli-Krankenhaus, wo der Papst erneut behandelt werden muss. Dort liest der Papst zum ersten Mal das dritte Geheimnis, das Lucia Dos Santos am 3. Januar 1944 im französischen Kloster Tuy aufgeschrieben hat:

»Der dritte Teil des Geheimnisses, das am 13. Juli 1917 in der Cova da Iria, Fatima, offenbart wurde.

Ich schreibe aus Gehorsam gegenüber Euch, meinem Gott, der es mir aufträgt, durch seine Exzellenz, den Hochwürdigsten Herrn Bischof von Leiria, und durch Eure und meine allerheiligste Mutter.

Nach den zwei Teilen, die ich schon dargestellt habe, haben wir links von Unserer Lieben Frau etwas oberhalb einen Engel gesehen, der ein Feuerschwert in der linken Hand hielt; es sprühte Funken, und Flammen gingen von ihm aus, als sollten sie die Welt anzünden; doch die Flammen verlöschten, als sie mit dem Glanz in Berührung kamen, den Unsere Liebe Frau von ihrer rechten Hand auf ihn ausströmte: den Engel, der mit der rechten Hand auf die Erde zeigte und mit lauter Stimme rief: Buße, Buße, Buße! Und wir sahen in einem ungeheuren Licht, das Gott ist, etwas, das aussieht wie Personen in einem Spiegel, wenn sie davor vorübergehen, einen in Weiß gekleideten Bischof, wir hatten die Ahnung, dass es der Heilige Vater war, verschiedene andere Bischöfe, Priester, Ordensmänner und Ordensfrauen einen steilen Berg hinaufsteigen, auf dessen Gipfel sich ein großes Kreuz befand aus rohen Stämmen wie aus Korkeiche mit Rinde. Bevor er dort ankam, ging der Heilige Vater durch eine große Stadt, die halb zerstört war, und halb zitternd, mit wankendem Schritt, von Schmerz und Sorge gedrückt, betete er für die Seelen der Leichen, denen er auf seinem Weg begegnete. Am Berg angekommen, kniete er zu Füßen des großen Kreuzes nieder. Da wurde er von einer Gruppe von Soldaten getötet, die mit Feuerwaffen und Pfeilen auf ihn schossen. Genauso starben nach und nach die Bischöfe, Priester, Ordensleute und verschiedene weltliche Personen, Männer und Frauen unterschiedlicher Klassen und Positionen. Unter den beiden Armen des Kreuzes waren zwei Engel, ein jeder hatte eine Gießkanne aus Kristall in der Hand. Darin sammelten sie das Blut der Märtyrer auf und tränkten damit die Seelen, die sich Gott näherten.«

Diese Worte müssen Karol Wojtyła damals zutiefst erschüttert haben: Es ist die Voraussage eines Anschlags auf einen in Weiß gekleideten Bischof, von dem das Mädchen die Ahnung hatte, dass es der Heilige Vater war. Auf ihn wird mit »Feuerwaffen geschossen«.

Wenn Papst Johannes Paul II. recht hatte, dann hat am 13. Mai 1981 »eine Hand die Kugel auf ihn gelenkt und eine andere Hand, die Hand Marias, ihn geschützt«. War der Papstattentäter Teil einer Prophezeiung oder einfach ein Verbrecher? Wenn der Papst recht hatte, erfüllte sich eine Vorhersage, dann schoss nicht irgendein Mörder auf ihn, sondern das absolut Böse selber hat versucht, das Gute zu töten. Der Papst war der Meinung, dass dieses Böse, nicht einfach ein verrückter Mensch, hinter dem Mordanschlag stand, den Maria verhinderte. Ist das eine abwegige, absurde Idee, oder umgibt tatsächlich ein geheimnisvolles Rätsel die Umstände des Attentats gegen Papst Johannes Paul II.? Was mich an der Frage, ob der Anschlag Ali Agças eine Prophezeiung erfüllte, am meisten verwunderte, war nicht zuerst die Haltung der Kirche, sondern die Haltung der beteiligten Ermittler der Polizei, vor allem jener, die offen bekannten, nicht an einen Gott zu glauben. Ich habe mit vielen Ermittlern gesprochen, auch mit dem Chef der Sonderermittler Rosario Priore, und alle erklärten mir, dass der Anschlag auf dem Petersplatz das rätselhafteste Verbrechen in der Geschichte der italienischen Kriminalistik sei. Ein unerklärlicher Fall, »als gäbe es tatsächlich so etwas wie eine überirdische Macht«, sagte mir einmal Priore.

Warum ist das so? Nach allen Erfahrungen der Polizei hätte der Fall des Papstattentates in kürzester Zeit aufgeklärt werden müssen. Denn Ali Agça beging vor Hunderten von Zeugen ein spektakuläres Verbrechen; er wurde sofort gefasst, wochenlang verhört und von Sonderkommissionen vernommen, doch seine Tat konnte nie aufgeklärt werden. Warum nicht? Warum ist ausgerechnet das Verbrechen des Jahrhunderts das perfekte Verbrechen?

Der italienische Sonderermittler Priore ist an dieser Frage nahezu verzweifelt. In seinem Büro, das direkt hinter der Engelsburg liegt, stapelten sich über Jahrzehnte die Akten über das Papstattentat. Priore ist ein ausgesprochen höflicher, vorsichtiger Mann, der aber nicht verbergen kann, dass er trotz des Einsatzes aller Mittel die wichtigste Frage nicht beantworten konnte: Was ist damals wirklich geschehen? Dass bisher auf diese Frage nie eine Antwort gefunden werden konnte, liegt vor allem an der Person des Attentäters. Mehmet Ali Agça hat entweder nie die Wahrheit gesagt, oder er kennt sie gar nicht.

Ali Agça hat fast sein gesamtes Leben in Gefängnissen verbracht, aber nie gesagt, wer ihm den Auftrag gab, den Papst zu töten. Entweder hat er vor dem Auftraggeber selbst Jahrzehnte nach der Tat immer noch Angst, oder er hat nie erfahren, wer der Auftraggeber war. Um ehrlich zu sein: Mir lief während der Gespräche mit Priore sehr oft ein kalter Schauer über den

Rücken, denn die jahrzehntelangen Ermittlungen brachten nur zutage, dass eine unbekannte, rätselhafte, böse Macht auf so perfekte Weise, als wäre sie gar nicht menschlich und begehe deshalb auch keinen einzigen noch so kleinen Fehler, das Attentat organisierte. Alle Spuren wurden verwischt. Das Verbrechen war so perfekt, als steckte ein böser Geist dahinter. Kann ein Auftraggeber so geschickt vorgegangen sein, dass er den Mörder Ali Agca wie an Fäden führte und der türkische Rechtsextremist nie herausfinden konnte, wer eigentlich im Hintergrund die Fäden zog? Oder ist die Vorstellung, dass tatsächlich das Böse an sich hinter dem Attentat steckte, überhaupt denkbar?

Nehmen wir das Beispiel Mallorca. Mehrfach unternimmt Mehmet Ali Agca vor dem Attentat scheinbar völlig unlogische, absolut rätselhafte Schritte. Der seltsamste Schritt dürfte seinen Urlaub betreffen. 20 Jahre lang habe ich versucht, herauszufinden, warum Agca im März des Jahres 1981 in ein Reisebüro in Mailand marschierte. Im Grunde musste der Mann unter enormer Anspannung leiden, denn der Mordanschlag stand kurz bevor. Als wäre es das Normalste auf der Welt, setzte er allerdings in letzter Sekunde alles aufs Spiel und buchte eine Urlaubsreise nach Mallorca.

Ich habe mich mehr als zwei Jahrzehnte gefragt, warum Mehmet Ali Agca dieses Risiko einging. Agca reiste mit einem falschen Pass, der auf den Namen Faruk Ozgün ausgestellt war. In Italien konnte sich Agca relativ sicher fühlen. Doch eine Flugreise nach Spanien bedeutete damals vor allem, dass er seinen falschen Pass zweimal vorzeigen musste. Dieses Mal ging es nicht nur darum, einem gelangweilten Hotelangestellten einen falschen türkischen Pass zur Registrierung zu zeigen. Dieses Mal musste er – der flüchtige Mörder, denn er hatte bereits in der Türkei einen Mann erschossen – erfahrenen Polizeibeamten an den Grenzen das Ausweispapier zeigen. Die hätten sich fragen können, warum ein junger Türke allein im kalten Frühjahr nach Mallorca flog. Dennoch ging er das Risiko ein und stieg im Hotel Flamboyan ab, das heute vor allem von britischen Reiseveranstaltern auf dem Markt angeboten wird. Inzwischen gehört es zu den zahlreichen Mittelklasse-Hotels direkt am Strand, über den Service gibt es viel Gutes und manch Kritisches zu berichten, doch damals gehörte das Hotel zum Besten, was Mallorca zu bieten hatte.

Mehmet Ali Agça bleibt zwei Wochen. Er nimmt allein an zahlreichen Ausflügen teil, schaut sich die Insel an, zum Baden ist es zu kalt. Er schließt sich niemandem an, versucht nicht, Kontakt zu anderen Reisenden aufzunehmen. Ein reines Vergnügen scheint die Reise nicht gewesen zu sein.

Was hat Mehmet Ali Agça auf Mallorca gewollt? Er wird von der Insel zurückkommen und am darauf folgenden Tag das Attentat auf Papst Johannes Paul II. verüben. Aber warum riskiert er, bei den Grenzkontrollen an den Flughäfen entdeckt zu werden, nur um im ungemütlichen Frühjahr nach Mallorca zu fahren? Agça hätte sich ähnliche Sehenswürdigkeiten wie die Buchten und Kathedralen von Mallorca risikolos in Italien anschauen können. Was wollte er also auf der Baleareninsel? Wieso riskiert er, dass das Jahrhundertverbrechen des Anschlags auf den Papst von einem eifrigen Grenzbeamten vereitelt wird? Hat er dort den Auftraggeber getroffen; hat er dort den Befehl erhalten, das Attentat noch im selben Monat zu verüben; hat er dort auf Mallorca den Tag erfahren, an dem er zuschlagen sollte, den 13. Mai 1981?

Ali Agça hat nie erklärt, warum er diese Reise unternommen hat. Aber ich glaube bis heute, dass es kein Zufall gewesen ist. Ich glaube, dass er dort jemanden getroffen hat, jemanden, der ihm befohlen hat, wann und wo er auf den Papst schießen sollte, jemanden, der mit ihm jedes Detail des Attentats noch einmal durchging.

Agça lieferte in den zahllosen Verhören eine Vielzahl von Versionen und Gründen ab, warum er angeblich auf den Papst geschossen hat. Mühevoll versuchte Priore zu rekonstruieren, welche Aussagen Agças der Wahrheit entsprachen und was erfunden war. Die Fakten sind ausgesprochen dürr: Mehmet Ali Agça wird schon mit 21 Jahren zum Mörder. Er erschießt den Chefredakteur der linksliberalen Zeitung *Milliyet* am 1. Februar 1979. Aus dem Gefängnis kündigt er in einem Leserbrief ausgerechnet an diese Zeitung, deren Chefredakteur er erschossen hat, an, den Papst ermorden zu wollen. Agça flieht. Er reist zwischen 1979 in das damalige Jugoslawien, nach Österreich, macht Abstecher in die Schweiz und nach Deutschland, taucht in Tunesien, Bulgarien und schließlich im November oder Dezember des Jahres 1980 in Italien auf. Im April 1981 schreibt er sich in Perugia an der Fremdenuniversität ein, nimmt sogar an zwei Kursen in italienischer Sprache teil. Mehmet Ali Agça ist zu dieser Zeit nichts weiter als ein flüchtiger Mörder, der in Italien nicht auffällt. Er begeht keine Straftaten. Das muss er auch nicht, denn er schwimmt im Geld.

Es gibt keinen Zweifel daran, dass Agça nur ein Werkzeug ist. Selbst Papst Johannes Paul II. schreibt in seinen Memoiren *Erinnerung und Identität*, dass der Türke Hintermänner gehabt haben muss. Daran zweifelt auch die italienische Polizei nicht, denn irgendwer muss Ali Agças lange Reisen bezahlt haben. Er flieht im November 1979 aus dem Gefängnis, geht nie einer Arbeit nach, lebt aber offenbar ein Jahr und fünf Monate auf großem Fuß, gibt nach Schätzungen der Polizei in dieser Zeit mindestens 100 000 Dollar aus. Wer hat Mehmet Ali Agça die ganze Zeit finanziert – und wieso?

Rosario Priore hat mehr als zwanzig Jahre an dem Fall gearbeitet und kam schließlich zu dem Ergebnis, dass die Herrscher der Sowjetunion den bulgarischen Bruderstaat gebeten haben, das Attentat auf den Papst zu organisieren. Doch beweisen konnte Priore seine Theorie nie. Die Beweislast reichte nicht aus, um auch nur einen einzigen der angeklagten Bulgaren hinter Gitter zu bringen. Im Jahr 2002 sagte Papst Johannes Paul II. selbst, dass er nicht an bulgarische Hintermänner glaube. Das wichtigste Argument dafür, den bulgarischen Geheimdienst hinter dem Attentat zu vermuten, lag darin, dass sich Ali Agça unter dem Decknamen »Yogander Singh« drei Monate lang im Zimmer 911 des ehemaligen Nobelhotels Vitosha, das heute Kempinski Zografski heißt, in der bulgarischen

Hauptstadt Sofia aufhielt. Es ließ sich nie klären, warum der Staat Bulgarien den Gast Mehmet Ali Agça bei sich aufnahm. Ein Beweis dafür, dass der bulgarische Geheimdienst hinter dem Attentat steckte, ist das allerdings nicht.

Aber wenn Ali Agça finanziert wurde, kreuz und quer durch Europa reiste, warum sagte er dann nie, wer der Auftraggeber des Attentats war? Seine rechtliche Situation hätte sich erheblich verbessert, wenn er wenigstens gesagt hätte, wer ihn bezahlte. Aber er schwieg beharrlich. Sicher ist, dass viele der Hotels, in denen er abstieg, im Voraus bezahlt wurden. Aber wie erhielt er das Geld? War es in den Hotelzimmern, in die er einzog, für ihn versteckt und, wenn ja, von wem und vor allem wozu? Was sollte diese mehr als eineinhalb Jahre dauernde Odyssee durch Europa bezwecken? Wenn jemand Ali Agça angeheuert hatte, um den Papst zu töten, warum ließ er sich dann so ungeheuer viel Zeit und ging das Risiko ein, dass der flüchtige Mörder Agça geschnappt wird, bevor er seinen Auftrag erledigen kann? Noch etwas ist unerklärlich: Mehmet Ali Agça verhält sich überaus rätselhaft. Er weiß, dass er keine Chance hat, auf dem Petersplatz zu entkommen. Er kann nicht damit rechnen, in der Menge Tausender Menschen ungesehen fliehen zu können, und unternimmt nach der Tat auch keinen Fluchtversuch. Er geht mitten in die Menge, in unmittelbare Nähe zum Jeep des Papstes, und weiß, dass er den Rest seines Lebens hinter Gittern verbringen wird, wenn er nicht gleich von den Pilgern auf dem Petersplatz gelyncht werden würde. Welchen Sinn sollte diese Tat haben?

In seinem Abschlussbericht kam Rosario Priore zu dem niederschmetternden Urteil, dass angesichts der nicht »existenten Zusammenarbeit der Staaten« in den vergangenen zwanzig Jahren der spektakulärste Anschlag des 20. Jahrhunderts vermutlich nie aufgeklärt werden wird.

Während die frommen Männer im Vatikan davon ausgehen, dass das Böse an sich versuchte, Johannes Paul II. zu töten, während Politiker wie Henry Kissinger glauben, dass Moskau den Befehl gab, auf den Papst zu schießen, findet die Staatsanwaltschaft in Italien eine weitere, schockierende Variante.

Der Anschlag war demnach nicht die Erfüllung einer Prophezeiung, kein Wunder; aber auch die zunächst verdächtigten Geheimdienste des Ostblocks schienen unschuldig. Der Befehl, den Papst zu töten, kam vielleicht aus dem Vatikan.

Ich habe an diese Spur nie geglaubt, halte überhaupt nichts von finsteren Verschwörungstheorien, von geheimnisvollen Geschichten über machthungrige Kardinäle. Alle meine Erfahrungen sagen mir, dass dies kompletter Unsinn ist, erfunden von Romanautoren, die eine Vatikan-Welt erschaffen, die nichts mit der Wirklichkeit zu tun hat. Aber einmal, ein einziges Mal, habe ich etwas erlebt, das leider überhaupt nicht in mein Schema passte.

Der Mann, der tatsächlich an eine Art Verschwörung gegen Papst Johannes Paul II. glaubte, war nicht irgendein verwirrter Spinner, sondern ein einflussreicher Kardinal. Ich habe die Gespräche mit ihm nie vergessen, und ich frage mich bis heute: Was wollte der integre Kirchenmann, der vollkommen bei Sinnen war, der zweifellos zu den am besten informierten Männern am Hof des Papstes gehörte, erreichen, als er in mir den Zweifel weckte, ob nicht doch Teile des Vatikans an dem Mordanschlag beteiligt gewesen waren?

Es begann mit einer der spannendsten Geschichten, die sich überhaupt je im Vatikan zugetragen haben: mit dem angeblichen Austausch der Geisel Emanuela Orlandi gegen Papstattentäter Ali Agça. Dabei spielte ein Mann eine zentrale Rolle: Kardinal Silvio Oddi.

Am 5. Juli 1983 klingelte im Pressesaal des Vatikans ein Telefon, und eine Stimme mit einem seltsamen Akzent sagte: »Wir haben Emanuela Orlandi, wir wollen sie tauschen gegen Ali Agça.«

Am 22. Juni des Jahres 1983 war die hübsche 15-jährige Emanuela Orlandi, eine von zwei weiblichen Bewohnern des Vatikans, die keine Ordensfrauen waren, zum Unterricht für Querflöte in die Musikschule »Tommaso Ludovico da Victoria« gegangen, die zum päpstlichen Institut für geistliche Musik gehört. Die Schule liegt in der römischen Innenstadt an der

Piazza Sant'Apollinare. Das eigentliche Schuljahr war bereits zu Ende, aber dem attraktiven Mädchen machte Musik Spaß. Deswegen ging sie freiwillig auch in den Ferien zum Musikunterricht. Nach der Unterrichtsstunde hätte sie eigentlich mit dem Bus nach Hause fahren müssen. Dort wartete ihr Vater Ercole Orlandi auf sie. Ercole Orlandi arbeitete im Staatssekretariat als ein einfacher Angestellter. Seine Tochter war erst seit Kurzem Staatsbürgerin des Vatikans, seit dem 23. März 1983. Obwohl Vater Ercole und Mutter Maria Orlandi einen Vatikanpass hatten, wurden die Töchter der Familie im Vatikan nie eingebürgert. Weibliche Bewohner, die keine Ordensfrauen sind, sieht der Staat des Papstes eigentlich nicht vor. Bereits im November 1981 hatte der Vater einen Antrag auf Einbürgerung der Tochter in den Vatikan gestellt, dem nach eineinhalb Jahren stattgegeben wurde. Zuvor war das Mädchen in Italien gemeldet gewesen und wohnte angeblich bei einem Onkel in der Via Nicolo V.

An diesem 22. Juni 1983, einem Mittwoch, kam Emanuela Orlandi nach dem Flötenunterricht nicht nach Hause, sondern rief von einer öffentlichen Telefonzelle ihre Schwester Natalina Orlandi an. Sie sagte ihr, dass sie sich verspäten würde. Sie wolle sich mit einem Herrn treffen, der ihr einen Job bei der Kosmetikfirma Avon versprochen habe. Natalina Orlandi riet der Schwester davon ab, sich mit dem Unbekannten zu treffen, doch Emanuela beruhigte sie und erklärte, sie werde bald zu Hause sein.

Polizeibeamte sahen sie später am Senat, vor dem Palazzo Madama im römischen Stadtzentrum, in den BMW eines »blonden Herrn« steigen. Das Mädchen verschwand spurlos.

Bis zu diesem Punkt kann man von Zufall sprechen. So bedauerlich es ist, die Möglichkeit, dass junge Mädchen Opfer von Gewaltverbrechern werden können, ist nun einmal gegeben. Dass es diesmal ausgerechnet eines von zwei Mädchen trifft, die Staatsbürgerinnen des Vatikans sind, kann man als seltsamen Zufall werten, mehr aber auch nicht. Alles, was man über den Fall weiß, deutet darauf hin, dass der Mann, der Emanuela Orlandi einen Job versprach und sie in seinem BMW mitnahm, in Wirklichkeit vorhatte, ihr Gewalt anzutun. Möglicherweise war sie schon einige Stunden nach ihrem Verschwinden tot.

Doch dann nimmt der Fall diese dramatische Wendung, dass ein seltsamer Mann insgesamt fünfzehn Mal im Pressesaal des Heiligen Stuhls anruft und jedes Mal behauptet, die Gefangene Emanuela Orlandi gegen Ali Agça austauschen zu wollen. Weil der Mann so eine seltsame, nach einem US-Bürger klingende Aussprache hatte, nennt man ihn im Vatikan »Il Americano«. Die italienische Polizei findet später Hinweise darauf, dass Stasi-Mitarbeiter von Ostberlin aus diese falsche Fährte legten; aber es gilt als unwahrscheinlich, dass alle Anrufe von der Stasi kamen.

Ich habe diesen rätselhaften »Americano« immer für einen banalen Trittbrettfahrer gehalten, einen Mann, der sich die Nachricht von Emanuele Orlandis Verschwinden zunutze machen wollte, um eine wirre Forderung zur Freilassung Ali Agças loszuwerden. Agça saß zu diesem Zeitpunkt in einem italienischen Hochsicherheitsgefängnis, verurteilt von der italienischen Justiz.

Wie hätte ihn der Vatikan austauschen können? Hätte ein Appell des Papstes tatsächlich Italiens Staatspräsidenten dazu bewegt, Agça zu begnadigen, um ihn gegen das Mädchen zu tauschen? Der Fall Aldo Moro hatte fünf Jahre zuvor das Gegenteil gezeigt. Moro war von seinen Entführern, den Roten Brigaden, hingerichtet worden. Der italienische Staat hatte sich nicht erpressen lassen.

Aber wenn ein Papst tatsächlich die Freilassung des Mannes gefordert hätte, der auf ihn geschossen hat, wie hätte Italien reagiert? Ich weiß es nicht. Es schien mir unvorstellbar, dass irgendjemand so wahnsinnig sein könnte, ein unschuldiges Mädchen aus dem Vatikan zu entführen in der vagen Hoffnung, Ali Agça freipressen zu können.

Aber damit der Unwahrscheinlichkeiten nicht genug. Staatsanwältin Adele Rando hatte im Frühjahr 1994 Ermittlungen aufgenommen, weil sie glaubte, dass nicht Himmel und Hölle, sondern höchst irdische Kräfte das Papstattentat vorbereitet hätten – und zwar mit Unterstützung aus dem Vatikan. Es hatte sich schnell im Vatikan herumgesprochen, dass Rando einen sehr wichtigen, neuen Zeugen gefunden hatte, der ein gänzlich anderes Licht auf die Umstände des Papstattentates werfen würde. Dieser Zeuge sei ein Kardinal, so lautete das Gerücht.

Ich brauchte ziemlich lange, um herauszufinden, wer dieser Kardinal war. Es handelte sich um Seine Eminenz Silvio Oddi, einen Fachmann für den Dialog mit anderen Religionen, vor allem mit dem Islam. Oddi kannte als Präfekt der »Kongregation für den Klerus« alle wichtigen Kardinäle und Bischöfe. Ich nahm Kontakt mit ihm auf und erklärte, ich hätte gehört, dass er mit der Justiz zusammenarbeitete und dass ich mit ihm darüber sprechen wollte. Zu meiner großen Überraschung willigte er sofort ein, mich zu empfangen.

Am Eingang zur Wohnung von Silvio Oddi begrüßte mich eine Verwandte und führte mich zunächst zum Wappen des Kardinals, das im Korridor ausgestellt war. Dann brachte mich die Frau in das Besucherzimmer, wo Seine Eminenz bereits auf mich wartete.

Als ich eintrat, war ich erstaunt. Ich hatte immerhin schon sieben Jahre Erfahrung in Gesprächen mit älteren Geistlichen, und oft war es im Grunde darum gegangen, dass die Herrschaften sich langweilten und gern ein bisschen Gesellschaft hatten, um von früher zu erzählen. Aber sobald ich Oddi sah, wusste ich, dass das dieses Mal nicht so sein würde, denn es ging ihm ganz offensichtlich nicht gut. Ich erinnere mich an seine geschwollenen Beine.

Die Füße steckten in Pantoffeln.

Er war nicht zum Plaudern aufgelegt. Dass ich überhaupt gekommen war, strengte ihn zweifellos an.

Er wollte wissen, wie ich herausbekommen hätte, dass er Kontakt zur Justiz hatte. Und ich musste ihm erklären, dass dieser Umstand im Vatikan nicht lange geheim geblieben war.

Ich fragte ihn unumwunden: »Warum haben Sie sich denn an die Polizei gewandt?«

Er sah mich nachdenklich an, dann sagte er sehr bestimmt, wenn auch ziemlich leise: »Ich habe sie gesehen.«

»Wen?«

»Emanuela Orlandi. Sie soll am 22. Juni 1983 verschwunden sein, im Wagen eines zwielichtigen Mannes, der ihr angeblich einen Job bei Avon anbot. Aber ich habe sie einen Tag später noch gesehen, am 23. Juni. Sie stieg aus dem Auto eines Monsignore im Vatikan.«

»Was?«, rief ich. »Sind Sie sicher?«

»Absolut sicher.«

Im Folgenden erklärte mir Silvio Oddi seinen Verdacht: Es gab eine Vielzahl von Menschen im Vatikan, die damals fürchteten, dass der polnische Papst das Gleichgewicht, das die Kirche mit dem Sowjetimperium erreicht hatte, vollkommen zerstören konnte. In Polen war das Kriegsrecht ausgerufen worden. Statt still zu bleiben und sich nicht in die Angelegenheiten anderer Staaten einzumischen, hatte der Papst alles getan, um Moskau wirksam zu drohen. Mit Erfolg: Leonid Breschnew hatte es nicht gewagt, in Polen einzumarschieren. Die Vorbereitungen zum Angriff auf Polen waren nach dem Eingreifen des Papstes abgebrochen worden. Aber das mühsam von Kardinalstaatssekretär Agostino Casaroli aufgebaute Konzept der vatikanischen Ostpolitik war zerplatzt.

Diese Niederlage für das Staatssekretariat von Kardinal Casaroli hatte auch eine, im Vatikan belächelte, menschliche Konsequenz. Papst Johannes Paul II. hielt nichts von Casarolis Strategie der kleinen Schritte in der Ostpolitik des Vatikans. Er war von den Kommunisten in Polen als Gemeindepfarrer reichlich schikaniert worden. Karol Wojtyła glaubte nicht an friedliche Koexistenz, sondern hielt den Konflikt zwischen Kirche und Sowjetdiktatur für unausweichlich. Wenn es um wirklich wichtige Schachzüge in der Auseinandersetzung mit Moskau ging, besprach sich der Papst mit seinem Sekretär, Don Stanisław Dziwisz, und zwar auf Polnisch. Das wiederum ärgerte Kardinal Casaroli derart, dass der betagte Mann mit mehr als siebzig Jahren noch begann, Polnisch zu lernen.

Der Papst schien nicht interessiert an einem Abkommen mit Moskau. Er wollte offenbar den Kampf, und den wollte er gewinnen. Ein 44-Hektar-Staat gegen eine Weltmacht, ein lächerliches Kräftemessen, dachte man damals. Der Nachfolger Petri kam, so sahen es die Feinde von Papst Johannes Paul II., seinem Amt nicht mehr nach. Paulus war es gewesen, der in die Welt hinaus reiste, um Gottes Wort zu verkünden, wie es jetzt Johannes Paul II. tat. Aber der Bischof von Rom war nun einmal nicht der Nachfolger des heiligen Paulus, sondern der des heiligen Petrus. So saß nach Meinung der Papst-Feinde ein Mann auf dem Thron Petri, der nicht wusste, was einem Papst geziemt. Ein gefährlicher Mann, vor allem für die ohnehin schon stark verstimmten Sowjets, die insbesondere seine Reisen hinter den Eisernen Vorhang nach Polen mit Argwohn betrachteten. Leonid Breschnew warnte den polnischen Machthaber Edward Gierek vor der ersten Papstreise nach Polen. Breschnew sagte, er sei sich sicher, dass diese Reise »nichts Gutes bringen kann«.

Aber hätten wirklich Männer aus dem Vatikan einen Anschlag auf einen Papst organisiert? Hätten sie einen ziemlich verrückten Mörder aus der Türkei angeheuert, Mehmet Ali Agça, der nie begriff, in wessen Auftrag er töten sollte? Hätten die rätselhaften Kirchenherren schließlich doch Angst bekommen, dass Mehmet Ali Agça eines Tages, durch irgendein dummes Detail, erfahren könnte, wer ihn angeheuert hatte? Haben sie deshalb die Vatikan-Bürgerin Emanuela Orlandi entführt, in der Hoffnung, Ali Agça freipressen zu können, um ihn dann für immer zum Schweigen zu bringen? Gab es Priester, die einen Mordanschlag auf den Nachfolger des heiligen Petrus planen würden, wie schon am 13. Mai 1982 ein Priester in Fatima versucht hatte, Johannes Paul II. mit einem Bajonett niederzustechen? Hatten Kardinäle ein Mordkomplott gegen den Papst geschmiedet?

Es gab eine Tatsache, die diesen Verdacht tatsächlich stützte:

Chefermittler Rosario Priore hatte jahrelang beklagt, dass die Zusammenarbeit mit dem Vatikan zu wünschen übrig lasse. Obwohl es um die Aufklärung eines Anschlags auf das Oberhaupt der Kirche ging, wollte keiner der betroffenen Kardinäle aussagen. Die Kirche mauerte unter Berufung auf ihren Status. Im Vatikan gilt schließlich italienisches Recht nicht.

Auf die Frage, ob tatsächlich ein Komplott gegen den Papst im Vatikan geschmiedet worden war, antwortete Oddi nicht. »Ich habe Emanuela Orlandi gesehen. Ich weiß es genau«, sagte er nur. »Ich habe sie nach ihrem Verschwinden im Vatikan gesehen, mit einem Monsignore, von dem ich nicht weiß, wer er war.« Ermittlungsrichterin Adele Rando war es, die diese Aussagen von Kardinal Silvio Oddi aufnahm und weiterverfolgte.

Bis heute frage ich mich: Warum hat der Kardinal erzählt, dass er Emanuela Orlandi nach ihrem Verschwinden im Vatikan gesehen hatte? Weil er ein alter Mann war, der sich wichtigmachen wollte? Den Eindruck hatte ich nicht. Hatte er sich schlicht und einfach getäuscht? Sah er in Wirklichkeit Emanuela Orlandi einen Tag vor ihrem Verschwinden, und das Mädchen wurde ein weiteres Opfer irgendeines Gewaltverbrechers – oder hatte Oddi recht? Gab es im Vatikan tatsächlich so etwas wie eine Verschwörung? Ich weiß noch, mit welchem Gefühl ich am 29. Juni 2001 die Nachricht las: »Kardinal Silvio Oddi ist tot. Er starb im Alter von neunzig Jahren. Der Papst schickte ein Beileidstelegramm an alle, die ihm nahestanden.«

In diesem Augenblick schoss mir ein Gedanke durch den Kopf: Jetzt wirst du nie mehr herausbekommen können, warum der Kardinal in dir Zweifel wecken wollte an der offiziellen Version des Verschwindens von Emanuela Orlandi. Natürlich gab ich nicht auf, befragte alle Kardinäle und Bischöfe, die Kardinal Oddi nahegestanden hatten, ob sie mir erklären könnten, warum Silvio Oddi mitteilen wollte, dass er Emanuela Orlandi nach ihrem Verschwinden gesehen hatte. Doch es war, als liefe ich gegen eine Wand. Es gab niemanden, der die Sache ernst nahm. Dass es einen Zusammenhang geben könnte zwischen dem Papstattentat und dem Verschwinden des Mädchens, stritten die meisten Monsignori ab. Irgendwann musste ich akzeptieren, dass ich nicht weiterkam. Wenn ich mich bei Vertrauenspersonen zu einem Gespräch im Vatikan meldete, sagten die meisten schon: «Gut, du kannst kommen, aber bitte frage mich nichts über diesen Fall Orlandi.»

Ich begann den Fall zu vergessen, bis im Jahr 2005 die Redaktion einer italienischen Fernsehsendung einen anonymen Anruf erhielt. Diese Sendung »Chi l'ha visto« beschäftigt sich mit Fällen Verschwundener. Der anonyme Anrufer behauptete, dass die Spur der Emanuela Orlandi in eine Kirche führe, die ehrwürdige Kirche von Sant'Apollinare. Sie ist nicht irgendeine Kirche, sondern zählt zu den schönsten Schmuckstücken, die die Diözese des Papstes zu bieten hat. Sie liegt mitten in der römischen Innenstadt, aber nicht auf italienischem Territorium, sondern sie gehört dem Vatikan. Was immer in dieser Kirche geschieht, entscheidet der Generalvikar von Rom persönlich, der Vikar des Papstes. Die Redaktion der Fernsehsendung beschloss, dem Hinweis des anonymen Anrufers nachzugehen, und entdeckte ein Sensation: Unter einem der Altäre fand man ein frisches Grab, darin lag ein Mafiaboss: Enrico de Pedis. Warum um Gottes willen hatte der Generalvikar von Rom, der ultrakonservative Kardinal Ugo Poletti, zugelassen, dass ein Killer in einer der wichtigsten Kirchen Roms bestattet wurde, an einem besonderen Ehrenplatz in der Krypta nahe dem Altar? Normalerweise lässt die katholische Kirche an solchen Ehrenplätzen nur Menschen beisetzen, die einmal heilig gesprochen werden könnten, zu deren Grab die frommen Pilger dann strömen werden. Aber einen Mafiapaten?

Enrico de Pedis, einer der Bosse der Mafiabande »Magliana«, war im Februar 1990 im Alter von 36 Jahren erschossen worden, mitten in einem Bandenkrieg. Er hatte keine Lust mehr gehabt, seine Einkünfte mit allen Mitgliedern der Bande zu teilen. Einige Bandenmitglieder ließ er erschießen, doch der Clan reorganisierte sich und brachte den Boss um. Enrico de Pedis starb am 2. Februar 1990 im Kugelhagel seiner Gegner mitten im Stadtzentrum von Rom, in der Nähe des Campo dei Fiori.

Seine Leiche wurde auf dem gewöhnlichen römischen Stadtfriedhof, dem Campo Verano, beerdigt. Doch 36 Tage nach dem Tod des Gangsters erteilt der Generalvikar von Rom Kardinal Ugo Poletti die Genehmigung, den Boss in der super-exklusiven Kirche Sant'Apollinare beizusetzen. Nur einen Monat und wenige Tage waren also vergangen seit dem Mord an de Pedis, und dennoch dauerte das Genehmigungsverfahren für die Krypta lediglich vier Tage. Die ganze Stadt sprach von dem Mord an de Pedis. Dass das Generalvikariat davon nichts gewusst haben kann, ist unmöglich. Wäre die Genehmigung für die Beisetzung des Mafiabosses an einem heiligen Ort erst nach Jahrzehnten erteilt worden, hätte man annehmen können, dass die Kirche gar nicht wusste, wer de Pedis wirklich war und zu seiner Person auch nicht ermittelt hatte. Der Generalvikar muss es gewusst haben. Nach dem Bau des monumentalen Grabes erhielt die Witwe, Paola de Pedis, den Schlüssel für die Krypta.

Kardinal Ugo Poletti muss auch klar gewesen sein, dass die spektakuläre Beisetzung eines Killers in einer der wichtigsten Kirchen von Rom Ärger auslösen würde. Er verbot den Zugang zu der Krypta, in der de Pedis auf ewig ruht, für alle außer für die Familienangehörigen. Aber wer hatte so großen Druck auf den Kardinal ausüben können, dass er erlaubte, einen Mafiaboss mit allerhöchsten kirchlichen Ehren zu bestatten? Welche Rechnung hatte die Kirche mit de Pedis offen oder er mit ihr? Was hatte er dafür getan, dass die Familie als Belohnung ein prächtiges Grab an einem heiligen Ort bekam?

Im Juni 2008 sagte vor der Staatsanwaltschaft Sabrina Minardi aus, die in den Jahren 1982 bis 1984 die Geliebte des Mafioso Enrico de Pedis gewesen war. Sie erklärte, warum der Vikar des Papstes den Mafiapaten mit den höchsten Ehren bestatten ließ: Enrico de Pedis soll auf Weisung »wichtiger Entscheidungsträger« im Vatikan die Leiche von Emanuela Orlandi im römischen Badeort Torvaianica einbetoniert haben. Er soll einem »wichtigen Kirchenmann« damit einen Gefallen getan haben. Sabrina Minardi verdächtigte den ehemaligen Chef der Vatikan-Bank, Paul Marcinkus, der 2006 verstarb. Die

Polizei überprüfte die Aussagen von Sabrina Minardi, die auch das Gefängnis von Emanuela Orlandi beschrieb. Sie sei festgehalten worden in einem Keller in der Via Antonio Pignatelli 13. Am 26. Juni 2008 findet die Polizei tatsächlich diesen Keller. Eine Art Gefängniszelle mit einem Badezimmer war dort unten eingerichtet worden.

Hatte Kardinal Silvio Oddi also recht gehabt? Gab es tatsächlich eine Verschwörung im Vatikan gegen den Papst? Sagte Oddi die Wahrheit, als er mir anvertraute, Emanuela Orlandi gesehen zu haben – einen Tag nach ihrem Verschwinden? Hatte er gehofft, dass ein Journalist den Grund für die Entführung des Mädchens finden würde? Einen Grund, der schließlich zum Grab des Mafiapaten Enrico de Pedis in der hoch ehrwürdigen Kirche Sant'Apollinare führte? War es ein Zufall, dass Emanuela Orlandi an der Piazza Sant'Apollinare verschwand, an der gleichen Piazza, an der genau jener Mann, der sie getötet und ihre Leiche einbetoniert haben soll, in einer prächtigen Kirche bestattet wird? Die Staatsanwaltschaft ermittelt noch immer.

17
Seher

Bevor ich begann, an diesem Buch zu arbeiten, hatte ich den Eindruck, dass Gott ein stetiger Begleiter der Geschicke der Menschen wäre: ein ruhender Pol. Doch nach allem, was ich heute weiß, scheint mir Gott ein eher unstetes Wesen zu sein. Nach katholischem Glauben tritt er über Jahrhunderte nicht in Erscheinung, um dann plötzlich – innerhalb weniger Monate – immer wieder auf der Erde, seiner Schöpfung, radikal einzugreifen. Die spektakulärste Intervention nimmt Gott um das Jahr Null herum vor: Sein Sohn wird geboren. Und steht 33 Jahre später sogar von den Toten wieder auf. Um das Jahr 35 erscheint Jesus Paulus in Damaskus. Die Apostelgeschichte erzählt, wie Petrus zahlreiche Wunder wirkt. In der Folgezeit geschieht lange nichts. Erst im Jahr 312 erschienen Petrus und Paulus mit den himmlischen Heerscharen, um Konstantin den Sieg zu sichern. Manche der erstaunlichen übernatürlichen Erscheinungen werden auf der Erde einfach wieder vergessen. So gehört die Grotte, in der Erzengel Michael auf der Gargano-Halbinsel in Apulien erschienen sein soll, einst neben Rom und Jerusalem zu den wichtigsten Wallfahrtsstätten der Welt; heute hingegen weiß kaum jemand, dass es diese Wallfahrtsorte überhaupt gibt. Die Christianisierung Europas wird zwar von zahlreichen Wundern begleitet, aber nur wenige spielen in der Gegenwart eine Rolle. Franz von Assisi (1182–1226) bildet eine Ausnahme: Er bekommt als göttliches Zeichen die Stigmata, die Wundmale Christi. Im Jahr 1263 oder 1264 lässt Gott in Bolsena ein spektakuläres Wunder geschehen, das zur Entstehung des Fronleichnamsfestes (Corpus Domini) führt: Während der Wandlung tropft aus einer Hostie Blut. Das Altartuch wird heute noch in Orvieto verehrt. Im Jahr 1531 erscheint die

Muttergottes nach dem Glauben der Kirche Juan Diego in Mexiko, im Jahr 1858 taucht die Muttergottes nach dem Glauben der Kirche in Lourdes auf, im Jahr 1917 schließlich in Fatima.

In diese Reihe göttlicher Interventionen gehört seltsamerweise das auf den ersten Blick unscheinbare Jahr 1981. In einem einzigen Jahr geschehen gleich drei spektakuläre Eingriffe Gottes auf seiner Erde. Hat es mit der Zahl 1981 zu tun? Ist diese Zahl aus kosmischer Sicht von Bedeutung? Interessiert sich Gott überhaupt für Jahreszahlen? Wohl kaum. Ich erinnere mich gut an die Gruppen von Betern, die im Winter 1999 nach Rom pilgerten, weil sie glaubten, dass mit dem Beginn des Jahres 2000 die Welt untergehen werde. Ich hielt das für absurd. Wenn es Christus gibt und wenn er – wie versprochen – auf die Erde zurückkommen wird, warum sollte er sich dann an den menschlichen Kalender halten? Tatsache ist aber, dass dieses Jahr 1981 aus Sicht frommer Katholiken besonders bedeutend ist.

Am 13. Mai 1981 lenkt nach Bekunden Papst Johannes Pauls II. eine »Hand aus dem Jenseits« die Kugel ab, die ihn töten soll, und erfüllt damit eine im Jahr 1917 in Fatima ausgesprochene Prophezeiung.

Nur ein paar Wochen später, im Juni 1981, erscheint die Muttergottes in Medjugorje, das glauben zumindest Millionen Katholiken auf der Welt und nicht wenige Würdenträger im Vatikan. Auch dort lässt Gott die Muttergottes eine spektakuläre Prophezeiung verkünden.

Im November des Jahres 1981 greift jener Gott, der manchmal über Jahrhunderte kein einziges aufsehenerregendes Zeichen wirkt, schon wieder auf der Welt ein und bittet die Muttergottes, auf dem afrikanischen Kontinent zu erscheinen, am Ende der Welt, in dem Dorf Kibeho in Ruanda. Diese Erscheinung ist so außergewöhnlich, dass die Kirche sie nach kurzer Zeit, bereits im Jahr 2001, als Wunder anerkennt. Wieder erging eine Prophezeiung an die Menschen.

Für alle drei Ereignisse gibt es einen gemeinsamen Nenner: Krieg.

Der Jahrtausendpapst Johannes Paul II. hat sein Leben lang

zweifellos daran geglaubt, dass auf dem Petersplatz eine göttliche Prophezeiung eintrat, als Ali Agça am 13. Mai auf ihn schoss. Am 12. Dezember des Jahres 1981 wird in Polen das Kriegsrecht ausgerufen. Wie die Geschichte zeigen wird, wollen sowohl die Truppen der damaligen UdSSR als auch die Volksarmee aus der DDR in Polen einmarschieren, um einen Aufstand niederzuschlagen. Karol Wojtyła warnt am Telefon eindringlich den Staats- und Parteichef Leonid Breschnew in Moskau vor einem solchen Schritt. Heute besteht kein Zweifel mehr daran, dass der Zusammenbruch des Sowjetreiches völlig anders verlaufen wäre, hätte Ali Agça Johannes Paul II. erschossen. Das sagt sogar Michail Gorbatschow. Brauchte Gott Wojtyła, weil er einen Krieg in Osteuropa verhindern wollte?

Nur sechs Wochen nach dem Attentat auf dem Petersplatz, am 24. Juni 1981, wollen sechs Jugendliche die Muttergottes gesehen haben, die sich »Königin des Friedens« nennt und auf dem Hügel des Bauerndorfes Medjugorje im kommunistischen Jugoslawien erscheint. Sie sagt einen Krieg voraus, schwere Kämpfe, bittet darum, dass alles getan werde, um den drohenden Konflikt zu verhindern. Unter der damaligen kommunistischen Diktatur Jugoslawiens schien die Prophezeiung eines Krieges nur eine Interpretationsmöglichkeit zuzulassen: Dass es zu der gefürchteten, vernichtenden Auseinandersetzung der beiden Blöcke im Westen und Osten kommen könnte. Niemand ahnte damals, dass genau zehn Jahre später in Kroatien und Bosnien eine Entwicklung einsetzen würde, die in einen Krieg mit mehr als 100 000 Toten mündete. Die Front sollte nur wenige Kilometer von der Stelle entfernt verlaufen, an der die Muttergottes den Jugendlichen angeblich erschienen war.

In Kibeho lässt Gott die Muttergottes im November 1981 vor einem Krieg warnen. Sie spricht sogar eine sehr präzise Prophezeiung aus. Ein Fluss in der Nähe der Stadt Kibeho werde sich rot färben. Genau das trat ein, denn in der Nähe des Dorfes kam es zu einem der entsetzlichsten Massaker des Völkermordes in Ruanda, der nach UN-Schätzungen etwa eine Million Menschen das Leben kostete.

Aber ist das alles überhaupt denkbar? Kann es sein, dass Gott in Bosnien und Ruanda Krieg voraussagt und eintreten lässt? Nach Meinung der katholischen Kirche kann dies durchaus sein, denn der Mensch ist frei. Auch frei, den Nächsten zu erschlagen.

Das Gleiche gilt für Medjugorje. Die Gebete, zu der Maria die Menschen aufruft, um das Gemetzel zu verhindern, helfen nicht. Der Krieg auf dem Balkan bricht im Jahr 1992 mit ungeheurer Heftigkeit aus. Nur einer der drei göttlichen Eingriffe des Jahres 1981 hilft, einen Krieg zu verhindern.

Mir ist das Gespräch mit dem ehemaligen Papstsekretär Don Stanisław Dziwisz lebhaft in Erinnerung, der mir nach dem Tod des Papstes diese dramatischen Stunden noch einmal schilderte: US-Präsident Jimmy Carter hatte den Papst informiert, dass die Sowjets über Polen herfallen könnten. Der Papst warnte Breschnew und stoppte damit vermutlich in letzter Sekunde die Panzer. Ein Krieg wurde vermieden. Das Sowjetimperium brach später zusammen. Ich habe nach all den Jahren an der Seite von Papst Johannes Paul II. keinen Zweifel daran, dass Karol Wojtyła wie durch ein Wunder erlebt hat, dass sich an ihm eine Prophezeiung erfüllte. Die Ereignisse von Medjugorje dagegen habe ich nie geglaubt. Der Fall in Kibeho schließlich machte mich ratlos. Aus katholischer Sicht mag es durchaus von Interesse sein, dass ausgerechnet im Jahr 1981 alle drei Prophezeiungen Gottes ausgesprochen werden oder eintreten. Aber was ist, wenn es Gott gar nicht gibt? Was ist dann 1981 passiert?

Was Fall eins, das Attentat auf Papst Johannes Paul II., angeht, so kamen alle Ermittler, die eine übersinnliche Erklärung ausschlossen, zu dem gleichen Ergebnis: Es war das einzige genau dokumentierte perfekte Verbrechen der Geschichte. Denn nur dieses eine Mal ließ sich der Fall eines Auftragskillers nachweisen, der wirklich keine Ahnung hatte, für wen er arbeitete. In diesem Punkt sind sich die Ermittler einig. Ali Ağca hätte das Gefängnis früher verlassen können, wenn er über die Hintermänner des Papstattentates ausgesagt hätte. Aber er konnte keinen Vorteil für sich herausschlagen, weil er keine Ahnung hatte, in wessen Auftrag er den Papst niederschoss. Es war ein perfektes Verbrechen. Dass der Papst es überlebte und deshalb die Besetzung Polens verhindern konnte, mag schlicht ein Zufall der Geschichte gewesen sein.

Selbstverständlich lassen sich auch die Ereignisse von Fall zwei, der Madonna von Medjugorje, erklären. Da haben sich im Juni 1981 sechs Jugendliche zusammengetan, um eine bis heute verschworene Gemeinschaft zu bilden, die eiskalt, rücksichtslos und planmäßig lügt, und das seit knapp drei Jahrzehnten. Wenn Gott nicht existiert, haben die Jugendlichen in der Hitze des abgelegenen Dorfes Medjugorje im Juni 1981 nur eine abenteuerliche Geschichte erfunden. Sie wollen eine Lichtgestalt gesehen haben, die ihnen auftrug, zu beten und wiederzukommen. Diese sechs Seher wollen bis heute Hunderte solcher Botschaften von der Muttergottes empfangen haben.

Wenn ich durch Medjugorje gehe, überrascht mich das Ausmaß dieses mutmaßlichen Betrugs immer wieder. Dieses ehemalige Dorf von Kleinbauern ist heute ein riesiger religiöser Basar. Die Geschäfte, die Madonnenstatuen, Kerzen und alle möglichen Darstellungen von Christus darbieten, reihen sich kilometerlang aneinander. Millionen Pilger aus der ganzen Welt kommen hierher. Viele von ihnen sind Priester. Ein ganzer Stadtteil ist entstanden mit Hotels, Restaurants und Buchshops. Tausende Tonnen Beton wurden verbaut. Geschah das alles nur deshalb, weil sechs Jugendliche eine Lüge erzählten? Bis heute kann ich mir nicht vorstellen, dass die Muttergottes hunderte Male in Medjugorje erschien, wie die Seher behaupten, und ihnen Hunderte von Botschaften übermittelte. Aber dass die Seher über Jahrzehnte Millionen von Gläubigen betrogen haben, kann ich mir auch nur schwer vorstellen.

Nehmen wir einmal das Beispiel der Seherin Marija Pavlović. Ich kenne natürlich ihr schmuckes Haus hinter dem elektrischen Tor ganz in der Nähe des Hügels, auf dem die Muttergottes erstmals erschienen sein soll. Ich habe mit ihrem Mann im Wohnzimmer Coca Cola getrunken und wurde zur außerordentlichen Erscheinung der Muttergottes in die Privatkapelle der Familie, die neben dem Haus liegt, eingeladen. Ich habe zugesehen, ein paar Meter von ihr entfernt, wie sie gegen 18.30 Uhr plötzlich eine Erscheinung zu haben meinte. Die fröhliche, redselige, hilfsbereite Frau schien ganz weit weg zu sein. Spielte sie mir und den anderen, zum Teil tiefgläubigen Menschen einfach eine Show vor? Ich kann mir beim besten Willen nicht vorstellen, dass die Muttergottes tatsächlich Dutzende von Botschaften an Marija Pavlović gerichtet hat, aber dass Marija bewusst lügt, glaube ich auch nicht. Sie hat nichts Verschlagenes, wie sie da in ihrer Küche steht, Kekse für die Gläubigen vorbereitet, für Kaffee sorgt, stolz ihre beiden Kinder präsentiert, um dann in die Kapelle zu gehen und die Muttergottes zu sehen. Obwohl ich viele Stunden mit ihr zubrachte, habe ich an ihr nie etwas entdecken können, das sie als gerissene, eiskalte Lügnerin verdächtig erscheinen ließ. Eine Lügnerin, die mit fünf Verschworenen dafür sorgte, dass Millionen Menschen an einen verlorenen Ort in Bosnien reisen, einen Ort, an dem in Wirklichkeit überhaupt nichts geschehen ist. Was mich zweifeln ließ an meinem Verdacht, dass es sich in Medjugorje um Betrug handeln könnte, ist die schlichte Frage nach dem Nutzen. Wieso hätten die sechs Jugendlichen im kommunistischen Jugoslawien eine Marienerscheinung erfinden sollen? Was hatten sie davon? Wollten sie sich bereichern? Angesichts des Lebensstils einiger der Seher kann man heute durchaus auf die Idee kommen, dass sie Geld mit ihren Visionen verdient haben. Aber im kommunistischen Jugoslawien war es nicht von Vorteil, zu behaupten, man habe die Muttergottes gesehen und eine Botschaft von ihr erhalten. Die Machthaber ließen die Seher einsperren und von der Schule ausschließen. Sie bekamen keine Jobs, wurden wie schwer geistig verwirrte Menschen behandelt und in eine Klinik eingesperrt. Warum sollte ein Jugendlicher sich so etwas antun? Noch eine Frage lässt Zweifel an den Zweifeln aufkommen: Wie konnte diese Gruppe so lange zusammenhalten? Selbst wenn sich nur zwei oder drei Menschen absprechen, um eine Lüge als Wahrheit auszugeben, kommt in der Regel die Wahrheit rasch ans Tageslicht. Es ist schon für einen einzelnen Menschen nicht leicht, über Jahrzehnte zu lügen, ohne sich in Widersprüche zu verwickeln. Kann eine Gruppe junger Menschen über knapp drei Jahrzehnte an einer gemeinsam abgesprochenen Lüge festhalten?

Ich habe fasziniert die Untersuchungen über die Seher gelesen, vor allem jene von Henri Joyeux von der medizinischen Fakultät in Montpellier, der es für möglich hält, dass die Jugendlichen zumindest einige Erscheinungen hatten. Er wies nach, dass sie – wenn die Madonna angeblich erscheint – alle auf den gleichen Punkt im Raum schauen, ohne sich zuvor abgesprochen zu haben. Als würden sie wirklich etwas sehen, das für alle anderen Menschen unsichtbar bleibt. Kann es also sein, wie die Mediziner der Studie vermuten, dass eine unfassbare Erfahrung, nämlich die, ein Wesen aus einer anderen Welt gesehen zu haben, bewirkt, dass sie noch heute fest davon überzeugt sind, die Muttergottes zu sehen, weil sie das Erlebnis nicht verarbeiten konnten? Ich könnte mir vorstellen, dass das im Fall von Marija so war. Wenn es nicht so war, dann ist sie die perfekteste, abgebrühteste Lügnerin, die ich je in meinem Leben gesehen habe. Was den Fall Nummer drei angeht, die Ereignisse von Kibeho, muss ich etwas weiter ausholen.

18
Afrika

Ich habe auf allen Kontinenten die Religiosität der Menschen immer nur aus katholischer Sicht gesehen. Bis auf eine Ausnahme: den Kontinent Afrika. Es gehört nun einmal zu meiner Vergangenheit, dass ich mir in Mittelamerika nicht die wunderbaren Bauwerke der Mayas oder Inkas anschauen durfte, sondern den Papst in katholischen Kathedralen, Basiliken, Kapellen beobachtete. Ich habe noch nie die Tempel bei Mexico-City gesehen, aber schon ein halbes Dutzend Mal die Marienwallfahrtsstätte von Guadalupe in Mexiko-City besucht.

Leider habe ich auch in Australien nie die heiligen Stätten der Aborigines gesehen, kenne aber eine Menge Klöster in Sydney und Umgebung. Auch in Asien hatte ich leider nie die Gelegenheit, die Wunderwerke der Baukunst von Hindus oder Muslimen kennenzulernen. Dafür saß ich schon stundenlang in den Kirchen Delhis. Ich war zwar noch nie in dem magischen Ort Petra in Jordanien, dafür kenne ich die Kirchen in Amman in- und auswendig. Dass Afrika eine Ausnahme bildet, hat mit einem überaus umstrittenen Mann zu tun: Muammar al-Gaddafi. Ohne dass ich es wollte, führte mich ausgerechnet dieser selbst ernannte Religionsführer in das Herz der muslimischen Religiosität des Schwarzen Kontinents. Die Spiritualität in Afrika habe ich deswegen aus einem anderen Blickwinkel erlebt, was später für mich sehr wichtig werden sollte.

Bis zum Mai 1997 glaubte ich fest daran, dass es in meinem Beruf – vor allem, was Religionen betraf – eigentlich nichts mehr geben könnte, dem ich nicht gewachsen wäre. Doch das war eine furchtbare Fehleinschätzung, wie ich schmerzhaft erleben musste. Ich erfuhr überraschend, dass ich die damals weltberühmte, vor allem im Westen angefeindete Persönlichkeit Muammar al-Gaddafi interviewen konnte. Heute, nachdem er sogar Barack Obama die Hand geschüttelt hat, erscheint der Mann in einem anderen Licht. Aber damals war er ein international geächteter Verbrecher, verantwortlich für Terrorattentate. Gaddafi hatte es geschafft, die ansonsten oft zerstrittene westliche Welt in einem Punkt zu einen: In ihm, dem libyschen Führer, sahen die westlichen Nationen, allen voran die USA, den Gegner par excellence. Gaddafi war das Böse. Dass ich Gaddafi treffen sollte, beeindruckte mich zunächst überhaupt nicht. Ich hatte schon Staatspräsidenten und Premierminister interviewt, ja, auch mit dem Papst Gespräche geführt. Warum sollte mich jetzt ein Interview mit Gaddafi überraschen?

Ich bereitete mich so vor, wie ich mich immer vorbereitet habe. Interviews dauern höchstens ein paar Stunden. Ich packte also wie immer den schicken winzigen Koffer, mit dem auch meine Frau als Journalistin zu den Modenschauen in Mailand reiste, legte den gepflegten schwarzen Anzug hinein, das Waschzeug, steckte 200 US-Dollar in bar ein, nahm die Kreditkarten mit und war fertig. Ich habe zu jener Zeit alle Interviews, sofern es sich einrichten ließ, mit demselben Fotoreporter geführt: mit dem gebürtigen Ungarn Zoltan Nagy. Denn er ist nicht nur ein großartiger Fotograf, sondern auch ein Gentleman. Ich war damals noch sehr jung, und vor allem im Vatikan herrschte große Skepsis gegenüber zu jungen Journalisten. Zoltan, bereits über 50 Jahre alt, bildete einen perfekten Kontrast zu mir. Er flößte den Interviewpartnern Vertrauen ein. Das half mir sehr. Zoltan passte wunderbar an den Hof der Päpste. Er ist das Gegenteil eines Pressefotografen. Er mutet an wie ein Adliger, der sich ab und zu breitschlagen lässt, mit seiner superexklusiven Leica ein paar Bilder zu machen. Ich kenne außer Zoltan keinen Fotografen, der sich leisten kann, zu warten, bis die Interviewpartner den Fotografen bitten, ein Bild von ihnen zu machen.

Doch das hat natürlich seinen Preis. Zoltan Nagy hat eine sehr genaue Vorstellung davon, was das gerade noch erträgliche Mindestniveau des Lebensstandards ist. So verzeiht er nur sehr, sehr ungern, wenn er um seinen kalten (mindestens 7 Grad) Prosecco vor einem ausgezeichneten Mittagessen gebracht wird. Staub und Dreck sind ihm zuwider. Er pflegt stets eine Krawatte zu tragen, die er so perfekt bindet, als würde sie im Krawattenmuseum ausgestellt. Extremes Klima, Hitze oder Kälte stören Zoltan nachhaltig. Er zieht sich dann gern in ein gut klimatisiertes Spitzenrestaurant zurück, um in der Mittagszeit ein paar Stunden zu tafeln. So profane Getränke wie Coca Cola lassen Zoltan schaudern, Chaos und Durcheinander meidet er. Wenn er reist, dann gern in gepflegten Sportwagen vergangener Epochen. Er trägt beim Autofahren Lederhandschuhe, und seine stets passende Kleidung bleibt wie durch ein Wunder fleckenlos. Seine Fotoausrüstung trägt er in einem noblen Lederkoffer mit sich. Für alle Termine im Vatikan ist Zoltan Nagy mit seinem angegrauten, ihn adelnden Bart und seinen perfekten Manieren der ideale Begleiter. Als ich schließlich den Termin mit Gaddafi bekam, buchte ich natürlich Zoltan. Ich erinnere mich Wort für Wort an das Telefonat mit ihm.

Er wollte wissen: »Wo ist der Treffpunkt?«

»In Kairo.«

»Oh«, sagte Zoltan, »interessant. Ich habe Europa noch nie verlassen. Es gab bisher keinen Anlass.« Ich beruhigte ihn: »Das Interview wird auch nicht anders ablaufen als im apostolischen Palast oder in einem Ministerium.«

»Etwas anders hätte ich von dir auch gar nicht erwartet«, beendete Zoltan das Gespräch.

Zoltan Nagy packte seinen Lederkoffer, zog seinen eleganten Anzug an, putzte die Linse der edlen Leica und fuhr mit mir zum Flughafen. Ich hatte eine genaue Vorstellung davon, wie das Treffen mit Gaddafi ablaufen würde – so wie immer. Das bedeutete: Man würde uns in Kairo in ein Hotelzimmer bringen, und dort mussten wir warten, schlimmstenfalls etwas länger. Auf den Bürgermeister von Palermo hatten wir einmal bis zwei Uhr nachts gewartet, bis er endlich Zeit für uns hatte. Schließlich würde ein Gespräch stattfinden von maximal zwei Stunden. Zoltan würde die Bilder machen. Und am kommenden Tag würden wir mit dem Taxi vom Hotel zurück zum Flughafen fahren, um nach Hause zu fliegen.

Im Taxi auf dem Weg zum Flughafen in Rom zeigte mir Zoltan einen eleganten, völlig veralteten Reiseführer, der aussah wie aus einer jahrhundertealten Familienbibliothek. Der Reiseführer schien aus der Zeit zu stammen, als sein Großvater noch an der Seite von Lawrence von Arabien kämpfte.

»Es wäre ratsam, vor allem das Ägyptische Museum anzuschauen«, schlug er vor. »Im Mena House an den Pyramiden soll es eine exzellente Küche mit ägyptischen Weinen geben«, sagte er. Dann sah er mich erschrocken an. »Sie werden die Weine doch nicht etwa harzen wie die Griechen?«

Ich wusste, dass geharzte Weine für Zoltan ein Gräuel waren. Ich hatte keine Ahnung, dass die Frage, welchen Wein es zum Abendessen geben sollte, auch für Zoltan in den kommenden Tagen vollkommen nebensächlich sein würde.

Seit dem Bombenanschlag auf die Berliner Disco »La Belle«, bei der am 5. April 1986 zwei US-Soldaten ums Leben gekommen waren, während 28 weitere Besucher zum Teil schwer verletzt wurden, galt Muammar al-Gaddafi international als gefährlichster Drahtzieher im internationalen Terrorismus. Erst 18 Jahre nach dem Attentat, im Juni 2004, wurden die Urteile gegen die Attentäter, die von der libyschen Botschaft aus operierten, rechtskräftig. Nur zehn Tage nach dem Attentat, am 15. April 1986, hatte US-Präsident Ronald Reagan die Bombardierung von Tripolis und Bengasi als Vergeltung angeordnet. Dabei wurden Muammar al-Gaddafi verletzt, eine seiner Adoptivtöchter und 36 Libyer getötet. Am 21. Dezember 1988 eskalierte der Streit zwischen den USA und Libyen dann vollständig. Über der schottischen Stadt Lockerbie wurde eine Maschine der Fluglinie Pan Am mit 259 Insassen an Bord in die Luft gesprengt. Es war das größte Attentat auf US-Bürger seit dem Ende des Zweiten Weltkriegs. Seitdem war Gaddafi der Topfeind des gesamten Westens. Muammar al-Gaddafi hatte es geschafft, die komplette freie Welt gegen sich aufzubringen. Innerhalb Libyens unternahm er alles, um zu verschleiern, dass er eigentlich ein Diktator war. Er gab offiziell die Staatsführung ab, blieb aber im Hintergrund der einzig mächtige Mann Libyens.

Bisher war es westlichen Medien selten gelungen, Muammar al-Gaddafi zu interviewen. Aus journalistischer Sicht war er ein »big shot«, ein großer Abschuss. Immer wieder hatte ich versucht, der libyschen Botschaft in Rom klarzumachen, dass ich, und nur ich, der richtige Mann wäre, Gaddafi Fragen zu stellen. Aber die libysche Botschaft lehnte es stets ab oder antwortete gar nicht erst auf Briefe und Faxe. Ich ließ mich nicht abwimmeln, aber man gab mir zu verstehen, dass mein Ansinnen aussichtslos sei: Gaddafi gebe keine Interviews, vor allem nicht Kreaturen wie mir, die immer freundlich über den Staat Israel geschrieben hatten. Jahre gingen ins Land; ich hatte meinen Plan, Gaddafi zu treffen, längst vergessen, als eines Tages das Telefon klingelte. Es war die libysche Botschaft, die mir bedeutete, dass ich, wenn ich sehr, sehr schnell wäre, Muammar al-Gaddafi würde sprechen können. Ich fiel aus allen Wolken, vor allem, weil ich keine Ahnung hatte, wie ich nach Libyen kommen sollte. Der Sicherheitsrat der Vereinten Nationen hatten auf Druck der USA über Libyen eine sogenannte No-Fly-Zone eingerichtet, eine Flugverbotszone. Die Libyer durften ihren Luftraum nicht nutzen. Es gab nur ein einziges, winziges Schlupfloch, um nach Libyen hineinzukommen. Das wusste ich: Unregelmäßig verkehrte eine Fähre von Malta nach Tripolis.

Doch die Libyer hatten einen ganz anderen Plan: Ich sollte am nächsten Tag nach Kairo fliegen, um mich dort in einem ganz bestimmten schicken Hotel mit den Offizieren der »Libysch-Arabisch-Revolutionären-Armee« zu treffen. Eine Sondermaschine sollte mich von Kairo nach Djerba in Tunesien bringen. Von Tunesien aus gab es eine berüchtigte, weil extrem gefährliche Straße, die schnurgerade nach Tripolis führte. Ich akzeptierte, ohne nachzudenken – und ohne Furcht. Die sollte erst später kommen. Bis heute ist mir schleierhaft, wieso mir die Falle nicht sofort aufgefallen war. Ich hätte merken müssen, dass die ganze Planung völlig unsinnig war. Die Libyer hatten recht damit, dass es keine andere Möglichkeit gab, um nach Tripolis einzureisen, als über den Landweg: über die Wüstenstraße, an der sich Hunderte von Autowracks türmten, weil die schurgerade Straße einschläferte und die Menschen viel zu schnell fuhren – und dann manchmal in den Gegenverkehr krachten.

Absoluter Unsinn an dem libyschen Reiseplan war die Anordnung, nach Kairo zu fliegen. Es wäre logischer gewesen, von Rom aus direkt nach Djerba zu fliegen oder nach Tunis, um von dort nach Libyen weiterzureisen. Der Flug nach Kairo war ein idiotischer Umweg. Ich dachte aber leider nicht länger darüber nach, sondern reiste mit Zoltan ab. Der Flug nach Ägypten und der Tag in Kairo verliefen wunderbar. Ich machte mit Zoltan einen halben Tag Urlaub. Wir sahen uns die Pyramiden an. Zoltan fotografierte mich vor der Sphinx, und wir besuchten das Ägyptische Museum. Abends saßen wir pünktlich am Treffpunkt in unserem Hotel in Kairo. Ich dachte, dass irgendwann irgendein libyscher Offizier auftauchen würde, aber plötzlich ging alles ganz schnell: Dutzende extrem hübscher junger Frauen in Kampfanzügen, begleitet von grimmig dreinblickenden Herren, überfüllten plötzlich die Hotelhalle. Nach ein paar Augenblicken hatten sie uns in eine Limousine verfrachtet, und wir waren auf dem Weg zum Flughafen.

An einem Nebenterminal nahe dem Flugzeugbunker der ägyptischen Luftwaffe parkte eine Boeing 737 der Libysch-Arabisch-Revolutionären-Armee. Wir brauchten keinen Pass und kein Ticket. Die Soldaten brachten uns in die Maschine, und nach kurzer Zeit hoben wir ab.

Dann begann ein Albtraum, denn wir flogen und flogen und flogen. Ich bekam langsam ein mulmiges Gefühl. Um von Kairo nach Djerba zu fliegen, braucht eine Verkehrsmaschine etwa zwei bis drei Stunden, sicher nicht mehr. Wir waren gegen 22 Uhr gestartet, mittlerweile war es 6 Uhr morgens. Also waren wir schon sieben Stunden in der Luft. Wo zum Henker waren wir eigentlich? Einmal, mitten in der Nacht, waren wir zwischengelandet, um dann wieder zu starten. Ich hatte die ausgesprochen hübschen Damen, die sich als Leibwächterinnen Muammar al-Gaddafis entpuppten, gefragt, wieso wir nicht längst da seien. Aber ich bekam keine Antwort. Ich erinnere mich an ziemlich starke Turbulenzen, wusste aber Gott sei Dank zu diesem Zeitpunkt noch nicht, dass es sich nicht um normale Turbulenzen handelte. Erst als die Sonne schon am Himmel stand, erklärte mir eine reizende Dame, wir würden gleich in Niamey landen, in Niger.

Erst nach der Landung, erst als ich in den Backofen der Luft in Niger hinaustrat, begriff ich. Vor meinen Augen stand eine zweite Boeing 737 der Libysch-Arabisch-Revolutionären-Armee. Sie besaß die gleiche Kennung am Rumpf, 5A-DII, was im Luftverkehr verboten ist. Jedes Flugzeug hat eine Art Kennzeichen, wie ein Auto. Das Kennzeichen darf es nur einmal geben. Aber ich stand vor einer Maschine mit dem identischen Kennzeichen wie jene, aus der ich ausgestiegen war, und aus dieser zweiten Maschine stolzierte Muammar al-Gaddafi und kam die Gangway hinunter. Ich sehe noch das kleine weiße Pflaster vor mir, das er auf einem Finger trug. Er hatte sich offenbar kurz zuvor geschnitten. Erst als er die Treppe hinunter auf mich zukam, begriff ich, was passiert war: Gaddafi hatte niemals vorgehabt, mir ein Interview zu gewähren. Er wollte mich lediglich benutzen – und zwar als Zeugen.

Da, wo Gaddafi sich aufhielt, nämlich vor meinen Augen in Niamey, hätte er gar nicht sein können, denn der Sicherheitsrat der Vereinten Nationen hatte ja im Juni 1993 die No-Fly-Zone über Libyen verhängt. Es durfte kein Flugzeug Libyen überfliegen, schon gar kein libysches. US-Kampfflugzeuge wachten über das Flugverbot. Gaddafi hatte offenbar beschlossen, der Welt den Vogel zu zeigen und das Flugverbot zu verletzen. Doch eine Verletzung des Flugverbotes brachte ihm nur dann etwas, wenn Zeugen von westlichen Medien bestätigten, dass er den UN-Beschluss verletzt hatte. Ich war fassungslos. Natürlich würde ich darüber berichten, dass ich ihn im Niger gesehen hatte – was genau seinen Zweck erfüllte. Er würde der Welt zeigen können, dass er der UNO und den Kampfflugzeugen der USA die Stirn bot. Das Flugzeug, in dem er angereist war, und das Flugzeug, in dem ich gesessen hatte, waren aus einem simplen Grund gleich: Die Maschinen der Libysch-Arabisch-Revolutionären-Armee waren identisch, damit die US-Kampfjets nicht wissen konnten, ob sie auch das Flugzeug im Visier hatten, in das Gaddafi eingestiegen war, oder ein anderes, nämlich meines. Sie hätten alle identischen Flugzeuge abschießen müssen, um sicherzugehen, dass Gaddafi unter den Toten war, und damit das Leben unschuldiger Menschen aufs Spiel setzen müssen, unter anderem meines.

Eine seiner Leibwächterinnen, die mit mir im Flugzeug gewesen war und die ausgezeichnet französisch sprach, sagte mir bewundernd: »Gaddafi ist schon ein Held. Er hat keine Angst. Auch als die US-Kampfjets heute Nacht kamen und uns in ihren Rückstrahl der Düsen fliegen ließen, hat er nicht den Befehl gegeben, abzubrechen.«

Das also waren die Turbulenzen gewesen. Ich musste in der Hitze auf dem Flugfeld in Niger erst einmal zu mir kommen. Zoltan Nagy war kreidebleich. Wir waren also in einem Flugzeug der Lybisch-Arabisch-Revolutionären-Armee durch eine Flugverbotszone geflogen, während US-Jets die Maschine bedrohten, die sie im Grunde sogar hätten abschießen dürfen? Das war einer dieser Tage, an denen ich mich fragte, wieso ich nicht einfach in meiner Heimatstadt Werl geblieben und etwas Anständiges, zum Beispiel Lehrer, geworden war.

An diesem Tag in Niamey begann für mich die seltsame Aufgabe, einen ganz anderen Mann als einen Papst zu beobachten, einen Mann, der sich als religiösen Führer sah und der zweifellos die Massen anzog. Der größte Unterschied war, dass ich Päpste bisher nur hatte Liebe predigen hören. Gaddafi predigte Hass. Er erklärte die ganze Zeit, dass die Christen nichts anderes beabsichtigten als die Ausrottung und Versklavung Afrikas, dass die Christen und ihre jüdischen Verbündeten nur danach trachten würden, den Islam und dessen heilige Stätten vollkommen zu zerstören. Ich habe Gaddafi nie vor einer Versammlung von Menschen erlebt, ohne dass er irrsinnige, erfundene Geschichten gegen Israel verbreitete. So brüstete sich Gaddafi damit, herausgefunden zu haben, dass Israel die Heiligen Stätten des Islam bombardieren wolle, sowohl Mekka als auch Medina. Sobald er das hinausschrie, brüllte die Menge immer voller Zorn. Seine Behauptung war natürlich blanker Unsinn, löste aber Begeisterung für diesen Mann aus, der dem Westen die Stirn bieten wollte.

Was mich faszinierte, war aber nicht nur die Rede, was mich faszinierte, war das Gebet. Muammar al-Gaddafi ließ es nicht dabei bewenden, dem Land Niger eine nagelneue Moschee zu schenken. Er forderte die Menschen zum Gebet auf und betete selber auf einem Teppich vor der Menge. Auch wenn es schauerlich war: Ich konnte in diesem Moment durchaus verstehen, dass die Menschen in Niger, die vor der neuen Moschee gebetet hatten, in dem in ihren Augen frommen Muammar al-Gaddafi einen rein religiösen Führer verehrten, dem die böse christliche Welt nach dem Leben trachtete und den sie sogar mit einer Flugverbotszone bestrafte. Schon während der Rede, in der es nur scheinbar um Religion, nie um Politik ging, spürte man, dass die mehreren zehntausend Zuhörer einen religiösen charismatischen Prediger, aber nicht einen Politiker vor sich sahen. Für mich bestand kein Zweifel, dass die Menge glaubte, einen ganz besonderen Mann Gottes vor sich zu haben.

Zoltan hatten die Umstände der Reise in eine Art Schockzustand versetzt. Gleichzeitig aber setzte die ungewöhnliche Situation eine neue Art von Energie in ihm frei. Er kämpfte jetzt um jedes Bild. Er schien mir zehn Jahre jünger, ein Gentleman, in dem ein Indiana Jones steckte. Ich erinnere mich an das Abendessen in einem Hotel, in dem wir Gäste der Libyer waren. Ein Abendessen war für Zoltan eine hoch bedeutsame Angelegenheit. Zuvor wollte er einen passenden Aperitif. Das Hotel, in dem Gaddafi uns hatte absetzen lassen, sah aus, als hätte es so etwas wie eine Bar. Wir fanden sie auch. Dort saßen sehr viele junge Frauen in sehr kurzen Röcken, mit sehr rot geschminkten Lippen, die uns anlächelten. Eine der Damen fragte, ob wir uns nicht zu ihnen setzen wollten. Ich lehnte barsch ab. Zoltan war empört. »Eine so höfliche Einladung von einer Dame schlägt ein Herr nicht so unhöflich aus.«

»Das sind Huren«, sagte ich.

»Wie bitte?«, fragte er.

»Diese Frauen verkaufen vermutlich aus Verzweiflung ihren Körper.«

Verstört ging Zoltan mit mir in das Restaurant. Er sah, dass es vor dem Restaurant eine Terrasse gab mit einem Swimmingpool. Aus seiner Sicht ein idealer Ort, um einen Prosecco als Aperitif vor dem Abendessen zu trinken, zumal man den herrlichen Blick auf den Fluss Niger genießen konnte.

Er wollte hinausgehen und etwas bestellen, als ihn ein Kellner stoppte. Ich weiß noch, dass der Mann auf Französisch – Zoltan versteht selbstverständlich Französisch – sagte: »Sie gehen da besser nicht hinaus.«

»Warum nicht?«, fragte Zoltan und dachte an seinen Aperitif in der Abenddämmerung. Der Kellner sagte nur: »Malaria. Um diese Zeit wimmelt es von Malariamücken«. Zoltan verzog das Gesicht, was bedeutete: »Was sollen wir in einem solchen Land, in dem einem der Aperitif wegen Monstermücken verwehrt wird?«

Schließlich nahm er zutiefst verstört zur Kenntnis, dass das Essen ein Buffet war. Ein Buffet ist nach den Vorstellungen von Zoltan Nagy etwas, das ein zivilisierter Mensch meidet.

Noch mehr verstörte uns, dass wir damals sehr rasch zurück zum Flughafen und wie die Diebe abhauen mussten, denn die USA hatten unterdessen dem Land Niger massiv gedroht. Sollte es weiterhin die Verletzung des Flugverbots durch Gaddafi tolerieren und ihm Gastfreundschaft gewähren, seien Sanktionen unvermeidbar – bis hin zur Streichung von Entwicklungshilfe. Ich hatte gehofft, dass wir nach Kairo zurückfliegen würden, aber diese sehr spezielle Pilgerreise ging weiter in den Süden. Sobald wir in der Maschine saßen und sie stark zu wackeln begann, fürchtete ich, dass wir erneut in den Abgasstrahl der Kampfjets geraten waren. Ich hoffte inständig, dass die USA mein Leben schonen würden, auch wenn ich mich wie ein Trottel zum lebenden Schutzschild für Gaddafi hatte machen lassen. Als die Maschine schließlich landete, entdeckten wir, dass Gaddafi die UNO weiterhin an der Nase herumzuführen gedachte. Wir waren in Nigeria, in Kano. Schon am Flugfeld warteten die begeisterten Fans des libyschen Revolutionsführers.

Verglichen mit der Ankunft eines Papstes in einem Land, gab es vor allem einen wichtigen Unterschied. Begeisterte Anhänger der Päpste neigen dazu, laut und manchmal schief zu singen, sehr laut zu jubeln und sich auf das Papamobil zu werfen, sobald es in der Nähe ist. Alles Angewohnheiten, die mir mit der Zeit ziemlich auf die Nerven gingen. Aber gemessen an den Anhängern Gaddafis war das natürlich ein Witz. Sobald Muammar seine Begrüßungsrede, die eher einer Predigt glich, gehalten hatte, sobald er gebetet hatte, schossen seine Anhänger aus Kalaschnikows in die Luft. Muammar al-Gaddafi entstammt einem Beduinenstamm, und da ist es vermutlich üblich, seine Begeisterung zum Ausdruck zu bringen, indem man Salve um Salve in die Luft feuert. Mir macht so was Angst. Denn was ist, wenn den Herrn die Hand an der Waffe abrutscht und sie ungewollt in die Menge feuern? Gott sei Dank besteht keine Gefahr, dass die Anhänger des Papstes diese Angewohnheit übernehmen könnten.

Der selbst ernannte Religionsführer Gaddafi schenkte auch in Kano den Gläubigen eine Moschee und musste sich in Nigeria mit einem ähnlichen, grundsätzlichen Problem herumschlagen wie die Päpste: Afrikaner wollen tanzen, singen, sich bewegen. Sie lieben Choräle, wie sie wahrscheinlich aus den Stammestraditionen entsprungen sind. Das ruhige, in sich gekehrte, leise Gebet zu Allah empfinden viele Afrikaner als enttäuschend. Es widerspricht allem, wofür Schwarzafrika steht. Bei jedem Besuch auf dem Kontinent wird mir klarer, dass eine

Religion wie der Islam, der überhaupt keine religiösen Lieder kennt, eine Religion, in deren Gottesdiensten niemals gesungen und getanzt wird, sich in Schwarzafrika nicht durchsetzen kann. Ich hatte das Gefühl, dass Gaddafi damals weit mehr Probleme mit den Traditionen Nigerias hatte als der Papst. Die katholische Messe mit ihren vielen Gesängen, mit dem großen Anteil an Musik, mit den bunten Gewändern passt letztendlich besser zu Schwarzafrika als der strenge, leise Islam.

Eines aber kommt in Afrika sowohl dem Islam als auch dem Christentum entgegen: die tiefe Spiritualität der Menschen. Afrika ist der Kontinent Gottes, aber auch der Kontinent der Geister, der Wahrsager, der Medizinmänner. Religiosität scheint Afrikanern angeboren zu sein. Sie vermuten hinter der sichtbaren Welt immer eine unsichtbare. Von der Rationalität Europas und der USA sind sie unendlich weit entfernt.

Menschenmassen, die um einen religiösen Führer herum schier ausrasten, hatte ich mehrfach erlebt. Auch Zoltan hatte in Rom natürlich gesehen, wie Tausende in Ekstase geraten können, wenn der Papst sich ihnen nähert. Er hatte sich dann immer vornehm zurückgehalten. Doch das war nichts im Vergleich zu dem, was sich im Umfeld von Muammar al-Gaddafi abspielte. Nach der Rede Gaddafis in Kano tauchte plötzlich von irgendwoher – bis heute ahne ich nicht, woher – eine gigantische amerikanische Limousine auf, ein weißer Autokoloss, in den der Religionsführer regelrecht hineinsprang. Mit Kalaschnikows bewaffnete Männer warfen sich auf das Auto, das in der Masse hoffnungslos eingekeilt zu sein schien. Dann feuerten die Soldaten in den Abendhimmel, bis die Masse sich teilte. Ich hatte keine Ahnung, warum es Gaddafi auf einmal so eilig hatte, wegzukommen. Wohin wollte er so schnell? Zoltan und ich in unseren mittlerweile total staubigen, durchgeschwitzten, einstmals schicken schwarzen Anzügen, mit all unserer Habseligkeit in den kleinen schwarzen Köfferchen, sahen Gaddafis Riesenlimousine in der Menge verschwinden.

Um uns herum brach die Hölle los. Die Masse seiner Anhänger zerstörte vollständig das Rednerpult, auf dem Gaddafi gerade eben noch gestanden hatte. Sie rissen jeden Zentimeter des grünen Stoffes, jede Holzlatte herunter, es kam zu blutigen Schlägereien um die Souvenirs.

Ich hatte überhaupt nicht begriffen, in welcher Lage wir uns befanden, als ein riesiger farbiger Soldat zu mir kam und mir in gutem Englisch sagte: »Für fünfzig Dollar bringe ich euch zum Flughafen. Wenn ihr hier noch länger bleibt, dann machen sie Kleinholz aus euch zwei Weißen.«

»Aber wir waren zusammen in der Gruppe mit Muammar al-Gaddafi hier. Ich soll ihn interviewen«, sagte ich vorsichtig.

Der Soldat lachte schallend. »Gaddafi ist weg. Die Amerikaner warten nur darauf, sein Flugzeug in einen Haufen rauchenden Schrott zu verwandeln, aber wenn ich ihr wäre, würde ich mir weniger Sorgen um Gaddafi als um euch selber machen.«

Wir ließen uns zum Flughafen bringen, die Sonne ging gerade unter. Ein Jeep mit bewaffneten Männern eskortierte uns. Dort zahlten wir, und man setzte uns ab. Ich hatte noch 35 Dollar in bar. Der winzige Flughafen war verwaist. Das Hauptportal geschlossen, kein Mensch weit und breit. Wir waren voller Staub, die Köfferchen ramponiert. Zoltan Nagy sah mich mit dem Blick an, der ausdrückte, wie fassungslos er war, dass das Leben so etwas zu bieten hatte. Wir setzten uns auf die Stufen des Airports und sahen uns an. In Nigeria gab es eine deutsche Botschaft, aber die lag tausend Kilometer entfernt in Abudja – oder lag sie in Lagos? Ich war mir nicht sicher. Mit 35 Dollar kamen wir dort nicht hin. Meine Eurocard würde uns auch nicht weiterhelfen. Es war mittlerweile stockdunkel.

Ich sehe mich noch neben Zoltan auf der Steinstufe sitzen und höre mich zu ihm sagen: »Ich weiß, dass du jetzt denkst, wenn wir wenigstens einen kalten Prosecco hätten, dann sähe es nicht ganz so schlimm aus.« Er seufzte nur. Ausgerechnet dort auf dem Flughafen ging mir plötzlich auf, dass Zoltan Nagy im Grunde seit langen Jahren mein bester Freund war. Ich sah in der Dunkelheit ein paar Hütten.

»Weißt du was?«, fragte ich. »Ich gehe jetzt da rüber und besorge uns etwas zu trinken. Schließlich habe ich dich in dieses Chaos geführt.«

»Bist du wahnsinnig? Du willst in der Nacht in ein dunkles Dorf spazieren?«

Ich stand auf, tastete mich durch die Dunkelheit, befand mich irgendwann vor einer hell erleuchteten Hütte, in der ein fast nackter Farbiger vor einer Wand stand, die mit nackten Frauen auf Pin-up-Fotos gepflastert war. Er sah mich an, als käme ich vom Mars. Ich fragte auf Englisch: »Haben Sie ein paar Bier?«, und winkte mit den Dollars. Er lachte plötzlich los, griff in einen Wassereimer, gab mir drei Bier und lehnte energisch das Geld ab.

Als ich Zoltans Blick erkannte, wusste ich, dass er ein paar Augenblicke gefürchtet hatte, mich nie wieder zu sehen.

»Es ist nur Bier«, sagte ich. »Prosecco hatten sie nicht.«

Er lachte zum ersten Mal auf dieser Reise. Wir setzten uns auf die Stufen, sahen in den Himmel, in den Muammar al-Gaddafi abgeschwirrt war und uns hier sitzen gelassen hatte.

Der Mann, der uns am nächsten Morgen weckte, hatte ein pockennarbiges Gesicht. Ich wusste nicht gleich, dass er der netteste Mann der Welt war. Er sagte, dass auf dem Flugfeld eine Maschine warte, die nach Mekka fliegen würde. Ein Flug, der für Christen eigentlich verboten ist. Aber die Maschine hatte einen Zwischenstopp in Tunis. Und das war fast zu Hause.

»Sagt nicht, dass ihr Christen seid, sagt gar nichts, wenn ihr in das Flugzeug steigt«, flüsterte er mir zu, während ich ihm meine Kreditkarte gab. Er verschwand und tauchte kurz darauf mit meiner Karte und zwei Tickets wieder auf. »Christen müssen zusammenhalten, egal, wo sie sind«, sagte er noch. »Und wenn ihr je nach Kibeho kommt, dann betet dort für mich, denn der christliche Gott ist auch in Afrika.« Wir stiegen in die Pilgermaschine ein, schwiegen hartnäckig, bis wir am Flughafen von Tunis landeten. Wir hatten gerade Zeit, ein Ticket zu lösen, dann saßen wir schon in einer Alitalia-Maschine auf dem Weg zurück nach Rom. Die Stewardess sah uns in dem völlig ruinierten Outfit befremdet an. »Sie hatten wohl eine schwierige Reise?«, sagte sie. »Darf ich Ihnen einen Prosecco anbieten?« Und dieses eine Mal sah ich in Zoltans Augen, dass es Augenblicke gibt, in denen Menschen vollständig glücklich sind.

19
Kibeho

Ich habe viele Freunde, die nicht an Gott glauben, aber sie werden alle sehr nachdenklich, wenn es um die Prophezeiung von Kibeho geht. Man muss schon ein gefestigter Atheist sein, um nicht doch ins Grübeln zu kommen, sieht man sich die Einzelheiten dieser dramatischen Vorhersage an. Eine Unmenge von Zufällen müssen zusammengekommen sein, um zu erklären, was dort geschehen ist – wenn es Gott nicht gibt.

Kibeho liegt im Südwesten Ruandas, im Herzen Afrikas. Es ist eine grüne, hügelige Gegend, für die sich im Jahr 1981 auf der Welt kaum irgendjemand interessiert. In der 45 000-Einwohner-Stadt gibt es ein Internat. Drei Ordensfrauen leiten die Schule mit 120 Schülerinnen. Fünf männliche Lehrer und eine Lehrerin, die keine Ordensleute sind, unterrichten die Mädchen. Zwei der Lehrer sind Protestanten, wie auch 17 Schülerinnen. Es gibt außerdem zwei muslimische Schülerinnen in der Schule.

Um 12.35 Uhr am 28. November 1981 passiert das Unfassbare: Die Muttergottes erscheint vor dem Speisesaal der Schule.

Seit dem 13. Mai, als sie, nach Überzeugung Papst Johannes Paul II., sein Leben rettete, sind nur 199 Tage vergangen. Die Nachricht, dass im weit entfernten Rom auf den Papst geschossen worden war, kam auch in der Schule in Kibeho an, und für den Heiligen Vater war gebetet worden. Eines der Mädchen, das für den Papst gebetet hatte, war Alphonsina Mumureke. Damals 16 Jahre alt, leistete sie gerade Tischdienst im Speisesaal der Schule.

Sie sagte später aus: »Ich hörte eine weibliche Stimme, die ›Meine Tochter‹ rief.« Alphonsina ging hinaus auf den Flur, der Stimme nach.

Plötzlich taucht eine »wunderschöne Frauenfigur auf«. Das Mädchen fällt – mehr vor Schreck als aus religiöser Inbrunst – auf die Knie. Sie schlägt das Kreuzzeichen und fragt: »Wer bist du?«

Das Mädchen gibt später an, dass die Muttergottes auf Kinyarwanda, der Sprache Ruandas, antwortete: »Ndi Nyina Wa Jambo.« Das bedeutet: »Ich bin die Mutter des Wortes.«

Dann fragt die Muttergottes das Mädchen: »Was die Religion angeht, was gefällt dir am besten?«

Alphonsina Mumureke antwortete angeblich: »Ich liebe Gott und seine Mutter, die uns das Kind gab, das uns erlösen wird.«

Darauf erwiderte die Muttergottes: »Wenn das so ist, dann bin ich gekommen, um dich zu beruhigen; ich habe dein Gebet gehört. Ich wünschte mir, dass deine Freunde Glauben haben, denn sie glauben nicht stark genug.«

Alphonsina Mumureke betete noch eine Weile, dann sieht sie die Muttergottes »in den Himmel aufsteigen wie Jesus«.

Nehmen wir einfach mal an, dass die 16-jährige damals eiskalt gelogen hat, dass die Untersuchungen der katholischen Kirche, die das Wunder bestätigten, fehlerhaft waren, dass also in der Mädchenschule in Kibeho gar nichts passiert ist. Eines kann man mit Sicherheit sagen: Der Betrug muss ausgezeichnet vorbereitet gewesen sein, denn das Mädchen machte alles richtig. Die Muttergotteserscheinung klingt glaubwürdig, weil die Muttergottes den Rahmen der Erscheinung genauso wählte wie immer.

Zunächst einmal meidet sie wie immer Priester, Ordensfrauen und Erwachsene. Sie erscheint einer Jugendlichen, ebenso wie sie in Lourdes im Jahr 1858 der damals 14-jährigen Bernadette Soubirous erschienen war und am 13. Mai 1917 der damals zehnjährigen Lucia Dos Santos, dem achtjährigen Francesco Marto und seiner sechsjährigen Schwester Jiacinta.

In Banneux (Belgien) erschien die Muttergottes der zwölfjährigen Mariette Beco im Jahr 1933 achtmal. Eine Ausnahme machte die Muttergottes in Guadalupe (Mexiko). Da erschien sie dem bereits 57-jährigen Juan Diego, der aber aus religiöser

Sicht, wegen seiner völligen Unkenntnis der Religion, als Kind gelten könnte.

Wenn Alphonsina Mumureke damals gelogen hat, muss sie sich zuvor mit Marienerscheinungen beschäftigt haben. Denn sie muss gewusst haben, dass aus Sicht der katholischen Kirche allein die Tatsache, dass die Muttergottes einer Jugendlichen und nicht einem Erwachsenen erscheint, schon mal für Glaubwürdigkeit spricht.

Aber noch etwas muss Alphonsina Mumureke gewusst haben: Die Muttergottes legt bei ihren Erscheinungen eine seltsame Angewohnheit an den Tag. Sie denkt sich für sich selbst jedes Mal einen neuen Titel aus. In Lourdes verschweigt sie Bernadette Soubirous zwei Wochen lang, wer sie ist. Das Mädchen sieht in der Grotte von Massabielle eine Frau als Erscheinung, die aber nicht sagt, wer sie ist. Erst nach 14 Tagen klärt sie Bernadette auf: »Ich bin die unbefleckte Empfängnis«, und bestätigt damit ein kurz zuvor von den Päpsten erlassenes Dogma – wohl gemerkt, wenn Bernadette Soubirous nicht gelogen hat.

In Fatima dagegen sehen die Kinder eine wunderschöne Frau auf einer Steineiche, die über sich selber nur sagt: »Ich komme vom Himmel«, um ihnen erst einmal einen Terminkalender zu diktieren, nämlich jeden 13. des Monats zurückzukommen.

Ausnahme ist wiederum nur Guadalupe. Da lässt die Muttergottes die Katze gleich aus dem Sack: »Ich möchte, dass du mit Sicherheit weißt, mein lieber Sohn, dass ich die vollkommen und immer jungfräuliche Mutter des wahren Gottes bin.«

Wenn es Maria wirklich gibt und wenn sie das wirklich gesagt haben sollte, dann entschließt sich die Muttergottes bei ihrer ersten Erscheinung in Afrika, sich selbst einen völlig neuen Titel zu geben. Sie sagte von sich in der Sprache Ruandas: »Ndi Nyina Wa Jambo – Ich bin die Mutter des Wortes.«

Den untersuchenden Theologen scheint gerade dieser Punkt besonders glaubwürdig, denn die Muttergottes hält sich wieder an die Regel, in möglichst einfachen Worten zu sprechen. Die Gutachter in Kibeho werden später schreiben, dass es für eine 16-jährige im Grunde viel naheliegender gewesen wäre, zu behaupten, die Muttergottes hätte das edle Französisch oder Englisch gesprochen; allein schon, um sich damit zu rühmen, selber dieser Sprachen mächtig zu sein. Dass die Muttergottes Umgangssprache spricht, schien für ein Mädchen, die eine Erscheinung der Muttergottes erfinden will, nicht die wahrscheinlichste Darstellung. Aber auch Bernadette Soubirous hatte ausgesagt, die Muttergottes habe Dialekt gesprochen, die Sprache der grobschlächtigen Arbeiter der Gegend um Lourdes, und keineswegs elegantes Französisch.

Noch etwas spricht für die Darstellung der Alphonsina Mumureke. Die Muttergottes sagt nicht einfach: »Ich bin Maria, die Frau, die Jesus von Nazareth auf die Welt brachte«, sondern sie gibt sich einen Namen, der bereits ein theologisches Programm zu sein scheint. Aber was heißt »Ich bin die Mutter des Wortes«? Soll das eine Anspielung auf den Auftakt des Johannes-Evangeliums sein: »Im Anfang war das Wort, und das Wort war bei Gott«? Will die Muttergottes sagen: Das, was ich euch bringe, sind Worte einer Prophezeiung – prophetische Worte, deren Mutter ich bin.

Auf die Fachleute wird später aber die Erklärung, dass sie eine Formel benutzt, überzeugend wirken, denn auch in Lourdes formulierte sie das theologische Konzept: »Ich bin die unbefleckte Empfängnis.« Aber wenn Alphonsina Mumureke sich alles ausgedacht hat, muss sie noch einen weiteren Punkt recherchiert haben: Wie sieht die Muttergottes eigentlich aus?

Auch in Afrika hält sich die Muttergottes an die Regel, in der vorherrschenden Hautfarbe des Landes zu erscheinen. In Guadalupe (Mexiko) erschien sie mit der dunklen Hautfarbe der heutigen Bewohner Mexikos, in Afrika sagte die Seherin Alphonsina Mumureke aus: »Die Muttergottes hatte keine weiße Hautfarbe, wie man sie normalerweise auf den Heiligenbildern sieht; ich konnte ihre genaue Hautfarbe nicht erkennen, aber sie war von unvorstellbarer Schönheit.«

Diesen Punkt werden später Theologen wieder und wieder diskutieren. Alphonsina Mumureke hatte in ihrem Leben ausnahmslos die Darstellungen der Muttergottes mit weißer Haut gesehen. Wie konnte das Mädchen auf die Idee kommen, dass eine Muttergottes sich zeigen könnte mit einem Gesicht, das nicht weiß war? Wenn sie einen überzeugenden Betrug inszenieren wollte, warum riskierte sie dann, die Muttergottes anders zu beschreiben, als sie sie immer gesehen hatte: nämlich mit dunkler Hautfarbe wie in Guadalupe?

Bleiben wir weiter bei der Annahme, dass Alphonsina Mumureke gelogen hat, dass sie überhaupt nichts gesehen hat und alles vorspielte, dann hat sie noch einen weiteren Punkt sorgfältig bedacht: die Kleider der Muttergottes. Alphonsina Mumureke sagte aus: »Sie war barfuß, hatte ein nahtloses weißes Kleid an und einen weißen Schleier. Sie hielt die Hände gefaltet, sie zeigten zum Himmel.«

Auch Bernadette Soubirous beschreibt die Kleider der Muttergottes so: »Sie trug ein weißes Kleid und einen weißen Schleier«, und auch die Muttergottes der Bernadette ist barfuß. Sie hat nur Rosen auf den Füßen. Auch die Kinder von Fatima beschreiben das Kleid der Muttergottes als weißes, strahlendes Gewand.

Bei allen von der katholischen Kirche nicht anerkannten oder hoch umstrittenen Marienerscheinungen wie der Erscheinung von La Salette in Frankreich wird die Muttergottes immer weit prächtiger beschrieben. Zum Beispiel sind in ihr Kleid bei der Erscheinung vor den Kindern von La Salette Perlen eingewebt, außerdem trägt sie eine Art Krone aus Rosen auf dem Kopf. La Salette ist der einzige wichtige Marienwallfahrtsort, den Johannes Paul II. nie als Papst besuchte. Die Seherin Melanie Calvat wird später von ihrem eigenen Bischof als Lügnerin dargestellt: Sie soll jede Menge Botschaften und Erscheinungen erfunden haben, nachdem sie eine von der Kirche anerkannte Marienerscheinung erlebt hatte.

In Kibeho könnte es möglich gewesen sein, dass sich Alphonsina Mumureke Literatur über Marienerscheinungen beschafft hat, um später eine Show im Speisesaal ihrer Schule zu inszenieren. Aber ihr gegenüber blickt die Madonna in die Zukunft. Sie sagt etwas voraus, was sich 13 Jahre später in Kibeho tatsächlich ereignen wird. Und dieses entsetzliche Ereignis konnte die Schülerin 1981 unmöglich erahnen.

Wie bei allen typischen Marienerscheinungen glaubt auch in Kibeho kein Mensch der Seherin. Während die Kinder, die in Fatima die Muttergottes gesehen haben wollen, sogar eingesperrt werden und Bernadette Soubirous sich in Lourdes Ohrfeigen geben lassen muss, weil sie behauptete, die Muttergottes gesehen zu haben, lachen ihre Mitschülerinnen die fromme Alphonsina Mumureke nur aus. Wenn sie über den Flur kommt, tuscheln die Freundinnen und machen sich lustig über das Mädchen, das eine Muttergottes gesehen haben will. Auch die Lehrer und Priester glauben ihr nicht. Der zuständige Bischof von Gikongoro warnt sogar davor, leichtgläubig den Darstellungen des Mädchens zu glauben.

Alphonsina Mumureke will bereits am nächsten Tag, dem 29. November, eine weitere Erscheinung der Muttergottes gehabt haben. Doch ab jetzt meint Alphonsina Mumureke die Muttergottes immer im Schlafsaal zu sehen und fast ausnahmslos an Samstagen.

Nach wie vor glaubt ihr kein Mensch. Wenn sie in Trance gerät und meint, die Muttergottes zu sehen, stechen die Mitschülerinnen mit Nadeln auf sie ein und versengen ihre Fingerspitzen mit Feuerzeugen. Doch Alphonsina Mumureke scheint keinerlei Schmerzen zu spüren. Auch sie gerät in den gleichen Konflikt wie die drei Kinder von Fatima und wie Bernadette Soubirous in Lourdes. Die Kinder von Fatima bitten die Muttergottes schließlich darum, ein Zeichen zu senden. Die Muttergottes stimmt zu und wirkt am 13. Oktober 1917 das sogenannte Wunder des Tanzes der Sonne. Im Fall Lourdes ließ die Muttergottes eine Quelle entspringen, in der bis heute Menschen baden und auf wundersame Heilung hoffen, die nach Angaben der katholischen Kirche manchmal tatsächlich eintritt. Am 8. Mai 1982 ist es auch für Alphonsina Mumureke so weit. Sie beschwert sich bitter bei der Muttergottes und bittet um ein Zeichen. Sie wünscht sich, die Muttergottes möge endlich den Mitschülerinnen klarmachen, dass sie tatsächlich Erscheinungen einer Person hat, die nicht von dieser Welt ist. Die Muttergottes verspricht ihr ein Wunder.

Warum bewahrt der Himmel sein Geheimnis nicht? Die Muttergottes hat seltsamerweise auch in Kibeho ein großes Interesse daran, dass die Menschen Alphonsina Mumureke glauben. Aber warum? Warum belässt es der Himmel nicht einfach dabei, einer jungen Frau zu erscheinen und den Rest der Menschheit in dem Glauben zu halten, es habe gar keine Erscheinung gegeben? Warum kann die Muttergottes daran interessiert sein, dass die Menschen auf der Erde und schließlich die katholische Kirche an die Erscheinungen glauben? Braucht die Muttergottes die Glaubwürdigkeit der Seherin, damit auch ihrer Prophezeiung geglaubt wird?

Das Wunder, das die Muttergottes in der Mädchenschule zu wirken beschließt, ist an Rätselhaftigkeit kaum zu übertreffen. Sie bittet Alphonsina Mumureke, vor einer Erscheinung der Muttergottes die Rosenkränze der Mädchen auf einen Tisch zu legen. Tatsächlich türmen sich vor der nächsten Erscheinung Dutzende von Rosenkränzen auf dem Tisch, vor dem Alphonsina Mumureke steht. Augenzeugen werden später aussagen, dass es für Alphonsina Mumureke unmöglich war, zu erkennen, welcher Rosenkranz welchem Mädchen gehörte. Als die Muttergottes erscheint, segnet sie die Rosenkränze und befiehlt Alphonsina Mumureke, sie an die Mädchen zu verteilen. Doch einige Rosenkränze kann sie nicht hochheben. »Sie scheinen auf unerklärliche Weise viel zu schwer.« Es wird sich später herausstellen, dass die Rosenkränze, die sich nicht heben ließen, ausgerechnet den Mädchen gehörten, die nicht an die Erscheinung der Muttergottes glaubten.

Doch die Maria belässt es nicht bei dem »Wunder« der Rosenkränze. Während einer weiteren Erscheinung lassen die Lehrer und einige Mitschülerinnen Alphonsina Mumureke wissen, dass sie nur dann an eine Muttergotteserscheinung in ihrer Schule glauben, wenn ein weiteres Mädchen die Muttergottes sieht. Alphonsina Mumureke antwortet während der Phase der Ekstase: »Betet, damit euch dieser Gefallen getan wird.«

Ab dem 12. Januar erscheint die Muttergottes auch Nathalie Mukamazimpaka, am 2. März Marie Claire Mukangango. Dieses Mädchen hatte immer wieder erklärt, dass sie nicht an die Erscheinungen glaube, dass die anderen beiden Schülerinnen alles erfunden haben. Dass jetzt auch Marie Claire angibt, Erscheinungen der Muttergottes zu haben, ändert einiges. Denn während die ersten beiden Seherinnen erst 16 Jahre alt sind, ist Marie Claire bereits 22 Jahre alt, eine junge Frau, kein Teenager mehr. Sie muss sich eigentlich darüber im Klaren sein, dass Betrug schwere Folgen haben kann.

Zu den drei Seherinnen strömen im Laufe des Jahres 1982 immer mehr Menschen. Zehntausende machen sich in Ruanda auf den Weg, um das abgelegene Kibeho zu erreichen. Aber der Ruf des Klosters hat sich überall in Afrika verbreitet. Pilger kommen jetzt aus dem nahen Burundi und dem Kongo, aber auch aus Tansania und Uganda.

Ist es drei Schülerinnen gelungen, einen halben Kontinent hereinzulegen? Sind sie einfach so gute Schauspielerinnen, dass sie vor Tausenden von Menschen immer wieder eine Trance simulieren können? Haben sie sich untereinander abgesprochen über das, was die Muttergottes ihnen angeblich sagt?

Manches weist darauf hin, dass in der Tat ganze Völkerscharen einem Betrug aufsitzen. Die zweite Seherin Nathalie Mukamazimpaka gehört zur Zeit der Erscheinungen bereits der blauen Armee Mariens an, einer aus Irland stammenden weltweit verbreiteten Bewegung. Sie weiß ohne Zweifel, dass die Muttergottes schon an anderen Orten auf der Welt erschienen ist. Sprach sie mit der ersten Seherin Alphonsina darüber? Brachte sie Alphonsina auf die Idee, eine Erscheinung der Muttergottes zu erfinden? Dafür spricht, dass es in Kibeho kein »Wunder« gibt, das auch von unabhängigen, nicht gläubigen Menschen gesehen wird, wie der bis heute rätselhafte Tanz der Sonne von Fatima oder die Vielzahl der für die Medizin unerklärlichen Heilungen in Lourdes.

Noch etwas ist zu berücksichtigen: Die katholische Kirche gibt zu, dass »Trittbrettfahrer« existierten. Stephanie Mukamurenzi, ein 14-jähriges Mädchen, will am 25. Mai 1982 ebenfalls die Muttergottes gesehen haben. Die 22-jährige Agnes Kamagaju erklärt am 2. Juni, eine Erscheinung der Muttergottes gehabt zu haben. Am 2. Juli gibt der 15-jährige Junge Segatashya an, Jesus gesehen zu haben. Die Eltern des Jungen sind Animisten, sie glauben noch an die Geister des Waldes, die Götter ihrer Vorfahren. Der Junge jedoch wird nach der Erscheinung auf den Namen Emanuel getauft. Am 15. September schließlich ereignet sich etwas für die Kirchengeschichte überaus Rätselhaftes: Vestina Salina, eine 24-jährige Muslimin, gibt an, die Muttergottes gesehen zu haben. Sie soll ihr gesagt haben, dass sie dazu auserwählt sei, wie ein Hirte die Schafe der Gläubigen zu führen.

Aber ist das denkbar, dass der Himmel beginnt, selbst Menschen anderen Glaubens zu bekehren? Wäre das nicht eine Art Seelenräuberei durch die Muttergottes in Person? Der Vatikan wird die letzten vier Visionäre, die angeben, Jesus und die Muttergottes gesehen zu haben, nicht anerkennen. Nach Ansicht der katholischen Kirche sind ihre Visionen nicht echt. Aber wenn diese vier nichts gesehen haben, warum sollen dann die drei Frauen vorher nicht auch gelogen haben?

Über Monate gehen die öffentlichen Erscheinungen weiter. Der Ruf Kibehos breitet sich immer rascher aus. Jetzt pilgern Menschen aus ganz Afrika zu dem Ort in den Bergen Ruandas.

Vermutlich wäre Kibeho als ein Beispiel für die Leichtgläubigkeit der Menschen in die Geschichte eingegangen, wenn sich in dem Ort nicht doch etwas Unerklärliches, etwas Entsetzliches, zugetragen hätte.

Was den Vatikan an der Prophezeiung von Kibeho sprachlos machte, war vor allem ein Detail. Während zahlreicher Marienerscheinungen, anerkannter und nicht anerkannter, geben die Visionäre an, einen Blick in den Himmel oder in die Hölle geworfen zu haben. Auch Lucia Dos Santos erklärte schließlich, dass sie die Qualen der Seelen gesehen habe, und jedes Mal, wenn ich das lese, hoffe ich, dass sie sich das alles ausgedacht hat. Doch in Kibeho ereignet sich etwas ganz Besonderes:

Am 19. August 1982 sagt die Muttergottes einer der Seherinnen Einzelheiten voraus, die nicht nur für die katholische Kirche unerklärlich ist. Auch diesmal haben die Seher apokalyptische Visionen, doch sie unterscheiden sich von allen anderen Visionen, die bei Marienerscheinungen bekannt wurden. Normalerweise erhalten die Visionäre angeblich Einblicke in die Hölle, doch in Kibeho sehen sie eine Hölle auf Erden, eine ganz konkrete Hölle. Die Muttergottes macht genaue Angaben, die auf ein Massaker hindeuten. Sie spricht an diesem 19. August 1982 davon, dass »Menschen sich gegenseitig umbringen werden; Leichen werden einfach herumliegen, ohne dass irgendwer sie beerdigt«; sie spricht von einem »Baum in Flammen« und »vielen Körpern ohne Kopf«. Sie sagt »einen Fluss voller Blut« voraus. Exakt 13 Jahre später werden unabhängige Beobachter diesen Fluss voller Blut sehen und das vorausgesagte Gemetzel.

20

Fluss voller Blut

Ich sehe den Mann genau vor mir. Er war jung, vielleicht 25 Jahre alt, und er trug nur blaue Shorts, was in Yaounde in Kamerun nicht unbedingt ungewöhnlich ist. Ich hatte ihn nicht beobachtet. Er lief in das Bild, das ich mit meiner kleinen Digitalkamera machen wollte, unvermittelt hinein. Ich hatte zwei Kinder am Straßenrand fotografieren wollen. Sie waren vielleicht acht, neun Jahre alt, also etwa so alt wie mein Sohn Leonardo damals. Sie verkauften Wasserflaschen am Straßenrand. Sie trugen zerrissene Lumpen, und ich dachte damals, dass mein Sohn so ein Foto einmal sehen sollte. Er sollte sehen, unter welchen Umständen Kinder, die so alt sind wie er, in Afrika leben müssen. Natürlich wollte ich ihm mit diesem Schockfoto nur einmal mehr beweisen, wie gut er es bei uns hat. In dieses Foto mit den beiden unendlich armselig wirkenden Kindern lief also der Mann hinein. Er gehörte zu jenen etwa 40 000 Besuchern, die nach der feierlichen Messe mit Papst Benedikt XVI. am 19. März 2009 im Stadion von Yaounde zurück auf dem Weg nach Hause gewesen waren.

Der junge Mann hatte nichts weiter getan. Er stand nur einem der großen Audi-Dienstwagen im Weg, die wichtige afrikanische Funktionäre zurück in die Stadt fahren sollten. Ich saß im Journalistenbus und fotografierte den Mann zufällig genau in dem Moment, in dem er an den Kindern vorbeiging, die auch ihm eine Flasche Wasser verkaufen wollten. Dann geschah etwas, das ich noch nie gesehen hatte und das ich nie werde vergessen können. Der Mann in den Shorts wich dem Auto, das sich hupend einen Weg durch die Menge zu bahnen versuchte, nicht rechtzeitig aus. Zwei Polizisten mit Knüppeln sprangen plötzlich herbei und schlugen ihm mit aller Kraft auf den Kopf.

Er sackte zusammen. Sein Gesicht war blutüberströmt. Bis zu diesem Augenblick hätte es sich noch um einen gewaltsamen Übergriff der Polizei handeln können. So etwas habe ich schon öfter erlebt, auch in Italien bei den Massenschlägereien am Rande des G7-Treffens im Juli 2001 in Genua. Doch in Kamerun geschah etwas anderes. Die Polizisten schlugen weiter auf den Mann ein, der am Boden lag. Er versuchte aufzustehen. Sie schlugen auf Arme und Beine. Ich sah, wie sein Arm plötzlich künstlich abgeknickt wirkte. Er war zweifellos gebrochen worden. Niemand dachte im Entferntesten daran, die Polizisten zu stoppen oder einen Krankenwagen zu holen. Stattdessen droschen die beiden Polizisten weiter auf den Mann in Shorts ein, obwohl die Regierungslimousine längst vorbeigefahren war. Ich hörte das Klatschen der Knüppel auf dem Fleisch, das Brechen der Knochen, sah das spritzende Blut. Plötzlich schauten die Polizisten auf den Bus der Vatikandelegation. Ich riss die Fotokamera rasch herunter. Sie sahen mich mit hassverzerrten Augen an, weil sie wussten, dass ich sie fotografiert haben musste. Ich fürchtete für einen Augenblick, sie würden den Bus anhalten lassen, um mich herauszuzerren und meine Kamera in die Hand zu bekommen. Vielleicht hatten sie das sogar vor. Ich werde es nie erfahren, denn der Vatikanbus gab plötzlich Gas, und ich war in Sicherheit, irgendwo im Gewirr der Menge von Yaounde. Ich weiß nicht, was aus dem schwer verletzten Mann geworden ist. Als ich mich umdrehte, lag er in der Gosse, blutüberströmt.

An diesen Augenblick muss ich denken, wenn ich mich frage, ob die Prophezeiung von Kibeho im April 1995 tatsächlich eingetreten ist. Denn was in Kibeho geschah, hat nichts mit der Gewalt zu tun, die man Menschen antut, wenn man sie mit Bomben oder Raketen angreift. Es ging um eine andere Art von Gewalt. Sie war viel direkter. Frauen und Kinder wurden mit Knüppeln erschlagen, Menschen mit Macheten Arme, Beine und Köpfe abgehackt. Die Mörder sahen ihren Opfern zu, während sie starben. Kündigte Gott das Massaker an, den Massenmord an den Hutu, den mutmaßlichen Tätern des Völkermordes von Ruanda? Die katholische Kirche glaubt: Ja. Die Kirche hat keinen Zweifel daran, dass sich eine Prophezeiung erfüllt hat. Die Ereignisse von Kibeho sind so spektakulär, dass die katholische Kirche bereits im Jahr 2001 offiziell anerkannte, dass Gott in Kibeho gesprochen hat.

Die Ursprünge der Tragödie von Kibeho reichen weit zurück, zumindest bis in die Zeit der deutschen Besatzung. Bei der Aufteilung Afrikas erhält das Deutsche Reich im Jahr 1884 das Gebiet Ruandas als einen Teil Deutsch-Südwestafrikas. Belgien marschiert im Ersten Weltkrieg in den Jahren 1915 und 1916 in Ruanda ein. Die Deutschen sind ihr Kolonialgebiet los. Die Belgier werden bis zum Abzug im Jahr 1960 bleiben. Die Besatzer, sowohl die Deutschen als auch die Belgier, teilten die Bevölkerung Ruandas in drei ethnische Gruppen ein: Die edlen Viehzüchter der Tutsi (sie galten als Tutsi, wenn sie mehr als zehn Rinder besaßen) bildeten eine privilegierte Oberschicht. Die Gruppe der Hutu waren schlichte Ackerbauern, die meist gar keine Rinder besaßen. Schließlich gab es die Gruppe der Twa, die im Bürgerkrieg des Landes keine Rolle spielen sollten. Im Jahr 1994 kam es in Ruanda, angeheizt durch die Regierung, zu einem der entsetzlichsten Massaker in der Geschichte der Menschheit: dem Völkermord an den Tutsi. Die Hutu, durch die Regierung mit Macheten und Schusswaffen bewaffnet, gingen zu Hunderttausenden auf die Tutsi los. Innerhalb von nur hundert Tagen kamen nach heutigen Schätzungen etwa eine Million Menschen um. Es war die Rache an der einst privilegierten Oberschicht. 75 Prozent der Volksgruppe der Tutsi wurden ermordet. Viele der Opfer wurden auf den Straßen in unfassbarer Weise niedergemacht, verstümmelt, gepfählt, mit Handgranaten und Maschinengewehren in Gebäuden hingeschlachtet, in die sie sich geflüchtet hatten. Auch Kirchen waren darunter. Nach dem Gemetzel verließen viele Hutu, darunter auch viele der Täter, das Land und flohen in den nahe gelegenen Kongo. Im darauf folgenden Jahr wollen die Hutu zurück in ihr Land. In Kibeho ist für sie Schluss.

Sie werden zusammengepfercht in einem Flüchtlingslager, bewacht von den Tutsi der Armee Ruandas, der RPA. Im April des Jahres 1995, vierzehn Jahre nach der ersten mutmaßlichen Erscheinung der Muttergottes, trifft der Australier Paul Jordan, Mitglied der Medizinischen Abteilung der australischen Armee (Australian Defence Force Medical Support Force), unter dem Kommando der Vereinten Nationen (United Nations Assistance Mission For Rwanda, UNAMR) in Kibeho ein. Es ist Dienstag, der 18. April 1995, als Jordan Kibeho erreicht. Er hat keine Ahnung, dass die katholische Kirche glaubt, ausgerechnet an diesem abgelegenen Ort sei erstmals in Afrika die Muttergottes erschienen, um ein Massaker vorherzusagen.

Nahe der 40000-Einwohner-Stadt Kibeho leben, eingesperrt in einem Camp, etwa 120000 Menschen. Das Camp ist umzingelt von Truppen der RPA, der Rwandan Patriotic Army. Es ist die Armee der Volksgruppe der Tutsi. Es gab damals rund um das Camp keinen einzigen Tutsi-Soldaten, der nicht mindestens einen Vater, eine Mutter, eine Tochter oder einen Sohn, Freunde oder Bekannte während des Massakers des Vorjahres verloren hatte. Die Situation hätte nicht explosiver sein können. Aber der eintreffende Jordan ahnt nichts. Ihm ist nicht klar, dass die Tutsi-Armee in dem großen Camp zahlreiche Massenmörder vermutet, sogenannte Genocidaires, Killer aus der Volksgruppe der Hutu, die im Jahr 1994 das Massaker an dem Volk der Tutsi organisierten und dann in den Kongo abhauten. Eine Untersuchung wird später zeigen, dass die Tutsi-Soldaten ganz richtig vermuten.

Dass etwas nicht stimmt, bemerkt Jordan allerdings sofort, als er das große Flüchtlingscamp betritt. Er wird später in seinem Bericht an die Vereinten Nationen schreiben, dass er glaubte, das Flüchtlingslager sei überhastet geräumt worden. »Das Flüchtlingscamp war voller Sachen, die die fliehenden Menschen offenbar in großer Eile zurückgelassen hatten.« Jordan dachte nach: Es dauert Tage, um ein so großes Flüchtlingscamp mit 120000 Menschen zu räumen, vor allem, weil die Flüchtlinge sich von dem Wenigen, was sie noch besitzen, niemals trennen wollen, auf Wagen, auf Lasttieren, auf den Schultern alles mitschleppen, was ihr einziger Besitz ist – ein paar Töpfe, Kleidung, Decken, Lebensmittelvorräte. All das lässt kein Flüchtling freiwillig zurück. Deswegen bewegen sich auch in Ruanda die Flüchtlingsströme langsam, außer an diesem 18. April 1995. Dieses Mal ließen die Flüchtlinge alles stehen und liegen. »Aber warum?«, fragt sich Jordan. Es gibt nur eine Möglichkeit. Sie müssen Angst gehabt haben, panische Angst vor irgendetwas sehr, sehr Gefährlichem.

Jordan findet schließlich die Flüchtlinge. Sie wurden in einem Teil des Camps zusammengedrängt und von Soldaten bewacht. Die Menge ist so eng zusammengetrieben worden, dass Jordan mehrere zu Tode getrampelte Kinder sieht. Um die Menge so dicht zusammenzuhalten, jagt die RPA den Menschen Todesangst ein. Immer wieder schießen die Soldaten in die Luft. Inmitten der verängstigten Menschen liegen Leichen. Jordan krampft es das Herz zusammen, als er sieht, wie begeistert die Flüchtlinge auf sein Auftauchen, das Erscheinen eines weißen UN-Soldaten, reagieren. »Sie dachten, wir könnten ihnen helfen, sie dachten, wir könnten sie retten«, wird Jordan später schreiben. In Wirklichkeit werden die Ereignisse von Kibeho als eines der schwärzesten Kapitel in die Geschichte der Vereinten Nationen eingehen. Denn die UNO schaut nur hilflos zu.

Jordan ahnt nichts Gutes, kehrt aber am Abend zu seiner Einheit zurück. Als er am Freitagmorgen um 8.30 Uhr das Lager in Kibeho erreicht, stapeln sich bereits die Leichen. 30 Opfer haben die Nacht nicht überstanden. Jordan ahnt, wie dramatisch die Lage ist. Mehrere Opfer haben entsetzliche Verletzungen. Die Wunden stammen nicht von der hastigen Flucht. Es sind eindeutig Schussverletzungen. Auf die Menge ist geschossen worden. Im Flüchtlingscamp liegt ein kleines Krankenhaus, dass durch Soldaten aus Sambia geschützt wird. Dort ist auch der Landeplatz für einen Hubschrauber, die einzige Möglichkeit, um sicher zu fliehen.

Jordan behandelt einen Mann, der einen Schuss in die Brust

erlitten hat. Mehrere Verletzte sind mit Macheten angegriffen worden. Überall ist Blut. So schrecklich diese Szenen auch sind, sie ähneln den Gräueln, die in vielen Flüchtlingslagern rund um die Welt geschehen. Noch ist nicht abzusehen, dass am kommenden Tag, dem 22. April 1995, in Kibeho die Hölle auf Erden droht. Die Truppen der RPA verbieten den Männern der UNO, über Nacht im Flüchtlingslager zu bleiben. Sie fahren bei Einbruch der Dunkelheit in das Krankenhaus in Butare, beschließen aber am nächsten Morgen, einem Sonnabend, nach Kibeho zurückzukehren.

Was Jordan an diesem 22. April gesehen hat, konnte er nie wieder vergessen. In seinem Bericht an die Vereinten Nationen tauchen immer wieder Bilder aus seiner Erinnerung auf, die sich tief in seine Seele gegraben haben. Schon als sich die UNO-Soldaten an diesem Tag dem Lager nähern, sehen sie Leichenberge. Mehr als 100 Menschen, erschossen oder mit Macheten abgeschlachtet, türmen sich am Eingang. Irgendetwas Entsetzliches ist über Nacht geschehen. Als sie in das Krankenhaus des Lagers kommen, erwartet Jordan die Hölle. »Die Wunden, die wir sahen, waren entsetzlich. Überall war Blut.« Die Ärzte entschließen sich zu einem furchtbaren Schritt: Alle sehr schwer verletzten Opfer werden auf die Seite gelegt. Sie werden einfach an den Tod weitergereicht. Keiner gibt ihnen Schmerzmittel, keiner macht ihnen Hoffnung, sie werden in einem Teil des Krankenhauses gestapelt, wo es keine andere Aufgabe für die Kranken mehr gibt, als zu sterben. So sieht also die Rache der Tutsi aus.

Aussortiert werden die Verletzten nach zwei Kriterien: Alle die, die nach Einschätzung der Ärzte unter den gegebenen Umständen keine Chance haben zu überleben, und alle, deren Behandlung einfach zu lange dauern würde, werden in den Sterbehof gebracht. »Wir spielten Gott«, schreibt Jordan bitter.

Eine Frau, der mit einer Machete das Gesicht gespalten wurde, deren Nase und oberer Teil des Mundes nicht mehr da war, starrte die Ärzte nur an. Jordan erinnert sich an einen Mann, der ebenfalls einen gespaltenen Schädel hatte. »Er war nicht zu beruhigen«, schreibt Jordan. Eine Machete hatte ihm die Augen und einen Teil des Kopfes weggehackt. Die australischen Ärzte verbanden ihn, waren sich aber nahezu sicher, dass er sterben würde.

In dem Lager herrscht unterdessen eine unmenschliche Raserei. Wenn es den Teufel gibt, dann führte er damals im Lager von Kibeho Regie. Soldaten hacken mit Macheten Kinder in Stücke, in die fliehende Masse wird mit Granatwerfern geschossen, abgetrennte Arme, Beine, ja Köpfe fliegen umher. Die Soldaten setzen auch schwere Maschinengewehre ein, sie feuern einfach in die Menge, die in völlige Panik gerät. Viele Stunden später wird man einige wenige Überlebende finden, die sich in den enormen Haufen aus menschlichen Exkrementen und Urin in den Latrinen des Camps versteckt haben.

Die UN-Beobachter sehen dem Gemetzel hilflos zu.

Rund um das Krankenhaus liegen Hunderte Sterbender. Einem kleinen Jungen gelingt es, sich zu den UN-Männern zu flüchten. Er ist voller Blut. Die Ärzte stellen fest, dass er einen Granatsplitter in der Lunge hat. Jedes Mal, wenn ein weißer Mann das Zimmer betritt, in dem der Junge auf dem Boden liegt, hebt er die Hände, um umarmt zu werden. Um diese Zeit verwandelt sich das Lager endgültig in eine Hölle. Überall im Lager werden Menschen mit Macheten niedergemetzelt. Wahllos schießen die Soldaten in die dicht gedrängte Menge. Heckenschützen beginnen auch auf das Krankenhaus zu schießen, die unbewaffneten UN-Beobachter verbarrikadieren sich hinter Sandsäcken. Doch von Minute zu Minute wird das Feuer schlimmer. Ihr Leben ist jetzt ebenfalls in Gefahr. Überall liegen Sterbende. Die Menschen versuchen, über Leichenberge zu fliehen, die RPA-Soldaten schießen immer weiter in die verzweifelt fliehenden Menschen. Jordan sieht, wie eine Frau aufsteht und die Hände hochhebt. Ein RPA-Soldat führt sie daraufhin ab, wirft sie plötzlich auf den Boden, um sie niederzuschießen. Jordan erinnert sich, wie ein Jung auf ihn zurobbt, durch die Sandsackbarrikaden, er ist voller Blut, er zeigt auf seine Nase, im Knochen des Oberkiefers steckt noch eine Kugel.

Jetzt fängt es heftig an zu regnen. Das Gemetzel kennt keine Grenzen mehr. Paul Jordan wird später an die UNO schreiben: »Wenn australische Soldaten nicht als Zeugen dabei gewesen wären, so glaube ich, hätten die Soldaten jeden einzelnen der 120 000 Menschen in dem Camp ermordet.«

In dem Massaker stirbt auch eine Frau, für die in der Hölle von Kibeho eine Prophezeiung wahr wird. Es ist Marie Claire Mukangango. Sie ist eine der drei Seherinnen von Kibeho. Sie hat am 2. März 1982, 13 Jahre vor dem Massaker, bereits gesehen, was sich zutragen sollte. Was hatten die Mädchen prophezeit? »Menschen, die sich gegenseitig umbringen werden, Leichen werden einfach herumliegen, ohne dass irgendwer sie beerdigt«, »viele Körper ohne Kopf liegen auf dem Boden«, sie sieht »einen Fluss voller Blut«. Nach dem Massaker von Kibeho berichtet Jordan von geschätzten 4000 Toten. Beobachter beschreiben das Tal, das neben dem ehemaligen Flüchtlingslager liegt. Der kleine Fluss sei »rot gewesen von Blut«.

Wenn es einen Gott nicht gibt, somit auch keine Muttergottes, dann trug sich in Kibeho in Afrika Folgendes zu:

1. Mitten im riesigen Kontinent Afrika, bei dem Ort Kibeho, der heute kaum 20 000 Einwohner zählt, erfindet eine 16-jährige im Jahr 1981 eine Erscheinung der Muttergottes.

2. In den Monaten darauf finden sich zwei weitere begabte Betrügerinnen: Auch sie haben angeblich Visionen. Die Muttergottes habe ihnen ein Massaker vorausgesagt, behaupten die Seherinnen.

3. Die vermeintlichen Visionen werden untersucht. Die katholische Kirche kann nicht glauben, dass sich die erste Marienerscheinung auf dem afrikanischen Kontinent ausgerechnet in dem Kaff Kibeho zugetragen hat. Die Untersuchung endet mit einem eindeutigen Ergebnis: Die Erscheinungen sind echt. Ab dem Jahr 1988 erlaubt der Bischof eine Anbetung der Muttergottes von Kibeho.

1. Autor Andreas Englisch begleitete Papst Johannes Paul II. auf zahlreichen Auslandsreisen.

2. Abschied nach 20 Jahren: Zeremonienchef Piero Marini übernahm im Jahr 1987 seinen Dienst an der Seite des Papstes; im gleichen Jahr kam der Autor nach Rom. Bis zum Jahr 2007 blieb Bischof Piero Marini Zeremonienchef des Papstes.

3. Joseph Kardinal Ratzinger grüßt Papst Johannes Paul II. Kein anderer Kardinal arbeitete so lange und so eng mit dem Papst aus Polen zusammen wie Joseph Ratzinger. Karol Wojtyła nannte ihn »meinen bewährten Freund«.

4. Papstsekretär Gänswein mit dem Autor. Georg Gänswein ist der Überzeugung, dass man in der Wahl Papst Benedikt XVI. ein Zeichen der Vorsehung erkennen darf.

5. »Chefermittler« der Seligsprechung von Papst Johannes Paul II., Postulator Monsignor Slawomir Oder, im Gespräch mit dem Autor. Es sagten gegenüber Oder auch Zeugen aus, die von Prophezeiungen berichten, die Papst Johannes Paul II. erhalten haben soll.

6. Papst Benedikt XVI. begrüßt den Autor in der päpstlichen Privatbibliothek im apostolischen Palast des Vatikans.

7. Seit 1987 arbeitet der Autor als Korrespondent im Vatikan und besitzt dort auch als einziger Deutscher ein eigenes Büro.

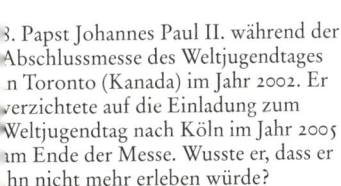

8. Papst Johannes Paul II. während der Abschlussmesse des Weltjugendtages in Toronto (Kanada) im Jahr 2002. Er verzichtete auf die Einladung zum Weltjugendtag nach Köln im Jahr 2005 am Ende der Messe. Wusste er, dass er ihn nicht mehr erleben würde?

9. Andrzej Maria Kardinal Deskur, geboren im Februar 1924, gehörte zu den engsten Vertrauten von Papst Johannes Paul II. Deskur kam regelmäßig zum Mittagessen in den apostolischen Palast.

10. Papst Johannes Paul II. während seines historischen Besuchs auf Kuba im Januar 1998 zusammen mit Fidel Castro. Der Papst glaubte, dass Gott den Gläubigen auf der Insel durch den Heiligen Geist eine bessere Zukunft prophezeite.

11. Die Botschaft von Papst Johannes Paul II. für den Weltjugendtag in Köln, der vom 16. bis 21. August 2005 stattfand. Johannes Paul II. schrieb schon fünf Monate vor dem Weltjugendtag an der Botschaft – kurz vor seinem Tod, der am 2. April 2005 eintrat.

12. Papst Benedikt XVI. ehrt das Andenken an die heilig gesprochene Schwester Maria Faustyna Kowalska (1905–1938). Sie soll in ihrem Leben nach Ansicht der katholischen Kirche zahlreiche Prophezeiungen erhalten haben.

13. Die Sibylle von Cuma, wie sie sich Michelangelo vorstellte und in die Sixtinische Kapelle malte. Die Sibylle soll der Legende nach über prophetische Bücher verfügt und geschrumpft auf die Größe eines Vogels in einem Käfig 1000 Jahre lang gelebt haben.

14. Johannes Paul II. am Sinai in Ägypten während des Heiligen Jahres 2000. Als erster Papst der Geschichte betete er dort, wo Gott zu Moses aus einem brennenden Dornenbusch gesprochen haben soll.

15. Papst Johannes Paul II. traf im Jahr 2000 mit Schwester Lucia Dos Santos zusammen, die 1917 die Prophezeiung Fatimas von der Muttergottes erfahren haben will. Der Papst ließ nach dem Treffen das sogenannte dritte Geheimnis veröffentlichen, das einen Anschlag auf einen Papst vorhersagt.

16. Papst Johannes Paul II. und Kardinal Silvio Oddi. Oddi starb am 29. Juni 2001; er vermutete ein Komplott gegen den Papst im Vatikan.

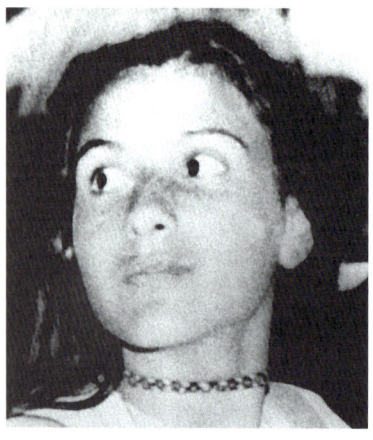

17. Emanuela Orlandi, eine der wenigen weiblichen Staatsbürgerinnen des Vatikans, die keine Nonne war, verschwand am 22. Juni 1983 im Alter von 15 Jahren spurlos in Rom. Die Tochter eines Angestellten des Papstes könnte nach neuen Ermittlungen der Staatsanwaltschaft von Unbekannten entführt worden sein, um Papstattentäter Ali Agça freizupressen. Von ihr fehlt bis heute jede Spur.

18. In dieser Kirche, Sant'Apollinare in Rom, ließ der Generalvikar des Papstes, Kardinal Ugo Poletti, einen Mafiaboss bestatten – der Lohn für dessen Versuch, Ali Agça freizupressen?

19. Der Autor mit der Leibgarde von Muammar al-Gaddafi während dessen Reise im Jahr 1997 in den Niger und nach Nigeria. Gaddafi benutzte Zeugen aus dem Westen, um zu zeigen, dass er das Flugverbot des UN-Sicherheitsrates brach.

20. Soldaten der Leibwache Muammar al-Gaddafis feuern in die Luft aus Begeisterung über den libyschen Staatschef, Armee-Oberbefehlshaber und selbsternannten Religionsführer in Kano (Nigeria) im Jahr 1997.

21. Wallfahrt zu einem Religionsführer: Begeisterte fromme Anhänger feiern Muammar al-Gaddafi in Kano 1997. Von dort musste Gaddafi überstürzt fliehen.

22. Muammar al-Gaddafi gab sich während der Reise im Jahr 1997 ganz als Religionsführer und betete immer wieder öffentlich – Christen und Muslime liefern sich einen Kampf um Gläubige in Afrika.

23. Nach Ansicht der katholischen Kirche sah Alphonsina Mumureke, eine Schülerin des Internates im ruandischen Kibeho, im November 1981 mehrfach die Muttergottes und erhielt die Prophezeiung der Massaker in Ruanda. In Kibeho trug sich eines der schlimmsten Massaker 1995 in der Nähe der Schule zu.

24. Die Kirche von Kibeho. 2001 erkannte die katholische Kirche offiziell an, dass die Muttergottes hier im Jahr 1981 die Massaker der Jahre 1994/1995 in Ruanda vorhergesagt hatte.

25. Die Wallfahrtsstätte der Muttergottes von Kibeho: Neben dem Schulgebäude, in dem die Muttergottes den Seher-Schülern erschienen sein soll, entstand die Kirche.

26. Ruinen im ehemaligen Auffanglager von Kibeho, wo am 22. April 1995 Tutsi-Soldaten ein Massaker an Hutu-Rückkehrern verübten – nach dem Völkermord an mehr als 800 000 Tutsis durch Hutus in Ruanda im Jahr zuvor.

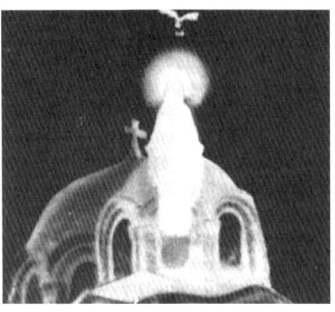

27. Die rätselhafte Erscheinung einer leuchtenden Frauengestalt über der Kirche von Zeitoun in Kairo. Es konnte nie geklärt werden, wodurch diese Erscheinung verursacht wurde. Um einen Betrug zu verhindern, schaltete die ägyptische Regierung den Strom im betroffenen Stadtteil von Kairo komplett ab – die leuchtende Erscheinung blieb aber über der Kirche.

28. Hunderte Menschen beobachteten als Augenzeugen die wundersame Erscheinung der Muttergottes auf dem Dach der Kirche in Zeitoun. Selbst der ägyptische Staatschef Gamal Abdel Nasser kam, um das bis heute ungeklärte Phänomen zu beobachten.

29. Die koptisch-christliche Kirche der Jungfrau Maria in Zeitoun – hier soll am 2. April 1968 und danach mehrfach die Muttergottes erschienen sein.

30. Schwester Reinholda. Ihr Seligsprechungsverfahren hat begonnen. Zu ihren Lebzeiten jedoch glaubte ihr der zuständige Bischof nicht, dass ihr die Muttergottes erschienen war und sie eine Prophezeiung erhalten hatte.

31. Pater Heribert arbeitete mit Schwester Reinholda jahrelang zusammen. »Ich glaube ihr, dass sie die Prophezeiungen der Muttergottes empfangen hat. Sie war alles andere als eine religiöse Eiferin, sie war eine ausgesprochen praktische Frau. Mit ihren Erscheinungen hat sie nie geprahlt.«

32. Höchste Ehren: Nur zweimal in der Geschichte der USA erwartete ein US-Präsident den Gast nicht im Weißen Haus, sondern kam schon zum Flughafen, der Andrews Air Base in Washington, um ihn abzuholen. Im Jahr 1959 holte US-Präsident Dwight Eisenhower den Staatschef der Sowjetunion Nikita Chruschtschow ab, im Jahr 2008 George W. Bush Papst Benedikt XVI.

33. Einer der schwersten Tage der Amtszeit des deutschen Papstes Benedikt XVI.: Am 28. Mai 2006 durchschreitet er die Pforten der Hölle auf Erden, die Gedenkstätte im KZ Auschwitz-Birkenau. Während seines Besuchs zeigte sich ein Regenbogen am Himmel.

34. Der Autor mit Amos Pampaloni, dem überlebenden Kommandanten der italienischen Division Acqui, die von deutschen Gebirgsjägern auf der Insel Kephalonia niedergemäht wurde.

35. Padre Pio, alias Francesco Forgione (1887–1968), wurde im Jahr 2002 von Papst Johannes Paul II. heilig gesprochen. Pater Pio soll die Wahl Karol Wojtyłas zum Papst vorhergesehen haben.

36. Edoardo Luciani, Bruder von Papst Johannes Paul I., wird von Benedikt XVI. empfangen. Edoardo Luciani glaubt, dass sein Bruder seinen Tod vorausahnte.

37. Cindy Wooden von der Journalistenorganisation des Vatikans Aigav, Papstsprecher Federico Lombardi und der Autor, anlässlich der Verabschiedung von Joaquín Navarro Valls im Juli 2006.

38. Richard Williamson. Die Aufhebung seiner Exkommunizierung als Bischof der Priesterbruderschaft Papst Pius X., die nicht zur katholischen Kirche gehört, löste ein Mediendebakel des Vatikan aus, da der Papst nicht darüber informiert worden war, dass Williamson den Holocaust leugnet.

39. Eine der schwierigsten Missionen von Papst Benedikt XVI.: das Treffen mit dem türkischen Ministerpräsidenten Recep Tay-yip Erdoğan. Als Kardinal hatte sich Joseph Ratzinger gegen die Aufnahme der Türkei in die EU ausgesprochen.

40. Dario Kardinal Castrillon Hoyos, geboren am 4. Juli 1929 in Medellin (Kolumbien), löste die Auseinandersetzung um den Holocaust-Leugner Williamson aus, weil er als zuständiger Sachbearbeiter den Papst nicht über die skandalösen Erklärungen Williamsons informierte.

41. Gerhard Maria Wagner, geboren am 17. Juli 1954, wurde durch den Papst zum Weihbischof von Linz nominiert. Die Entscheidung musste jedoch zurückgenommen werden, weil der Protest gegen den extrem konservativen Priester zu stark war.

42. Kardinalstaatssekretär Tarcisio Bertone, Chefdiplomat und ein bewährter Mitarbeiter von Papst Benedikt XVI. in einer Aufnahme aus der Zeit, als er noch Chef der Glaubenskongregation war. In der großen diplomatischen Krise zwischen dem Vatikan und der Bundeskanzlerin Angela Merkel hielt er sich zurück.

43. Walter Kardinal Kasper mit dem Autor. Kasper ist einer der erfolgreichsten Mitarbeiter Papst Benedikts XVI. Kardinal Kasper hatte die Freundschaft zwischen dem Vatikan und dem Volk der Juden so weit gefestigt, dass es in der Williamson-Affäre zu keiner Auseinandersetzung kam, die Einladung an den Papst zu seiner Israel-Reise wurde sogar ausdrücklich wiederholt.

4. Im Jahr 1994 kommt es genau in dieser Stadt zu einem unvorstellbaren Massaker. Die katholische Kirche hat sich angesichts der Prophezeiungen zunächst gewundert; die jungen Frauen hatten seltsamerweise keine Höllenvisionen erlebt, sondern Szenen wie aus einem Bürgerkrieg gesehen. Diese Details treffen im Jahr 1995 alle zu. Wenn es Gott nicht gibt, kann das alles Zufall sein; aber es fällt mir schwer, dies zu glauben.

21
Schicksal

Ich weiß bis heute nicht, ob sich in Kibeho eine Prophezeiung erfüllt hat oder ob dort einfach eine Vielzahl von Zufällen gleichzeitig zusammengetroffen ist. Natürlich faszinierte mich die Vorstellung, es könnte tatsächlich möglich sein, dass Gott spricht. Bisher habe ich in meinem Leben nicht an göttliche Fügung geglaubt. Ich kann mich an keinen Unfall erinnern, dem ich auf rätselhafte Weise entkommen wäre. Ich kann mich an keine unerwartete Rettung jedweder Art, keinen unerklärlichen Eingriff in mein Leben erinnern, an nichts Übernatürliches. Alle Ereignisse hatten Ursachen und Wirkungen. Die Hand Gottes hatte damit nichts zu tun. Es gibt kein Ereignis in meinem Leben, dass ich für unerklärlich halte, für eine Fügung oder eine Prophezeiung. Bis auf eines.

Ich hatte mir nie erklären können, warum meine Mutter Martha Englisch nie darüber geklagt hatte, dass ich schon so lange so weit weg in Italien lebte. Meine Mutter gehörte nicht zu der Generation von Menschen, die in ein Flugzeug steigt und mal eben nach Italien jettet. Italien war für meine Mutter unendlich weit weg.

Sie warf mir dennoch nie vor, dass ich dort lebte. Im Gegenteil, sie bestärkte mich in meinem Wunsch, in Rom zu bleiben, und erklärte mir, dass ich dankbar sein solle, weil ich dort unten leben dürfe. Als wüsste sie, dass ich in Rom leben musste, als wäre das meine Bestimmung. Verstanden habe ich diese Haltung nie. In der Zeit, in der ich das zwanzigjährige Jubiläum meiner Ankunft in Rom feiern konnte, besuchte ich meine Mutter im Krankenhaus in Hamm. Vor Jahren hatten die Ärzte bei ihr Leukämie festgestellt, aber sie lebte sehr tapfer mit dem Blutkrebs, den die Ärzte erstaunlich gut im Griff hatten. Wenn ich sie fragte, wie es ihr ging, sagte sie stets, sie sei oft müde, habe aber keine Schmerzen. Sie vertrug sogar die Chemotherapien recht gut.

An diesem Tag warteten wir zusammen im Keller des Krankenhauses vor der Röntgenabteilung. Sie saß in einem Rollstuhl und war eingenickt. Ich ahnte nicht, dass hinter der Tür ein Mann arbeitete, der mir mit meinen 44 Jahren erklären würde, wer meine Mutter eigentlich war.

Es ist nicht so, dass ich mich für meine Mutter nicht interessiert hätte. Im Gegenteil. Ich bin Journalist, und das Leben meiner Mutter war nicht nur das Leben einer Mutter, es bot auch Material. Ich hatte sie mehrfach, viele Stunden lang, befragt und diese Interviews aufgezeichnet. Ich wusste natürlich, dass schon ihre Kindheit in Schlesien vom Zweiten Weltkrieg überschattet gewesen war, dass sie nie die Zeit hatte, eine rosa gekleidete kleine Prinzessin zu sein, weil die Rote Armee anrückte und Gewehrfeuer, Granateinschläge und Angst ihre Kindheit prägten. Ihre Mutter versteckte die damals 15-jährige vor den marodierenden Rotarmisten, die den Ruf hatten, Mädchen und Frauen zu vergewaltigten. Eine besonders glückliche Jugendzeit war das natürlich nicht. Statt erste Liebesbriefe auszutauschen und mit Freundinnen Geheimnisse zu besprechen, wurde sie zum Arbeitsdienst eingeteilt. Sie musste Bäume fällen, ihr Rücken hat sich vom Schleppen der schweren Lasten nie wieder erholt. Den Verlust ihres Vaterhauses durch die Vertreibung aus Schlesien hat sie nie wirklich überwunden, rausgeworfen zu werden aus einer sicheren Existenz, auf einem Leiterwagen gen Westen zu »trecken«: Das hat sie nie wirklich verarbeitet. Ich war ihr da keine Hilfe – im Gegenteil: Ihre Erzählungen über den Verlust der Heimat begriff ich nicht, immer und immer wieder warf ich ihr vor: »Wie könnt ihr euch über den Verlust von Schlesien beklagen, ihr habt doch den Krieg angefangen! Ihr habt das größte Verbrechen der Geschichte, den industriellen Mord in den KZs, zu verantworten.« Dass ein aus seinem Vaterhaus vertriebenes Mädchen, das gar nicht weit weg von Auschwitz aufgewachsen war, nicht für den Massenmord der Nazis verantwortlich gemacht werden konnte, sondern schlicht und einfach Opfer einer Tragödie war, konnte ich als junger, besserwisserischer Mann nicht einsehen.

Die kleinbürgerliche Sicherheit des Stellmacher-Betriebs inklusive Bauernhof ging verloren: In Westdeutschland gehörte die Familie zu den Ärmsten der Armen. Außer ein paar alten Mänteln hatten sie nichts mitgebracht in die gerade entstehende Bundesrepublik Deutschland. Die junge Frau ging nicht auf Bälle und freute sich auch nicht an schönen Kleidern, sondern nähte in einer Sackfabrik Jutesäcke zusammen. Der Krieg hatte die Zahl der jungen Männer, die um ihre Hand hätten anhalten können, drastisch reduziert: Sie waren dem Wahnsinn Hitlers erlegen, niedergeschossen, von Minen zerrissen, verhungert. Die Heimkehrer waren »versehrt« und, im besten Fall, nur traumatisiert. Die hübsche, lebenslustige Martha aus den »Flüchtlingsbaracken« wartete lange auf einen Prinzen und riskierte schließlich, ein »spätes Mädchen« zu werden. Sie war schon fast dreißig Jahre alt, als sie einen Bräutigam fand. Aber Walter, der Zimmermann, kam nicht auf einem Schimmel geritten. Er fuhr sein Leben lang mit einem Fahrrad zur Arbeit auf die Baustelle. Martha wurde gleich nach der Hochzeit schwanger, lebte auf engstem Raum in der Schlesiensiedlung, versorgte die Schwiegermutter, die mit im Haushalt lebte. Während Deutschland das Wirtschaftswunder feierte und begann, nach Mallorca zu fliegen, hielt meine Mutter jeden Pfennig zusammen. Urlaube waren undenkbar: Die Familie fuhr mit dem Fahrrad ins Feld. Dass wir nicht an einen See fuhren oder wenigstens ins Freibad, war mir als Kind kaum aufgefallen. Erst als ich in die fünfte Klasse kam und als Einziger nicht schwimmen konnte, während mir Klassenkameraden von so exotischen Orten wie der Nordsee erzählten, dachte ich, dass wir tatsächlich ein komisches Leben führten.

Dabei ließ mich meine Mutter nie spüren, wie arm wir waren. Ich durfte immer Freunde mit nach Hause bringen, und manchmal stand sie nachts auf, um nachzuschauen, ob wir hungrigen Jugendlichen in ihrer Küche wenigstens eine Scheibe

Brot übrig gelassen hatten, damit sie ihrem Mann ein Butterbrot mit auf die Arbeit geben konnte. Während andere Mütter erhobenen Hauptes durch die Stadt marschierten, weil ihre Söhne Lehrer, Polizisten oder wenigstens einmal Schützenkönig geworden waren, schlich meine Mutter unbeachtet ihres Weges, denn ihr Sohn war weit weg, im fernen Rom; keiner wusste so recht, was er da machte. Es war sicher ein würdevolles Leben, das sie führte, aber war es ein erfülltes?

Meine Mutter hat nie von unerfüllten Träumen gesprochen. Aber ich weiß noch, wie beleidigt sie reagierte, wenn ich mich über ihr heimliches Hobby lustig machte: Sie schwärmte für Geschichten aus dem Hochadel. Ihr Lieblingsfilm war »Kaiserin Sissi« mit Romy Schneider, und mittwochs wartete sie voller Vorfreude auf die neue Lieferung aus dem Lesezirkel, um dann bei einer Tasse »Jacobs Krönung« die komplette »Yellow Press« zu verschlingen. Von Farah Diba bis Diana: Meine Mutter kannte jedes Detail aus dem Leben der Prinzessinnen und Königinnen dieser Welt.

Das alles wusste ich natürlich über sie, als ich in dem Korridor des Hammer Krankenhauses stand und sich die Tür zur Röntgenabteilung öffnete. Meine Mutter schlief noch, als ich sie in das Vorzimmer hineinschob und ein Pfleger auf mich zukam.

Ich machte mich ganz klein, erwartete, dass er das sagen würde, was ich wahrscheinlich gesagt hätte: »Wieso sehe ich Sie eigentlich jetzt zum ersten Mal hier? Wissen Sie eigentlich nicht, wie krank Ihre Mutter ist?« Stattdessen lachte er mich an und sah auf meine Mutter hinunter, die immer noch schlief, und sagte: »Da ist ja auch meine Prinzessin.«

Ich dachte, ich höre nicht richtig.

»Na, wussten Sie das denn nicht, dass Ihre Mutter eine Prinzessin geworden ist?«

»Wie meinen Sie das?«, fragte ich verblüfft.

»Na, gleich am ersten Tag, als ich sie kennenlernte, sagte der Arzt zu ihr: ›Frau Englisch, was machen Sie denn hier in einem evangelischen Krankenhaus? Ihr Sohn schreibt doch immer über den Papst. Aber dass ich Sie behandeln darf, das freut mich.‹« Er sah mich an und machte eine Pause. »Sie können sich nicht vorstellen, was für eine Veränderung sich in Ihrer Mutter vollzog. Sie war als verängstigte Frau hier hereingeführt worden. Aber sobald der Arzt gesagt hatte, dass er wisse, wer sie sei, blühte sie total auf. Sie erzählte sogar, dass Verwandte und Bekannte sie manchmal um Autogramme ihres Sohnes gebeten hätten.«

Meine Mutter schlief immer noch, den Kopf vornübergebeugt. Ich hatte nie darüber nachgedacht, dass es für sie wichtig sein könnte, ob mich ihre Nachbarn im Fernsehen gesehen haben, oder was Tante Gertrud aus Oldenburg über meine Bücher denkt. Sie selbst hatte niemals mit mir über eines meiner Bücher gesprochen. Ich war immer davon ausgegangen, dass sie es deshalb nicht tat, weil sie noch nie eines gelesen hatte und ihr meine Arbeit als Journalist und Autor vollkommen gleichgültig war. Ob ich auch gut für meine Familie sorgen würde, das hat sie oft von meiner Frau wissen wollen. Mehr nicht.

»Die Blumen von Paderborn, die bekommt nur eine Prinzessin«, sagte der Pfleger auf einmal und lachte: »Sehen Sie, ich kenne alle Geschichten Ihrer Mutter.«

Mir fiel es plötzlich wieder ein: Ich hatte eine Lesung in der Nähe meines Heimatortes gehabt und meine Mutter überredet, doch einmal mitzukommen und sich anzusehen, wie so ein Abend abläuft. Der organisierende Buchhändler, dem ich bis heute dankbar bin, war so aufmerksam, meine Mutter in die erste Reihe zu setzen und ihr sogar einen Blumenstrauß mitzubringen. Sie lächelte, stand auf, bedankte sich. »Das hat sie mir erzählt, wie sie vor diesen vielen Leuten einen Blumenstrauß annehmen musste«, sagte der Pfleger.

»Ich schwöre Ihnen, mir hat sie nie gesagt, wie stolz sie auf diesen Blumenstrauß war«, erwiderte ich. »Nein?«, wunderte sich der junge Pfleger. »Mir hat sie auch gestanden, wie sehr sie früher auf die Polen geschimpft hatte, die einfach in ihr Elternhaus in Schlesien eingezogen waren. So ein Groll ist ja auch verständlich, wenn man als Kind seine Heimat verliert. Und dann schreibt ihr Sohn ein Buch über einen großen Mann, der ausgerechnet Pole ist, und dieses Buch über Papst Johannes Paul II. wird sogar in Polen ein Erfolg. Auf einmal wusste sie, warum Sie nach Rom gegangen sind: Um alles wiedergutzumachen, um mit einem Buch über einen Polen ihren Groll wegzuwischen und sie selbst zu einer Prinzessin zu machen.«

Meine Mutter wachte plötzlich auf. Sie brauchte einen Augenblick, um zu verstehen, wo sie war.

»Mama«, fragte ich, »wie geht's dir?«

»Gut, gut«, sagte sie. »Warten wir schon lange?«

»Nein, wir haben uns nur ein bisschen unterhalten.«

»Ach, dann ist es ja gut.«.

»Na, dann wollen wir Sie mal röntgen, und Sie warten bitte draußen«, bat der Pfleger. Er übergab meine Mutter dem Arzt, kam dann noch einmal heraus. »Darf ich Sie noch etwas fragen?«

»Na klar«, sagte ich.

»Wenn Ihre Mutter guter Dinge ist, sagt sie immer: Sterben kann ich sowieso nicht. Mein Sohn hat dazu keine Zeit. Was heißt das eigentlich?«

»Ach, das ist ein seltsamer Familienwitz aus meiner Kindheit. Wir haben uns mal gestritten, und seitdem sagt sie immer zu mir: Du hast so viel zu tun, da muss ich mich mit dem Sterben nach deinem Terminkalender richten.«

22

Mutter des Lichts

Die Anerkennung der Prophezeiung von Kibeho durch den Vatikan führte vor allem dazu, dass die anderen rätselhaften Erscheinungen, die in Afrika stattgefunden haben sollen, in Vergessenheit gerieten. Leider auch die vermutlich seltsamste mutmaßliche Marienerscheinung in den vergangenen einhundert Jahren.

Es ist der Abend des 2. April 1968. In Kairo bewacht der Sicherheitsmann Abed al Aziz Ali das Depot des öffentlichen Busunternehmens in dem Vorort Zeitoun. An diesem Abend, auf den Tag genau 37 Jahre später, wird Papst Johannes Paul II. sterben. Als es fast Nacht ist, sieht Abed al Aziz Ali auf dem Dach der angrenzenden koptischen Kirche die Umrisse einer Frau. Abed ruft der Frau zu, sie solle gefälligst herunterkommen, auf dem rutschigen Dach der Kirche herumzuturnen, sei schließlich gefährlich.

Abed al Aziz Ali arbeitet an der Touman Bey Street. Er kann von dort aus die hohe Kuppel der Jungfrau-Marien-Kirche ganz genau sehen. Doch trotz aller Warnrufe scheint die Frau auf dem Dach bleiben zu wollen. Der Wachmann fürchtet, es könnte sich um eine Selbstmörderin handeln. Deshalb ruft er die Polizei. Es ist mittlerweile dunkel, als die Polizeibeamten eintreffen. Was die muslimischen Polizisten und ihre Offiziere sehen, erschreckt sie zutiefst: Eine seltsam schillernde Frauengestalt scheint über das Dach zu wandeln, als schwebte sie.

Die Polizisten, die an den Tatort vor der koptischen Kirche kommen, reagieren dann aber ungehalten, als sie feststellen, dass auf dem Dach keine Frau aus Fleisch und Blut steht, die sie retten müssen. Die Frau ist ja nur eine Erscheinung. Die Beamten sind schließlich überzeugt, dass es sich um einen Trick der koptischen Priester handelt. Sie glauben, dass das Licht der Straßenlaternen abgelenkt und auf das Dach der Kirche projiziert wird. Daher lassen die Beamten die Lichter löschen. Einige Glühbirnen zerschlagen sie sogar, um dem Schauspiel ein Ende zu bereiten. Doch noch immer schwebt diese leuchtende Figur, die an eine Frauengestalt erinnert, über das Dach der Kirche. Mittlerweile ist längst das Polizeipräsidium informiert. Dem kompletten Stadtviertel Zeitoun wird der Strom abgedreht. Jetzt wird das Unerklärliche offensichtlich: Obwohl es stockdunkel ist in Zeitoun, seltsame Reflektionen von Lampen also ausgeschlossen sind, lässt sich die leuchtende Gestalt auf dem Dach der koptischen Kirche sehr genau erkennen.

Nicht nur die Stadt Kairo, die gesamte muslimische Welt ist schockiert, als die Nachricht des »Wunders von Kairo« verbreitet wird. Die Behörden von Kairo unternehmen in den kommenden Wochen alles, um den niederträchtigen Trick aufzuklären. Es scheint in ihren Augen eine gewaltige Provokation zu sein, dass mitten im arabischen Kernland ausgerechnet die Mutter von Issa, so der arabische Name für Jesus, auf dem Dach einer Kirche erscheint. Zu dieser Zeit litt Ägypten noch gewaltig unter der Schmach der Niederlage des Sechs-Tage-Krieges (5–10. Januar 1967), während dem die christlich-jüdische Welt den muslimischen Staaten eine vernichtende Niederlage beigebracht hatte – und jetzt das: die Mutter Jesu auf dem Dach einer koptischen Kirche in Kairo.

Hätte sich diese Erscheinung auf einer katholischen Kirche zugetragen, der Vatikan hätte, wie in allen anderen Fällen von Marienerscheinungen, vermutlich Jahre verstreichen lassen, bis er sich zu einem Urteil über das vermeintliche Wunder durchgerungen hätte. Die Kopten hingegen reagieren sofort.

Die koptische Kirche ist eine ganz besondere Kirche. Sie entstand nicht durch eine Kirchenspaltung wie die evangelisch-lutherischen oder die orthodoxen Kirchen. Die koptische Kirche geht auf ihren ersten Bischof zurück, und das war Markus, der Verfasser des Markus-Evangeliums, der in Ägypten lebte und im Jahr 68 nach Christus in Alexandria als Märtyrer hingerichtet worden sein soll. Die Venezianer stahlen vermutlich im fünften oder sechsten Jahrhundert die in Alexandria verehrte Leiche des heiligen Markus, dem Petrus selber diktiert haben soll, was mit Jesus von Nazareth geschah. Die venezianischen Diebe brachten die Leiche in ihre Heimatstadt, wo sie heute im Markusdom ruht. Aus Respekt und als Zeichen der Entschuldigung schickte der Patriarch von Venedig im Jahr 1968 anlässlich der 1900-Jahr-Feier der Gründung der koptischen Kirche einige Teile der Reliquie des heiligen Markus nach Ägypten, wo sie in der Markuskathedrale in Kairo verehrt werden.

Weil diese Kirche so ehrwürdig ist und auf einen Evangelisten als ersten Bischof zurückgeht, nennt die katholische Kirche, neben dem Nachfolger des heiligen Petrus in Rom, auch das Oberhaupt der koptischen Kirche »Papst«.

Bereits Anfang Mai 1968 gibt der damalige 115. Nachfolger des Evangelisten Markus und Papst der koptischen Kirche von Alexandria Kyrillos VI. eine Erklärung ab. Er lässt keinen Zweifel daran, dass es sich seiner Ansicht nach um eine Erscheinung der Muttergottes handelt:

»Seit dem Abend des 2. April 1968 erleben wir nun die Erscheinungen der heiligen Jungfrau Maria, der Mutter des Lichtes, und sie geschehen weiter in der koptisch-orthodoxen Kirche in Zeitoun, Kairo, die ihr zu Ehren geweiht ist. Die Erscheinungen geschahen in vielen Nächten und setzen sich noch fort in unterschiedlicher Weise. Manchmal erscheint die heilige Jungfrau Maria in ganzer Größe und dann wieder als Büste, umrahmt von einem leuchtend hellen Heiligenschein. Zeitweilig wurde sie in den Öffnungen auf dem Dach der Kirche gesehen, dann auch wieder außerhalb der Kuppel, wo sie sich bewegte und über das Dach der Kirche und der Kuppel ging. Als sie in Ehrfurcht vor dem Kreuz niederkniete, leuchtete das Kreuz in hellem Licht. Sie bewegte ihre heiligen Hände und nickte mit ihrem heiligen Haupt und segnete die Menschen, die neugierig gekommen waren, das Wunder zu schauen. [...] Die Erscheinungen waren am Dienstag, dem 30. April 1968, über zwei Stunden zu sehen – von 02.45 Uhr bis zur Dämmerung um 05.00 Uhr. Tausende Menschen verschiedener Bekenntnisse und Religionen, Ägypter und ausländische Besucher, Priester und Wissenschaftler von unterschiedlichen Bereichen und Berufen – sie alle sahen diese Erscheinungen. Die Beschreibung einer jeden Erscheinung dieser Zeit, des Ortes und der Gestalt wurde von allen Anwesenden in gleicher Weise bezeugt. Das macht diese Erscheinung einzigartig und hebt sie aus anderen heraus.«

Selbst der Staatspräsident Gamal Abdel Nasser ließ sich nach Zeitoun bringen und sah nach eigenen Angaben das Phänomen.

Der spirituelle Triumph des Christentums ausgerechnet in Kairo schien perfekt zu sein. Wann hatte schon Mohammed eine so spektakuläre Erscheinung bewirkt? Doch noch gibt die Polizei nicht auf. Kairo ist schließlich aus der Sicht des Islam nicht irgendeine Stadt. In Kairo steht die ehrenwerte Al-Azhar-Universität, die zweitälteste Universität der Welt, das geistliche Zentrum des sunnitischen Islam. Etwa 900 Millionen Menschen auf der Welt achten die Weisungen dieser Hochschule, die, ähnlich der Glaubenskongregation in Rom, über die Reinheit des sunnitischen Glaubens wacht.

Ausgerechnet vor deren Haustür soll die Mutter des christlichen Gottes erscheinen? Aus Sicht der sunnitischen Muftis ist das ein Verbrechen. Die Polizei wird also aufgefordert, den kompletten Stadtteil auseinanderzunehmen. Im Umkreis von 25 Kilometern wird jedes einzelne Haus, jeder Platz, von dem aus heimlich Lichtstrahlen ausgestrahlt werden könnten, untersucht. Die Polizei muss nach Monaten der Untersuchungen einräumen, dass es keine natürliche Erklärung für die Ereignisse gibt.

Dieser Punkt hat mich persönlich an dem »Wunder von Kairo« gereizt. Ich habe nicht den geringsten Zweifel daran, dass es in katholisch geprägten Regionen erfahrene Betrüger gibt, die versuchen, Zeichen des Himmels zu fälschen. Das passiert immer wieder. Aber ein so spektakuläres Wunder in Kairo zu fälschen, inmitten von Millionen Muslimen, war ohne

Zweifel lebensgefährlich. Wenn das »Wunder« eine Fälschung war, musste eine todesmutige Gruppe beschlossen haben, es mit Tausenden von Polizisten aufzunehmen, um auf irgendeine rätselhafte Weise Lichtprojektionen auf dem Dach der Kirche entstehen zu lassen. Selbst heute wäre ein solches Unterfangen mit ausgefeilter Technik schwer zu realisieren. Im Jahr 1968 in Ägypten muss es unmöglich gewesen sein. Es gab damals noch keine raffinierte, computergestützte Lasertechnik. Einen cleveren Betrug in Zeitoun zu inszenieren, hätte mit Sicherheit viel Geld gekostet. Aber die koptische Kirche litt in der Regierungszeit Präsident Nassers vor allem darunter, dass sie bitterarm war und an den Rand der muslimischen Gesellschaft gedrängt wurde. Was sollte es bezwecken, die Umrisse der Muttergottes in Form einer leuchtenden Gestalt auf das Dach einer koptischen Kirche zu projizieren? Wenn es tatsächlich eine Marienerscheinung war: Was wollte die Muttergottes damit sagen? Dass sie vorhatte, häufiger in Afrika zu erscheinen?

23

Ngome

Nur sieben Jahre später wird Afrika von einer weiteren mutmaßlichen Erscheinung der Muttergottes betroffen, der Prophezeiung der Maria von Nazareth an Schwester Reinholda May.

Ich habe zufällig von dem Schicksal dieser Frau erfahren. Anlässlich einer Verabredung mit Notker Wolf, dem Abtprimas – salopp gesagt: dem Chef aller Benediktiner. Er residiert nicht schlecht. Ich freue mich immer darauf, zu dem freundlichen Abt zu fahren. Sein Kloster Sant'Anselmo liegt im, meiner Meinung nach, schönsten Stadtviertel von Rom: auf dem Aventin-Hügel. Für normale Römer ist diese Gegend unerreichbar. Man kommt nur sehr selten dorthin, etwa, um als junger Mann seiner Freundin den romantischen, frei zugänglichen Orangengarten zu zeigen, oder weil man die wunderschöne Kirche der heiligen Saba anschauen will. Auf dem Hügel wohnen steinreiche Römer in herrlichen Altbauvillen hinter dicken Mauern – sehr schick, aber einsam. Geschäfte und Restaurants gibt es kaum. Der Aventin ist eine Insel der ruhigen Exklusivität mitten in Rom. Wer nicht ein paar Millionen Euro sein eigen nennt, sollte besser gar nicht erst versuchen, dort eine Wohnung zu erwerben.

Die Benediktiner verdanken den traumhaften Platz Papst Leo XIII., der eine Hochschule dort auf dem schicken Hügel bauen ließ, weil er sie vom Vatikan aus sehen konnte. In der chaotischen Drei-Millionen-Stadt Rom hört man nur selten einen Vogel singen, aber rund um Sant'Anselmo zwitschern Singvögel um die Wette. Ich wartete in den tiefen Ledersofas der Benediktiner, als Notker Wolff mich begrüßte; wir plauderten ein bisschen über die Termine des Jahres. Schließlich fragte er mich, womit ich mich gerade beschäftigte, und ich sagte ihm: »Mit Prophezeiungen.« Er dachte einen Augenblick lang nach und erzählte mir dann, dass die Benediktinerinnen aus Tutzing einen ganz besonders interessanten Fall untersuchten, den Fall einer Prophezeiung. Dieses Mal hatte die Muttergottes keine Katastrophen und Kriege vorausgesagt, auch nicht den Tod der Seher-Kinder wie in Fatima, sondern etwas sehr Poetisches. Sie sagte einer Ordensfrau voraus, dass sie einen Ort finden werde, an dem sieben Quellen zusammenflössen, einen Ort in Afrika. Ich habe daraufhin versucht, das Leben dieser Ordensfrau zu rekonstruieren, was natürlich so lange nach ihrem Tod nicht ganz einfach war. Vor allem wollte ich herausfinden, ob diese Frau vielleicht ein wenig verrückt gewesen war, eine religiöse Fanatikerin. Dann hätte ich den Fall getrost von der Liste der mutmaßlichen Prophezeiungen streichen können. Aber wenn sie es nicht war, wenn ich Hinweise zusammentragen würde, dass die Frau bei vollkommen klarem Verstand war, hatte ich vielleicht die Spur einer weiteren Prophezeiung gefunden, von der noch kaum jemand Kenntnis genommen hatte.

Ein Sachverhalt faszinierte mich an der Geschichte dieser Tutzinger Ordensfrau besonders: Ich hatte erwartet, dass Reinholda eine Mystikerin war, die ihr Leben abgeschieden in einem Kloster verbrachte und dort vielleicht so etwas wie ein starkes inneres Erlebnis hatte, das sie für eine Prophezeiung hielt. Aber was ich fand, war etwas ganz anderes: eine Ordensfrau, die mitten unter den Zulu in Südafrika lebte, als Hebamme tausende Kinder auf die Welt brachte und sich in harter Arbeit über fünf Jahrzehnte den Ruf einer vorbildlichen Nonne erarbeitet hatte. Scheinbar unvermittelt setzt sie alles aufs Spiel: ihr Lebenswerk und ihren Ruf. Sie fällt bei ihrem Bischof in Ungnade, denn sie behauptet, eine Erscheinung gehabt zu haben. Zehnmal will sie die Muttergottes gesehen, mit ihr gesprochen und von ihr eine Prophezeiung erhalten haben. Die offizielle katholische Kirche glaubt ihr nicht. Als sie stirbt, scheint ihr Lebenswerk zunächst vernichtet zu sein. Die praktische Ordensfrau, die so vielen Frauen geholfen hat, stand nun im Ruf, eine Spinnerin gewesen zu sein. Aber dann passiert das Unfassbare: Die Prophezeiung, die Reinholda May von der Muttergottes erhalten haben will, tritt tatsächlich ein.

Es ist der 21. Oktober 1901, als Franziska May, die Tochter eines Böttchers, in Pfahlheim in der Erzdiözese Rottenburg (Stuttgart) im Südwesten Deutschlands zur Welt kommt. Franziska ist die Jüngste der Familie, in der es bereits neun Kinder gibt. Ihre Eltern schicken sie zunächst in die Grundschule in ihrem Heimatdorf, zu den Franziskanerinnern nach Hochaltingen, in die Hauswirtschaftsschule. Für ein Mädchen aus armen Verhältnissen ist das damals ein normaler Werdegang. Die Hauswirtschaftsschule wird sie entweder darauf vorbereiten, für eine wohlhabende Familie als Dienstmädchen zu arbeiten oder zu heiraten und einen Haushalt zu führen. Doch es kommt anders.

Das Mädchen entwickelt in dieser Phase der Kindheit und frühen Jugend einen außergewöhnlich starken Glauben. Sie wird ihn brauchen in den entlegenen Gebieten Afrikas, während der Kriege im Zululand, bei den Streitigkeiten mit den Behörden, aber vor allem wird sie ihn brauchen, als der größte Streit ihres Lebens ausbricht: der Streit mit ihrer eigenen Kirche. Denn Anerkennung bleibt Franziska May, die sich später Schwester Reinholda nannte, ihr Leben lang verwehrt. Erst nach ihrem Tod nimmt die katholische Kirche verwundert zur Kenntnis, dass die Prophezeiung, die die Muttergottes dem Mädchen aus Pfahlheim mitteilte, tatsächlich wahr geworden ist.

Franziskas erster Anlauf, Nonne zu werden, scheitert an der Klosterpforte des Benediktiner-Klosters in Tutzing. Als Franziska May zum ersten Mal bei den Missionsschwestern anklopft, um als Novizin aufgenommen zu werden, lehnt man sie mit der Begründung ab, sie sei nicht kräftig und gesund genug für die Mission. Wer immer auch der Arzt gewesen sein mag, der die junge Dame damals auf ihre körperliche Verfassung hin untersucht hat: Er kann nur ein Quacksalber gewesen sein. Die vielen Jahrzehnte in Afrika unter unglaublichen

Strapazen und ihr gesegnetes Alter, das sie schließlich erreicht, zeigen, dass Franziska May von ganz ausgezeichneter Konstitution gewesen sein muss.

Enttäuscht über die Ablehnung, kehrt sie nach Hause zurück. Die Familie ist zunächst einmal glücklich darüber, die Tochter nicht an den Missionsorden verloren zu haben, doch Franziska gibt schon damals nicht so leicht auf.

Ein weiteres Mal wendet sie sich an die Tutzinger Missionsschwestern, und diesmal gibt es keine Vorbehalte mehr. Franziska tritt am 1. März 1922 in den Orden ein.

In ihrer Heimat Pfahlheim herrscht tiefe Religiosität. Während heute die Gemeinden im Raum Pfahlheim rund um die Sankt-Nikolaus-Kirche ebenso von der Zusammenlegung zu Pastoralverbänden wegen des akuten Priestermangels betroffen sind, leben damals viele Menschen eine innige Frömmigkeit. Berufungen zum Priesteramt gibt es reichlich. Der Besuch der Messe am Sonntag ist ebenso selbstverständlich wie die Teilnahme an Andachten und die aufwendigen Feiern des Patronatsfestes. In der Zeit, in der Franziska May mit Nachdruck versucht, von den Tutzinger Missionsschwestern aufgenommen zu werden, arbeitet Eugene Adis als Gemeindepfarrer in Pfahlheim. Ihm muss es gelungen sein, eine Atmosphäre zu schaffen, die die Lebensentscheidung, in ein Kloster zu gehen, interessant erscheinen lässt. In Pfahlheim leben in dieser Zeit knapp 1000 Katholiken. Von ihnen treten 40 Frauen und Männer in einen Orden ein: Das sind vier Prozent. Rechnet man das auf die Katholiken der Welt hoch, würden über 40 Millionen Frauen und Männer in Klöstern leben. In Wirklichkeit gibt es heute weltweit etwa 750 000 katholische Nonnen. Die Anzahl der männlichen Geistlichen sank sogar auf 192 000 Mönche, Priester und Vikare weltweit.

Derzeit sind die religiösen Orden in Europa und Nordamerika vor allem mit einem Problem beschäftigt: nicht auszusterben.

Doch das Kloster in Tutzing in den 20er-Jahren, in das Franziska eintritt, platzt aus allen Nähten: Es gilt als große Ehre, überhaupt aufgenommen zu werden. Zudem ist das Konvent sehr vermögend. Die Ordensfrauen wollen denen helfen, die weniger haben als die Einwohner Tutzings, und von diesen Menschen ist auch damals die Welt schon voll.

Franziska erfährt während des Noviziats erstmals Näheres über den Kontinent Afrika, aus dem Ordensleute nach Tutzing berichten.

Sie dient drei Jahre als Novizin im Kloster. Am 10. Februar 1925 legt sie die Gelübde ab, nennt sich Schwester Reinholda, und am 21. Juni 1925 bekommt sie endlich das begehrte Missionskreuz und bricht zur ersten großen Reise ihres Lebens auf: Sie fährt nach Südafrika. Wie Generationen von Ordensfrauen und Mönchen startet sie ausgesprochen schlecht vorbereitet in ein völlig neues Leben. Sie weiß noch nicht, dass sie lange Zeit weder mit den weißen Herren noch mit den farbigen Bewohnern des Zululandes wird reden können. Sie kann kein Afrikaans, aber auch kein Englisch, und sie spricht nicht einmal rudimentär die Sprache der Menschen, für die sie eigentlich unterwegs ist nach Südafrika: die Sprache der Zulu.

In den 20er-Jahren des vergangenen Jahrhunderts ahnte die katholische Kirche noch nicht, über was für ein Potenzial sie eigentlich verfügte. Frauen und Männer aus Europa sind bereit, nach Afrika aufzubrechen, um im Namen des Jesus von Nazareth ihr Leben zu riskieren. Und das, obwohl sie nur schlecht ausgebildet sind für die neue Aufgabe, denn die katholische Kirche lässt sie zunächst gar nicht tun. Das erste Jahrzehnt vergeudet die Ordensfrau Reinholda als Näherin eingeschlossen in ihrem Kloster. Statt ihr die Möglichkeit zu geben, Afrikaans oder Englisch zu lernen, stickt und strickt sie im weit entfernten Afrika. Unterdessen sterben um sie herum die Zulu wie die Fliegen. Die Kindersterblichkeit ist groß. Zeitweise überlebt nicht einmal jedes vierte Neugeborene. Die Tutzinger Ordensfrauen leben hinter ihren Klostermauern inmitten eines ungeheuren Elends, in dem sie dringend gebraucht würden: Doch zunächst können sie der Not nur zuschauen.

Am dringendsten werden die Ordensfrauen im Grunde als

Hebammen gebraucht, aber der Vatikan erlaubt den Nonnen diese Tätigkeit nicht. Erst im Jahr 1936 gibt der Papst nach, und die Tutzinger Hebammen dürfen endlich helfen, das grauenhafte Sterben der Kinder zu stoppen. Schwester Reinholda ist die Erste, die im Jahr 1938 im Krankenhaus von Pietermaritzburg das Diplom als Hebamme erwirbt.

Dies ist das Unglaubliche am Leben der Franziska May. Sie muss warten, warten, jahrzehntelang warten, die Zeit mit Gebeten verbringen, ohne die nötigen Sprachen zu lernen. Sie muss ihre Zeit bei Nähereien vertun, aber dann, in dem Augenblick, in dem sie gebraucht wird, explodiert diese Frau und wird bis an ihr Lebensende wie ein Vulkan brodeln. Als wäre sie ein Bogen, der lange, sehr lange gespannt worden ist und plötzlich die Gelegenheit bekommt, sich zu entladen. Es ist nicht überraschend, dass Frauen zur Zeit von Schwester Reinholda ein schweres Leben in der Männerwelt der katholischen Kirche hatten. Es ist auch nichts Besonderes, dass die kirchlichen Hilfsversuche für die Farbigen im Zululand von den weißen Landbesitzern mit ausgesprochener Skepsis gesehen werden. Es ist daher kein Wunder, dass dem Krankenhaus, in dem Schwester Reinholda wirkt, jeder erdenkliche Stein in den Weg gelegt wird. Trotzdem gelingt es der Deutschen, diese Schwierigkeiten zu überwinden. Und sie wird trotz aller Probleme, die man ihr von allen Seiten machen wird, nie wieder in das Kämmerlein zurückkehren, sticken und nähen, was sie auch zu Hause in der Stube ihrer Eltern in Pfahlheim hätte tun können.

Sie baut ein überaus effizientes Zentrum für Geburtshilfe auf, das dazu beiträgt, die Kindersterblichkeit drastisch zu senken. Es wird ein Zentrum, das außer ihr eigentlich keiner wollte. Der Vatikan musste sich erst einmal durchringen, zuzulassen, dass Ordensfrauen in der Mission bei etwas so Schmuddeligem wie einer Geburt dabei sein und helfen durften. Die weißen Farmbesitzer sehen eigentlich nicht ein, wieso die farbigen Landarbeiter medizinische Hilfe und Schulbildung für ihre Kinder durch die Tutzinger Schwestern bekommen sollen. Selbst die Farbigen, denen Schwester Reinholda May helfen will, verstehen nicht, wo eigentlich Tutzing liegt und wieso diese Frauen in ihr Land kamen. Das Krankenhaus kämpft sich daher auch durch Jahre, in denen es an allem fehlt. Es gibt weder genügend Schmerzmittel noch medizinische Versorgung für echte Notfälle, an Kaiserschnitte ist nicht zu denken, auch wenn eigentlich keine andere Lösung mehr angezeigt ist. Schwester Reinholda tut, was sie tun kann, und das grenzt schon an ein Wunder. Sie hilft Tausenden von Frauen, baut hartnäckig die Station für Geburtshilfe aus. Ohne es zu wissen, arbeitet sie über Jahrzehnte an einem Märchen, dem Märchen ihres Lebens. Heute pilgern Abertausende von Zulus zu ihrem Grab, verehren sie als die Frau, die 25 000 Kinder auf die Welt gebracht haben soll. Reinholda wird im Laufe der Jahre eine der Legenden Afrikas, eine überaus praktisch wirkende und denkende Legende. Statt sich hinter Bedenken und Verboten zu verstecken, half sie.

In dieser Frau vollzieht sich in diesen Jahrzehnten ein unglaublicher Wandel: Sie bringt sich selber die Sprache der Zulus bei, Englisch spricht sie mittlerweile mit Leichtigkeit, und trotz der anstrengenden Arbeit auf der Station für Geburtshilfe versteckt sie sich nicht in ihrem Krankenhaus. Sie besucht die Mamas und die Kinder, die sie auf die Welt gebracht hat. In dem riesigen Gebiet kennt sie, besser als alle anderen Vertreter der katholischen Kirche, die Menschen, die dort wirklich leben.

Als das Jahr 1954 anbricht, ist Schwester Reinholda längst über die Grenzen der Diözese hinaus bekannt. Das Dasein der Nonne scheint zu diesem Zeitpunkt ein Bilderbuchleben für eine Ordensfrau zu sein. Sie hat viel erreicht. Doch diese überaus erfahrene, praktische Frau setzt am 8. Dezember 1954 alles aufs Spiel. Sie behauptet, sie habe eine Erscheinung erlebt.

Sie kniet in der Kapelle des Krankenhauses, als es passiert: »Ich sah zwei Gestalten am Altar, wo alles für die Messe vorbereitet worden war, am Ende des Altares sah ich eine Frau. Sie trug einen langen, weißen Umhang. In der rechten Hand hielt sie etwas, das bedeckt war. Ich dachte, das sei vielleicht ein Schild. Ihr gegenüber stand ein schwarzer Mönch mit erhobenen Händen. Er hielt im Augenblick der Wandlung etwas hoch, wie ein Opfer. Dann schien irgendetwas aufzusteigen, wie Weihrauch. Die Gestalten verschwanden. Ich konnte zunächst überhaupt keine Bedeutung in dem erkennen, was ich da gesehen hatte.« So wird Schwester Reinholda den Tag der ersten Erscheinung später aufschreiben. Ihr muss zu diesem Zeitpunkt klar gewesen sein, was geschehen würde, wenn herauskam, dass ausgerechnet die praktische Helferin etwas Übernatürliches gesehen haben wollte. Das musste zweifellos ihre so mühsam aufgebaute Glaubwürdigkeit bedrohen, vor allem unter den Zulus, denen sie bisher nicht als Predigerin, sondern als helfende Freundin begegnet war. Vielleicht ahnte sie, dass die Vision ihr schaden könnte. Welche Frau möchte sich schon im Augenblick einer möglicherweise komplizierten, vielleicht sogar lebensbedrohenden Geburt einer Frau anvertrauen, die nicht praktische Gegebenheiten abzuwägen weiß, sondern ab und zu Gestalten sieht, die es gar nicht gibt? Schwester Reinholda behält die Einzelheiten dieser ersten Erscheinung zunächst für sich. Aber dann befiehlt ihr jemand zu sprechen: die Muttergottes selber.

Acht Monate später, am 22. August 1955, betet Schwester Reinholda wieder in der Kapelle ihres Klosters in Nongoma; unmittelbar nachdem sie die Hostie empfangen hat, sieht sie die Gestalt in Weiß. Sie sagt ihr, dass sie als der »Tabernakel des Allerhöchsten« verehrt werden will. Schwester Reinholda bekommt den Auftrag, die Priester und den zuständigen Bischof über die Erscheinungen zu informieren, schweigt aber zunächst weiter.

Während des vierten Zusammentreffens mit der rätselhaften Gestalt am 15. März 1956 geschieht etwas, das alles verändert: Maria spricht eine Prophezeiung aus.

Alle Prophezeiungen sind aus kirchlicher Sicht eine Sensation, viel wichtiger als eine Erscheinung. Das ist auch im Fall der Prophezeiung der Schwester Reinholda so. Denn es ist nicht nachprüfbar, ob jemand tatsächlich eine Erscheinung hatte, ob er etwas sah, das nicht von dieser Welt ist oder nicht. Wenn aber der Botschafter Gottes etwas prophezeit, ändert sich alles, weil die Erscheinung nachprüfbar wird. Tritt die Prophezeiung nicht ein, ist alles klar. Dann hat man es vermutlich mit einem Scharlatan zu tun. Aber wenn die Prophezeiung sich bewahrheitet, muss sich die katholische Kirche ernsthaft fragen, ob Gott nicht etwas sagen wollte.

In der Prophezeiung der Schwester Reinholda nennt die Muttergottes ihr einen rätselhaften Ort, an dem zahllose Menschen zusammenströmen werden, an dem Gott viele Heilwunder wirken wird. Dort sollen die Wünsche der Verzweifelten in Erfüllung gehen. Maria gibt ihr auch den Hinweis darauf, wie sie diesen seltsamen Ort finden kann: Dort »fließen sieben Quellen zusammen«.

Schwester Reinholda hat keine Ahnung, welcher Ort gemeint sein könnte. Mehr als ein Jahr später, am 8. Dezember 1957, nachdem sie einen Krankenbesuch gemacht hat, kommt sie zum ersten Mal nach Ngome und erfährt, dass in der Nähe der Grundschule »zahlreiche Quellen« zusammenfließen. Sie bringt in Erfahrung, dass es tatsächlich sieben Quellen sind, und jetzt weiß sie auch, wo das Heiligtum der Muttergottes stehen soll. Sie bittet den Bischof Aurelian Bilgeri um die Erlaubnis, dort eine Kapelle errichten zu lassen.

Schwester Reinholda muss mit Schwierigkeiten gerechnet haben, aber nicht mit so großen Schwierigkeiten. Der Bischof Aurelian Bilgeri verbietet ihr schlicht und einfach, über die Erscheinungen zu reden. Er untersagt auch den Bau einer Kirche an der Stelle, die die Muttergottes genannt haben soll. Schwester Reinholda wird mit einer Vielzahl von Strafen belegt. Bis an ihr Lebensende wird sie darunter leiden, dass die katholische Kirche sie für ihren Glauben, die Muttergottes sei ihr erschienen, regelrecht beschimpft. Sie hält sich demütig an alle Auflagen, wiederholt aber ihre Bitte, doch die von der Muttergottes geforderte Kapelle in Ngome und Wallfahrten an diesen Ort zu erlauben. Der Bischof gibt nicht nach. Er erklärt unumwunden, er glaube, dass die Schwester alles zusammenphantasiert habe. Eines ist dem Bischof wichtig: Die Prophezeiung hält er für kompletten Unsinn. Dass ausgerechnet in das Kaff Ngome auf eine Kuhweide Tausende von Pilger strömen könnten, sei völlig abwegig; das allein zeige bereits, dass die Schwester alles erfunden habe.

Schwester Reinholda arbeitet im Krankenhaus unermüdlich weiter, bis sie im Juni 1976 im Alter von 74 Jahren endlich in den Ruhestand gehen kann. Sie zieht aus dem Krankenhaus aus und in das Kloster von Sankt Alban, das etwa einen Kilometer vom Krankenhaus entfernt liegt. Obwohl sie jetzt Rentnerin ist, geht sie immer noch fast täglich in die Klinik, um den Sterbenden und Schwerstkranken beizustehen. Im Juni 1980 begann Schwester Reinholda schwächer zu werden. Die Ärzte entdecken zu spät eine Darmkrebs-Erkrankung, und es scheint klar, dass ihr nicht mehr viel Zeit bleiben wird. Sie litt aber noch beinahe ein Jahr lang, bis sie am 1. April 1981 starb, wenige Stunden vor dem Zeitpunkt, an dem 14 Jahre später Papst Johannes Paul II. sterben sollte.

Ich habe mich viele Jahre lang gefragt: Was hat diese Reinholda May gesehen? Wie kann es sein, dass eine Frau, die so starke Nerven hat, im afrikanischen Busch tausenden Kindern auf die Welt zu helfen, auf einmal phantasiert? Hat sie überhaupt phantasiert? Zehnmal will sie die Muttergottes gesehen haben. Diese starke Frau aus dem weit entfernten Pfahlheim in Deutschland sagt voraus, dass an einem abgelegenen Ort im Busch, an dem zufällig sieben Quellen zusammenfließen, ein Wallfahrtsort entstehen wird. Sie stirbt im Ruf, eine Lügnerin zu sein. Die Skepsis oder die Vorsicht der Kirche, ganz wie man will, setzt sich durch. Im Busch grasen weiter die Kühe an der Stelle, wo sieben Quellen zusammenfließen. War also die scheinbar so bodenständige, vorbildliche Hebamme in Wirklichkeit eine Spinnerin? So scheint es lange Zeit. Doch dann passiert das scheinbar Unmögliche: Auf einer Kuhweide mitten im Busch entsteht wie durch Zauberhand von ganz allein ein Wallfahrtsort, obwohl die katholische Kirche alles daran setzt, genau das zu verhindern.

Es ist ein berührender Moment, wenn man Menschen, die verstorben sind und die man nur aus Büchern kennt, plötzlich näherkommen kann. Ich kannte nur die Unterlagen und Fotos von Schwester Reinholda. Auf dem wahrscheinlich bekanntesten Bild von ihr hält sie ein gerade geborenes Baby im Arm. Mich wunderte vor allem der strenge, weiße, gestärkte Habit (Ordenskleidung) der Nonne. Wie kann sie eigentlich in der Hitze und dem Chaos Afrikas zu der Zeit in gestärkter, hochgeschlossener, dunkler, durch und durch korrekter Ordenskleidung herumgegangen sein? Aber das Foto verriet natürlich nicht allzu viel darüber, wer diese Frau wirklich war.

Ich gebe zu, dass mir das Herz klopfte, als ich zum ersten Mal mit einem Mann sprach, der sie gut gekannt hatte: Pater Heribert, der in der Abtei Münsterschwarzach lebt. Das Gespräch mit dem 96-Jährigen erwies sich für mich vor allem deswegen als so spannend, weil Pater Heribert, während er sprach, den Ereignissen in Afrika und Schwester Reinholda näher war als seiner neuen Umgebung in Münsterschwarzach. Sein Herz war in Afrika geblieben. Mir sollte das recht sein, denn er konnte sich an lange zurückliegende Ereignisse besser erinnern als an das, was er am Vortag gegessen hatte. Erkennen konnte man das an seiner Sprache und Begriffswahl. Er war Gemeindepfarrer gewesen in der Gemeinde, in der Schwester Reinholda gearbeitet hatte, aber er nutzte nicht das deutsche Wort Gemeindepfarrer, obwohl er mit mir deutsch sprach. Er sagte immer wieder: Ich war damals »Parish priest«, was auf Englisch Gemeindepfarrer bedeutet. Ihn hatte die rote Erde Afrikas noch nicht entlassen. Auch wenn es wenig höflich war, ich konnte dem Bruder Heribert die Frage nicht ersparen: »War Schwester Reinholda verrückt? Eine religiöse Spinnerin?«

Er dachte nicht lange nach, bevor er antwortete: »Sie war eine sehr praktische, sehr konkrete Frau. Sie war alles andere als eine Eiferin oder religiöse Fanatikerin. Sie war über die Erscheinungen viel überraschter als ihre Mitschwestern.«

»Hat Sie Ihnen von den Erscheinungen erzählt?«

»Ja, das hat sie, ich bekam das als Gemeindepfarrer natürlich mit.«

»Haben Sie ihr geglaubt?«, wollte ich wissen.

Auch diesmal zögerte er nicht: »Ja, ich habe ihr geglaubt, und ich glaube noch immer, dass sie wirklich die Muttergottes gesehen hat.«

Als Bruder Heribert nach Nongoma kam, war ihm alles fremd. »Schwester Reinholda hat mir von Anfang an geholfen. Was wirklich absolut beeindruckend war: Sie kannte jeden. Wir sind zusammen über Land gefahren durch diese riesige Gemeinde, für die ich zuständig war, und sie sagte immer wieder: Da vorne wohnt der, da diese und jene Frau. Sie kannte Tausende von Kindern und Jugendlichen, die sie auf die Welt gebracht hatte. Sie war eine praktisch denkende Frau, die sehr gut die Sprache der Zulu gelernt hatte. Sie war überall willkommen. Wir haben Hunderte von Familien besucht.«

An Sonntagen fahren Schwester Reinholda und Bruder Heribert über Land. Sie müssen nicht nur in dem Krankenhaus in Nongoma, sondern auch an abgelegenen Orten die heilige Messe lesen. »Schwester Reinholda kam an diesen Sonntagen ganz oft mit. Ich habe nie verstanden, wie sie es geschafft hat, all diese vielen Zulufamilien so gut kennenzulernen. Sie grüßten sie, sprachen mit ihr. Nicht nur die Frauen, auch viele Männer. Sie führte mich sozusagen in meine eigene Gemeinde ein. Ohne sie hätte ich unmöglich so rasch mit den Menschen ins Gespräch kommen können.«

Für Bruder Heribert wird Schwester Reinholda die wichtigste Mitarbeiterin. »Ich schickte ihr öfter Frauen, die eine Hebamme suchten oder krank waren. Sie schickte mir hingegen Männer und Frauen, von denen sie dachte, dass sie mit dem Gemeindepriester reden sollten. Wir haben gut zusammengearbeitet.«

Schwester Reinholda hält sich an die Auflagen des Bischofs. »Sie war sicher nicht die Frau, die herumlief und damit prahlte, dass sie eine Erscheinung gehabt hatte. Wenn überhaupt, dann sprach sie nur sehr selten und in ganz kleinem Kreis davon. Der

Bischof war auf sie doch nur so ärgerlich, weil alles herauskam. Zwei Frauen, keine Ordensfrauen, Freundinnen von Reinholda aus Durban, glaube ich, schrieben auf, was Reinholda erlebt hatte: die Prophezeiung, dass in Ngome ein Marienheiligtum entstehen soll und alles weitere. Dieser Bericht wurde in der ganzen Welt bekannt.«

Auf verschlungenem Weg landet der Bericht sogar im Vatikan. Papst Paul VI. (Papst zwischen 1963 und 1978) erfährt von dem Fall und will mehr wissen. Der zuständige Bischof, der dem Papst eigentlich hätte melden müssen, was in seiner Diözese geschehen war, wird sehr ärgerlich und verbietet Schwester Reinholda, je wieder von den Erscheinung der Muttergottes zu sprechen. Er verbietet Wallfahrten nach Ngome, er verbietet den Bau einer Kirche, und er verbietet, dass Priester und Gemeindemitglieder dort beten.

»Die Reaktion des Bischofs auf Schwester Reinholda war empörend. Der Bischof sagte ihr, bei den Erscheinungen der Muttergottes handle es sich um Wahnvorstellungen einer Frau in den Wechseljahren, sagte mir Bruder Heribert.«

Davon hatte nichts in den Akten gestanden, die ich gelesen habe. Dort war eine nicht ganz gerechte Behandlung durch den Bischof zart angedeutet worden; aber einer verdienten Ordensfrau vorzuwerfen, dass sie fantasiere, weil sie in den Wechseljahren sei – das war eine Beleidigung.

Wenn man einmal annähme, dass Schwester Reinholda tatsächlich Erscheinungen der Muttergottes gesehen hätte: Benahm sich die katholische Kirche dann nicht – salopp gesagt – total daneben? Die Gottesmutter meldet sich aus dem Rätsel des Raums und der Zeit, stellt eine konkrete Forderung, dass nämlich in Ngome ein Wallfahrtsort gebaut werden solle, und der zuständige Bischof erklärt die Erscheinungen der Maria aus Nazareth für das Hirngespinst »einer Frau in den Wechseljahren«. Wenn es diese Erscheinung tatsächlich gegeben haben sollte, wird sich der Bischof im Paradies das eine oder andere anzuhören haben...

Bruder Heribert erzählte mir: »Sie hatte wirklich keine

Ahnung, was die Muttergottes gemeint haben könnte mit dem Ort, an dem die sieben Quellen zusammenlaufen. Sie kannte die Gegend gut, aber einen solchen Ort kannte sie nicht. Sie hat immer wieder gefragt, ob es jemanden gebe, der von einem solchen Ort gehört habe. Sie hat auch mit mir darüber gesprochen, aber ich konnte ihr nicht helfen. Ich erinnere mich, dass wir zusammen durch die Diözese gefahren sind und uns gefragt haben, wo dieser Ort liegen könnte, aber wir fanden ihn einfach nicht.«

Ein Zufall führt Schwester Reinholda schließlich zu der Quelle. Bruder Heribert hat kein Problem damit, seine Zweifel daran zuzugeben, dass die Prophezeiung der Schwester Reinholda sich erfüllen könnte.

»Ngome liegt weit weg. Wir hatten da eine Kuhweide, aber das war mitten im Busch. Wir haben da auch nicht eine prächtige Kirche hingebaut. Das hatte der Bischof ja auch verboten. Am Anfang war da nur so etwas wie eine Grotte, aber weil darin immer die Vögel genistet haben, bauten wir eine kleine Kapelle. Aber Wallfahrten dorthin waren ja auch verboten. Schwester Reinholda durfte nicht von ihrer Erscheinung sprechen. Eine Kirche duften wir nicht bauen. Es war doch klar, dass diese Geschichte bald vergessen werden würde. Reinholda war tot, der Bischof dagegen lebte. Ich war sicher, dass es nur einige Monate dauern würde, bis keiner mehr von der ganzen Sache spräche.« Doch dann passierte das Unglaubliche: Jahr für Jahr schienen immer mehr Menschen wie magisch angezogen von dem Ort. Die Menschen kamen aus dem ganzen Süden Afrikas. Aus Namibia, aus Botswana, sogar aus Angola strömten Pilger in Bussen an den abgelegenen Ort, an dem die Muttergottes sich mit den Menschen treffen wollte, die an sie glauben. Hunderttausende strömten zu dem Heiligtum bei den »sieben Quellen«. Alle Verbote der katholischen Kirche brachten gar nichts. Die Prophezeiung erfüllte sich tatsächlich. Ngome wurde einer der größten Wallfahrtsorte des afrikanischen Kontinents. Derzeit untersucht die katholische Kirche eine Vielzahl von Heilwundern, die dort geschehen sein sollen. Nach Jahrzehnten sah nun auch die katholische Kirche ein, dass Schwester Reinholda eventuell doch keine Betrügern oder übergeschnappte Ordensfrau in den Wechseljahren gewesen sein könnte.

Das Verfahren zur Seligsprechung von Schwester Reinholda hat begonnen. Bald schon könnte die katholische Kirche offiziell anerkennen, dass die Gestalt, die der so überaus praktischen Schwester Reinholda erschienen ist, tatsächlich die Muttergottes war. Wenn das geschehen sollte, wäre die deutsche Ordensfrau aus Pfahlheim die Zeugin der frühesten von der katholischen Kirche anerkannten Erscheinung der Muttergottes auf dem afrikanischen Kontinent. Also kam die Muttergottes vielleicht schon 25 Jahre, bevor sie warnend in Kibeho in Ruanda erschienen sein soll, nach Südafrika ins Zululand.

24
Vergebung

15. April 2008, 15.45 Uhr, Washingtoner Zeit. Anflug auf die Luftwaffenbasis der US-Präsidenten, die »Andrews Air Force Base« in Maryland, Washington DC. In der Boeing 777, gechartert im Auftrag des berühmtesten Passagiers an Bord, Papst Benedikt XVI., scheint auf den ersten Blick alles wie immer zu sein. Das heißt: Fassungslose Stewardessen schreien die Fotografen an, die sich ausgerechnet während der heiklen Phase des Anflugs abschnallen und aufstehen. Doch die schwer bepackten Männer und die eine Frau schert das nicht. Sie haben jetzt keine Zeit, an ihre Sicherheit zu denken. Sie schleppen Kameras und Fotoapparate mit endlos langen Objektiven in Richtung Ausgang. In 15 Minuten wird die Maschine unten sein. Dabei fluchen die hart gesottenen Jungs und das Mädel leise, weil sie gleichzeitig versuchen müssen, die während des achtstündigen Fluges völlig verknitterten Anzüge in einen Zustand zu bringen, in dem sie – ohne unangenehm aufzufallen – an einer päpstlichen Zeremonie teilnehmen können. Als ein Steward die Fotografen schließlich zwingen will, sich zu setzen, schreitet ein Bediensteter des Vatikans ein: »Lasst die Fotografen in Ruhe. Sie können nicht bis zur Landung sitzen bleiben.« Sobald die Maschine steht, müssen sie hinausstürzen, über das Flugfeld rasen, ohne eine Sekunde zu verlieren, denn wenn Papst Benedikt XVI. aussteigt, in dem Augenblick, in dem er in der Tür des Flugzeugs erscheint, müssen alle Kameramänner in Stellung sein. Alle anderen haben während des Anflugs sitzen zu bleiben.

Ich weiß noch, wie ich mit der guten alten Tasche, die 15 Jahre in Papstmaschinen hinter sich hatte, nach der Landung zum Hinterausgang ging. Ich wusste zu diesem Zeitpunkt natürlich nicht, was passieren würde, auch vorstellen konnte ich es mir nicht. Und dann stand da unten an der Treppe tatsächlich der mächtigste Mann der Welt, George W. Bush, das Staatsoberhaupt, der Regierungschef und gleichzeitig Oberbefehlshaber der USA, und aus der Maschine schritt der bescheidene Theologe Joseph Ratzinger zum Auftakt seiner achten Auslandsreise als Papst. Der Theologe Joseph Ratzinger, ein Mann, der sich für die Kirchenväter begeistern kann, für Einsiedler und Mönche, die vor eineinhalbtausend Jahren gelebt haben, ein Mann, der sich sein Leben lang fast ausschließlich für Gott und für Bücher interessierte, wird in den USA empfangen, als wäre er der wichtigste Politiker des Erdballs. George W. Bush war noch nie zuvor vom Weißen Haus hinausgefahren zur Luftwaffenbasis, um einen Gast in Empfang zu nehmen. Der Präsident hatte immer im White House gewartet, bis der Gast zu ihm kam. Bill Clinton hatte das ebenso gehalten, genau wie George Bush senior, Ronald Reagan, Jimmy Carter, Gerald Ford, Richard Nixon, Lyndon B. Johnson und John F. Kennedy.

Man muss eine Zeitreise unternehmen bis zurück zu Präsident Dwight Eisenhower, um auf die einzige Ausnahme zu stoßen: Im September 1959 empfing Eisenhower den Staats- und Parteichef der Sowjetunion, Nikita Sergejewitsch Chruschtschow, an der Andrews Air Force Base. Damals war allerdings der Flughafen für 14 Millionen Dollar gerade ausgebaut worden, sodass der Präsident vor allem zur Einweihung des Flughafens kam. Was hatte der Theologieprofessor Ratzinger als Papst Benedikt XVI. getan, dass ihm die USA den Vorzug vor allen anderen Staatschef der Welt einräumte? Obwohl er das Oberhaupt eines Landes ist, das nicht viel mehr umfasst als eine dem heiligen Petrus geweihte Kirche, ein Kloster und ein Museum? George W. Bush ist nicht katholisch. Außerdem hatte der Vatikan sich an keine der Bitten der Vereinigten Staaten in den vergangenen Jahren gehalten, vor allem nicht an die Bitte, zum zweiten Golfkrieg zu schweigen. Papst Johannes Paul II. hatte ihn eindeutig als ungerecht verurteilt. Joseph Ratzinger hatte die Missachtung der Instanz der Vereinten Nationen bemängelt. Der Vatikan hatte sich immer wieder klar gegen die

Interessen der USA gestellt. Und jetzt verneigten sich die USA vor einem ehemaligen Kriegsgefangenen der US-Truppen?

Warum war dieser Moment für mich so interessant? Vor meinen Augen geschah ganz offensichtlich etwas, das rätselhaft war, rätselhaft und politisch unlogisch. Warum sollte ein so mächtiger Mann wie Bush dem Papst solche Ehre erweisen? Dankbarkeit kam als Motiv ebenso wenig in Frage wie Hochachtung vor dieser katholischen Kirche, die der Kirche, der George Walker Bush angehört, nur den Rang einer Glaubensgemeinschaft zugesteht.

Bush war ja wohl kaum deshalb zur Andrews Air Force Base gekommen, weil ihm die wissenschaftliche Arbeit des Theologieprofessors Ratzinger so imponierte. Bush hatte keine Wahlen mehr vor sich, die er gewinnen musste; es konnte also auch nicht darum gehen, die Sympathie der katholischen Wähler zu erringen. Was war geschehen, dass der Vikar Jesu Christi vor den Augen der Weltpresse mit Ehre überschüttet wurde?

Die Ehrenbezeigung für den Papst an jenem Apriltag im Jahr 2008 ist auch deshalb so erstaunlich, weil die Päpste seit Jahrhunderten eine nicht abreißende Serie von politischen Niederlagen produziert hatten. Während die Französische Revolution den Lauf der Weltgeschichte veränderte und den Monarchien ihr Grab grub, missverstanden die Päpste die Zeichen der Zeit und predigten noch bis zu Papst Pius IX., dass die Monarchie eine gottgewollte Einrichtung sei. Am 8. Dezember 1864 hatte Pius IX. den sogenannten Sillabus als Anhang an die Enzyklika »Quanta Cura« veröffentlicht, in dem er erklärt, dass das demokratische Prinzip des Volkswillens die gottgegebenen Rechte der Monarchie bräche.

Das muss man sich einmal vorstellen: Der stolzeste Satz in der Geschichte der USA beginnt mit den Worten: »We, the people of the United States«. Es ist der Anfangssatz der Verfassung der USA aus dem Jahr 1788. Dieser Satz schreibt fest, dass die Päpste eben nicht Recht haben, dass die Macht eben nicht von einem Oberhaupt ausgeht, sondern dass es »the people«, das Volk der Vereinigten Staaten ist und nicht ein Monarch oder Papst, welcher das Land regiert. Ein Jahr später legen die Amerikaner in der »Bill of Rights« einen Grundrechtekatalog fest, der das Recht auf Versammlungs-, Meinungs- und Religionsfreiheit enthält. Während die USA die Zukunft der Welt positiv mitgestalten, setzen die Päpste auf das falsche Pferd, auf die zum Untergang bestimmten Monarchien Europas. Als die Italiener 1870 den Kirchenstaat zerschlugen, versteckten sich die Päpste beleidigt im Vatikan. Der Erste Weltkrieg, den der mutige Papst Benedikt XV. unbedingt hatte verhindern wollen, zeigte, wie unendlich gering der Einfluss der katholischen Kirche auf den Lauf der Geschichte ist. Während des Ersten Weltkrieges massakrierten katholische Deutsche katholische Franzosen. Nicht einmal die schlimmsten Exzesse, die Giftgasmassaker, die sinnlosen Stellungskriege, konnte die katholische Kirche verhindern. Das Gleiche gilt für den Zweiten Weltkrieg. Abertausende von Katholiken beteiligten sich am industriellen Mord in Konzentrationslagern. Wozu brauchen wir eigentlich Gott, wenn er einem solchen Massaker wie dem Völkermord des Zweiten Weltkriegs zuschaut?, ist die neue Frage nach den Leichenbergen in den Vernichtungslagern der Nazis.

Erst die überlegene Technologie der US-Mordwaffen beendete den Zweiten Weltkrieg. Die katholische Kirche stand als Verlierer da. Sie musste sich fragen lassen, was sie eigentlich unternommen hatte, um die Gräuel zu verhindern. Die deutschen Bischöfe wagten sogar offiziell die Stellungnahme, dass bei Weitem nicht genug getan worden ist. Bereits beim ersten Zusammentreffen der Bischöfe nach dem Krieg, der sogenannten Fuldaer Bischofskonferenz im Jahr 1945, schreiben die Bischöfe, dass in den eigenen Reihen, unter den Katholiken, viele »Vorschub für Verbrechen geleistet haben und viele zu Verbrechern geworden sind«.

Wenn man das alles weiß, das alles bedenkt, dann ist diese Ehrenbezeigung für Joseph Ratzinger auf dem Andrews-Flughafen der USA nicht erklärbar. Von Anfang an, seit ihrer Gründung, seit der Niederschrift der Verfassung, machen die USA trotzig klar, dass die Nation sich nicht nehmen lassen wird, den

Willen des Volkes und nicht den eines Monarchen durchzusetzen. Es sind nicht mutige katholische deutsche Widerstandskämpfer, sondern protestantische US-Soldaten, die die KZ-Opfer befreien – die wenigen, die noch am Leben sind. Wie also kommt Papst Benedikt XVI. an jene Flugzeugtür der Boeing 777, während ein unterwürfiger US-Präsident wartete?

Ich kann es mir nicht anders erklären, als dass Bush Hochachtung vor der unglaublich mächtigen Kraft des Guten empfand, des Guten, das – wie Papst Johannes Paul II. geschrieben hatte – nun von Deutschland ausgehen werde. War dieser Satz eine Prophezeiung, die sich jetzt vor meinen Augen erfüllte? Hatte Karol Wojtyła, der Mann, der mit Willensstärke und dem Vertrauen auf Gott, ohne Pershing Raketen, ohne ein Star-Wars-Programm dazu beigetragen hatte, die Sowjetdiktatur in die Knie zu zwingen, gewusst, dass er den Stab weitergeben würde an einen Deutschen, der noch in die Armee des Bösen gezwungen worden war? Einen Deutschen, den US-Soldaten verhaftet und in ein Gefangenenlager gebracht hatten? Der unter dem Kainsmal litt, zu der Tätergeneration jener Deutschen zu zählen, die die größten Verbrechen der Menschheitsgeschichte begangen hatten? Hatte Karol Wojtyła geahnt oder sogar gewusst, dass dieser Deutsche nun das Gute weitertragen würde?

Noch etwas passt ins Bild: Ich weiß nicht, ob sich durch die Wahl Joseph Ratzingers zum Papst die Prophezeiung des Karol Wojtyła erfüllte, aber eines weiß ich ganz sicher: Wenn man Karol Wojtyła gefragt hätte, wer als sein Nachfolger in seine alte Diözese Krakau reisen soll, in der Auschwitz liegt, um im Vernichtungslager Birkenau um Vergebung zu bitten, dann hätte er gesagt: ein Deutscher. Am besten ein Deutscher, der damals in der Zeit des Zweiten Weltkriegs auf der Seite der deutschen Armee noch dabei gewesen ist. Nur ein Kardinal kam infrage: Joseph Ratzinger. Ratzinger musste dort zu Ende bringen, was ein polnischer Papst gar nicht zu Ende bringen konnte. Ein deutscher Papst musste sich im Idealfall vor den Opfern verneigen, die nicht von Polen, sondern von Deutschen ermordet worden waren, auch von deutschen Katholiken. Benedikt XVI. wusste, dass sein Vorgänger dies gewünscht hätte, und er sprach es aus: »Papst Johannes Paul II. stand hier als Sohn des polnischen Volkes. Ich stehe hier als Sohn des deutschen Volkes, und gerade deshalb muss ich, darf ich, wie er, sagen: Ich konnte unmöglich nicht hierherkommen. Ich musste kommen. Es war und ist eine Pflicht der Wahrheit, dem Recht derer gegenüber, die gelitten haben, eine Pflicht vor Gott, als Nachfolger von Johannes Paul II. und als Kind des deutschen Volkes hier zu stehen.«

In meiner Erinnerung liegen diese beiden Momente eng beieinander: Der düstere Nachmittag des 29. Mai 2006, als Papst Benedikt XVI. die Pforten der Hölle durchschritt unter dem die Opfer verhöhnenden Schild »Arbeit macht frei« hindurch. Und der Nachmittag des 15. April 2008 vor US-Präsident George W. Bush. Ich werde das Gefühl nicht los, dass der Papst an beiden Tagen genau da stand, wo ihn sein Vorgänger hingewünscht hätte. Ein Zufall der Geschichte vollzog sich dort. Oder aber Gottes Fügung?

Ich erinnere mich sehr genau an den Nachmittag des 29. Mai 2006. Der Vatikan hatte deutsche Journalisten ausgesucht, um den Papst an die Rampe zu begleiten, an den Ort im KZ Auschwitz-Birkenau, an dem mehr als eine Million Menschen aus ganz Europa, vor allem Juden, direkt ins Gas getrieben oder erschossen worden waren. Feige hatten die Deutschen die Gaskammern teilweise gesprengt, um die Spuren des Massenmordes zu beseitigen. An diesem Tag standen überall Kerzen auf den Trümmern. Eine bedrückende, unglaubliche Ruhe lag über dem Ort, als hätten sich die Seelen der Ermordeten hier versammelt. Ich konnte meinen Blick nicht von den Porzellanisolatoren reißen, von den Drähten und Zäunen, die damals für 1,1 Millionen Menschen die Grenze zwischen Leben und Tod bedeutet hatten. Ich dagegen saß einfach auf einem Hügel neben dem einstmals tödlichen Elektrozaun, der noch immer da stand, um den Schrecken derer weiterzugeben, die er eingesperrt hatte. Ungerecht kam es mir vor, dass ich den Zaun einfach so anfassen konnte, ohne zu sterben, dass ich an diesen Ort kommen konnte, als könnte ich je das Entsetzen begreifen, das von ihm ausgeht. Es schnürte mir den Atem ab, dass ausgerechnet der von den damals Eingesperrten gehasste und gefürchtete Elektrozaun, in den sich immer wieder Verzweifelte geworfen hatten, die in den Statistiken der SS peinlich säuberlich aufgeführt wurden, dass dieser Zaun jetzt einer der wirksamsten Zeugen ihrer Schreie, ihres Leidens und ihres Todes wurde. Ich war fassungslos, als ich sah, wie klein die Gaskammern in Wirklichkeit waren. Um so viele Menschen zu ermorden, mussten sie viele Male am Tag gefüllt worden sein. Es erfüllte mich mit Entsetzen, die Gruben zu sehen, in denen sich noch heute die Asche der Verstorbenen mit der Erde verbindet.

Der Papst hatte im Hauptlager Auschwitz I gebetet, bevor er nach Birkenau kam. Sein Gesicht war von Erschütterung gezeichnet, schwarze Ringe hatten sich tief unter seine Augen gegraben, schwach sah er aus, und seine Rede drückte Fassungslosigkeit aus. »An diesem Ort des Grauens, einer Anhäufung von Verbrechen gegen Gott und den Menschen ohne Parallele in der Geschichte zu sprechen, ist fast unmöglich – ist besonders schwer und bedrückend für einen Christen, einen Papst, der aus Deutschland kommt.«

War das wirklich nur eine Laune der Geschichte, dass zum ersten Mal seit fast tausend Jahren wieder ein Deutscher, der auch tatsächlich aus Deutschland stammte, den Thron Petri bestiegen hatte, um die Chance zu haben, um Verzeihung zu bitten für das, was Menschen seiner Generation angerichtet hatten? Ahnte auch Papst Benedikt XVI., dass ein solcher Zufall fast undenkbar ist, dass er eine Prophezeiung erfüllte, dass Gott ihn an diesen Platz gerufen hatte, dass sein Vorgänger alles getan hatte, um ihm den Weg zu ebnen, weil er wusste, wer sein Nachfolger werden sollte?

Benedikt XVI. sagte damals in Auschwitz: »An diesem Ort versagen die Worte, kann eigentlich nur ein erschüttertes Schweigen stehen – Schweigen, das ein inwendiges Schreien zu Gott ist: Warum hast du geschwiegen? Warum konntest du dies alles dulden?«

Es war Karol Wojtyłas Idee gewesen, die Juden so zu bezeichnen, wie das Zweite Vatikanische Konzil sie nennt, unsere »größeren Brüder«. So oft hatte er seine Erinnerung herauf beschworen und erzählt, wie er den Juden am Sonnabend auf dem Weg in die Synagoge zugesehen hatte, in seinem Heimatort Wadowice. Er erinnerte sich gern an die vielen jüdischen Mitspieler in der Bolztruppe, die sich zum Fußball trafen, auch wenn seine Rolle dabei nicht sonderlich rühmlich gewesen war. Auf dem Platz in Wadowice hatte es nur einen Torpfosten gegeben. Der zweite war Karol Wojtyła gewesen. Geduldig stand das Kind auf dem Platz, und bekam immer wieder Schüsse ab, die von ihm zur Ecke abprallten. Viele seiner jüdischen Freunde, Nachbarn, Verwandten werden im Zweiten Weltkrieg unter unvorstellbaren Qualen hingemetzelt. Vergessen hat Karol Wojtyła sie nicht. Es kam der 12. März des Heiligen Jahres 2000, der Aschermittwoch, den Johannes Paul II. als einen der größten Tage in der Geschichte des Katholizismus in das dicke Buch der Kirchenchronik einmeißelte. Es war die Bitte um Vergebung für das, was die katholische Kirche Menschen angetan hatte, vor allem aber den Juden, bis hin zur Shoah. Zwei Wochen später, am 26. März, ließ der Papst diese Bitte der Christen um Vergebung an der Klagemauer in Jerusalem ablegen, an der berühmten Westwand des alten Tempels. Ich habe damals ein paar Meter von ihm entfernt gestanden, habe seine unglaubliche Anspannung gesehen, aber auch die Genugtuung darüber gespürt, dass die Kirche sich an diesem Ort entschuldigt hatte. Neben mir stand damals der spätere stellvertretende Außenminister Israels, Rabbi Michael Melchior, und er hatte Tränen in den Augen. »Nach 2000 Jahren Verfolgungen, Massakern, Verschleppungen, jetzt das! Unfassbar«, sagte er. »Jetzt kann alles noch einmal von vorn anfangen, nachdem ein Papst sich entschuldigte und einen Psalm zusammen mit den Großrabbinern an der Klagemauer betete.« Jetzt fehlte eigentlich nur noch ein deutscher Papst, im besten Fall ein Mann, der selber in Hitlers Armee Soldat gewesen war, der musste als Papst nach Auschwitz kommen. Dann wäre die Bitte um Vergebung perfekt. So könnte es zumindest aus dem Blickwinkel Karol Wojtyłas ausgesehen haben.

25
Berufung

Mich fesselt der Gedanke, dass es so gewesen sein könnte: Johannes Paul II., tief im Gebet versunken, vielleicht in seinem Krankenbett in der Gemelli-Klinik oder an jenem Ort, an dem er nächtelang betete, in seiner Privatkapelle im Apostolischen Palast. Plötzlich richtet er sich auf, und er ist sich sicher: Es ist Ratzinger. Der Kardinal aus Bayern wird der 264. Nachfolger des heiligen Petrus. Kann das so gewesen sein?

Sicher ist, dass Karol Wojtyła sich seltsamerweise stark für das Ende seines eigenen Pontifikats und die Wahl seines Nachfolgers interessierte. Er malte sich alles plastisch aus, keineswegs als bedrückendes Szenario, weil es um seinen Tod ging, sondern mit Interesse. So schreibt er auch nicht in einem strengen Lehrschreiben, sondern ausgerechnet in einem Gedichtband, dem römischen Triptychon, der ihm Freude machen soll, über den Moment, in dem die Kardinäle nach seinem Tod in das Konklave einziehen werden.

Warum hat ihn das so fasziniert? Hat Karol Wojtyła so genau auf die Zeichen geachtet, die sein zu Ende gehendes Pontifikat betrafen, weil er davon überzeugt war, zwei Prophezeiungen erfahren zu haben, die sein eigenes langes Pontifikat berührten?

Es gibt tatsächlich zwei Spuren, die nahelegen, dass Karol Wojtyła vor seiner eigenen Wahl prophezeit worden war, er werde der nächste Papst sein. Gott hatte ein Zeichen gewährt, und ich kann mir sehr gut vorstellen, dass sich Karol Wojtyła in den letzten Monaten seiner Amtszeit fragte, ob Gott wieder ein Zeichen geschickt hatte, damit man in der Kirche erkenne, wer der neue Vikar Jesu Christi auf Erden sein sollte.

Seinen Vertrauten war vor der Wahl im Oktober 1978 aufgefallen, dass der Krakauer Bischof Karol Wojtyła offensichtlich irgendein Geheimnis kannte, etwas über ein Ereignis wusste, das die Zukunft und ihn betraf. Seine Sekretäre berichteten später darüber, was in dem Augenblick geschah, als sie ihm die Nachricht vom Tod Papst Johannes Paul I. überbrachten. Ihm fiel damals der Löffel aus der Hand, »als wüsste er, dass er jetzt als nächster Papst an der Reihe wäre«, sagte sein langjähriger Sekretär Stanisław Dziwisz. Auch seinen engsten Freunden fiel auf, dass etwas nicht stimmte. Der Dichter Marek Skwarnicki bemerkte am 5. Oktober 1978, neun Tage vor dem Konklave, dass das Verhalten Karol Wojtyłas nicht normal war. Als sein Sekretär ihn zu einem Termin rief, nahm Karol Wojtyła den Dichter Skwarnicki zum ersten Mal in seinem Leben mit aller Kraft in den Arm. »Es kam mir vor, als würde er sich nicht für einige Wochen, sondern für eine endlos lange Zeit, für ewig, verabschieden«, schrieb Skwarnicki später. Der Dichter erinnert sich daran, dass Karol Wojtyła und sein Sekretär in Rom über die Rückkehr nach Krakau sprachen, als wäre diese außerordentlich unwahrscheinlich. Als Skwarnicki nach Polen zurückkommt, beschließt er, nach Wadowice zu reisen, um Einzelheiten der Biographie Karol Wojtyłas zu sammeln. Er war sich sicher, dass Wojtyła der neue Papst werden würde. In Polen lachte man ihn aus.

In der Tat hatte Karol Wojtyła nach allem, was man heute weiß, nicht den geringsten Grund, seine Wahl zum Papst zu erwarten. Schon die Wahl Papst Johannes Paul I. hatte gezeigt, dass es innerhalb des Kardinalskollegiums zwei große Lager gab: die progressiven Kräfte um Kardinal Giovanni Benelli, Bischof von Florenz, und die konservative Gruppe um den Bischof von Genua, Kardinal Giuseppe Siri. Weil sich die Gruppen nicht einigen konnten, war die Wahl auf Albino Luciani, den schwer herzkranken Patriarchen von Venedig, gefallen, der nach 33 Tagen als Papst Johannes Paul I. verstorben war. Nichts deutete auf eine Revolution hin, nichts deutete darauf hin, dass erstmals seit 456 Jahren ein Nicht-Italiener und erstmals überhaupt ein slawischer Papst gewählt werden könnte – der zudem noch so jung war, dass ein sehr langes Pontifikat in Aussicht stand. Alle Experten in der katholischen Kirche waren sich in einem Punkt einig. Selbst wenn man das Experiment wagen sollte, erstmals keinen Italiener zu wählen, so musste es ein überschaubares Experiment sein: für einige Jahre. Aber man konnte doch wohl kaum ein Experiment mit ungewissem Ausgang wagen, also einen wenig bekannten Kardinal wählen, der dann jahrzehntelang Zeit haben würde, die Kirche total umzukrempeln. Zu Beginn des Konklaves sah es so aus, als ob nach Albino Lucianos Tod der Weg frei sein würde für Giuseppe Siri.

Der Wiener Kardinal Franz König hatte zwar mehrfach angeregt, einen Nicht-Italiener zu wählen, dass aber der völlig unbekannte Karol Wojtyła die Wahl gewinnen könnte, war damals nicht abzusehen gewesen. Warum also war Karol Wojtyła so besorgt, derart besorgt, dass es allen seinen engen Bekannten und Freunden auffiel? Glaubte er der Prophezeiung Pater Pios, dass er, Karol Wojtyła, eines Tages Papst werden würde? Diese Prophezeiung gehört zu den größten Geheimnissen im Leben des Karol Wojtyła. Aus einem ganz einfachen Grund: Es ist das einzige Mal, dass Wojtyła sich bewusst gegen die Hierarchie der katholischen Kirche stellte.

In den Osterferien 1948 reist der junge Priester und Student Karol Wojtyła nach San Giovanni Rotondo, um Pater Pio kennenzulernen. Doch damals war es bereits vonseiten der Kirche verboten, den Kontakt zu dem Pater zu suchen. Drei Päpste, Benedikt XV., Pius XI. und der 1948 regierende Pius XII., hatten klargestellt, dass Pater Pio ein Verbrecher war, ein Scharlatan und Gangster, der vorgab, die Stigmata, die Wunden Jesu Christi, erhalten zu haben. Der große Priester und Arzt Agostino Gemelli, der Gründer des Vatikan-Krankenhauses, hatte selber den heiklen Fall untersucht und war zu dem Ergebnis gekommen, dass Pater Pio »sich selber die Wundmale, die angeblichen Stigmata, beigebracht hat«. Dem Pater war es verboten, in der Öffentlichkeit die Messe zu lesen. Priester durften mit ihm nicht einmal sprechen. Weil der Vatikan kriminelle Machenschaften des Paters vermutete, ließ der Kirchenstaat ihn sogar bespitzeln.

Karol Wojtyła pilgerte dennoch nach San Giovanni Rotondo, um den Pater kennenzulernen. Er blieb gleich eine ganze Woche. Nach Recherchen des Pio-Experten Renzi Allegri teilte der Mönch dem jungen Priester eine seiner Visionen mit: Er hatte Karol Wojtyła in einem weißen Gewand gesehen, das mit Blutflecken beschmutzt war. Einen Zeugen dieser Prophezeiung gibt es: den damaligen Mitarbeiter des Staatssekretariats, Angelo Battisti. Im Jahr 1962 schrieb Karol Wojtyła, Bischof von Krakau, an Pater Pio. Eine seiner Mitarbeiterinnen, Wanda Poltawska, eine vierfache Mutter, Ärztin und Psychiaterin, die den Horror des KZs in Ravensbrück überlebt hatte, war an Krebs erkrankt. Sie hatte einen Tumor, sollte operiert werden. Karol Wojtyła gab einem Kardinal einen Brief für Pater Pio mit. Battisti überbrachte das Schreiben. Karol bat Pater Pio darin nur, für Wanda Poltawska zu beten und Gott zu bitten, sie am Leben zu lassen.

Später erzählte Battisti von dem Treffen mit Pater Pio, weil es so überraschend verlief. Battisti hatte sich schon öfter mit Pater Pio getroffen, um die Fürsprache für irgendwen oder irgendetwas mit dem Pater zu besprechen. Fast immer hatte Pater Pio abgelehnt. Doch dieses Mal war alles ganz anders. »Ich gab Pater Pio den Brief. Er sah den Absender ›Karol Wojtyła‹ und erwiderte: ›Dem darf ich nicht Nein sagen.‹ Ich weiß ganz genau, dass es so war, weil ich mich daran erinnere, wie ich in das Staatssekretariat zurückkam und erst einmal nachfragen musste, wer um Gottes willen eigentlich dieser Karol Wojtyła sei«, erzählte Battisti.

Wanda wurde kurz darauf tatsächlich wieder gesund. Der Tumor verschwand von allein: Sie musste nicht einmal operiert werden. Sie lebt heute, 88-jährig, in Polen und veröffentlichte kürzlich die Briefe, die sie in mehr als 50 Jahre währender Freundschaft mit Karol Wojtyła wechselte.

Nach seiner Wahl zum Papst traf Johannes Paul II. nur eine einzige Entscheidung, die ganz klar der Haltung seiner Vorgänger widerspricht, und diese Entscheidung betrifft Pater Pio. Die Ermittlungen der Glaubenskongregation während eines halben

Jahrhunderts und gleich dreier Päpste, Benedikt XV., Pius XI. und Pius XII., hatten keinen Zweifel daran gelassen, dass Pater Pio aus Pietrelcina ein Gangster war, der sich die Wundmale Jesu, die er angeblich trug, selber beibrachte. Sogar der Apotheker, der die ätzende Lösung beschafft, mit denen der Pater sich die Hände und Füße verletzt haben soll, wird ausfindig gemacht. Doch Papst Johannes Paul II. setzt sich über seine Vorgänger hinweg und überwindet alle Hindernisse innerhalb der Kirche – die ziemlich groß waren: Am 2. Mai 1999 sprach Papst Johannes Paul II. Pater Pio von Pietrelcina selig und nur kurze Zeit später, am 16. Juni 2002, heilig. Warum? Was wusste Karol Wojtyła? Warum war er sicher, dass seine drei Vorgänger und die wechselnden Präfekten der Glaubenskongregation allesamt irrten und Pater Pio Unrecht getan hatten? Woher wusste Karol Wojtyła, dass dieser Mann ein Heiliger war? Hatte ihm Pater Pio tatsächlich, wie Zeugen berichten, geweissagt, dass er – der unbedeutende Theologiestudent, der ihn im Jahr 1948 besuchte – einmal Papst werden würde? Sah Karol Wojtyła in seiner überraschenden Wahl zum Papst auch das Eintreten der Prophezeiung eines heiligen Mannes, ebenjenes Pater Pio aus Pietrelcina?

Karol Wojtyła hatte erlebt, dass Pater Pio so etwas wie ein Wunder gewirkt hatte. Als Bischof hatte er Pater Pio gebeten, für Wanda Poltawska zu beten, und die geradezu unglaubliche Heilung der Frau erlebt. Aber Fälle mutmaßlicher Wunderheilungen, an denen Pater Pio beteiligt gewesen sein soll, gab es in Italien zu Hunderten, ohne dass die Päpste daran geglaubt haben.

Karol Wojtyła hätte niemals ohne Grund drei Vorgänger korrigiert und Pater Pio – von den Päpsten Benedikt XV., Pius XI. und Pius XII. immer wieder abgestraft – heilig gesprochen. Er muss etwas gewusst haben, das keinen Zweifel daran ließ, dass dieser Mann auf besondere Weise mit Gott verbunden war. Wenn es tatsächlich so gewesen war, dass Pater Pio dem Theologiestudenten Wojtyła einst vorausgesagt hatte, er werde Papst und werde als Papst ein blutiges Gewand tragen, dann war das sicherlich ein in diesem Sinne starkes Argument.

Die zweite Prophezeiung sprach Kardinal Stefan Wyszynski, der Primas von Polen, sofort nach der Wahl von Papst Johannes Paul II. aus. Zwischen Johannes Paul II. und dem damaligen Zeremonienchef war es zu einem Streit gekommen. Der Zeremonienchef erklärte, dass ein Papst im Sitzen die Huldigungen der Kardinäle entgegenzunehmen habe. Doch Karol Wojtyła wollte das nicht. »Ich werde meine Brüder im Stehen umarmen«, sagte er. Das galt vor allem für seinen langjährigen Vertrauten Kardinal Stefan Wyszynski. Als der vor Johannes Paul II. niederknien wollte, stand der Papst auf und umarmte ihn. Dabei sagte ihm Stefan Wyszynski die prophetischen Worte: »Du bist dazu berufen, die Kirche in das nächste Jahrtausend zu führen.«

Immer wieder hat Papst Johannes Paul II. an diesen Satz erinnert. Immer wieder hat er über die Bedeutung dieser Prophezeiung nachgedacht, und ich bin mir sicher, dass er manchmal die Kraft verloren hatte, daran zu glauben, dass diese Prophezeiung wirklich eintreffen könnte. Die Leidensgeschichte des Karol Wojtyła endet nicht mit der Entlassung aus dem Krankenhaus nach dem Attentat vom 13. Mai 1981. Sie beginnt damals erst. Immer wieder muss der Papst in die Gemelli-Klinik, die er schließlich den »dritten Vatikan« nennt (nach dem Vatikan selber und der Sommerresidenz der Päpste in Castel Gandolfo, dem sogenannten »zweiten Vatikan«). Eine fehlerhafte Blutübertragung nach der Operation zwingt den Papst dazu, immer neue Eingriffe zu erdulden. Im Jahr 1982 verletzte ihn ein Attentäter in der Kirche in Fatima, Portugal, wie der Kardinal von Krakan, Stanisław Dziwisz, der 36 Jahre an der Seite des Papstes diente, erst im Oktober 2008 in Rom verriet. Die schwere Tumor-Erkrankung am Darm, die sich verschlimmernde Parkinson-Krankheit, die schweren Stürze und nicht zuletzt die aufwendige und misslungene Hüftoperation setzten dem Papst schwer zu. Vor allem die schweren Krankheiten nach dem Attentat, als er rasch alterte, müssen ihn zu der Überzeugung gebracht haben, dass die Prophezeiung, er werde die Kirche in das dritte Jahrtausend führen, kaum eintreffen könne. So fasste er im Jahr 1983 einen seltsamen Beschluss. Er ordnete ein besonderes Heiliges Jahr an, das am 25. März des Jahres 1983 ausgerufen wurde. Karol Wojtyła sagte mehrfach dazu, dass er in seiner Amtszeit auch ein Heiliges Jahr zelebrieren wollte. Aber wozu? Der Papst wusste natürlich, dass das Jahr 2000 als Jubiläum und Heiliges Jahr vorgesehen war. Diese Entscheidung, schon im Jahr 1983 ein außerordentliches heiliges Jahr zu zelebrieren, »sein Heiliges Jahr«, wie er es nannte, macht eigentlich nur dann Sinn, wenn Karol Wojtyła nicht mehr daran glaubte, dass die Prophezeiung wahr werden und er die Kirche tatsächlich in das dritte Jahrtausend führen werde. Karol Wojtyła konnte sich zu Beginn des Jahres 2000 kaum genug wundern, dass die Prophezeiung doch eingetreten war.

Die letzte Prophezeiung im Leben Karol Wojtyłas betrifft sein Sterben. Johannes Paul II. erlebte in den Stunden, in denen er das Leben auf dieser Welt beendete, einen seltsamen Zufall, der nach der Meinung nahezu aller Mitarbeiter Karol Wojtyłas, die ich dazu befragte, die Erfüllung einer Prophezeiung war. In seiner langen, nahezu 27 Jahre währenden Amtszeit führte Papst Johannes Paul II. nur einen echten Gedenktag in den Kalender der katholischen Kirche ein, und zwar für die Universalkirche weltweit. Es ist der erste Sonntag nach Ostern. Dieser Sonntag ist durch Beschluss Johannes Paul II. der göttlichen Barmherzigkeit gewidmet. Papst Johannes Paul II. hatte in Polen die Mystikerin und Ordensfrau Helene Kowalska kennengelernt, die den Ordensnamen Maria Faustyna trug. Er hatte in dem Kloster Josefow, in dem die Nonne bei Krakau wirkte, als Kind oft geweilt und sie auch kennengelernt. Sie hatte Visionen des leidenden Jesus und war gegen den Willen ihrer Eltern in den Orden eingetreten. Die Frau beeindruckte Papst Johannes Paul II. tief. Er sprach die am 25. August 1905 geborene und am 5. Oktober 1938 verstorbene Ordensfrau am 18. April 1993 selig und am 30. April des Jahres 2000 heilig. Während seiner sieben Besuche in Krakau als Papst pilgerte er jedes Mal zu dem großen Heiligtum, das dem Andenken der Ordensfrau gewidmet ist. Ihr zu Ehren richtete er diesen einen Gedenktag, den ersten Sonntag nach Ostern, ein, und genau zu Beginn der kirchlichen Feierlichkeiten für diesen Sonntag, am Samstagabend, als nach kirchlichem Verständnis die Feierlichkeiten für diesen Sonntag der göttlichen Barmherzigkeit gerade begannen, starb Papst Johannes Paul II.

Ein unglaublicher Zufall. Der Papst starb während der Zeit des Vorabendgottesdienstes für den einzigen Feiertag, den er selber in der Universalkirche eingerichtet hatte. Das entsprach einer Chance von 1 zu 364. Im Vatikan hatte niemand einen Zweifel daran, dass sich damit die Prophezeiung erfüllt hatte, der Papst werde heimgehen zum Hause des Vaters an dem Tag, dem er selber eine neue Bedeutung verliehen hatte.

26

Konklave

Viele Kirchenmänner im Vatikan halten die Wahl Joseph Ratzingers für die Erfüllung einer Prophezeiung und sehen darin ein Zeichen Gottes. Dafür gibt es einen einfachen Grund: die ungewöhnlichen Umstände seiner Wahl. Dieses Konklave lief völlig anders ab, als es hätte ablaufen müssen. Es war eine verrückte, alles auf den Kopf stellende Wahl, als hätte eine unsichtbare Hand eingegriffen.

Nach dem Tod von Papst Johannes Paul II. richtete sich der Vatikan auf eine lange Papstwahl ein. Stattdessen wurde es eine der kürzesten der Geschichte. Nach 26 Stunden stand Joseph Ratzinger als neuer Papst fest. Vor seiner Wahl gab es zwingende Gründe, von einem langen Konklave auszugehen, denn die Versammlung der 115 wahlberechtigten Kardinäle gehörte zu den unerfahrensten Wahlversammlungen in der Geschichte der katholischen Kirche. Nur zwei Kardinäle hatten überhaupt schon einmal an einer Papstwahl teilgenommen: der Kardinal William Wakefield Baum und Joseph Ratzinger. Dafür war das Konklave, das Papst Benedikt XVI. wählen sollte, nicht nur das zahlenmäßig größte, sondern auch die am buntesten gemischte Kardinalsversammlung aller Zeiten. Noch nie hatten an einer Papstwahl Kardinäle aus so vielen verschiedenen Nationen teilgenommen: Papst Johannes Paul II. hatte die katholische Kirche während seiner mehr als zweieinhalb Jahrzehnte währenden Amtszeit globalisiert.

Zum ersten Mal in der Geschichte der Papstwahl stellten die europäischen Kardinäle nicht mehr die Mehrheit. Nur noch 58 Kardinäle aus Europa zogen in das Konklave ein. Insgesamt gab es im April 2005 aber 117 wahlberechtigte Kardinäle. Dass die Europäer dennoch die Mehrheit stellten, lag daran, dass zwei wahlberechtigte Kardinäle aus gesundheitlichen Gründen nicht anreisen konnten: ein Würdenträger von den Philippinen und ein Kardinal aus Mexiko. Die Zahl der zur Wahl berechtigten Italiener war auf 20 gesunken. Ebenso viele Kardinäle stammten aus Lateinamerika. Unter den 111 Kardinälen, die Papst Johannes Paul I. gewählt hatten, waren noch 27 Italiener gewesen. Da die Italiener nunmehr nicht einmal mehr 20 Prozent aller Wähler stellten, hatten sie ihre dominierende Stellung verloren. Jahrhundertelang war die Wahl eines Papstes nichts anderes gewesen als eine Sonderveranstaltung der italienischen Kardinäle, mit Ausnahme des Exils der Päpste in Frankreich.

Der Vatikan ging also zu Recht davon aus, dass eine so große, unerfahrene und zersplitterte Gesellschaft lange brauchen würde, um einen Papst zu wählen. Die Mitarbeiter des Zeremonienchefs Piero Marini rechneten mit etwa fünf bis sechs Tagen, zumal ein weiterer Faktor eine große Rolle spielte: Es gab nicht mehr das zentrale, alles überschattende Thema. Die Konklave des 19. Jahrhunderts waren maßgeblich durch die innere italienische Kirchenpolitik bestimmt gewesen. Erst die Entstehung des Sowjetimperiums, das einen Großteil des Globus umspannte und sich klar dem Atheismus verschrieb, Priester einsperrte, Kirchen in Lagerhallen umwandelte, schuf einen neuen, klaren Gegner für die Kirche, was dann auch bei der Wahl des ersten slawischen Papstes in der Geschichte, des Polen Karol Wojtyła, den Ausschlag gab.

Doch ein so starker Akzent ließ sich im Jahr 2005 nicht mehr erkennen. Die Kirche hatte mitgeholfen, das Sowjetimperium niederzuringen. Jetzt stellten sich der Kirche auf den einzelnen Kontinenten äußerst unterschiedliche Herausforderungen. Während Europa unter der starken Säkularisierung litt und die Kirche dort einen weitreichenden gesellschaftlichen Bedeutungsverlust hinnehmen musste, litten die Kirchen Lateinamerikas vor allem an dem Erfolg der charismatischen Freikirchen sowie dem Unterschied zwischen Arm und Reich. Die Kirchen Nordamerikas waren zerrüttet wegen der zahllosen Skandale um sexuellen Missbrauch von Kindern und Jugendlichen durch

Priester. Die Schadensersatzforderungen der Opfer drohten die katholische Kirche Nordamerikas in den Ruin zu treiben. In Asien hingegen litt die katholische Kirche unter einer regelrechten Verfolgung. Welches dieser Probleme aber sollte der neue Papst zuerst angehen? Über diese Fragen mussten sich die Kardinäle ja zunächst einmal im Grundsatz einig werden.

Noch etwas kam hinzu, was auf ein längeres Konklave hindeutete: Erstmals seit Jahrhunderten gab es keinen äußeren Zwang, einen Papst rasch zu wählen. Papst Johannes Paul II. hatte selber ausführlich darüber berichtet, wie entsetzlich die Wahlgänge im August des Jahres 1978 gewesen waren. Die 111 Kardinäle waren auf den Apostolischen Palast verteilt worden. Alte Männer schliefen auf unbequemen Pritschen, litten ohne Badezimmer und ohne Klimatisierung unter den Fresken der für das Publikum gesperrten vatikanischen Museen Höllenqualen. Auf etwa zehn Kardinäle kam eine Dusche. Johannes Paul II. hatte daraufhin das Vatikanhotel Domus Santae Marthae bauen lassen. Es liegt gleich neben dem Petersdom, wo einmal ein Krankenhaus, später eine simple Herberge gestanden hatten. Papst Johannes Paul II. ließ ein regelrechtes Gästehaus bauen: Der Standard entspricht einem Vier-Sterne-Hotel mit eigener Kapelle und elegantem Speisesaal. Von dort geht es per Bus in die Sixtinische Kapelle zu den Wahlgängen. Zusammengefasst gab es also vier gute Gründe, die eigentlich nahezu garantierten, dass es ein langes Konklave sein würde:

1. die Unerfahrenheit der Teilnehmer,
2. die starke Zersplitterung und Internationalisierung des Kardinalskollegiums,
3. das Fehlen eines gemeinsamen Ziels,
4. das Fehlen äußeren Drucks durch extreme Unbequemlichkeit im Konklave.

Obwohl all diese Faktoren gegeben waren, obwohl alle Erfahrungswerte des Vatikans dafür sprachen, dass es ein langes Konklave geben würde, verlief alles komplett anders, und nach wenigen Stunden stand Benedikt XVI. als 264. Nachfolger des heiligen Petrus fest. Wie war das möglich?

Eine unerfahrene, erstmals extrem heterogene Kardinalsversammlung, die sich nicht auf eine klare Zielsetzung geeinigt hatte und erstmals seit Langem ohne jeden Druck von außen in einem bequemen Ambiente zusammenkam, hatte sich nach dem vierten Wahlgang bereits per Zwei-Drittel-Mehrheit plus einer Stimme auf den neuen Papst geeinigt: auf Papst Benedikt XVI. Wäre diese klare Entscheidung nach einer so kurzen Zeit möglich gewesen, wenn Papst Johannes Paul II. nicht eindeutig sein eigenes Regelwerk »De Universi Dominici Gregis« über den Haufen geworfen hätte, um einen Kandidaten zu seinem Nachfolger zu bestimmen: Kardinal Joseph Ratzinger? Ich glaube, es gibt nur zwei Möglichkeiten: Entweder existiert tatsächlich so etwas wie der Heilige Geist, der die Kardinäle in der Sixtinischen Kapelle leitet, oder aber den wählenden Kardinälen war von Anfang an relativ klar, wer auf den Thron Petri gewählt werden sollte, nämlich der, den sich der Jahrtausendpapst Johannes Paul II. als Nachfolger gewünscht hatte. Er hatte ihn klar als Nachfolger nominiert, was folgerichtig zu seiner raschen Wahl führte. Obwohl Johannes Paul II. sicher Respekt vor der Regel hatte, dass ein Papst seinen Nachfolger nicht bestimmen darf, setzte er sich darüber hinweg. Warum? Weil Karol Wojtyła es schon wusste? Wusste er, dass Gott diesen Mann, geboren in Marktl am Inn, ausgesucht hatte zu seinem Dienst? Er muss es zumindest geglaubt haben, ansonsten ist unverständlich, warum er seine eigenen Regeln so drastisch brach.

27

Routen

Es dauerte ziemlich lange, bis ich so etwas wie eine zweite heiße Spur fand, und die sah ganz anders aus, als ich erwartet hatte. Zunächst einmal war sie alles andere als geheim, und zweitens führte diese heiße Spur zu jemandem, an den ich beim besten Willen nicht gedacht hätte: zu Maria, der Muttergottes.

Es kennzeichnete die Amtszeit von Papst Johannes Paul II., dass er keinen Zweifel daran ließ, nicht allein zu regieren. Er glaubte, dass die Muttergottes direkt aus dem Himmel eingriff und das Schiff der Kirche mit ihm lenkte. Karol Wojtyła wurde als erster Slawe in der Geschichte Papst, und es ist nur normal, dass er sich fragte, was Gott mit dieser Wahl eigentlich bezweckt hatte. Er beschloss, das M für Maria in sein Wappen setzen zu lassen, und entschied sich für den Wahlspruch »Totus Tuus« (Ganz dein). Dann wird ein Attentat auf ihn verübt. Die Ärzte sagten ihm, dass sie sich seine Rettung aus medizinischer Sicht nicht erklären können. Ausgerechnet Karol Wojtyła, der Marienverehrer, erlebte also ein Attentat am Jahrestag der Marienerscheinung von Fatima, die 64 Jahre zuvor einen Mordanschlag mit »Feuerwaffen« auf einen Papst vorausgesagt hatte.

Während der Erscheinung von Fatima hatte die Muttergottes einen Preis verlangt. Maria hatte dem Papst in der Offenbarung in Fatima einen Deal vorgeschlagen, sie hatte ziemlich genau gesagt, was sie wollte: Der Papst sollte ihr Russland weihen. In der Prophezeiung von Fatima heißt es: »Der Heilige Vater wird mir Russland weihen, das sich bekehren wird, und der Welt wird eine Zeit des Friedens geschenkt werden.«

Musste der erste slawische Papst der Geschichte nicht zu dem Schluss kommen, dass nur er dieser Heilige Vater sein konnte? Wer sonst, wenn nicht ein Slawe, der das vorhergesagte Attentat überlebt und die Russen niedergerungen hatte, konnte dafür geeignet sein, »Russland Maria zu weihen«?

Papst Johannes Paul II. tat also genau das, was sie gefordert hatte: Er weihte ihr Russland. Karol Wojtyła wusste natürlich ganz genau, dass er so gut wie keine Chance hatte, jemals in seinem Leben nach Russland eingeladen zu werden. Die Gräben zwischen der russisch-orthodoxen Kirche und dem Vatikan sind tief. Damit nicht genug, gehört doch das Wunder bei der Schlacht an der Weichsel entscheidend zum Glauben der polnischen Katholiken. Damals, im Jahr 1920, gelang es den eigentlich hoffnungslos unterlegenen Polen, den Angriff der Russen an der Weichsel zurückzuwerfen – mit Gottes Hilfe, wie die Polen glauben. Ein Papst, der auf die Siege seines Landes gegen Russland stolz war, hatte kaum eine Chance, in Moskau als Gast empfangen zu werden. Aber Karol Wojtyła fragte sich sicherlich auch, was die Muttergottes in Fatima mit »Russland« gemeint hatte. Das russische Kernland oder den Machtbereich der Sowjetunion? Karol Wojtyła beschloss, dass die Muttergottes das zweite gemeint hatte: den Einflussbereich der Russen, das riesige Imperium Moskaus.

Karol Wojtyła begann Reisen zu unternehmen, die für den alten Mann nicht nur anstrengend waren, sondern auch zwecklos erschienen. Die absurdeste aller Reisen schien mir der apostolische Besuch am 22. Mai 2002 in Baku in Aserbaidschan zu sein. Was wollte der Papst eigentlich in einem Land, in dem nicht einmal zweihundert Katholiken leben? Der Vatikan hat nicht einmal eine Botschaft (Nuntiatur) in Aserbaidschan. Der Heilige Vater war zum ersten und bisher einzigen Mal gezwungen, in einem Drei-Sterne-Hotel abzusteigen, und das, um nicht einmal zweihundert Katholiken zu grüßen. Wäre es nicht sinnvoller gewesen, die katholischen Einwohner Aserbaidschans nach Rom einzuladen?

Aber dem Papst ging es natürlich nicht darum, jedem einzelnen Katholiken Bakus die Hand zu schütteln, sondern um die Forderung Marias, ihr Russland zu weihen. Dazu musste er den Boden aller Länder der ehemaligen sowjetischen Einflusszone betreten. Angefangen hatte Johannes Paul II. mit diesem Unterfangen bereits lange vor dem Mauerfall. Der Papst reiste im Jahr 1979 nach Polen, was natürlich vor allem damit zu tun hatte, dass Polen sein Heimatland war. Dass die Fatima-Prophezeiung ihn betreffen könnte, ahnte er noch nicht. Die polnische Regierung ließ den Papst trotz erheblicher Bedenken aus Moskau und der DDR ins Land, fast gezwungenermaßen. Der Staats- und Parteichef der Sowjetunion, Leonid Breschnew, hatte gewarnt: »Der Papstbesuch wird nichts Gutes bringen.« Erst nach dem Mauerfall durfte Johannes Paul II. weitere Länder des ehemaligen sowjetischen Einflussbereichs bereisen. Am 21. und 22. April 1990 ist der Papst in der damals noch existierenden Tschechoslowakei, in Prag und Bratislava. Im Jahr 1991 fliegt er gleich zweimal nach Polen, im Juni und im August. Im April 1993 besucht er Albanien, im September 1993 Litauen, Estland und Lettland. Im Jahr 1994 reist er nach Zagreb. Im Mai 1995 ist er schon wieder in Prag, im selben Jahr besucht er im Juni die Slowakei. Jetzt lässt sich ganz klar erkennen, dass der Papst seine Reisen eindeutig auf das ehemalige Einflussgebiet der Sowjets konzentriert. Im Mai 1996 besucht er Slowenien, im selben Jahr, im September kommt er nach Ungarn. Im April 1997 fliegt er in das vom Krieg erschütterte Sarajevo und wieder nach Prag und Polen. Im Jahr 1998 besucht er im Oktober Kroatien, am 7. Mai 1999 betritt er den Boden Rumäniens, im Juni ist er erneut in Polen, im September schon wieder in Slowenien, im November erstmals im sowjetischen Kernterritorium, in Georgien. Im Juni des Jahres 2001 betritt er die Ukraine, im selben Jahr fliegt er im September nach Kasachstan, wo nicht einmal zwei Prozent der Bevölkerung katholisch sind, um dann nach Armenien weiterzureisen. Von der Luft aus sieht er die Südgrenze des ehemaligen Sowjetreiches, die Grenze zur Türkei. Im Jahr darauf ist er in Aserbaidschan und in Bulgarien. Auch die letzten Reisen seines Lebens gelten fast alle den Ländern des ehemaligen Ostblocks. Er fliegt im Jahr 2002 nach Polen, im Jahr 2003 nach Kroatien, Bosnien-Herzegowina und in die Slowakei. Als Papst Johannes Paul II. am Abend des 2. April starb, schien es vor allem einen wichtigen Einschnitt in der Geschichte der Kirche zu geben: Als sein Nachfolger regiert ein Papst aus Deutschland, der ganz klarstellt, dass er in einigen Punkten andere Akzente setzen will als sein Vorgänger.

Als eine der Stärken von Benedikt XVI. erweist sich, dass er gar nicht erst versucht, seinen verehrten Vorgänger zu imitieren, sondern einen neuen Stil pflegt. So endet die Phase des unermüdlich reisenden Papstes. Pflichttermine im Ausland, die Papst Johannes Paul II. geschaffen hatte, nimmt Benedikt XVI. nicht wahr. So fliegt er im Januar des Jahres 2009 nicht zum Weltfamilientag nach Mexiko. Papst Johannes Paul II. hatte den Weltfamilientag nicht nur erfunden, sondern auch bei keinem dieser Treffen gefehlt. Zu den wichtigsten Unterschieden gehörte auch die Bewertung des Zweiten Vatikanischen Konzils, das Papst Johannes Paul II. für fundamental hielt, während es für Joseph Ratzinger über das Ziel hinausgeschossen war und zu drastisch mit den Traditionen gebrochen hatte. So wertete er die sogenannte Tridentinische Messe wieder auf und machte deutlich, dass er für eine Rückkehr zu alten Gepflogenheiten steht, etwa indem er den Gläubigen persönlich nur noch die Mundkommunion gab, wobei die Gläubigen knien mussten. Dadurch wird die Hochachtung vor dem Sakrament besonders deutlich betont, im Unterschied zu der erlaubten Praxis, die Kommunion im Stehen zu geben und den Gläubigen zu erlauben, die Hostie mit der Hand allein in den Mund zu führen.

Aber nicht nur die Bewertung des Zweiten Vatikanischen Konzils, auch die Wahl seines Namens, in Anlehnung an den um die Vermeidung des Weltkriegs bemühten Papst Benedikt XV., zeigt diesen Kurswechsel. Denn mit der Wahl des Namens Benedikt wollte der Papst nicht nur seine Hochachtung vor diesem Papst zeigen. Er wollte auch seine Bewunderung für den Ordensgründer Benedikt von Nursia ausdrücken. Ein Kerngedanke der Amtszeit von Benedikt XVI. ist, dass ohne die christliche Kultur, ohne die Religion, die Ideen, die Autoren in den Klöstern der Kontinent Europa ein völlig anderes Gesicht hätte, die katholische Kirche somit also eng mit der Zivilisation und Kultur Europas verbunden ist.

Papst Johannes Paul II. hatte für die Marienverehrung gestanden, Papst Benedikt XVI. hingegen sah im Bild des heiligen Korbinian, der einen Bären sattelt und ihn zwingt, ihn nach Rom zu bringen, ein passendes Symbol für seinen langen Pilgerweg von Bayern in den Vatikan.

Ich habe Hunderte von Seiten über den Unterschied von Papst Johannes Paul II. und Benedikt XVI. geschrieben und immer wieder betont, dass mit Benedikt XVI. eine neue Epoche angebrochen ist. Ich erinnere mich an ein Gespräch mit Kardinal Joachim Meisner über den Unterschied zwischen Papst Johannes Paul II. und Benedikt XVI. Er zeigte sich überzeugt: »Karol Wojtyła war für mich ein Heiliger, und Heilige werden im Himmel erst richtig rebellisch.« Regierte Karol Wojtyła aus dem Himmel sozusagen mit? Konnte man so weit gehen, Anzeichen dafür zu sehen, dass die Wahl Benedikts XVI. nicht nur prophezeit worden war, sondern der vorige Papst aus dem Jenseits dafür sorgte, dass sich nicht änderte, was ihm so am Herzen gelegen hatte: die Mitregentschaft Mariens im Vatikan?

Meine Freunde im Vatikan sahen in der Tat so ein Zeichen, das ich völlig übersehen hatte: die Reisen Benedikt XVI. Auf den ersten Blick verstand ich das nicht. Der Papst war zweimal zum Weltjugendtag gereist, nach Köln und nach Sydney, hatte in New York vor der UNO gesprochen, in Brasilien die Bischöfe Lateinamerikas getroffen, er hatte seine Heimat in Deutschland bereist, war zu der schwierigen Reise in die Türkei aufgebrochen. Eine Linie oder sogar einen Einfluss Karol Wojtyłas konnte ich auf diesen Routen nicht erkennen, aber es scheint ihn tatsächlich zu geben – oder aber ein wirklich erstaunlicher Zufall ereignete sich.

Die erste Reise Benedikt XVI. nach Köln scheint die am wenigsten auffällige zu sein. Mit ihr erfüllte er seinem Vorgänger in gewissem Sinne einen letzten Willen. Er besuchte den Weltjugendtag in Köln. Die Institution des Weltjugendtages hatte sein Vorgänger erfunden. Die Teilnahme des Papstes am Weltjugendtag in Köln hatte dieser Vorgänger zugesagt.

Auch die zweite Reise, die ihn nach Polen führte, hat mich nicht sonderlich überrascht. Es gehört für einen Papst zum guten Ton, in das Land des Vorgängers zu reisen und die für ihn besonders wichtigen Etappen zu besuchen: Das Geburtshaus, den Blonie Park in Krakau, wo Karol Wojtyła vor bis zu 2,5 Millionen Menschen gepredigt hatte, und natürlich den Marienwallfahrtsort Tschenstochau. Aber zweifellos war das eine Reise, die nichts mit dem neuen Programm Benedikts XVI. zu tun hatte, sondern ganz im Zeichen der Erinnerung an Karol Wojtyła stand.

Auch die dritte Reise nach Valencia in Spanien war noch von Karol Wojtyła geprägt, denn schon wieder ging es in einen Marienwallfahrtsort, wo die Muttergottes der Verlassenen verehrt wird. Drei Engel sollen im 15. Jahrhundert an die Tür der kirchlichen Vereinigung geklopft haben, die vor allem Waisen und verlassene Kinder aufnahm. Gegen Kost und Logis wollten sie eine Muttergottesstatue schnitzen. Als nach drei Tagen die Türen geöffnet wurden, waren die Kinder verschwunden, und eine seitdem als wundertätig geltende Statue Mariens stand auf einem Tisch. Gleich in zweifacher Hinsicht erfüllte Benedikt XVI. in Valencia den Wunsch Papst Johannes Paul II. Er pilgerte nicht nur zu einem Marienwallfahrtsort, sondern absolvierte auch den Weltfamilientag, den sein Vorgänger eingerichtet hatte. Auch Reise Nummer vier nach München, Altötting und Regensburg schien mir selbstverständlich zu sein. Der neue Papst besuchte seine Heimat – und dort das zweite Marien-Heiligtum: Altötting. Ein Zufall.

Stutzig wurde ich ab Reise Nummer fünf. Die Reise in die Türkei gehörte nun ohne jeden Zweifel zum Regierungsstil des neuen Papstes Benedikt XVI. und hatte mit Johannes Paul II. auf den ersten Blick nichts zu tun. Denn seit der Regensburger Rede von Papst Benedikt XVI. war ein neues Kapitel in der Beziehung zum muslimischen Glauben aufgeschlagen worden. Die Rede von Regensburg, in der er den spätmittelalterlichen byzantinischen Kaiser Manuel II. Palaiologos fragen lässt: »Zeig mir doch, was Mohammed Neues gebracht hat, und da wirst du nur Schlechtes und Inhumanes finden, wie dies, dass er vorgeschrieben hat, den Glauben, den er predigte, durch das Schwert zu verbreiten.« Obwohl es nur ein Zitat war und keineswegs die Meinung des Papstes wiedergab, und obwohl der Papst ausdrücklich sagte, dass es eine erstaunlich schroffe Form der Kritik an Mohammed sei, hatte der Satz in der muslimischen Welt zu einem Sturm der Entrüstung geführt. Ein Thema, das unter Papst Johannes Paul II. kaum eine Rolle gespielt hatte, nämlich der Unterschied zwischen den Religionen, geriet jetzt in den Mittelpunkt. Johannes Paul II. hatte vor allem betont, was Muslime und Christen verbindet, nicht was sie trennt. Doch Papst Benedikt XVI. wollte das Prinzip der Gegenseitigkeit nicht ausklammern. Wenn Christen beim Bau von Moscheen in Europa sogar behilflich sind, kann es nicht sein, dass allein die Teilnahme an einem christlichen Gottesdienst oder der Besitz einer Bibel in einigen arabischen Ländern mit Gefängnis bestraft wird. Zudem hatte Joseph Ratzinger und nicht Karol Wojtyła die Beziehungen des Vatikans zur Türkei verkompliziert, weil er als Kardinal gegenüber der französischen Tageszeitung *Le Figaro* vor der Aufnahme der Türkei in die EU gewarnt hatte: Die Türkei sei »immer das andere gewesen«. Damals hatte ihn der regierende Kardinalstaatssekretär Angelo Sodano zur Ordnung gerufen und betont, es habe sich im Fall der Äußerung Ratzingers nicht um eine Positionsbestimmung der katholischen Kirche, sondern um eine reine Privatmeinung Joseph Ratzingers gehandelt. Ich hatte also das eindeutige Gefühl, dass die Türkeireise die erste echte Ratzinger-Reise sein würde, die erste Reise, die nicht mehr unter dem Einfluss Johannes Paul II. stand.

Doch dann geschah etwas Seltsames. Das Ziel der Reise Papst Benedikts XVI. war die Teilnahme am Fest des Apostels Andreas (30. November). Für die orthodoxe Kirche ist das Andreas-Fest in Konstantinopel so etwas wie das Fest »Peter und Paul« in Rom, die Erinnerung an die Gründung dieser Kirche. Der Papst war eingeladen worden und wollte durch seine Teilnahme der orthodoxen Kirche die Ehre erweisen. Gleichzeitig musste er politisch in die Höhle des Löwen und musste nach der Regensburger Rede und der Ablehnung der Türkei als EU-Mitgliedsstaat mit den Politikern des Landes sprechen. Aber Johannes Paul II. schien seinem Nachfolger einen Strich durch die Rechnung zu machen. Die Organisatoren fügten auf Wunsch des Papstes den Besuch eines Marienheiligtums in die Reise ein, den Besuch in Ephesus im angeblichen Wohnhaus Marias. Diese Etappe schien vor allem deshalb so gar nicht zu Papst Benedikt XVI. zu passen, weil sie nichts mit seiner Vorstellung von einer Vernunft und Glauben verbindenden Religion zu tun hat. Das Haus der Maria in Ephesus ist reine Mystik.

Anna Katharina Emmerick (1774–1824), eine Ordensfrau, hatte in nächtlichen Visionen dieses Haus gesehen. Das schien schon ihren Zeitgenossen absolut abwegig, da Anna Katharina Emmerick das Münsterland nie verlassen hat. Dennoch beschrieb sie den Ort, an dem Maria angeblich in den Himmel aufgefahren ist. Später fanden Mönche bei Ephesus in der heutigen Türkei tatsächlich das beschriebene Haus, und dort wurde eine Wallfahrtsstätte errichtet. Ich hätte Papst Johannes Paul II. zugetraut, den weiten Abstecher von Istanbul und Ankara nach Ephesus zu machen; aber Benedikt XVI. war ein neuer Papst mit einem neuen Programm, mit neuen Zielen und neuen Akzenten – und dennoch pilgerte er wie ferngelenkt zu diesem Haus. »Seltsam«, dachte ich. Aber dann kam Auslandsreise Nummer sechs, nach Brasilien. Und wohin pilgerte der Papst in diesem Riesenland, und zwar ausdrücklich, ohne es zu wollen? In einen Marienwallfahrtsort. Papst Benedikt XVI. war nicht nach Brasilien geflogen, um einen Marienwallfahrtsort zu besuchen. Diese Besuche hatte sein Vorgänger absolviert, zum Beispiel während der sieben Reisen zum Marienheiligtum nach Guadalupe in Mexiko. Benedikt XVI. kam aus einem Grund nach Brasilien, der mit der Muttergottes gar nichts zu tun hatte: Er kam, um den Auftakt der Konferenz der lateinamerikanischen und karibischen Diözesen zu zelebrieren. Doch zufällig fand diese Konferenz nicht in São Paulo statt, sondern in dem Marienwallfahrtsort Aparecida.

Dort sollen im Jahr 1717 drei Fischer eine wundertätige Statue der Muttergottes aus dem Meer gezogen haben. Als der Papst an diesem Marienwallfahrtsort betete, hielt ich das für einen seltsamen Zufall. Nur, dass diese Reihe der Zufälle gar nicht mehr abriss. Die nächste Auslandsreise, Nummer sieben, führte ihn in den Marienwallfahrtsort Mariazell. Denn zufällig feierte der Marienwallfahrtsort im Jahr 2007 das 850-jährige Jubiläum. Im Jahr 1157 hatte der Mönch Magnus eine aus Holz geschnitzte Marienstatue in das Zellertal gebracht. Ein Felsen hatte ihm den Weg versperrt, und der Legende nach hatte die Statue den Felsen zerspringen lassen. Als ich in der Kälte von Mariazell stand und zusah, wie der arme Georg Ratzinger, nur mit einem Plastikumhang vor dem strömenden Regen geschützt, neben seinem Bruder stand, der erneut vor einer Marienstatue betete, wunderte ich mich: »Der Zufall reißt ja gar nicht wieder ab.«

Und was besuchte Papst Benedikt XVI. während seiner Reise Nummer acht in die USA vom 15. bis zum 21. April 2008? Das Marienheiligtum »National Shrine of the Immaculate Conception«. Wie wichtig ihm der Besuch dieses Marienwallfahrtsorts war, zeigt allein die Tatsache, dass er dort die längste Rede der ersten vier Jahre seines Pontifikates hielt, eine Rede, auf die er vermutlich mehr Zeit verwendete als auf die Rede vor den Vereinten Nationen. Mehr als eine Stunde sprach der Papst an diesem Marienwallfahrtsort, in dem die letzte Tiara, die letzte dreifache Krone der Päpste, aufbewahrt wird. Papst Paul VI. hatte sie im November 1964 an den National Shrine of the Immaculate Conception verschenkt, aus Dankbarkeit für die Großzügigkeit amerikanischer Katholiken.

Auch Auslandsreise Nummer neun musste Papst Benedikt XVI. im Auftrag Papst Johannes Paul II. absolvieren: Es war sein zweiter Weltjugendtag. Da Papst Johannes Paul II. festgelegt hatte, dass der Weltjugendtag eine Einrichtung ist, zu der

der Papst persönlich, nicht aber die den Weltjugendtag ausrichtende Diözese einlädt, blieb ihm gar keine andere Wahl, als den längsten Flug seines Lebens nach Sydney anzutreten. Erst bei Auslandsreise Nummer zehn geriet meine Überzeugung, dass es sich um eine Reihe von Zufällen handelt, endgültig ins Schwanken. Denn Papst Benedikt XVI. musste wegen des 150-jährigen Jubiläums schon wieder in einen der wichtigsten Marienwallfahrtsorte der Welt: nach Lourdes. Auslandsreise Nummer elf schien endlich dafür zu sorgen, dass der Papst die Serie unterbrechen musste; sie führte ihn nach Kamerun und Angola. In Afrika gibt es nur wenige Marienwallfahrtsstätten. Der Papst fährt ausgerechnet zu einer von ihnen. Am 18. März 2009 betet er in der Basilika »Marie Reine des Apotres« in Yaounde in Kamerun. Während der Auslandsreise Nummer zwölf ins Heilige Land entschließt er sich, den Hauptgottesdienst nicht in Jerusalem zu feiern, wo Jesus starb und auferstand, sondern in Nazareth, der Heimatstadt der Gottesmutter Maria.

Zwölf Reisen hat Benedikt XVI. unternommen. Und auf jeder Reise mindestens eine Etappe ganz im Sinne seines Vorgängers eingelegt. Zufällig musste er immer wieder zu Maria pilgern. Oder gibt es noch eine andere Möglichkeit? Zog vielleicht der Mann, der glaubte, dass Maria ihm während des Attentats am 13. Mai das Leben gerettet hatte, vom Himmel aus mit an den Fäden der Vorsehung?

28

Skepsis

Einer der Zeugen, die eng mit Johannes Paul II. zusammengearbeitet hatten, verriet mir, wie deutlich der Papst in seiner letzten Lebensphase die tiefe innere Bindung zu Joseph Ratzinger betonte: Papstsprecher Joaquín Navarro Valls. Nach der Wahl Joseph Ratzingers erinnerte sich Joaquín in einem Gespräch mit mir an folgendes Ereignis: »Ich war fast zwei Jahrzehnte lang der Chef des Pressesaals des Heiligen Stuhls, und hunderte Kardinäle, Politiker und Bischöfe sind zu uns gekommen. Doch nur ein einziges Mal habe ich den Pressesaal mit Blumen schmücken lassen. Das war an dem Tag, als Kardinal Joseph Ratzinger kam.«

Zufall, könnte man meinen. Man könnte sich vorstellen, dass Navarro Valls an jenem Tag einfach zufällig an einem Blumenladen vorbeiging und dachte: Heute lasse ich mal den Pressesaal schmücken. Aber so war es nicht. Es war kein Zufall. Navarro Valls hat es mir selber erklärt. Denn Ratzinger kam nicht aus einem beliebigen Anlass. Er kam, um über das tiefste Geheimnis des Pontifikates von Papst Johannes Paul II. zu sprechen: die Prophezeiung von Fatima.

Ich kann mir bis heute nicht erklären, warum Johannes Paul II. ausgerechnet Joseph Ratzinger bat, sich um diese Geheimnisse zu kümmern und das Ergebnis der Weltöffentlichkeit im Pressesaal vorzutragen. Johannes Paul II. musste gewusst haben, welche Enttäuschung auf ihn wartete. Dennoch bestand er darauf, dass Ratzinger die Aufgabe übernahm, obwohl der eigentlich nicht zuständig war. Es ging um die Seligsprechung der Kinder, die die Muttergottes in Fatima gesehen haben wollten. Zuständig war also die Kongregation für Selig- und Heiligsprechungen. Warum legte Johannes Paul II.

dennoch dieses für ihn so zentrale Geheimnis in die Hände Joseph Ratzingers?

Papst Johannes Paul II. hatte in Fatima jene Kinder, die angegeben hatten, die Muttergottes auf dem Ast einer Steineiche gesehen zu haben, selig gesprochen. Für den Papst war diese Seligsprechung nur eine logische Konsequenz. Er hatte nicht den geringsten Zweifel daran, dass die Muttergottes in Fatima zu den Kindern gesprochen und ihnen unter anderem das Attentat auf ihn vorhergesagt hatte. Diese Überzeugung hatte Karol Wojtyła mehrfach deutlich gemacht und einmal fast mit dem Leben dafür bezahlt. Ein Jahr nach dem Attentat reiste er nach Fatima, um der Muttergottes für seine Errettung während des Attentats im Jahr 1981 zu danken und ihr die in eine goldene Krone gefasste Kugel, die seinen Körper durchschlagen hatte, zu schenken. Während dieser Zeremonie entging er nur knapp dem Attentat eines Priesters, der ihn mit einem Bajonett niederstechen wollte. Im Jahr 2000 kam er zurück, um nicht nur die Kinder selig zu sprechen, sondern auch, weil er sich entschlossen hatte, den gläubigen Katholiken ein Geschenk zu machen: Er wollte das dritte Geheimnis von Fatima preisgeben.

Zuständig für Seligsprechungen war ohne jeden Zweifel die Kongregation für Selig- und Heiligsprechungen. Diese Kongregation hegte an der Authentizität des Wunders von Fatima keinen Zweifel – im Gegenteil: Die Untersuchung der Wunder, die die Kinder nach ihrem Tod aus dem Himmel gewirkt haben sollen, schien die Echtheit der Aussagen der Kinder zu Lebzeiten und die Erscheinung der Muttergottes in Fatima zu bestätigen. Warum aber wollte Johannes Paul II., dass sich ausgerechnet Joseph Ratzinger mit Fatima befasste? Ratzingers Haltung zu Wundern war bekannt. Er war als Präfekt der Glaubenskongregation dafür zuständig, angebliche Wunder, also Betrugsversuche, zu untersuchen. Schmerzliche Erfahrungen hatte schon Bischof Girolamo Grillo damit gemacht. Dieser Bischof der uralten Etrusker-Stadt Tarquinia hatte geschworen, zusammen mit fünf weiteren Augenzeugen gesehen zu haben, wie eine kleine Gipsstatue der Familie Gregori, die am Stadtrand von Civitavecchia bei Rom lebt, blutige Tränen weinte. Alle Schwüre und die Errichtung einer Kapelle für die Muttergottesstatue halfen Bischof Grillo nicht. Die Glaubenskongregation ließ ihn im Jahr 2001 wissen, dass es sich um »keinerlei übernatürliches Ereignis handelt«. Auch im Fall dieser blutige Tränen weinenden Madonna von Civitavecchia hatten Papst Johannes Paul II. und Joseph Ratzinger eine unterschiedliche Auffassung vertreten. Der Papst nahm das Phänomen der weinenden Muttergottes ernst. Er schickte sogar seinen engsten Vertrauten, Kardinal Deskur, nach Civitavecchia, um der betroffenen Familie eine Muttergottesstatue zu schenken, nachdem die Polizei die Statue, die angeblich Tränen aus Blut weinte, wegen des vermeintlichen Betrugsversuchs beschlagnahmt hatte. Mehr noch, der Papst schenkte der Muttergottesstatue seinen Rosenkranz. Joseph Ratzinger hingegen wollte, dass der Spuk um die angeblich Blut weinende Gipsstatue der Madonna von Civitavecchia, den er für Betrug hielt, so schnell wie möglich aufhörte.

Johannes Paul II. kannte also zweifellos die skeptische Haltung von Kardinal Joseph Ratzinger. Warum setzte er sich im Fall Fatima, in dem es um den innersten Kern seiner Existenz ging, die göttliche Prophezeiung, die nach seinem festen Glauben ihn selber betraf, der Gefahr aus, dass Joseph Ratzinger, statt vor Verehrung niederzuknien vor der Größe des Wunders, wie es der Papst tat, mit einer Reihe rationaler Argumente das Wunder von Fatima in seiner Bedeutung verkleinern könnte, wie er es tatsächlich tat? Papst Johannes Paul II. hätte im Fall Fatima einfach sagen können, dass er selber, der Papst, von der Echtheit der Prophezeiungen von Fatima überzeugt sei, weil sie ihn persönlich betreffe, und er hätte sich jeden Zweifel daran schlicht verbitten können. Stattdessen zog er selbst in dieser Frage Joseph Ratzinger zurate, obwohl er wusste, dass dieser anderer Meinung war.

Konkret ging es im Fall Fatima um zwei Punkte: Fand in Fatima im Jahr 1917 tatsächlich ein sichtbares, beweisbares Wunder statt oder nicht? Das bedeutete: Gehörten die Prophezeiungen von Fatima zum Kern des Glaubens der katholischen Kirche, ja oder nein? Ratzinger erklärte: Nein. Kein Katholik muss an das, was in Fatima geschah, glauben, entschied Ratzingers Glaubenskongregation. Der Unterschied ist gewaltig. Wer sich weigert, an die leibliche Wiederauferstehung Christi oder an die jungfräuliche Geburt durch Maria zu glauben, ist kein Katholik. So einfach ist das. Wer aber meint, in Fatima sei rein gar nichts Wundersames geschehen, sondern die Portugiesen hätten sich damals alles eingebildet, bleibt dennoch ein Katholik.

Für die überzeugten Verehrer der Muttergottes von Fatima, allen voran für den Papst, musste dieses Ergebnis eine Überraschung sein. Denn es bedeutete, dass Joseph Ratzinger zwei Details des Wunders von Fatima nicht für so wichtig hielt wie göttliche Eingriffe in biblischen Zeiten. Das eine war der weltberühmte »Tanz der Sonne«, ein Wunder, das die Muttergottes am 13. Oktober 1917 am Himmel über Fatima gewirkt haben soll und das Zehntausende von Menschen gesehen haben wollen. Das zweite Wunder bezieht sich ebenfalls auf Aussagen von Augenzeugen. Sie berichteten, dass sich immer in dem Augenblick, in dem die drei Seher-Kinder ihre Visionen hatten, der Ast der Steineiche, auf dem die Muttergottes sich nach Aussagen der Kinder niederließ, deutlich sichtbar nach unten bog, als müsste er ein Gewicht tragen. Am Ende der Erscheinung schnellte der Ast wieder nach oben, als wäre das unsichtbare Gewicht verschwunden.

Ratzingers Glaubenskongregation erklärte zwar, dass es sich in Fatima um einen Ort der Marienverehrung und Frömmigkeit handle, ein Wunder, das so wichtig war, dass alle Katholiken es glauben mussten, wenn sie Katholiken bleiben wollten, geschah dort aber nicht. Joseph Ratzinger machte aus seiner Skepsis gegenüber Wundern nie einen Hehl. Auch als er schließlich zum Papst gewählt worden war, erklärte er, wie unwichtig Wunder für ihn seien. Selbst als er als Papst an den wichtigsten und berühmtesten Ort der Wunder in der katholischen Welt pilgerte, nach Lourdes in Frankreich, unterstrich er ausdrücklich, dass er nicht wegen der wundersamen Ereignisse dorthin reise – obwohl die katholische Kirche offiziell 62 Wunder in Lourdes anerkennt.

Aber warum hatte Karol Wojtyła Joseph Ratzinger gebeten, das von ihm hoch verehrte Wunder von Fatima so auseinanderzunehmen? Zweifelte er an seiner eigenen Kompetenz, obwohl ihn die Prophezeiung von Fatima doch selber betraf? Der Papst musste auf jeden Fall einen wichtigen Grund gehabt haben. Vielleicht wusste er damals bereits, dass Joseph Ratzinger sein Nachfolger werden würde. Vielleicht ahnte er die Wahl Benedikt XVI. voraus. Das würde erklären, warum er ihn in dieser wichtigen Frage, in der die beiden Männer unterschiedlicher Meinung waren, um eine Stellungnahme bat.

Eines ist auf jeden Fall sicher. Im Vatikan sorgte die Entscheidung des Papstes, das Wunder von Fatima durch Joseph Ratzinger beurteilen zu lassen, für großes Aufsehen. Den wichtigsten Würdenträgern war klar, was für eine außergewöhnliche Entscheidung der Papst getroffen hatte. Das galt auch für Joaquín Navarro-Valls, und das war der Grund dafür, warum er nur einmal, ein einziges Mal in fast zwei Jahrzehnten seiner Amtszeit, den Pressesaal mit Blumen schmücken ließ. Für den Auftritt des Mannes, der später Papst Benedikt XVI. sein würde.

29

Fallbeil

Wenn Gott ihm mitgeteilt hatte, dass Joseph Ratzinger sein Nachfolger werden würde, was mag Johannes Paul II. darüber gedacht haben? Dass Gott sich für einen Kardinal entschieden hatte, der ihm so nahestand und der doch so völlig anders war. War es eine bittere Botschaft für den Papst, dass eine Ära beginnen sollte ohne den Triumph der Massenveranstaltungen, die Johannes Paul II. erfunden hatte? Die Rückbesinnung auf eine leisere, weniger machtvoll auftretende Kirche, die sich an der Zeit vor dem Zweiten Vatikanischen Konzil orientierte? War die Erkenntnis, dass es Ratzinger sein sollte, eine Niederlage für Johannes Paul II., weil er damit auch Kritik einstecken musste direkt von Gott?

Der Papst, der in die Geschichte eingehen sollte mit der größten Massen-Messfeier aller Zeiten, als während des Weltjugendtages in Manila vier Millionen Teilnehmer mit ihm beteten, hatte in Kauf genommen, dass diese Art, die Messe zu feiern, von konservativeren Geistlichen kritisiert werden würde. Denn es ist unmöglich, auf einem Acker am Meer an vier Millionen Menschen in würdiger Form eine geweihte Hostie auszuteilen. Diese Schwachstelle würde sein Nachfolger korrigieren. Er würde darauf bestehen, dass die Menschen auf den Knien vor ihm und nur noch auf die Zunge die Hostie empfangen können. Wenn Johannes Paul II. vorausgesagt worden war, dass die Wahl auf Ratzinger fallen würde, gewann dies eine zusätzliche Bedeutung. Gott hatte sich augenscheinlich entschlossen, niemanden zum Nachfolger zu berufen, der im Gefolge von Johannes Paul II. im Triumphzug um die Erde gereist war, sondern einen Mann, der im Verborgenen still in Rom geblieben war, der sich einen »einfachen Arbeiter im Weinberg des

Herrn« nennen sollte. Während seiner ganzen Amtszeit war Papst Johannes Paul II. vorgeworfen worden, sich eher wie Paulus zu verhalten als wie Petrus. Der Statthalter der Christen, der unermüdlich in Rom arbeitete und residierte, schien tatsächlich eher Joseph Ratzinger zu sein als Johannes Paul II., der 104 Auslandsreisen absolvierte.

Wenn Papst Johannes Paul II. prophezeit worden war, dass Kardinal Ratzinger sein Nachfolger werden würde, dann musste für ihn ein Sinn hinter dieser Wahl stecken. In den letzten Jahren seines Lebens hatte Karol Wojtyła am eigenen Leib erfahren, dass Gott beschlossen hatte, einen »neuen Typ Papst« zu erfinden, um die Menschen auf den richtigen Weg, nämlich zu Gott, zu führen. Dieser neue Typ von Pontifex war ein leidender Papst, nicht mehr der triumphierende Bezwinger der Sowjets, nicht mehr der um Ausgleich bemühte Papst Paul VI. oder der mutige Konzilpapst Johannes XXIII. Die Welt sollte fasziniert auf einen Papst schauen, der sichtbar öffentlich litt und öffentlich verfiel.

Papst Johannes Paul II. sah sich nie als Opfer seiner zahlreichen Krankheiten. Er sagte immer wieder, sein Leiden sei ein Geschenk Gottes. Am 29. Mai 1994, nach seiner misslungenen Hüftoperation, schrie der Papst diese Botschaft auf eine dramatische Art und Weise heraus. »Capitelo, ripensatelo!« – »Versteht es doch, denkt darüber nach«, warum der Papst leiden muss, rief Karol Wojtyła auf dem Petersplatz. Er beschwor die Menschen zu verstehen, warum er erneut leiden müsse, »wie er vor 13 Jahren« leiden musste, und der Papst meinte damit natürlich das Attentat. Karol Wojtyła hatte keinen Zweifel daran, dass Gott ihn leiden ließ. »Ich habe verstanden, dass ich die Kirche auch mit meinem Leiden in das dritte Jahrtausend führen muss«, sagte er damals. Sollte er erfahren haben, dass Joseph Ratzinger sein Nachfolger wird, muss er auch daran gedacht haben, dass es keinen anderen Kardinal gab, der unter dieser Aufgabe so sehr leiden würde wie Ratzinger.

Es gibt keinen Zweifel daran, dass Joseph Ratzinger sich davor gefürchtet hatte, Papst zu werden. Er schilderte den Moment seiner Papstwahl während seiner ersten Audienz vor deutschen Pilgern: »Als das Fallbeil auf mich herabfiel und mir ganz schwindlig zumute wurde.«

Ich war, als er dies sagte, in der Audienzhalle Papst Paul VI. – und dachte, ich höre nicht richtig. Der folgende Satz war noch stärker. Joseph Ratzinger gestand, dass er zu Gott gebetet habe, und er sagte seinem Schöpfer: »Nimm einen anderen, nimm einen Jüngeren. Aber der liebe Gott hat wohl nicht zugehört.« Dieser letzte Nachsatz des neuen Papstes war für den Vatikan zu viel. Er wurde später wegzensiert. Obwohl tausende deutsche Pilger in der Audienzhalle Ratzingers Worte gehört hatten, tauchte der Satz in der offiziellen Niederschrift des Vatikans nicht mehr auf.

Den Hauptgrund dafür, dass Joseph Ratzinger sein Amt so fürchtete, kann man wahrscheinlich in der Charakterisierung des Papstes durch seinen Sekretär Georg Gänswein finden. Gänswein sagte mehrfach zu mir: »Der Papst ist kein Mensch, der gern im Mittelpunkt steht.« Für einen Menschen, der nicht gern im Mittelpunkt steht, muss schon das Amt eines Provinzpolitikers in Deutschland, der ab und zu Reden halten muss, schrecklich sein. Das Amt des Papstes aber, der immer und überall im Mittelpunkt steht, dessen Leben zu einem großen Teil öffentlich ist, der bestaunt, aber auch begafft wird, muss für einen Menschen wie Joseph Ratzinger der Albtraum sein. Es gibt auf unserem Planeten kein Amt, in dem ein Mensch so sehr im Mittelpunkt steht, wie das Amt des Papstes. Nicht nur, weil er das Oberhaupt der größten religiösen Gruppe der Erde ist, das Oberhaupt von etwa 1,1 Milliarden Katholiken, sondern vor allem, weil ihn nach dem Glauben der katholischen Kirche eine besondere Nähe mit Gott verbindet. Auf dem ganzen Globus reagieren Menschen deshalb so heftig, wenn sie den Papst sehen: Er stellt den Nachfolger des heiligen Petrus dar, er ist – wie sein Titel besagt – der Vikar Jesu Christi. Für einen prinzipiell schüchternen Menschen wie Joseph Ratzinger war daher diese Aufgabe eine fast unzumutbare Prüfung, ein sich abzeichnendes Leiden. Genauso muss es Karol Wojtyła erschienen sein. Dass Joseph Ratzinger unter dem Amt litt, war von Anfang an offensichtlich; dieses Leiden vollzog sich vor den Augen der Weltöffentlichkeit. Es begann sofort nach seiner Wahl, während seines ersten großen Auftritts, beim Weltjugendtag in Köln.

Ich stand in Köln auf dem Schiff »Rheinkraft«, das den Papst an den Hunderttausenden von Jugendlichen vorbei den Rhein hinunterfahren sollte. Die Idee der Organisatoren, die dahintersteckte, war nicht sonderlich schwer zu erraten. Möglichst viele Pilger sollten den Papst sehen können, schließlich hatten viele der hunderttausend Jugendlichen einen weiten Weg auf sich genommen. Doch statt sich in Szene zu setzen, also im Mittelpunkt zu stehen, unterhielt sich Benedikt XVI. auf dem Schiff in aller Ruhe mit den Jugendlichen, die als Stellvertreter für alle an Deck standen. Die Jugendlichen am Ufer, die stundenlang ausgeharrt hatten, sahen keinen sie begrüßenden, winkenden Papst, sondern einen Mann in Weiß, der auf einem Schiffsdeck saß, sich freundlich mit jungen Menschen unterhielt und dabei gar nicht mitzubekommen schien, dass an den Ufern hunderttausende wartende Menschen standen. Für die Organisatoren ein echtes Problem. Ich hatte das große Glück, zu der Gruppe von Journalisten zu gehören, die mit aufs Schiff durften. Ich stand nur ein paar Meter neben dem Papst und fragte mich die ganze Zeit: »Was macht er denn da?«

Johannes Paul II. hatte ich hunderte Male in einer ähnlichen Situation erlebt und wusste genau, was er getan hätte: Er hätte sich an die Reling gestellt und den Jugendlichen auf beiden Ufern gewunken. Zumindest aber hätte er die Jugendlichen, die um ihn herumstanden, gebeten, ein wenig zur Seite zu rücken, damit die Pilger ihn sehen konnten. Dafür waren sie ja den weiten Weg nach Köln gekommen. Aber ein Mensch, der nicht gern im Mittelpunkt steht, ist natürlich eher froh, durch eine Gruppe junger Menschen, von der Masse abgeschirmt zu werden, die darauf wartet, ihn zu feiern.

Johannes Paul II. wusste aber, dass es noch eine zweite, vielleicht viel wichtigere Eigenschaft gab, die unzweifelhaft dafür sorgen musste, dass Joseph Ratzinger an dem Amt des Papstes leiden würde: seine schier unvorstellbare Liebe für eine absolut perfekte Vorbereitung, die kein Detail ausließ. Jeder, der im Vatikan in den achtziger und neunziger Jahren etwas zählte, kannte diesen prägenden Zug an Joseph Kardinal Ratzinger. Wer immer einen seiner zahlreichen Vorträge hörte, konnte nicht umhin, sich darüber zu wundern, wie unendlich präzise diese Vorträge ausgearbeitet worden waren. Unter Kardinälen galt es als durchaus üblich, Vorträge auch mal aus dem Stegreif zu halten, ohne jede Vorbereitung. Ich habe Hunderte solcher Vorträge gehört. Selbst während Bischofssynoden erlebte man immer wieder, dass Bischöfe zugaben, ohne Vorbereitung reden zu wollen. Joseph Ratzinger unterschied sich in diesem Punkt total von allen anderen Spitzentheologen und Kongregationschefs im Vatikan. Jede Einzelheit seiner Vorträge war genau ausgearbeitet und recherchiert. Mir machte es großen Spaß, mit Mitgliedern der internationalen theologischen Kommissionen und der Internationalen Bibelkommission über Joseph Ratzinger zu sprechen. Alle sagten über Joseph Ratzinger das Gleiche. Mit ihm zusammenzuarbeiten, gestaltet sich schon allein deshalb als ausgesprochene Herausforderung, weil Ratzinger stets so perfekt vorbereitet war. Schon Monate vor den Treffen begann er sich einzuarbeiten; wenn die Treffen dann stattfanden, kamen sich fast alle anderen Mitglieder der Kommission neben Ratzinger wie Schüler vor, die die Hausaufgaben nicht gemacht hatten.

Ich kann nicht beweisen, dass dieser Zug Joseph Ratzingers etwas mit dem größten Schock seines Lebens zu tun hat. In seiner Autobiographie beschreibt Joseph Ratzinger, wie sein ganzes Leben, seine lebenslange Konzentration auf die Lehre der Theologie beinahe gescheitert wäre. Der Grund: eine schlechte Vorbereitung. Er hatte seine Doktorarbeit von einer Dame abtippen lassen, die schlampig gearbeitet hatte. In der Arbeit wimmelte es vor Fehlern. Es blieb Joseph Ratzinger angesichts des Zeitdrucks keine Möglichkeit, diese Fehler noch auszubügeln. Der spätere Kardinal Ratzinger hätte die Arbeit so rechtzeitig abtippen lassen, dass ihm Monate Zeit geblieben wäre, Fehler zu korrigieren. Aber der junge Ratzinger beging diesen Fehler und musste um seine komplette akademische Karriere fürchten. Hatte er danach beschlossen, von jetzt an mit einer Gründlichkeit, die ihresgleichen suchte, wichtige Arbeitsschritte vorzubereiten? Ein solcher Mensch, ein Wissenschaftler, der sich monatelang um jedes einzelne Detail kümmerte, mit einer unglaublichen Gründlichkeit zu arbeiten gewöhnt war, muss an dem Amt des Papstes verzweifeln. Denn auch wenn es nicht so scheint: Das Amt des Papstes erfordert eine ständige Improvisation.

Das vielleicht anschaulichste Beispiel dafür war der Weltjugendtag in Manila (Philippinen). Johannes Paul II. hatte seine Wirkung unterschätzt. Statt der erwarteten etwa 800 000 Pilger kamen zum Abschlussgottesdienst im Januar 1995 vier Millionen Menschen: die größte Versammlung von Menschen um einen einzigen Mann in der Geschichte. Für Papst Johannes Paul II. war das ein Schock, denn alle Zufahrtsstraßen waren mit Menschen verstopft, die Landeplätze für den Helikopter überrannt. Es gab keine Möglichkeit für den Papst, dorthin zu kommen. Der Abschlussgottesdienst drohte auszufallen. Als Johannes Paul II. sah, dass der große Armeehubschrauber ihn nicht würde zum Altar fliegen können, entdeckte er im Garten des Präsidentenpalastes einen Mini-Hubschrauber, der beim Einsatz gegen Unkraut im Park des Präsidenten benutzt wurde. Mit diesem Mikro-Hubschrauber, in den eigentlich nur der Pilot passte und in den sich ein zweiter Passagier regelrecht hineinquetschen musste, flog die Armee erst den Papst, danach den Kardinalstaatssekretär und dann, einen nach dem anderen, die ganze Delegation des Vatikans zum Altar. Die Messe, die eigentlich schon ausgefallen war, fand doch noch statt.

Der Papst ist täglich auch in Rom mit Herausforderungen konfrontiert, die ein hohes Maß an Improvisation erfordern und die man nicht durch intensive Vorbereitung lösen kann. Ein geradezu unlösbares Problem stellen die »Ad-limina«-Besuche dar. Das Wort »ad limina« stammt von der Gepflogenheit der »visitatio ad limniam apostulorum«, dem Besuch der Türschwelle der Grabeskirchen von Peter und Paul in Rom. Gemeint sind die regelmäßigen Besuche der Diözesen aller Länder beim Papst, etwa alle fünf Jahre. Einen solchen »Ad-limina«-Besuch vorzubereiten, würde eigentlich Jahre in Anspruch nehmen. Niemand, auch kein Papst, weiß alles über alle Diözesen dieser Welt. Der Heilige Vater hat aber bei jedem »Ad-limina«-Besuch direkt mit den Bischöfen und deren Problemen auf der ganzen Welt zu tun, und das fast jeden Tag. Das heißt, der Papst muss sich heute anhören, wie Sex-Tourismus Kinder in Asien zu Sklaven werden lässt und ihnen entsetzliche Schäden zufügt, morgen, wie der Klimawandel das Leben der Katholiken in Kanada bedroht. Es ist unmöglich, sich auf diese Themen vorzubereiten. Niemand kann das. Das Amt des Papstes zwingt das Oberhaupt der katholischen Kirche daher, etwa die Auswirkungen der Aids-Epidemie, die Folgen der Gen-Technologien oder die Konsequenzen der Gewalt im Gaza-Streifen für die Christen in Bethlehem nicht gründlich überdenken zu können. Der Papst hat manchmal gar keine andere Wahl, als oberflächlich zu bleiben, weil ihm nicht die Spur einer Chance bleibt, mit Sorgfalt den riesigen Berg aller Probleme des Globus abzuarbeiten, der sich vor ihm auftürmt. Wie soll ein Papst die Ernennung eines der 4500 Bischöfe der Welt gründlich vorbereiten? Er kann unmöglich alle Kandidaten für einen Bischofssitz persönlich kennenlernen. Er muss sich manchmal auf unvollständige oder gar falsche Informationen aus Akten verlassen. Ausgerechnet Joseph Ratzinger, dieser Mann, der sein Leben lang jeden wichtigen Arbeitsschritt monatelang gründlich vorbereitete, muss jetzt schnell und manchmal »aus dem Bauch heraus« Entscheidungen treffen, was zu einer Vielzahl von Pannen und Fehlern führt.

Nur ein Beispiel für missratene Bischofsernennungen: Papst Benedikt XVI. musste bei der Frage, wer der neue Bischof von Warschau sein werde, eine herbe Schlappe hinnehmen. Er hatte Stanisław Wielgus ernannt, obwohl dessen Geheimdienstkontakte während der Zeit des Kommunismus in Polen bekannt waren. Der Papst musste nur drei Monate später die Entscheidung zurücknehmen und Kazimierz Nycz ernennen. Die Fehlentscheidung beruhte schlicht auf schlechter Vorbereitung. Obwohl nicht der Papst den Fehler gemacht hatte, denn die Polnische Bischofskonferenz hätte ihn besser informieren müssen, stand der Papst als der Schuldige da. Für einen Menschen wie Joseph Ratzinger muss die Notwendigkeit, wichtige Entscheidungen unter Zeitdruck treffen zu müssen, eine unendlich schwere Bürde sein. Ich weiß nicht, ob es einen göttlichen Plan gibt, der Welt Päpste zu schicken, die leiden, so wie Papst Johannes Paul II. es geglaubt hat. Aber dass Joseph Ratzinger ein solcher Papst ist, der schwer unter der Bürde dieses Amtes leidet, daran gibt es meiner Ansicht nach keinen Zweifel. Ich zweifle auch nicht daran, dass Johannes Paul II. ihn gerade deshalb für den Mann hielt, den Gott sich auf dem Thron Petri wünschte.

Aber wie hat er von diesem Willen Gottes erfahren, sodass er am Ende seiner Amtszeit alles dafür tat, Joseph Ratzinger auf das Amt des Papstes vorzubereiten? Dass Wojtyła daran glaubte, Gott habe ihm Zeichen geschickt, ist unbestritten. Aber war da noch mehr?

Ich habe mich oft gefragt, ob Karol Wojtyła ein Geheimnis bewahrte. Denn die letzten Jahre seines Lebens passten so ganz und gar nicht zu dem hartnäckigen Mann aus Polen. Karol Wojtyła machte sein Leben lang nie Aufhebens um sich selbst. Niemals hätte ich erwartet, dass er sein Sterben öffentlich zelebrieren würde. Aber warum entschied er sich dafür? Ich weiß, dass Karol Wojtyła sich mit seiner Art, die Kirche zu regieren, in den letzten Jahren viele Feinde gemacht hat. Mir gegenüber haben katholische Würdenträger ihren obersten Chef bitter kritisiert. Ich erinnere mich an einen hohen deutschen Geistlichen, der fast sein ganzes Leben in Rom verbrachte und mir sagte: »Ich war immer der Meinung, dass ein Chef, also auch der Papst, den Kopf über Wasser halten muss. Er darf sich nicht so total aufreiben.« Aber genau das hatte Wojtyła getan. Warum?

Viele Christen kritisierten, dass Johannes Paul II. nicht vom Amt zurücktreten wollte. Seine Begründung: Jesus Christus sei schließlich auch nicht vom Kreuz herabgestiegen, sondern habe bis zum Schluss das Leiden ausgehalten. Dieser Vergleich mit Jesus missfiel nicht wenigen im Vatikan.

Aber warum verhielt sich Karol Wojtyła so?

Ich glaube, man darf nicht vergessen, dass Papst Johannes Paul II. geglaubt hat, er sei dazu auserwählt worden, ein Ausnahmepontifikat zu erleben. Nach Meinung Karol Wojtyłas rettete Gott ihm das Leben, erfüllte Gott an ihm die dritte Fatima-Prophezeiung und gab ihm vielleicht sogar eine schier unglaubliche Fähigkeit, nämlich selber Heilwunder zu wirken. Wie muss das auf einen bescheidenen Mann wie Karol Wojtyła gewirkt haben? Erst nach seinem Tod am 2. April 2005 sprachen die Augenzeugen, allen voran sein langjähriger Sekretär Don Stanisław Dziwisz, über diese Vorfälle, vor allem über die Genesung eines todkranken jüdischen Gläubigen und den Fall der spontanen Heilung eines missgebildeten Kindes auf der Karibikinsel St. Lucia, beide bei Gott erwirkt durch Papst Johannes Paul II.

Stanisław Dziwisz, mittlerweile Kardinal von Krakau, ist kein Mann, der so etwas wie einen Bericht über ein Wunder, das der Papst erwirkt haben soll, auf die leichte Schulter nahm. Don Stanisław sprach fast nie. Wir nannten ihn zu Lebzeiten Karol Wojtyłas »den schweigsamen Sekretär«, und ich kann mir beim besten Willen nicht vorstellen, dass er in einer so delikaten Angelegenheit eine Lüge verbreiten würde. Er hätte, davon bin ich überzeugt, kein Wort über eine Wunderheilung verloren, wenn er nicht absolut sicher gewesen wäre, dass aus seiner Sicht tatsächlich ein Wunder geschehen war.

Nehmen wir einmal an, dass sich in der Umgebung des Papstes tatsächlich die nicht zu erklärende Heilung eines Menschen, vielleicht sogar ein Wunder, zugetragen hat. Musste der Papst nicht daran denken, was die Bibel über jene Menschen sagt, die Krankheiten heilen können? Wird Jesus von Nazareth im Neuen Testament nicht vor allem deswegen ein Prophet genannt, weil er Kranke heilen kann? Die Zeitgenossen Christi nannten einen Mann einen Propheten, wenn er Kranke heilen konnte; dass er predigte und die Zukunft voraussagte, war zweitrangig. (vgl. John Dominic Crossan »The Historical Jesus«) Musste sich Karol Wojtyła nicht fragen, was Gott eigentlich vorhatte, wenn er ihm die unglaubliche Fähigkeit gegeben hatte, zu heilen? Musste Karol Wojtyła nicht darüber erschrecken, dass er tatsächlich Gott um Wunder bitten konnte, wenn es die Heilungen, von denen Kardinal Stanisław Dziwisz spricht, wirklich gegeben hat? Musste Karol Wojtyła sich dann nicht zwangsläufig die Frage stellen, ob Gott ihn, wie es die Bibel beschreibt, zu einem Heiler gemacht hatte, der wie die Heiler der Bibel auch die Fähigkeit bekommen haben konnte, in die Zukunft zu schauen? Musste sich ein frommer Mann nicht zumindest fragen, ob es möglich sein könnte, dass Gott ihm diese unglaublichen Fähigkeiten verliehen hatte, da um ihn herum Unglaubliches geschah?

30

Abschied

Es ist mehr als zwanzig Jahre her, dass ich im Vatikan zum ersten Mal den Spuren einer Prophezeiung nachging, die einen Papst betrafen. Die Recherche begann ungeplant. Sie fiel mir in die Hände, zufällig. An dieses Buch habe ich damals nicht im Entferntesten gedacht. Als ich 1987 nach Rom kam, beherrschte eine Geschichte alle anderen: die Theorie, dass Papst Johannes Paul I. einem Mord zum Opfer gefallen sei. Diese phantasievolle Theorie hatte der britische Autor David Yallop entwickelt. In seinem Weltbestseller *Im Namen Gottes* versuchte er, die Mordthese zu begründen. Seiner Ansicht nach hatte Papst Johannes Paul I. die Verstrickungen der Geheimloge P2 (Propaganda Due) mit dem Vatikan entdeckt sowie die illegalen Geschäfte des Bankers Gottes, des Bischofs Paul Marcinkus, damaliger Chef der Vatikanbank IOR (Istituto per le Opere di Religione). Eine Meuchelmörderbande habe 1978 beschlossen, den Papst nach nur 33 Tagen zu ermorden. Es sollte eine Art Ritus sein, denn Jesus von Nazareth war nach der Tradition nur 33 Jahre alt geworden.

Es war damals nicht sehr schwer, den Hintergrund der Geschichte zu recherchieren. Der Hauptschuldige an dem Mediendesaster für den Vatikan hatte seine Schuld eingestanden. Kardinalstaatssekretär Jean-Marie Villot hatte die Lüge in die Welt gesetzt, der Papstsekretär John Magee habe den toten Papst am 29. September um 5.30 Uhr gefunden und ihn, der im selben Gebäude wohnte, sofort herbeigerufen. In Wahrheit hatte eine Ordensschwester den toten Papst entdeckt. Kardinal Villot ist an dieser Lüge und den darauf folgenden Gerüchten, der Papst habe ihn seines Amtes entheben wollen, und er sei in ein Mordkomplott verstrickt, regelrecht zerbrochen und starb fünf Monate später. Auf dieser Unwahrheit und auf der Tatsache, dass der Vatikan die Leiche nicht obduzieren ließ, baute Yallop das ganze Gebäude seiner Theorie auf – die einer Prüfung aber nicht standhielt. Ich wunderte mich vor allem darüber, dass David Yallop mit fast niemandem gesprochen hatte, der Papst Johannes Paul I. wirklich kannte. Die meisten Menschen, die Albino Luciani gekannt hatten, erzählen sofort von seiner schweren Herzkrankheit. Schon bevor er im Jahr 1969 zum Patriarchen von Venedig ernannt wurde, hatte er darüber geklagt, dass er mit seiner schweren Krankheit kaum geeignet sein würde, ein so schweres Amt auszuüben. Doch Papst Paul VI., der ihn schließlich ernannte, hatte ihn nur lakonisch wissen lassen: »Dann stirbst du eben als Bischof und nicht als ein einfacher Priester.«

Ich hatte während Interviews mit dem siebenfachen italienischen Ministerpräsidenten Giulio Andreotti, der Albino Luciani gut gekannt hatte, gefragt, ob er ein Mordkomplott gegen den Papst wenigstens für möglich halte; doch Andreotti hatte abgewunken: »Albino Luciani erlitt manchmal schwere Krisen, dann sah er furchtbar aus. Er war ein sehr kranker Mann.«

Die Befragung der Ärzte von Papst Johannes Paul I. ergab das gleiche eindeutige Bild. Der lächelnde Papst war ohne Zweifel ein schwer herzkranker Mann gewesen, ein Mann, der damit rechnen musste, nicht sehr alt zu werden. Auch innerhalb der Italienischen Bischofskonferenz war dieser Umstand bekannt gewesen. Ich hielt es für wahrscheinlich, dass sich die beiden zerstrittenen Lager im Konklave 1978 nach erfolglosen Vermittlungsversuchen auf einen Kompromiss geeinigt hatten, auf einen Mann, von dem man annehmen musste, er würde nicht allzu lange regieren.

Mit Hilfe von Mitarbeitern Albino Lucianis in Venedig gelang es mir, seinen Bruder ausfindig zu machen. Ich hatte mittlerweile mit vielen Zeugen gesprochen und hegte keinerlei Zweifel mehr daran, dass Johannes Paul I. an seinem Herzleiden gestorben und die Mordtheorie Unsinn war. Aber die Zeitungen hatten sich in die Mordkomplott-Theorie gegen einen Papst regelrecht verliebt und verlangten ständig nach neuen Einzelheiten. Ich suchte also weiter nach Spuren. Ein Gespräch mit dem Bruder Edoardo Luciani schien mir nicht sonderlich interessant. Was sollte er schon sagen? Vermutlich das, was alle sagten: dass Albino Luciani ein schwer kranker Mann gewesen war.

Ich rief ihn an, nur um eine Aussage mehr zu haben, und fragte wie immer, ob er irgendetwas wisse oder vermute, dass nahelege, sein Bruder könnte ermordet worden sein. Er gab mir eine schroffe Antwort: »Ich werde niemals etwas gegen die katholische Kirche sagen. Da sind Sie bei mir an der falschen Adresse. Ich beteilige mich nicht an Spekulationen, lassen Sie meinen Bruder in Frieden ruhen. Guten Tag.«

Er legte auf. Und ich hatte sofort das Gefühl, dass irgendetwas nicht stimmte. Warum hatte er mir nicht einfach gesagt: »Mein Bruder war krank, das müssten Sie als Journalist eigentlich langsam begriffen haben; sein Arzt hat ihn immer vor den Anstrengungen des Papstamtes gewarnt.«? Stattdessen schrie er fast, dass er sich nicht an Spekulationen beteiligen werde. Das hatte ja keiner von ihm verlangt. Und warum hatte er betont, er werde nie etwas gegen die katholische Kirche sagen? Ich hatte ihn doch nicht aufgefordert, etwas über oder gegen die Kirche zu sagen. Mir war schon klar, dass der Mann vermutlich die Nase voll davon hatte, ständig nach seinem Bruder gefragt zu werden. Merkwürdig blieb die Antwort dennoch.

Ich versuchte mein Glück einige Tage später noch einmal und ging auf volles Risiko.

Ich sagte am Telefon: »Meiner Ansicht nach wissen Sie etwas, dass Sie nicht sagen wollen«, vermutete ich ins Blaue hinein.

Er explodierte regelrecht: »Lassen Sie mich in Ruhe! Ich werde niemals etwas gegen die katholische Kirche sagen.«

Da war es schon wieder! Wieso sagte er das erneut? Am Telefon kam ich nicht weiter.

Ich versuchte deshalb über Mittelsmänner, Bekannte, Vertraute, das Pressebüro des Heiligen Stuhls, mit dem Bruder des verstorbenen Papstes ins Gespräch zu kommen. Ohne Erfolg.

Ich wollte die Sache fallen lassen, so wichtig waren die paar Sätze vom Bruder des Papstes nun auch nicht, bis ich zufällig etwas Unerwartetes herausbekam. Mir erklärte ein weiterer Bischof, dass er da gar nichts machen könne, doch nach einem knappen »Tut mir leid, ich kenne den Bruder, aber ich werde ihm nicht zureden« fügte der Würdenträger etwas Seltsames hinzu: »Ich kann aber schon verstehen, dass Sie unbedingt mit ihm reden wollen.«

Ich hatte keine Ahnung, was er meinte. Er fuhr fort: »Wenn er nicht reden will, dann will er nicht reden.«

»Ich danke Ihnen, dass Sie immerhin die Gründe meiner Hartnäckigkeit erraten haben. Das haben Sie doch – oder?«, fragte ich in der Hoffnung, eine Antwort zu bekommen, mit der ich irgendetwas würde anfangen können. »Na ja«, erwiderte der Bischof, »besonders viel nachdenken muss man da nicht, wenn ein Journalist versucht, unbedingt Luciani sprechen zu wollen. Er war schließlich einer der Letzten, die den Papst lebendig gesehen haben, von den Kirchmännern in seiner Umgebung mal abgesehen.«

Der Bruder war also nicht nur deswegen so interessant, weil er eben der Bruder war. Er war auch ein Zeuge. Das hatte ich nicht einmal geahnt.

Meine Bemühungen, mit ihm Kontakt aufzunehmen, schlugen weiterhin fehl. Schließlich stieg ich einfach in einen Zug und fuhr hin. Ich erinnere mich gut an dieses Frühjahr 1988, an den Nebel über der Ebene von Lorenzago, wo er wohnte. Am Bahnhof angekommen, beschaffte ich mir erst einmal Telefonmünzen. Heute sind diese Münzen ausgestorben. Damals musste man diese »Gettoni«, Kupfermünzen mit einem Spalt in der Mitte, mühsam beschaffen, bevor man telefonieren konnte. Als ich ihn an der Leitung hatte, sagte ich gleich: »Ich bin hier in Ihrer Heimatstadt. Wir können uns sofort treffen.«

Er war überrascht und brummte: »Ich will mich nicht mit Ihnen treffen.«

»Okay«, sagte ich, »dann gestatten Sie mir wenigstens, einmal bei Ihnen vorbeizukommen nach einer so langen Reise.«

Er stöhnte.

»Was wollen Sie eigentlich von mir?«, fragte er.

»Nur die Wahrheit. Sagen Sie mir einfach die Wahrheit, dann fahre ich wieder ab.«

Es entstand eine Pause. Er schien nachzudenken. »Also schön, Sie haben gewonnen. Aber eines sage ich Ihnen: Wenn Sie mit meiner Aussage Schindluder treiben, habe ich noch genug Freunde im Vatikan, um Ihnen das Leben zu erschweren.«

»Ich habe die Warnung verstanden.«.

Er fuhr fort: »Es gibt nur eins, was ich zu sagen habe: Mein Bruder hat gewusst, dass er sterben würde. Er hat es gewusst. Es muss eine Prophezeiung gewesen sein, ein Hinweis Gottes an ihn oder eine Vorahnung.«

»Wie kommen Sie darauf?«

»Ich wollte bisher nicht darüber sprechen. Das werden Sie verstehen, weil ich weiß, dass Journalisten, die der Kirche Übles tun wollen, jetzt hergehen könnten und sagen: Seht her, selbst der Bruder meint, dass Papst Johannes Paul I. das Komplott im Vatikan gegen sich geahnt hat. Aber all das habe ich nicht gemeint. Ich glaube nicht, dass es ein Mordkomplott gab. Ich halte das alles für Unsinn, alles, was da jetzt zusammengereimt wird, ist einfach Quatsch. Mein Bruder war schwer krank, dass er nur ganz kurze Zeit Papst sein würde, hat er genau gewusst, und wenn Sie mich fragen, dann hat er es von Gott gewusst.«

»Wie kommen Sie darauf, dass er es gewusst hat?«

»Sehen Sie, wir sind als Brüder aufgewachsen, wir haben uns gut vertragen, aber wir sind nun einmal Norditaliener. Wir haben immer eine gewisse Distanz zueinander gewahrt. Ich will damit sagen, dass wir uns nicht wie die Süditaliener ständig abküssen oder herzen müssen. Mein Bruder zum Beispiel hat mich in seinem ganzen Leben nie in den Arm genommen. Bis auf ein einziges Mal.«

»Ach ja? Und wann?«

»Ich war bei ihm zum Abendessen eingeladen in seine Wohnung im Apostolischen Palast. Wir sprachen über alles Mögliche, vor allem darüber, wie unsere gemeinsamen Bekannten seine Wahl zum Papst aufgenommen hatten. Nach dem Essen wollte ich gehen, verabschiedete mich, aber mein Bruder bestand darauf, mich persönlich bis zum Fahrstuhl zu bringen. Als der Fahrstuhl kam und ich die Tür aufmachte, nahm er mich auf einmal in den Arm, das erste Mal in seinem Leben, und ich habe genau gespürt, dass er sich verabschieden wollte. Danach fuhr ich hinunter in den Hof. Es war das letzte Mal, dass ich meinen Bruder gesehen habe.«

31

Pannen

Ich kenne einen Mann, der fest an eine mystische Verbindung von Papst Johannes Paul II. und Kardinal Joseph Ratzinger glaubt. Und das ist einer, der besser als jeder andere wissen dürfte, was in Papst Johannes Paul II. wirklich vorgegangen war: sein Sekretär Don Stanisław Dziwisz, der 36 Jahre lang wie ein Sohn an seiner Seite gelebt hatte. Er sagte mir persönlich im Herbst 2008 im Pressesaal des Heiligen Stuhls: »Es hat eine besondere Verbindung zwischen Joseph Ratzinger und Papst Johannes Paul II. gegeben. Der Regenbogen, der an dem Tag am Himmel erschien, als Joseph Ratzinger Auschwitz besuchte, war ein Zeichen des Himmels, ein Zeichen Karol Wojtyłas an seinen Freund Joseph Ratzinger, der da weitermachte, wo er hatte aufhören müssen.«

Aber irrte sich Stanisław Kardinal Dzwisz nicht gewaltig? Zeigte nicht gerade die Stümperei bei der Affäre um den Bischof Richard Williamson, den Shoah-Leugner, dessen Exkommunizierung Papst Benedikt XVI. aufhob, dass der falsche Mann auf dem Thron Petri sitzt? Beging Joseph Ratzinger mit seiner Entscheidung, einen Mann zu rehabilitieren, der behauptet, Juden seien nicht in Gaskammern ums Leben gekommen, nicht einen schrecklichen Verrat an seinem Vorgänger? War es nicht gerade ein Kernanliegen des kompletten Pontifikates von Papst Johannes Paul II. gewesen, sich für die Verbrechen zu entschuldigen, die Christen Juden angetan hatten? Konnte er einen Nachfolger gewollt und unterstützt haben, der einen solchen Fehler beging? Ende Januar und Anfang Februar 2009, als die Affäre Williamson »wie eine Lawine« über den Vatikan hereinbrach, so beschrieb es Papstsekretär Georg Gänswein mir gegenüber, bezweifelten sogar Kardinäle, dass die Wahl

Joseph Ratzingers zum Papst tatsächlich der Wille des Heiligen Geistes gewesen sein könnte. Eine solche Papst-Panne ist in der Lehre der katholischen Kirche allerdings durchaus vorgesehen. Die Kardinäle haben dann schlicht und einfach den Wunsch des Heiligen Geistes missverstanden. Oder hatte Papst Johannes Paul II. Joseph Ratzinger so weit nach vorn geschoben, dass die Kardinäle ihn wählten, weil es eine menschliche Entscheidung des sterbenden Papstes war, die mit einem himmlischen Beschluss gar nichts zu tun hatte?

Der langjährige deutsche Außenminister Hans-Dietrich Genscher sagte Anfang Februar 2009 während der Affäre um Richard Williamson, dass die Polen zu Recht stolz auf ihren Papst Karol Wojtyła sein könnten, ob die Deutschen allerdings auch auf ihren Papst stolz sein dürften, das sei dahingestellt. Ich weiß, wie Papst Johannes Paul II. darauf reagiert hätte. Er hätte gelacht. Denn das Geheimnis des Karol Wojtyła bestand vor allem darin, zu beweisen, dass der Vatikan trotz seiner Struktur als ein grauenhaft schlecht organisierter Ministaat mit der Kraft des Gebetes und der Hilfe Gottes die Welt zum Besseren verändern kann. Stanisław Kardinal Dziwisz, auf päpstliche Verfehlungen angesprochen, erklärte mir: »Immer, wenn ein Journalist ganz besonders schlecht über den Papst geschrieben hatte, immer, wenn im Vatikan etwas vermurkst worden war, sagte er: ›Ich hätte es verdient, dass sie noch schlechter über mich schreiben.‹«

Genauso eine Panne war im Fall Williamson eingetreten. Eine Panne, die der Welt zeigte, was Karol Wojtyła der Welt hatte zeigen wollen: Seine Erfolge, die ihn zum Jahrtausendpapst machten, ließen sich seiner Ansicht nach nicht mit einer großen persönlichen Leistung erklären. Er hatte keine Hilfe durch überdurchschnittlich gute Berater. Ihm standen nicht die weltweit besten Experten, kein phantastisch funktionierender Apparat zur Verfügung. Er glaubte, dass allein die Hilfe Gottes ihm beistand. Das wollte er zeigen. Genau dies war auch der zentrale Punkt im Fall Williamson. Der israelische Vatikankorrespondent Menachem Gantz sagte mir während der Krise: »Kein Mensch in Israel glaubt, dass der Papst ein Antisemit ist.« Während der Williamson-Affäre ging es nicht darum, ob der Papst die Shoah verurteilte. Es ging darum, dass der Vatikan der Welt vorführte, wie abgründig schlecht die ganze Maschine Vatikan funktioniert: Die Rechte wusste nicht, was die Linke tat. Der Papst hob die Exkommunizierung eines Mannes auf, über den sich niemand gründlich informiert hatte. Danach steckte er die Schelte für das ein, was seine Kardinäle angerichtet hatten. Die Schuldigen trauten sich nicht einmal, ihre Schuld einzuräumen. Dabei dürfen die Kardinäle nur purpurrote Kleidung tragen, weil dies das Zeichen dafür ist, dass sie bereit sind, für die katholische Kirche ihr Blut zu vergießen. Im Fall Williamson wäre es nicht nötig gewesen, sich hinmetzeln zu lassen; einfach ein wenig Demut zu zeigen und Verantwortung für die eigenen Fehler zu übernehmen, hätte völlig gereicht.

Ich hätte dieses Buch nicht geschrieben, wenn nicht der Kern aller Verwunderung über den Vatikan mit dieser Frage zu tun hätte. Wie konnte und kann eine so schlecht organisierte Monarchie, die so viele Fehler produziert und sich manchmal so stümperhaft verhält, gleichwohl so nachhaltig in die Geschichte der Welt eingreifen und die Verhältnisse auf der Erde verbessern? Der Fall Williamson zeigt dies ganz ausgezeichnet, aber um das zu erklären, muss ich weiter ausholen.

32
Verbrecher

Am 29. Mai 2006 erfahren zunächst nur wenige Vaticanisti, die an diesem Tag ausgewählt worden waren, um den Papst an die Gedenkstätte des ehemaligen Konzentrationslagers Auschwitz zu begleiten, dass ausgerechnet vor diesem bedeutenden Ereignis ein Fehler passiert war. Wir saßen bereits im Bus auf dem Weg von Krakau nach Auschwitz, als der Vatikan in letzter Sekunde eine Änderung in der Rede des Papstes bekannt gab. Der jüdische Begriff für das, was dem Volk Israel angetan worden war, »Shoah«, tauchte in der Ursprungsrede des Papstes nicht auf. Erst in der neuen Fassung war der Begriff nachträglich eingefügt worden. In der Ursprungsfassung, die wir vor der Abreise des Vatikanbusses nach Auschwitz bekommen hatten, hieß es: »Der Ort, an dem wir stehen, ist ein Ort des Gedächtnisses.« Dann ging es weiter mit dem Satz: »Das Vergangene ist nie bloß vergangen.«

In der neuen Fassung der Rede, die erst während der Busfahrt verteilt wurde, heißt es: »Der Ort, an dem wir stehen, ist ein Ort des Gedächtnisses, ist der Ort der Shoah.« Dieser Satzteil wurde eingeschoben, als der Papst schon auf dem Weg nach Auschwitz war. Viele Juden fragten sich: Wie kann der Papst den zentralen Begriff der größten Tragödie des Volkes der Juden vergessen, übersehen, sodass er erst in letzter Sekunde eingefügt werden muss?

Wie sehr man sich bemühte, diese nachträgliche Änderung geheim zu halten, zeigt die Tatsache, dass jahrelang offiziell die falsche Version im Umlauf war. Eines der Opfer wurde das Internet-Portal der *FAZ*, Faz-net. Noch drei Jahre nach dem Ereignis steht unter der Adresse http://www.faz.net/s/

RubDDBDABB9457A437BAA85A49C26FB23A0/Doc~EA9 0A84B558BC4DB5A0EDC4E0990F7155~ATpl~Ecommon~ Sspezial.html die falsche Fassung der Rede: die ursprüngliche Fassung, in der von der Shoah keine Rede war.

Wie konnte der Papst beim Niederschreiben der Rede den Begriff Shoah vergessen? Wusste er es nicht besser? Wusste er nicht, wie wichtig dem Volk der Juden der Begriff ist, denn es ist ein jüdisches Wort für eine jüdische Tragödie, während der Begriff Holocaust für den industriellen Massenmord, den eine US-Fernsehserie berühmt machte, auf ein griechisches Wort zurückgeht?

Enttäuscht waren die jüdischen Beobachter an diesem Tag in Auschwitz aber auch darüber, dass der Papst davon sprach, dass »eine Schar von Verbrechern mit lügnerischen Versprechungen, mit der Verheißung der Größe, des Wiedererstehens der Ehre der Nation und ihrer Bedeutung, mit der Verheißung des Wohlergehens und auch mit Terror und Einschüchterung Macht gewonnen hat, sodass unser Volk zum Instrument ihrer Wut des Zerstörens und des Herrschens gebraucht und missbraucht werden konnte.«

War es wirklich nur eine »Schar von Verbrechern« gewesen, die das deutsche Volk terrorisiert hatte? Wurde Joseph Ratzinger mit diesem Satz dem Anliegen seines großen Vorgängers, der sich für die antisemitische Haltung der katholischen Kirche entschuldigt hatte, gerecht? Ich erinnere mich genau an jenen Moment, als der Papst diesen Satz in Auschwitz vorlas, und ich weiß, an wen ich dachte: an einen Mann, der mir von einer der erstaunlichsten Prophezeiungen berichtete, von der ich je gehört habe, an Amos Pampaloni. Ich hatte das Glück, nicht nur in Büchern, nicht nur mit Hilfe von Ausstellungen und Historiker-Diskussionen das Unfassbare der Shoah vermittelt zu bekommen, sondern von einem Augenzeugen, der etwas Unfassbares erlebt hatte, eine Beschreibung genau dieser Unfassbarkeit zu hören. Pampaloni hat sich sein ganzes Leben lang genau das gefragt: Wie ist es möglich, dass nicht verblendete eiskalte Killer, eben nicht eine »Schar von Verbrechern«, die der Papst nennt, sondern nette, freundliche Familienväter entsetzliche Gemetzel anrichteten, Leichenberge hinterließen, als hätten sie nicht ein paar Wochen zuvor noch das unauffällige Leben eines deutschen Familienvaters mit Kindern und Freizeit an der Theke einer Gastwirtschaft geführt?

Ich bin fest davon überzeugt, dass der Papst damals, als er von einer Verbrecherschar sprach, unrecht hatte. Meine Überzeugung verdanke ich nicht zuletzt der Zeit mit Pampaloni.

Als ich im August 2001 zu Pampaloni fuhr, um ihn in seiner Wohnung zu treffen, wusste ich, dass er zum Ende des Zweiten Weltkriegs eine Partisanengruppe angeführt hatte. Ich erwartete also eine dieser bedrückenden Wohnungen älterer Herren, die einmal überzeugte Kommunisten gewesen waren. Diese Wohnungen glichen sich alle. Ich habe nicht nur aus beruflichen Gründen viele davon gesehen, sondern auch, weil manche Eltern meiner italienischen Freunde Partisanen gewesen waren. Ich weiß nicht, warum, aber alle richten ihre Wohnungen mit schweren, dunklen Holzmöbeln ein. Diese Art von Möbeln heißt »arte povera« (arme Kunst) und konnte sich vielleicht deshalb verbreiten, weil es in Italien bis vor Kurzem keine modernen Möbelhäuser gab. Man sitzt also in der Regel in den Wohnungen eines ehemaligen Partisanenkommandanten auf einer dunkel gebeizten Holzbank und schaut auf Stapel alter, staubiger Zeitungen. Warum Italiens linke Intellektuelle alte Ausgaben der *Unità*, der *Repubblica* oder des *Corriere della Sera* nicht einfach wegschmeißen können, ist mir nie klar geworden, ebenso wenig wie ihre Liebe für alte VHS-Kassetten. Dem Fortschritt der DVD entsagen sie alle. Wenn es nicht einfach einen Espresso zur Begrüßung gibt, dann reicht der Hausherr in der Expartisanenwohnung mit nahezu hundertprozentiger Sicherheit Chinotto, eine Art Limonade aus bitteren Orangen, die es außerhalb Italiens meines Wissens nicht gibt. Ich habe es zumindest noch nie gesehen. Chinotto trinkt man aber nicht wegen des Geschmacks; irgendwann gewöhnt man sich wahrscheinlich an das bittersüße Aroma, das ein wenig nach Campari ohne Alkohol schmeckt. Chinotto trinkt man, weil das eine politische Botschaft ist. Alle Partisanen trinken Chinotto, weil Chinotto in Italien als Alternative zur »Kapitalistenbrause« Coca Cola gilt. Wie dieser Drink bis heute überleben konnte, ist mir schleierhaft, und jedes Mal, wenn ich sonntags auf dem Heimweg an der Chinotto-Fabrik in Sutri vorbeikomme, hoffe ich, dass die Besitzer auch den jungen Menschen noch klarmachen können, warum sie Chinotto trinken sollen. Um das Bild einer typischen Partisanenwohnung komplett zu machen, muss ich noch die Dekoration der Wände erwähnen. Da hängen Bilder der legendären Kommunistenchefs Palmiro Togliatti neben dem obligatorischen Foto, auf dem Roberto Benigni den später während einer Wahlveranstaltung an einem Herzinfarkt verstorbenen Kommunistenchef Enrico Berlinguer hochhebt und dabei fast umfällt. Daneben hängen oft Bilder des heilig gesprochenen Paters Pio und der Muttergottes von Pompeji. Diese Form des kommunistischen Katholizismus ist in Italien weit verbreitet, und verstanden hat dieses Phänomen eigentlich nie jemand.

So also hatte ich mir die Wohnung vorgestellt; doch sie sah völlig anders aus: Amos Pampaloni wohnt in einem freundlichen, modernen, hellen Appartement am Stadtrand von Florenz, und gleich, als ich durch die Tür ging, stutzte ich. Denn im Eingang waren Modelle von Ferrari-Sportwagen ausgestellt. Das passte nun überhaupt nicht zu meinen Erfahrungen mit Wohnungen ehemaliger Partisanen. Keiner von ihnen hätte je ausgerechnet das vielleicht frechste Symbol des Kapitalismus, einen Ferrari, in seiner Wohnung gehabt, nicht einmal als Spielzeug der Kinder.

Pampaloni lachte, als er meine Verwunderung bemerkte, und erzählte auch gleich, dass er viele Jahre zum Ferrari-Club von Florenz gehört hatte. Mit dem Kapitalismus hatte der Expartisanenkommandant Pampaloni keinerlei Probleme. Als ich ihm sagte, dass es mir seltsam vorkomme, wie jemand, der eigentlich schon tot war und dem auf spektakuläre Weise das Leben noch einmal geschenkt worden war, es dann als Streckenwart und in einem Ferrari-Sportwagen riskieren könnte. Pampaloni wurde nachdenklich bei der Frage und meinte schließlich, dass gerade Menschen wie er, die eigentlich seit Jahrzehnten tot seien, eine unbändige Lust entwickeln, das Leben in vollen Zügen zu genießen.

Wir setzten uns ins Wohnzimmer neben die Modelle der Ferrari-Wagen und Pampaloni erzählte – und er konnte das auf eine Art und Weise, die alles verschwinden ließ: das helle Wohnzimmer seiner angenehmen Wohnung, in der wir saßen, den schwarzen, heißen Espresso, den er brachte, die langsam sinkende Sonne über den Dächern von Florenz. Dafür erstand die griechische Insel Kephalonia vor meinen Augen. Er konnte sie regelrecht aus dem Meer auftauchen lassen. Er konnte so viele Jahrzehnte später noch seine Verwunderung über die Schönheit der Insel beschreiben, wie sie sich plötzlich vor seinen Augen aus dem Dunst des Meeres schälte. Die Reise in seine Vergangenheit führte genau zu diesem Mann, dem netten Familienvater, der ein Massaker angerichtet hatte.

Amos Pampaloni erschrak damals am Wohnzimmertisch fast über das Gesicht des jungen Mannes, der er selber einmal gewesen war, als Hauptmann in der Acqui-Division. Auf den Fotos marschiert er mit schneidigem Schritt durch Turin. »Trotz des Kriegs war Griechenland natürlich auch ein Traum. Ich hatte in der Schule viel über Griechenland gelesen als wir dann die Insel Kephalonia erreichten, erinnerte ich mich als Erstes an das Schöne, die ganze griechische Götterwelt. Mit den deutschen Soldaten hatten wir zu Beginn ein gutes Verhältnis. Ich erinnere mich, dass die Befehlshaber zu uns kamen; die haben Bier und Würste mitgebracht, und unsere Befehlshaber sind auch zu den Deutschen gefahren. Das war alles ganz freundschaftlich. Aber eine schreckliche Vorahnung hatten wir schon. Auf der Insel ging es im Grunde friedlich zu. Wir Italiener kamen mit den Griechen sowieso gut zurecht, die Deutschen aber weniger. Irgendwann kursierten auf einmal die ersten Gerüchte über die außergewöhnliche Brutalität der Deutschen gegenüber den Griechen. Ich konnte das erst mal nicht glauben, denn ich wusste, dass die Deutschen Gebirgsjäger waren. Menschen, die die Berge kennen, waren vielleicht Eigenbrötler, aber nicht wirklich böse, so dachte ich zumindest. Außerdem hieß die Division ja noch ›Edelweiß‹. Soldaten, die sich nach einer schönen Bergblume benennen, das konnten doch keine Monster sein. Aber dann habe ich es selber gesehen. Ein Kind bettelte auf einer Straße einen deutschen Soldaten an. Es hatte Hunger. Es wollte etwas zu essen. Das Kind lief hinter dem Soldaten her, obwohl er es abwehrte. Plötzlich zog er eine Pistole und erschoss das Kind. Es war entsetzlich. Die Griechen wollten mit den Deutschen danach nichts mehr zu tun haben. Mit uns freundeten sie sich aber immer mehr an.«

Am 8. September 1943 geschah schließlich, was die 12 000 italienischen und 4000 deutschen Soldaten auf der Insel Kephalonia in eine außergewöhnliche Situation brachte: Sie durften demokratisch darüber abstimmen, ob sie überhaupt und, wenn ja, gegen wen sie kämpfen wollten. Diese Tage zwischen dem 3. September und dem 8. September 1943 haben eine ganze Generation Italiener nachhaltig geprägt. Am 3. September hatte der vom italienischen König eingesetzte Ministerpräsident Pietro Badoglio im Auftrag des Königs in dem Städtchen Cassibile auf Sizilien mit dem US-Befehlshaber Walter Bedell Smith ein Waffenstillstandsabkommen unterzeichnet, heimlich, hinter dem Rücken der italienischen Truppen. Am 8. September wurde dieses Abkommen offiziell im Radio von General Eisenhower und Ministerpräsident Badoglio verkündet. Das italienische Königshaus war damit seinen eigenen Soldaten in den Rücken gefallen. Hunderttausend italienische Soldaten standen an diesem Tag noch nichtsahnend Seite an Seite mit deutschen Soldaten, und ohne eine Vorwarnung ihrer italienischen Regierung oder des Königs wurden binnen Sekunden aus Freunden und Alliierten erbitterte Feinde. Ein halbes Jahrhundert später habe ich es aus dem Mund des damaligen Ministerpräsidenten und späteren Staatspräsidenten Carlo Azeglio Ciampi gehört. Ciampi ist ein durch und durch moderater Politiker, ein Mann des Ausgleichs und des Kompromisses, alles andere als ein Haudegen. Er ist ein freundlicher, leiser, sehr gut vorbereiteter und sehr höflicher Mann; doch sobald er auf diese Tage zu sprechen kommt, auf die Zeit zwischen dem 3. und dem 8. September 1943, schaltet dieser nette ältere Herr total um. Aus ihm wird ein Mann, der nicht verzeihen kann. Es ging in Ciampis Regierungszeit um die Aufhebung jenes Paragraphen der italienischen Verfassung, der es der italienischen Königsfamilie von Savoyen verbot, italienischen Boden zu betreten. Ciampi trat energisch dafür ein, dieses Verbot nicht aufzuheben. »Der italienische König Viktor Emanuel III. hat damals zwischen dem 3. und dem 8. September offenen Auges mit der Entscheidung, die italienischen Soldaten nicht zu warnen und nicht zu informieren, Zehntausende in den Tod getrieben. Die von Savoyen haben in Italien nichts mehr zu suchen.«

Genau inmitten dieses Pulverfasses befand sich Amos Pampaloni auf Kephalonia. Auch er hörte fassungslos die Nachricht, dass Italien mit den Alliierten ein Waffenstillstandsabkommen geschlossen hatte. »Zunächst waren wir überglücklich. Wir hatten nach drei Jahren Krieg die Nase voll, wir wollten nach Hause. Aber dann fragten wir uns, wie es weitergehen sollte. Aus Rom kamen widersprüchliche Befehle, schließlich erhielten wir den Befehl mit der Nummer 1027/CS, der besagte, dass die deutschen Truppen als feindlich anzusehen seien. Mir schwante ab diesem Zeitpunkt nichts Gutes.«

Amos Pampalonis Augen blitzten, als er von diesen Tagen erzählte: »Viele haben mich gefragt, warum war es für die Deutschen so wichtig, mich umzubringen, ausgerechnet mich, einen relativ unbedeutenden Hauptmann? Das zu erklären ist ganz einfach: Ich war mit meiner Artillerie-Einheit an der Küste stationiert, gerade am Hafen von Argostoli. Am 13. September weckte mich ein Soldat. Ich werde es nie vergessen. Schiffe, schwer beladen mit deutschen Soldaten, mit Waffen, Lastwagen, fuhren auf den Hafen von Argostoli zu. Das Meer war spiegelglatt. Für mich war klar: Die Deutschen holen mehr Soldaten auf die Insel, weil sie uns angreifen wollen. Ich wusste nicht, was ich tun sollte, aber ich wusste, dass, was immer ich auch tun würde, die Lage entscheiden würde. Denn wenige Stunden später sollte die einzige bekannte Befragung von Soldaten in der Kriegsgeschichte stattfinden.«

In der Nacht vom 13. auf den 14. September ließ der Oberkommandierende der italienischen Truppen, General Antonio Gandin, alle Soldaten darüber abstimmen, was sie tun wollten: entweder a) an der Seite der Deutschen weiterzukämpfen, b) sich zu ergeben oder c) gegen die Deutschen zu kämpfen.

»Ich wusste natürlich, dass diese Befragung stattfinden sollte, und ich wusste, dass ich die Vorentscheidung in der Hand hatte. Wenn ich die Deutschen friedlich in den Hafen fahren lassen würde, dann hätten sie die Kräfteverhältnisse auf der Insel zu ihren Gunsten verbessert. Wenn wir nicht gegen sie kämpfen mussten, dann war das ganz egal, wenn aber doch, dann musste ich handeln. Ich entschied mich, schießen zu lassen.«

Die erste Batterie des 33. Regiments eröffnete das Feuer. Ein Schiff der Deutschen wurde schwer getroffen und sank, die übrigen Schiffe zogen sich rasch hinter die schützenden Klippen zurück. »Ab da war klar, dass es auf der Insel jetzt zwischen Deutschen und Italienern keinen Frieden mehr geben würde.« Amos Pampaloni hatte mit dem Befehl, die Deutschen anzugreifen, natürlich Mut gezeigt, aber aus Sicht der Deutschen auch die Abstimmung beeinflusst. Am Morgen des 14. Septembers meldeten alle Kompanien, dass sie sich entschieden hatten, gegen die Deutschen zu kämpfen. Wenn Amos Pampaloni am Morgen des 13. September nicht hätte schießen lassen, wäre das Ergebnis dann anders ausgefallen?

»Wir wussten, dass die Lage jetzt brenzlig werden würde, aber dass es so schlimm kommen würde, wie es kam, hätte damals keiner erwartet. Wir erfuhren am 14. September, dass Hitler in Berlin den Befehl gegeben hatte, die Italiener auf Kephalonia anzugreifen, ›ohne Gefangene zu machen‹.«

Es sollte ein Vernichtungsangriff werden, kein Kampf regulärer Armeen.

Am 21. September 1943 kam es zur Katastrophe: »Wir rückten in das Dilinata-Tal vor. Es war früh am Morgen, gegen

4.30 Uhr. Plötzlich kamen deutsche Soldaten von allen Seiten. Ich erinnere mich, dass ich dachte: ›Wie die Ameisen.‹ So viele waren es. Ich habe die Geschütze unbrauchbar machen lassen, ich habe die Verschlüsse der Geschütze ausbauen und wegwerfen lassen, ich wollte nicht, dass die Waffen in die Hände der Deutschen fallen. Ich dachte, jetzt werden wir Kriegsgefangene. Die werden uns nach Deutschland bringen oder, wenn wir Glück haben, nach Italien, aber Todesangst hatte ich nicht. Auf uns kam ja kein SS-Bataillon zu, sondern eine Division der Gebirgsjäger. Gebirgsjäger, dachte ich, das werden anständige Leute sein.«

Noch einmal erwähnte er damals im Wohnzimmer in Florenz den Namen der Division: »Edelweiß«. Das klang beruhigend für Hauptmann Pampaloni, das klang in den Ohren der Italiener rein und sauber. Es klang nach der klaren Luft der Berge, in denen raue, aber ehrliche Deutsche lebten. »Sie beschossen uns mit Granatwerfern, sie waren drückend überlegen, immer mehr meiner Männer starben. Ich gab den Befehl, das Feuer einzustellen und uns zu ergeben.«

Dann erlebte Amos Pampaloni, was so gar nicht in die Beschreibung des deutschen Papstes passt, die er 62 Jahre später in Auschwitz vor der Weltöffentlichkeit formuliert: dass »eine Schar von Verbrechern« Deutschland ins Unglück gerissen habe.

»Der Kommandeur, der auf mich zukam, war ein dicker, kleiner Mann. Er schwitzte stark. Er sah wie ein netter deutscher Familienvater aus, genauso, wie ich mir einen Mann der Gebirgsjäger der Division ›Edelweiß‹ vorstellte. Er sah so aus, wie ich mir einen gemütlichen Deutschen in einem Wirtshaus vorstellte, umringt von Kindern mit einer netten Frau, und ich dachte: Mit dem komme ich schon klar, wir haben uns ja ergeben.«

Doch dann folgte der blanke Horror: »Die Deutschen haben meine Soldaten beraubt, sie haben ihnen alles weggenommen, Uhren, Geldbörsen, Stifte, selbst die Gürtel. Ich habe bei dem deutschen Kommandanten protestiert. ›So behandelt man keine Kriegsgefangenen‹, sagte ich. Er erwiderte: ›Verräter aber schon.‹

Ein Soldat kam zu mir und sagte: ›Die werden uns erschießen, lasst uns beten. Ich weiß noch, dass ich ihn anschrie, er möge still sein und nicht die Moral der Truppe untergraben. Dann kam der Kommandant mit einer gezogenen Pistole zu mir. ›Gehen Sie! Drehen Sie sich um, und gehen Sie!‹

Das ist das Ende, dachte ich«, sagte Amos Pampaloni, »und ich weiß noch, dass ich dachte, dass ein alter Pfarrer, der meine Familie kannte, eben doch unrecht gehabt hatte, als er mir prophezeite, dass ich dem Tod nahe kommen, aber dann doch entkommen würde. Ich ging, machte einen Schritt, dann spürte ich den Schlag im Nacken, Blut lief herunter, erst dann hörte ich den Knall. Du bist tot, dachte ich und fiel um. Dann begann das Inferno. Die Deutschen hatten Maschinengewehre auf Lastwagen montiert. Sie ließen jetzt die Klappen herunter und massakrierten meine unbewaffneten Leute. Sie erschossen alle 80 Mann. Die Leichen fielen auf mich. Auch meine Offiziere wurden erschossen.« Amos Pampaloni aber lebte. Die Kugel hatte seinen Nacken gestreift, hatte ihn stark bluten lassen, aber er war am Leben.

»Ich lag ganz unten in dem Leichenberg. Sie töteten viele, die sich noch bewegten, mit Genickschuss. Mich sahen sie in dem vielen Blut nicht. Ich hörte, wie die Deutschen abzogen, der Kommandant schrie triumphierend, dass wir alle tot seien. Dann fingen sie an zu singen, fröhliche Trinklieder, ich hörte Freudenschreie. Ich dachte, wie kann ein Mann, der aussieht wie ein netter deutscher Familienvater, eiskalt wehrlose Soldaten abschlachten lassen?«

Amos Pampaloni war der einzige Überlebende seiner 80 Mann starken Kompanie. Insgesamt wurden am 21. und 22. September 1943 auf Kephalonia mehr als 5000 italienische Soldaten und 189 Offiziere, die sich ergeben hatten, von deutschen Wehrmachtssoldaten getötet. Die präzise Zahl der Opfer konnte bis heute nicht rekonstruiert werden. Die Täter des Massakers von Kephalonia mussten sich niemals vor Gericht verantworten.

Amos Pampaloni kroch damals aus dem Leichenberg seiner Kameraden heraus. Eine griechische Familie versteckte ihn und pflegte ihn gesund. In den darauf folgenden 14 Monaten kämpfte er mit griechischen Partisanen gegen die Deutschen, bevor er auf einem britischen Schiff nach Italien zurückkehrte.

Er starb am 12. Juni 2006 im Alter von 95 Jahren. Auf seiner Lebensgeschichte basiert der Hollywood-Film »Captain Corelli's Mandolin« mit Nicholas Cage und Penelope Cruz, der 2001 in die Kinos kam.

33

Regensburg

Die Proteste gegen die Amtsführung Papst Benedikt XVI. hielten sich trotz der Kritik von jüdischer Seite an der Auschwitz-Rede bis zum Herbst 2006 noch in Grenzen. Doch am 12. September 2006 gegen 17.30 Uhr änderte sich alles. Der scheinbar unfehlbare Denker und Vatikan-Chef würde sich in einen fehlbaren Menschen verwandeln, vor den Augen der Welt. Bis zu diesem Tag galt Joseph Ratzinger als Ausnahmedenker, ein Mastermind, ein Superhirn. Am Ende des Tages wird das nicht mehr so sein. Ich erinnere mich gut an den sonnigen Morgen im Pressezelt in Regensburg. Ich saß neben meinem Freund, dem damaligen *New York Times*-Korrespondenten Ian Fisher, trank Kaffee und begann mit der Arbeit; ich las die Predigten und Reden, die der Papst an diesem Tag halten würde. Wie immer hatten wir sie zu nachtschlafender Zeit im Voraus bekommen. Zuerst las ich die Rede, die der Papst am Nachtmittag in der Hochschule halten würde. Genau genommen war das, was ich las, alles andere als eine päpstliche Rede. Einen solchen Text aus der Feder eines Papstes hatte ich seit vielen Jahren nicht mehr gesehen. Es war eine Vorlesung. Das zeigten schon die Anmerkungen. Vor allem ein Hinweis im Text fiel auf: Der Zusatz wies darauf hin, dass die Rede noch weiter ausgearbeitet werden würde und dann in einer endgültigen Fassung zur Verfügung stehe. Was sollte das denn? Ich hatte in zwei Jahrzehnten am Heiligen Stuhl noch nie schwarz auf weiß vom Vatikan eine solche Information bekommen, nämlich dass der Papst mit einer Rede nicht fertig geworden war, sie aber trotzdem schon mal halten wollte, um sie später weiter auszuarbeiten. Welchen Sinn das auch immer machen sollte, mit der normalen Predigt eines Oberhauptes der katholischen Kirche hatte der Text nichts zu tun. Ich las – und stockte. Ich merkte, dass auch Ian stockte. Er sah mich an, und in seinem Blick erkannte ich die gleiche Verblüffung, die ich empfunden hatte. Die Mimik bedeutete: »Das kann er doch nicht wirklich sagen.« Gleichzeitig blitzte in Ians Augen eine gewisse Vorfreude auf.

»Frontpage!«, sagte Ian. »Titelseite.« Denn in der auf den ersten Blick eher langatmigen Vorlesung des Papstes steckte Dynamit. Ich las das Zitat, das Benedikt XVI. benutzen wollte, wieder und wieder. Heute ist es weltberühmt, das Zitat des Kaisers Manuel II. Palaiologos, eines byzantinischen Herrschers, der gesagt hatte: »Zeig mir doch, was Mohammed Neues gebracht hat, und du wirst nur Schlechtes und Inhumanes finden.«

Ich sprang damals von meinem Stuhl auf. Es gab jetzt zwei Möglichkeiten. Entweder hatten wir eine falsche Rede bekommen, eine Rede, die der Papst niemals halten wollte und niemals halten würde, die durch irgendeinen Irrtum in den Verteiler gekommen war. Oder es stimmte, und der Papst wollte tatsächlich sagen, was hier stand. Dann war das eine Bombe. Es gab nur einen, der verlässlich Auskunft geben konnte: Papstsprecher Pater Federico Lombardi. Noch heute empfinde ich Mitleid mit Pater Lombardi, wenn ich an diesen einen Augenblick in Regensburg denke.

Der immer freundliche, überaus entgegenkommende Pater Lombardi hatte erst zwei Monate zuvor das Amt des Papstsprechers übernommen. Zu seinen Aufgaben auf Papstreisen gehört, dass er regelmäßig, wenn möglich einmal am Tag, im Pulk der Journalisten auftaucht, um mit ihnen zu plaudern. In 98 Prozent der Fälle handelt es sich um ein informelles Treffen. Das heißt, der Papstsprecher erzählt mehr oder weniger in allen besuchten Ländern, dass die Reise des Papstes gut verlaufe, dass der Papst zufrieden sei. Interessant sind diese Briefings nur wegen einiger Einzelheiten. Man erfährt Nebensächliches, etwa dass der Papst sich seine Lieblingsspeise zum Abendessen bestellt hat, dass überraschend ein alter Schulfreund ihn besucht hat, dass der Papst einem Kind eine Widmung in das Gebetbuch geschrieben hat, bunte kleine Nachrichten ohne großen Wert. Um etwas wirklich Wichtiges geht es in zehn Jahren vielleicht einmal. Auch für einen Neuling, und Pater Lombardi war damals in Regensburg noch ein Neuling als Papstsprecher, waren diese Briefings kein Problem. Doch an diesem Morgen gab es kein gewöhnliches Briefing. Im Pressesaal lag eine intellektuelle Bombe, ein Sprengsatz von gewaltiger Reichweite. Pater Lombardi war gleich zu Beginn seiner Amtszeit widerfahren, was in zehn Jahren einmal stattfindet. Der Jesuit schien geradezu erschüttert über das Ausmaß unserer Verwunderung zu sein. Wir fragten ihn eigentlich alle das gleiche: »Lieber Pater Lombardi, Papst Benedikt XVI. will doch nicht allen Ernstes diesen Satz sagen?«

Dass ein Papst Mohammed, wenn auch in einem Zitat, derart herabgesetzt hatte, war im Vatikan wahrscheinlich seit dem Seekrieg von Lepanto, dem Sieg der vatikanisch-spanisch-venezianischen Armada über die Türken, nicht mehr vorgekommen. In der modernen Welt schien es völlig unnötig, die ohnehin angespannte Situation zwischen Christentum und Muslimen noch anzuheizen. Die Attentate nach der Veröffentlichung der Karikaturen in Dänemark, in denen der muslimische Glaube verulkt worden war, hatten deutlich gezeigt, welche Konsequenzen selbst harmlosere Attacken gegen den Islam haben können. Dass der Papst ein Zitat benutzte, in dem Mohammed als Ursprung des Schlechten dargestellt wird, musste an diesem Tag in Regensburg so scheinen, als wollte Benedikt XVI. Benzin ins Feuer gießen.

Was ich bis heute nicht verstehe, ist die Reaktion des Vatikans. Das komplette Pressezelt stand damals kopf – und das hatte ich in solchem Ausmaß noch nie erlebt. Es passiert immer wieder, dass irgendjemand irgendeine Äußerung des Papstes besonders bemerkenswert findet. Ich selber habe während der Reise von Papst Benedikt XVI. nach Afrika sträflich unterschätzt, dass die Wiederholung seiner Position zur Nutzung von Kondomen zu einem weltweiten Aufschrei führen würde. Den Grund für diese Reaktion konnte ich nicht begreifen. Schließlich hatte der Papst nur wiederholt, was er schon hunderte Male gesagt hatte.

Aber in Regensburg war die Situation eine völlig andere. Nicht nur einige Kollegen waren empört. Die komplette im Flugzeug Seiner Heiligkeit vertretene Weltpresse war der Meinung, dass dieser Satz eine Katastrophe auslösen könnte. Pater Lombardi versuchte, die Position des Papstes so gut zu verteidigen wie er konnte. Zu diesem Zeitpunkt, es muss gegen elf Uhr gewesen sein, hätte der Vatikan noch sechs Stunden Zeit gehabt, die Katastrophe zu verhindern. Irgendjemand hätte den Papst darüber informieren können, dass ausnahmslos alle Vertreter der Presse und des Fernsehens diesen Satz für problematisch, wenn nicht gar gefährlich hielten. Der Papst hätte Zeit gehabt, das Zitat, das für seine Vorlesung nicht einmal entscheidend war, einfach herauszunehmen – und nichts wäre passiert. Später stellte sich heraus, dass muslimische Extremisten wegen dieses Zitats im Text des Papstes Kirchen und Krankenhäuser der katholischen Kirche angriffen: Bei diesen Überfällen kamen katholische Ordensleute und Gläubige zu Schaden, es soll sogar Tote gegeben haben. Wie viele Opfer es weltweit waren, wird niemand je genau erfahren, aber dass es welche gab, steht außer Frage. Sie hätten verhindert werden können, wenn an diesem Nachmittag während der kommenden sechs Stunden irgendwer den Mut gehabt hätte, Papst Benedikt XVI. zu fragen, ob er wirklich den Gründer einer anderen Religion – und sei es in einem Zitat – herabsetzen wolle. Doch niemand wagte, dem Papst einen Wink zu geben. Wahrscheinlich wurde Joseph Ratzinger nie so hart dafür bestraft, dass er als unantastbares theologisches Genie galt, wie in diesem Moment. Er galt als so genial, dass niemand ihn auf einen offensichtlichen Fehler aufmerksam machen wollte.

Selbstverständlich würden auch die Christen empört reagieren, wenn ein hoher muslimischer Würdenträger in einem Zitat über Jesus von Nazareth betonen würde, dass er nur Schlechtes und Inhumanes gebracht hätte. Religionen sollten sich gegenseitig mit Respekt begegnen. Spätere Rechtfertigungsversuche machten alles nur schlimmer. Pater Lombardi sprach davon, der Papst habe in der Universität in Regensburg schließlich eine Vorlesung gehalten. Er wollte damit sagen, Joseph Ratzinger habe in Regensburg einfach vergessen, dass er der Papst war, und wie ein normaler Professor gesprochen. Aber konnte die katholische Kirche sich einen Papst wünschen, der ab und zu einfach vergaß, dass er der Papst war? Die Appelle, die der Papst in den folgenden Wochen an die muslimische Welt richtete, die Quasi-Entschuldigung, konnte zwar die Wogen glätten, aber eines blieb übrig: Die Überzeugung, dass Joseph Ratzinger ein unfehlbares Genie war, schwand im Vatikan. Selbst wenn der Papst nur vergessen hatte, dass er der Papst war, und als Theologie-Professor gesprochen hatte, dann war das ein Fehler gewesen.

Die Planung des Vatikans oder die Vorsehung, ganz wie man will, verschärften in jenem Jahr 2006 die Probleme Benedikt XVI. Bereits vor der Panne der Regensburger Rede vor der Serie von Erklärungen und halben Entschuldigungen gegenüber dem Islam, bereits vor den Beteuerungen, er habe niemals den Religionsstifter Mohammed herabsetzen wollen, hatte Joseph Ratzinger die nächste Reise zugesagt: ausgerechnet in ein muslimisches Land, in die Türkei.

Im Grunde hatte dieser erste Besuch Papst Benedikts XVI. in einem islamischen Land nichts mit dem Islam und nichts mit der Türkei zu tun. Papst Benedikt hatte die Einladung des Patriarchen von Konstantinopel angenommen, der immer noch als der ranghöchste Patriarch der orthodoxen Kirche weltweit gilt und den Titel »Allheiligkeit« tragen darf. Die Einladung, zum Sankt-Andreas-Fest nach Istanbul zu kommen, konnte der Papst kaum ausschlagen. Die orthodoxe Kirche beruft sich auf den heiligen Andreas als ihren Gründer, wie der römische Katholizismus sich auf Petrus beruft. Die Reliquien des heiligen Andreas hütet die orthodoxe Kirche ebenso stolz wie Rom die Gebeine des heiligen Petrus. Fairerweise muss man sagen, dass nie geklärt werden konnte, ob die Gebeine, die in Rom und Konstantinopel verehrt werden, tatsächlich die sterblichen

Überreste der beiden Apostel Petrus und Andreas sind. Die Einladung zum Andreas-Fest am 30. November einfach auszuschlagen, hätte den Dialog zwischen dem Katholizismus und der Orthodoxie gefährdet. Der Papst musste also in die Türkei reisen.

Bis zur Regensburger Rede hatte die Reise als schwierig gegolten, weil sich Joseph Ratzinger als Kardinal gegenüber der französischen Tageszeitung *Le Figaro* gegen die Aufnahme der Türkei in der EU ausgesprochen hatte. Die Türkei sei das »andere«. Kardinalstaatssekretär Angelo Sodano hatte damals gegen diese Erklärung Ratzingers protestiert und erklärt, es handle sich dabei um dessen private Meinung. Zu Sodanos Pech war Ratzinger jetzt zum Papst gewählt worden, und der Kardinalstaatssekretär musste bis zu seiner Ablösung durch Kardinal Tarcisio Bertone damit leben, seinen neuen Chef einst heftig in der Türkeifrage attackiert zu haben. Schon vor der Regensburger Rede war die Situation also brenzlig gewesen. Dass der Papst nach der Regensburger Rede ausgerechnet ein muslimisches Land besuchen musste, das er auch auf politischer Ebene düpiert hatte, schien echtes Pech zu sein. Es bestand am 28. November 2006 kein Zweifel daran, dass dem Papst eine Höchstleistung abverlangt werden würde, ein Meisterstück sowohl der religiösen als auch der politischen Diplomatie, um diese schwierige Situation zu meistern.

Die Türkei ließ den Papst politisch regelrecht ins Messer laufen. Als er landete, schockierte das Land den Papst zunächst einmal damit, dass es keinen »großen Bahnhof«, keine prächtige Begrüßungszeremonie gab. Der Gast schien nicht sonderlich willkommen zu sein. Vom Flugzeug aus führten Protokollbeamte den Papst direkt in einen Gesprächsraum, wo der türkische Staatschef Recep Tayyip Erdoğan den Papst erwartete. Erdoğan hatte den Vatikan schon im Vorfeld mächtig unter Druck gesetzt, indem er wissen ließ, dass er keine Zeit haben würde, den Papst in seinem Land zu empfangen. Sein Terminkalender ließe das nicht zu. Erst kurz vor der Abreise des Papstes in die Türkei erklärte Erdoğan, er habe es sich anders überlegt und wolle den Papst doch empfangen, um danach seine dringenden Termine wahrzunehmen.

Dieses Gespräch des Papstes aus Deutschland gehört meiner Ansicht nach zu den Meisterstücken des Joseph Ratzinger. Vor sich hatte er einen Gesprächspartner, der ganz offensichtlich dieses Treffen mit dem Papst für seine Zwecke missbrauchen wollte. Das Treffen sollte der Welt zeigen: Der Papst ist eingeknickt. Joseph Ratzinger, der sich ganz klar gegen den Beitritt der Türkei zur EU ausgesprochen hatte, war durch den glorreichen Recep Tayyip Erdoğan dazu gezwungen worden, seine Meinung zu ändern. Es wäre für den Papst einfach gewesen, nur Floskeln zu benutzen oder auf seiner Position zu beharren. Benedikt XVI. hingegen ging den schweren Weg, und ich kenne wenige Staatschefs, die den Mut gehabt hätten, so über den eigenen Schatten zu springen. Der Papst wusste, dass man ihn vorführen wollte, aber er nahm der Gegenseite gleich den Wind aus den Segeln. Er erklärte, dass ihm das Gute aller Menschen am Herzen liege, dass er also nicht in politischer Mission gekommen sei. Die Aufgabe Papst Benedikt XVI. und die Aufgabe des Joseph Ratzinger, des Chefs der Glaubenskongregation, waren zwei verschiedene. Der Papst entschloss sich zu dem schwierigsten Schritt: Der Joseph Ratzinger, dem ein Teil der Welt Besserwisserei vorwarf, war demütig. Er erklärte, dass er nunmehr wie ein Vater für alle Menschen guten Willens arbeiten wolle und keinerlei Einmischung mehr in konkrete politische Fragen vorhabe. Benedikt XVI. nahm es in Kauf, dass ein Teil der Weltöffentlichkeit auf ihn eindreschen würde, weil er seine Position geändert hatte. Aber er tat es für ein hohes Gut: Es ging ihm jetzt nur noch darum, dass alle Menschen den Weg zu Gott finden mögen – ob innerhalb der EU oder außerhalb.

34

Beißen und zerreißen

Zwei Jahre lang kann sich das Pontifikat Papst Benedikt XVI. einer relativen Ruhe erfreuen. Doch dann kommt der 21. Januar 2009, und dieser Tag ist der Auftakt zu einer vatikanischen Katastrophe. Papst Benedikt XVI. wird später schreiben, dass die Bischöfe über ihn regelrecht hergefallen seien und man sich in der Kirche zerreiße. Der Papst kommt zu dem Schluss, dass der Vatikan das Internet stärker nutzen müsse, und trifft damit den eigentlichen Punkt. Denn der GAU hätte vermieden werden können.

Seit Jahren existieren im Internet einsehbare Dateien, in denen jeder Nutzer nachlesen kann, dass Richard Williamson, ein am 8. März 1940 in London geborener Bischof, der zur erzkonservativen, von Marcel Lefebvre gegründeten Piusbruderschaft gehört, hartnäckig den Holocaust leugnet. Im April 1989, also knapp zwanzig lange Jahre vor dieser Krise im Vatikan, hatte Richard Williamson im kanadischen Sherbrooke den Holocaust geleugnet und gesagt, es treffe nicht zu, dass Juden in Auschwitz vergast worden seien. Das seien alles »Lügen, Lügen, Lügen«. Daraufhin folgte eine Strafanzeige der Kanadier. Williamson konnte der Strafverfolgung durch rasche Flucht entkommen, muss seitdem aber Kanada fern bleiben. Williamson hatte seine Haltung in den darauf folgenden Jahren nie korrigiert. Im Gegenteil, er hatte weiter den Holocaust geleugnet. Hätte er das in Deutschland getan, hätte er zu Recht geraume Zeit im Gefängnis verbracht. Obwohl Williamsons Aussagen im Internet verbreitet worden waren, wird aus dem Vatikan bekannt, dass Benedikt XVI. die Exkommunizierung von vier Bischöfen der Piusbruderschaft, darunter auch Williamson, aufheben will. Der 1991 verstorbene Gründer Marcel Lefebvre und die vier von ihm ernannten Bischöfe waren 1988 von Johannes Paul II. exkommuniziert worden.

Die Welt bereitete sich auf einen Aufschrei der Entrüstung vor. Doch noch war es nicht so weit. Papst Benedikt XVI. hob am 21. Januar die Exkommunikation des Holocaust-Leugners auf. Damit war der Weg frei für den abtrünnigen Bischof der Piusbruderschaft, um in die katholische Kirche zurückzukehren. Am selben Tag sendete das schwedische Fernsehen ein aktuelles Interview mit Williamson, in dem der Bischof erneut den Holocaust leugnete. Damit war er zumindest nach deutschem Recht ein Straftäter. Als die Welt erfuhr, dass der Papst die Exkommunizierung eines Holocaust-Leugners aufhob, war sie schockiert. Wie konnte der deutsche Papst einem solchen Mann entgegenkommen?

Was in den Stunden nach diesem 21. Januar geschah, ist einzigartig in der modernen Geschichte der Kirche. Der Vatikan hat bemerkt, dass er einen schweren Fehler begangen hat, und bleiernes Schweigen legt sich über die Paläste am Petersdom. Vermutlich zeichnete sich schon damals das ganze Ausmaß des Fiaskos ab. Das würde erklären, warum der Papst und die Kardinäle unter einem regelrechten Schock standen. Sie tun nichts, um den Schaden abzuwenden, nichts, um ihn einzudämmen, nichts, um ihre Haltung zu klären. Einfach nichts. Der Schaden der Williamson-Affäre für die katholische Kirche ist unermesslich.

Die Krise sorgt sieben Wochen später für einen Epochenwandel im Vatikan. Zum ersten Mal in der Mediengeschichte des Papsttums schreibt ein Papst, Benedikt XVI., einen persönlichen Brief an die Bischöfe, um seine umstrittene Entscheidung zu rechtfertigen, die »Panne« einzugestehen, aber auch, um ihnen klarzumachen, wie verletzt er ist, wie sehr ihn die Kritik, vor allem die Kritik aus dem Inneren der Kirche, getroffen hat. Der Papst beklagt, in Anlehnung an einen Brief des Paulus, in seinem Brief vom 10. März 2009 das »Beißen und Zerreißen« innerhalb der Kirche.

Aber zunächst scheint selbst das Staatssekretariat des Vatikans gelähmt. Nichts geschieht am 21. Januar, um den Schaden einzugrenzen, und ebenfalls nichts am 22. Januar. Mittlerweile ist es Freitag, der 23. Januar 2009. Die ganze Welt weiß jetzt, dass der Vatikan einen Fehler gemacht hat und einen Mann, der die Shoah leugnet, rehabilitierte. Das Interview Richard Williamsons, das zunächst nur vom schwedischen Fernsehen ausgestrahlt wurde, war inzwischen weltweit zu sehen. Immer mehr Kardinäle sprechen vom »Versagen der Berater des Papstes«. Jüdische Gemeinschaften verlangen eine Entschuldigung, Politiker rufen den Papst auf, sich von Williamson zu distanzieren. Doch auch 48 Stunden nach dem Ausbruch der Krise schweigt der Papst im Apostolischen Palast eisern.

Keine 500 Meter entfernt, im Pressesaal des Heiligen Stuhls, ist es alles andere als still. Hier tobt ein Krieg, ein Medienkrieg. Alle großen Tageszeitungen, Fernsehanstalten, Nachrichtendienste der Welt wollen wissen, warum der Vatikan einem Holocaust-Leugner entgegenkommen will. Hat man denn im Vatikan nicht gewusst, dass Williamson verbrecherische Behauptungen aufstellt, für die er in Deutschland zu Recht vor Gericht müsste? Die Fragen prasseln ohne Unterlass auf den Mann ein, der dafür da ist, zu erklären, was die Meinung des Papstes in dieser Sache ist – wenn der Papst seine Meinung denn sagen würde.

Papstsprecher Federico Lombardi kommt aus einer Familie, die viele Patres hervorgebracht hat, Jesuiten wie ihn. Der spanische Offizier Ignatius von Loyola hat den Orden gegründet, weil er keine Betschwestern, sondern »Soldaten« ausbilden wollte, »Soldaten Gottes«. Lombardi, der stille Mann mit der freundlichen Stimme, weiß, dass das hier eine Schlacht ist, und er weiß, dass er sie nicht gewinnen kann, aber er weiß auch, dass er in dieser Woche wird kämpfen müssen, Tag und Nacht. Sein Gegner ist das Schweigen. Am 4. Februar, dem Tag, an dem sich später alles entscheiden soll, muss der wichtigste Verbündete Lombardis, der Mann, der eigentlich die Krise managen müsste, der zweite Mann im Vatikan, Kardinalstaatssekretär Tarcisio Bertone, nach Spanien. Die Reise lässt sich nicht aufschieben, denn in Spanien droht die Auseinandersetzung zwischen Kirche und Staat zu eskalieren. Kardinalstaatssekretär Bertone spricht kurz mit Pater Lombardi. Dann überlässt er ihm den schwierigen Job, mit den Medien umzugehen. An diesem Tag zahlt sich eine Entscheidung von Papst Benedikt XVI. aus, nämlich die Medienmacht in einer Hand zu ballen, in der Hand des Federico Lombardi. Er ist Papstsprecher, Chef des Presseamts, Chef von Radio Vatikan, Chef des Vatikan-TVs CTV. Das, was jahrelang den Vatikan behinderte, dass der Papstsprecher manchmal anderer Meinung war als der Chef von Radio Vatikan und dann noch der Chef des Vatikan-TVs hineingrätschte, kann nicht mehr passieren. Doch Lombardi weiß auch, dass diese Konzentration von Macht in einer, in seiner Hand ihm viele Feinde geschaffen hat. Er weiß, dass ein kleiner Fehler ihn jetzt den Kopf kosten kann. Und doch ist er der Einzige, der wagt, zu reagieren.

Federico Lombardi entschließt sich am Sonnabend, dem 24. Januar, zu einer gefährlichen, aber ausgesprochen wirksamen Attacke. Im Grunde drehte Federico Lombardi damals den Spieß nur um. Seit seiner Ernennung zum Papstsprecher leidet Federico Lombardi an dem unfairen Spiel der Journalisten, den Vatikan immer wieder zum Opfer von Verallgemeinerungen zu machen. Dazu musste man nur irgendeinen Prälaten mit seltsamen Ansichten herauspicken, der irgendwas mit dem Vatikan zu tun hatte, und dann dessen Meinung als Meinung des Vatikans darstellen. Das berühmteste Beispiel dieser Taktik sind die Interviews mit dem Bischof von Civitavecchia, Monsignor Girolamo Grillo. Der hatte behauptet, ein Wunder erlebt zu haben, in seinen Händen habe die Gipsstatue der Muttergottes von Civitavecchia Blutstränen geweint. Sogleich schrieben zahlreiche Journalisten, dass der Vatikan das Wunder der blutige Tränen weinenden Muttergottes feiert, woraufhin das Staatssekretariat Bischof Girolamo Grillo einen Maulkorb verpasste. Von nun an musste er zu dem Vorfall schweigen. Der Bischof hatte eben nicht im Namen des Vatikans gesprochen, obwohl er ein Bischof ist, dessen Diözese zu Rom gehört.

Dieses Mal drehte Lombardi also entschlossen den Spieß um. Als Chef von Radio Vatikan steht es ihm zu, Kommentare zu verfassen, Editorials. Natürlich kann man davon ausgehen, dass diese Editorials die Meinung des Vatikans wiedergeben. Das tun sie offiziell aber nicht. Offiziell verbreitet Radio Vatikan lediglich die Meinung des Federico Lombardi. Da aber Radio Vatikan diese Meinung vertritt, sieht es so aus, als wäre es die Meinung des Papstes. Lombardi sagte in seinem Editorial einen schlichten Satz: »Wer die Shoah leugnet, sagt nicht nur historisch totalen Unsinn, sondern versteht auch nichts vom Leiden Christi am Kreuz«, und das bedeutete: Bischof Williamson, 1988 von Lefebvre gegen den Willen des Vatikans geweiht, ist ungeeignet, ein Bischof zu sein. Dies bedeutet, dass der Bischof Richard Williamson, dem soeben erst die Gnade der vom Papst aufgehobenen Exkommunikation erwiesen wurde, vom Papstsprecher als nicht geeignet angesehen wird, ein Bischof der katholischen Kirche zu sein. Lombardi wird später sagen, dass ein Mann, der die Shoah leugnet, lieber Kartoffeln anbauen sollte, als das Amt des Bischofs auszuüben. Die Attacke gegen Williamson wird weltweit mit Genugtuung aufgenommen und beruhigt erst einmal die Gemüter. Am Samstag, dem 24. Januar, gibt Pater Federico Lombardi mir gegenüber zu, wie riskant diese Aktion war. Ich fragte ihn, ob der Satz, dass Williamson mit der Negierung der Shoah außerhalb des Christentums stehe, die Meinung des Vatikans und des Papstes wiedergebe. Lombardi gestand: »Ich kann nur erraten, was die Meinung des Papstes ist. Das hat mit meinen Sätzen auch gar nichts zu tun. Ich habe nur ein Editorial verfasst.«

Das bedeutete: Pater Federico Lombardi hatte auf dem ersten Höhepunkt der Krise, ohne Deckung, ohne Absicherung für den Vatikan zurückgeschlagen, in der Hoffnung, die Meinung seiner Bosse richtig wiederzugeben. Das Geniale an dem Schachzug war: Niemand merkte, dass die Attacke von Lombardi, der Befreiungsschlag gegen Richard Williamson, gar nicht die Folge einer überlegten Entscheidung des Vatikans war. Es war das Husarenstück eines einzelnen Mannes.

Am 28. Januar scheinen die sieben längsten Tage im Leben des Papstsprechers endlich beendet zu sein. Eine Woche zuvor hatte die Katastrophe ihren Lauf genommen, und Tag um Tag war verstrichen, ohne dass irgendwer die Schuld auf sich nahm und den Papst schützte. Doch jetzt ist endlich wieder Mittwoch, der Tag der Generalaudienz. Der Papst kann nicht mehr warten. Er muss das Thema ansprechen, auch wenn er noch immer niemanden vorzeigen kann, der bereit ist, für den Fehler, der das Debakel auslöste, einzustehen. Der Papst spricht klare Worte: Die Shoah sei eine Warnung für alle, die Negierung des Holocaust könne nicht hingenommen werden.

Doch dann geschieht etwas, womit der Vatikan nicht gerechnet hatte: Die klaren Worte des Papstes verhallen wirkungslos. Zu diesem Zeitpunkt stellt sich heraus, dass niemand ernsthaft den Papst verdächtigt hatte, ein Antisemit zu sein. Seine Erklärung, die Shoah müsse eine Warnung für die Menschheit sein, interessiert die Medien daher auch nicht. Seine Haltung zum Holocaust hatte der Papst bereits während des Besuchs in Auschwitz klargestellt. Was man vom Papst an diesem Mittwoch, dem 28. Januar, erwartet hatte, waren nicht Worte, sondern Taten. Der Papst hatte einen Mann rehabilitiert, seine Exkommunikation aufgehoben, der die Shoah leugnete. Das war ein Fehler gewesen. Die Welt wollte jetzt, dass irgendwer für den Fehler geradestand und den Schaden, soweit möglich, wiedergutmachte. Doch der Papst konnte weder den Schuldigen des Debakels präsentieren, noch konnte er etwas Wirksames tun. Das Dekret vom 21. Januar hatte die Exkommunizierung aufgehoben. Mit der Aufhebung beendete der Papst einen seit 21 Jahren schwelenden Streit. Er konnte kaum ein paar Tage nach Aufhebung der Exkommunikation den Bischof noch einmal exkommunizieren. Er hätte sich lächerlich gemacht. Außerdem wäre das aus kirchenrechtlichen Gründen gar nicht möglich gewesen. Kein Mensch kann aufgrund seiner völlig irrsinnigen Ansichten, die aber nichts mit Glaubensfragen der katholischen Kirche zu tun haben, exkommuniziert werden. Als Bischof absetzen konnte der Papst Richard Williamson auch nicht, weil der nach seiner Exkommunikation noch gar nicht in eine Diözese oder ein Amt eingesetzt worden war. Weil der Vatikan die Priesterbruderschaft Sankt Pius X. nicht anerkennt, konnte der Papst also auch über sie keinen Druck auf den Bischof ausüben. Da eine sofortige Reaktion unmöglich schien, beschloss der Vatikan, den Fall zunächst genauer zu untersuchen. Denn zahlreiche Monsignori im Vatikanstaat glaubten, dass der Papst Opfer eines Komplotts geworden sein könnte, deren Drahtzieher im Vatikan sitzen mussten.

Im Kern ging es bei der Komplott-Theorie um einen Punkt. Das Dekret zur Aufhebung der Exkommunizierung Richard Williamsons war ein geheimes Dekret gewesen. Es hatte der strengsten Stufe der Geheimhaltung unterlegen, dem Siegel SSP, »Sub Secretum Pontificium«, unter päpstlicher Geheimhaltung. Nur wenige hatten gewusst, dass dieses Dekret am 21. Januar zugestellt werden würde. Konnte es Zufall sein, dass es genau am 21. Januar zugestellt wird und am selben Tag das verhängnisvolle Interview ausgestrahlt wird, in dem Richard Williamson den Holocaust leugnet?

Hatte das jemand geplant? Hatte ein wichtiger Kardinal den Schweden gesteckt, dass die Rücknahme der Exkommunikation von Bischof Richard Williamson vorbereitet werde? Hatte das schwedische Fernsehen daraufhin den Sendetermin des Interviews festgelegt, um den Papst genau an diesem Tag bloßzustellen? Dazu hätte es eines einflussreichen Mannes bedurft, der dem Papst schweren Schaden zufügen wollte. Gab es so einen Mann?

Unterdessen verstreicht die Zeit. Der Druck auf den Vatikan wächst weiter. Die Welt kann immer weniger verstehen, warum der Papst eigentlich nichts tut. Pater Federico Lombardi weiß, dass der Vatikan keine Zeit mehr hat; er weiß, dass vor allem eine Tatsache jetzt endlich klargestellt werden muss: die Unkenntnis des Papstes darüber, dass Richard Williamson ein Extremist ist, der die Shoah leugnet. Doch noch immer geschieht nichts. Schließlich bricht Tag Nummer 13 seit dem Beginn des Debakels an. Es ist unchristlich, an Aberglauben wie die Unglück bringende Zahl 13 zu denken. Unglück bringt die Zahl an diesem Tag dennoch.

Während einer Pressekonferenz mit dem Präsidenten Kasachstans, Nursultan Nasarbajew, wechselt Bundeskanzlerin Angela Merkel, die gerade noch die Menschenrechtssituation in Kasachstan anmahnte, das Thema. Sie kritisiert den Papst. Bundeskanzlerin Angela Merkel ermahnt den Papst, er möge eindeutig Stellung beziehen; die Leugnung des Holocaust durch einen Bischof, dessen Exkommunizierung durch den Papst aufgehoben worden sei, könne nicht hingenommen werden. Angela Merkel betont, dass sie sich normalerweise nicht in innerkirchliche Fragen einmische, doch hier gehe es um Grundsätzliches.

Der Zeitpunkt dieser Forderung von Frau Merkel hätte aus Sicht des Vatikans nicht ungünstiger liegen können. Es ist kurz nach 15 Uhr. Der Papst schläft um diese Uhrzeit nach dem Mittagessen. Auch sein Sekretär Georg Gänswein ruht um diese Zeit. Die Herren stehen früh um sechs Uhr auf, der Tag endet meist erst um 22 Uhr, und da die Mannschaft um den Papst eine Sieben-Tage-Woche durchstehen muss, wäre der Stress ohne die Mittagsruhe kaum zu meistern. Das Staatssekretariat nimmt Angel Merkels Kritik natürlich zur Kenntnis. Niemand weiß genau, wie jetzt reagiert werden soll. Aber der Papst wird nicht geweckt.

Das Staatssekretariat entschließt sich vielmehr zu handeln, ohne den Papst nach seiner Meinung zu fragen. Kirchenpolitisch ist das ein unglaublicher Schritt und ein wichtiges Kennzeichen für das gesamte Pontifikat Papst Benedikt XVI. Erstmals seit Langem in der Geschichte kommt heftige Kritik aus Deutschland, dem Heimatland des Papstes, und in die Reaktion darauf wird der Papst gar nicht einbezogen. Das ist unfassbar. Der Vorsitzende der Deutschen Bischofskonferenz, Robert Zollitsch, sagte mir, dass in seinem Ordinariat so etwas niemals vorgekommen wäre. Also nimmt das relativ bescheidene Freiburger Ordinariat den Bischof ernster als das viel größere Staatssekretariat im Vatikan den Papst. Es war im Pontifikat Papst Johannes Paul II. undenkbar, dass auf eine wichtige politische Nachricht aus Polen durch das Staatssekretariat geantwortet wird und nicht durch den Papst persönlich. Eine solche Eigenmächtigkeit des Staatssekretariats gab es nicht einmal in dem Zeitraum, in dem Papst Johannes Paul II. bereits schwer krank war, so schwer krank, dass er kaum mehr sprechen konnte. Benedikt XVI. aber ist kerngesund. Dennoch wartet das Staatssekretariat an diesem Tag nicht darauf, den Papst um seine Meinung fragen zu können, wie in einer solchen nun wirklich delikaten Angelegenheit zu reagieren ist, sondern handelt eigenmächtig, obwohl es sich um einen historischen Ausnahmefall handelt.

Schließlich hatte kein deutscher Bundeskanzler jemals einen Papst offen kritisiert. Weder Gerhard Schröder noch Helmut Kohl oder Helmut Schmidt, schon gar nicht der katholische Konrad Adenauer, hatten sich je in die innerkirchlichen Beziehungen im Vatikan eingemischt. Man muss schon fast zurückgehen bis zum Kulturkampf, der Auseinandersetzung zwischen Reichskanzler Otto von Bismarck und Papst Pius IX., um ähnlich dramatische Töne zwischen einem deutschen Spitzenpolitiker und einem Papst zu finden. Bismarck hatte den Einfluss der Kirche in Deutschland stark eingeschränkt. Kanzlerin Merkel geht es jedoch um etwas anderes. Sie will, dass die Bundesrepublik Deutschland die Ehre der Opfer des Holocaust und ihrer Angehörigen schützt.

Während der Papst also ausruht, will Papstsprecher Pater Federico Lombardi gerade den Pressesaal des Heiligen Stuhls verlassen, um zur Redaktion von Radio Vatikan zu gehen, als ihn die Papstkritik von Angela Merkel erreicht. So vorteilhaft die Ballung so vieler Aufgaben in der Hand Lombardis ist, so nachteilig kann sie auch sein. Er muss jetzt handeln, und zwar als Sprecher des Papstes. Er muss eine Erklärung vorbereiten, so rasch wie möglich. Außerdem muss er das Programm von Radio Vatikan ändern nach der Kritik durch Frau Merkel. Es muss eine Entscheidung getroffen werden, wie der Vatikan auf die Kritik reagieren soll. Lombardi weiß nach einigen Telefonaten, dass der Papst noch gar nichts weiß, dass es somit auch noch keine Antwort des Papstes auf Frau Merkel gibt. Wieder einmal muss er ohne Rückendeckung handeln. Wenn die Meinung des Staatssekretariats, die er der Welt verkünden soll, sich zufällig mit der Meinung des Papstes deckt, ist alles in Ordnung. Aber wenn der Papst verärgert darüber sein sollte, dass man ihn nicht einmal gefragt hat, dann riskiert der Papstsprecher, im Namen des Papstes Dinge zu sagen, die nicht die Meinung des Papstes wiedergeben. Ich bin mir ziemlich sicher, dass Pater Lombardi in diesem Moment auf dem Weg vom Pressesaal zur Chefredaktion von Radio Vatikan alles dafür gegeben hätte, dass der Papst informiert worden wäre. Pater Lombardi weiß an diesem Tag aber auch, dass er keine Zeit mehr hat. Der Vatikan kann die Kritik der deutschen Bundeskanzlerin nicht lange unbeantwortet stehen lassen. Er muss reagieren. Lombardi weist also die Kritik aus Deutschland zurück und betont nur, dass der Papst Aussagen, die den Holocaust verleugnen, in der Vergangenheit mehrmals unmissverständlich verurteilt habe.

Es ist 20 Uhr, fünfeinhalb Stunden nach der Kritik von Angela Merkel, als der Papst endlich von der Aufforderung der Bundeskanzlerin erfährt, er möge sich deutlich von Männern distanzieren, die den Holocaust leugnen. Der Papst ist empört über die Haltung der Bundeskanzlerin.

Es gibt dramatische Momente, in denen man im Vatikan erleben kann, dass alles anders ist als in einem normalen Staat: Diese Momente sind rar. An diesem Abend aber war es so. Männer, die daran glauben, dass sie auch das Kreuz für andere tragen müssen, hauen ihre Mitarbeiter, selbst wenn sie schwere Fehler begangen haben, nicht in die Pfanne. Die Versuchung ist groß, aber Männer, die täglich zu Gott beten: «Führe uns nicht in Versuchung», erwerben manchmal die Fähigkeit, der Versuchung, zurückzuschlagen, tatsächlich zu widerstehen. Das ist im Fall des Joseph Ratzinger so. Er hätte auf den Tisch hauen können. Er hätte alle Beteiligten antanzen lassen können. Er hätte den schuldigen Dario Kardinal Castrillon Hoyos fragen können, wie ihm eigentlich die Unachtsamkeit unterlaufen sein konnte, in neun langen Jahren, in denen er sich nicht um vierhundert, sondern um vier abtrünnige Bischöfe kümmern musste, nicht in Erfahrung zu bringen, dass die kanadischen Behörden gegen einen von ihnen wegen Leugnung des Holocaust vorgegangen waren. Benedikt XVI. hätte fragen können, wieso die Kurie ihm zur Aufhebung der Exkommunikation Richard Williamsons riet und nicht einmal das wusste, was jeder durchschnittliche Nutzer einer Internetplattform wie kath.net wusste, dass es nicht angezeigt war, einem Unverbesserlichen wie Williamson die Hand zu reichen. Zum Schluss hätte Benedikt XVI. sich seinen Kardinalstaatssekretär vorknöpfen können, um ihn danach zu fragen, ob er es normal findet, erst den Papst in eine schwere diplomatische Krise rutschen zu lassen und ihn dann nicht einmal darüber zu informieren, obwohl es die Kanzlerin des Heimatlandes des Papstes betraf.

Aber er tat das alles nicht.

Der Chef einer Behörde hätte angesichts des Desasters einen Rachefeldzug gegen die Schuldigen geführt. Aber wie macht das ein Mann, der an Jesus von Nazareth glaubt und daran, dass man auch die zweite Wange hinhält?

Dem Papst war klar, dass ein immenser Schaden entstanden war. Er war ja selber der Leidtragende. Aber war die Lösung hartes Durchgreifen? Wenn ein Papst Fehler nicht verzeiht, wer kann dann eigentlich noch verzeihen?

Da im Vatikan also weiterhin nichts geschah, musste irgendjemand den Scherbenhaufen beseitigen. Irgendjemand musste endlich Dario Kardinal Castrillon Hoyos öffentlich vorführen, den Kardinal, der bisher nicht den Mumm gehabt hatte, für seinen Fehler geradezustehen. Das war zweifellos keine schöne Aufgabe. Sie fiel wieder einmal dem kirchlichen Militär zu, dem Jesuiten Pater Federico Lombardi. Die Aufgabe, den Kardinal aus Kolumbien in die Pfanne zu hauen, musste erfüllt werden – und zwar aus einem einfachen Grund: Es musste unmissverständlich klargemacht werden, dass der Papst nicht gewusst hatte, was für einen Schwachsinn Bischof Richard Williamson vertrat. Es musste ein Mann gefunden werden, dem man die Schuld zuweisen konnte. Pater Lombardi hätte auf diesen Job sicher gern verzichtet, suchte sich dann aber einen geeigneten Partner, die französische Kirchenzeitung *La Croix*, um weltweit die Nachricht unterzubringen, dass Dario Kardinal Castrillon Hoyos an allem schuld war und dass er den Papst in diese Bedrängnis gebracht hatte.

Nachdem das erledigt war und Angela Merkel sich am Sonntag am Telefon mit dem Papst ausgesöhnt hatte, beschloss der Vatikan, nichts weiter zu tun – und zu hoffen, dass Israel an der Einladung des Papstes, im Mai das Land zu besuchen, festhalten werde. In Israel standen Wahlen bevor; deren ungünstiger Ausgang hätte die Papstreise nach Israel noch gefährden können. Der Vatikan fürchtete einen klaren Sieg der Ultrakonservativen. Denen ist die seit Langem vom Vatikan erhobene Forderung nach einem eigenen Palästinenserstaat zuwider. Dennoch hoffte der Vatikan, dass die Reise des Papstes nach Israel und sein Gedenken an das Leid der Juden vieles wieder zusammenfügen würde, was im Fall Williamson zerschlagen worden war.

Doch in diesem dramatischen Frühjahr des Jahres 2009, während Rom unter einer ungewöhnlich klirrenden Kälte bibbert, geht die Demontage des Papstes durch die Kurie weiter: diesmal in Österreich. Mitten im Chaos um die Aufhebung der Exkommunizierung des Holocaust-Leugners Richard Williamson veröffentlicht der Vatikan am Samstag, dem 31. Januar 2009, die Ernennung von Dr. Gerhard Maria Wagner zum Weihbischof für die Diözese Linz. Der am 17. Juli 1954 geborene Wagner verkörpert genau das, was alle gemäßigten Gläubigen der katholische Kirche am meisten hassen: Er besaß für alle Nicht-Katholiken, die der Kirche feindlich gegenüberstehen, einen ungeheuer hohen Unterhaltungswert. Ein durchschnittlicher Gemeindepriester, ein normaler Bischof bieten der heutigen Nachrichtenwelt einfach keinen Stoff. Ein Priester, der für mehr Solidarität eintritt, ein Bischof, der ein gerechtes Schulsystem fordert, selbst ein Papst, der die Krieg führenden Parteien irgendwo auf der Welt darum bittet, die Waffen niederzulegen, all das hat nur einen sehr begrenzten Nachrichtenwert.

Gerhard Maria Wagner hingegen behauptete Dinge, die ihn unverzüglich auf die Titelseiten der Tageszeitungen brachten. So schwärmte er davon, dass »Homosexualität heilbar sei«. In seinem Pfarrbrief nannte Wagner die Katastrophe des Hurrikans »Katrina« im Jahr 2005 in New Orleans eine Folge »geistiger Umweltverschmutzung«. Er schrieb, dass der Hurrikan nicht nur »alle Nachtclubs und Bordelle vernichtete, sondern auch fünf (!) Abtreibungskliniken«. Wagner wies darauf hin, das zwei Tage nach dem Hurrikan eine Gay Pride mit 125 000 Homosexuellen geplant gewesen war. Der ultrakonservative Pfarrer spekulierte darüber, ob Gott Katrina geschickt habe, um die Schwulen von den Straßen New Orleans zu vertreiben.

Genau dies fürchten Katholiken am meisten, denn solche Äußerungen haben verheerende Folgen für die katholische Kirche. Alle belustigten Gegner können endlich mit Fingern auf die Kirche zeigen und sagen: Seht mal, so verrückt sind die Katholiken wirklich. Empört schrieb Ethik-Professor Hanspeter Schmitt von der Theologischen Hochschule in Chur in der Schweizer Kirchenzeitung: »Darf es inzwischen sein, dass ein solcher Abgrund an menschlicher Ignoranz und theologischer Inkompetenz ins bischöfliche Amt gehoben wird?«

Zunächst sah es nach einem Fehler aus, der vor Ort verursacht worden war und mit dem Rom nichts zu tun hatte. Fast alle Länder der Welt haben mit dem Vatikan Abkommen geschlossen, sogenannte Konkordate. Darin wird festgelegt, wie Kirche und Staat sich die Macht teilen. Es geht auch darum, wie Bischöfe ernannt werden. Das österreichische Konkordat sieht vor, dass die Bischöfe vor Ort dem Nuntius eine Liste mit möglichen Kandidaten übergeben. Der Papst in Rom wählt schließlich aus. Es kommt immer wieder vor, dass Länder über den Nuntius in Rom ausrichten lassen, welche Kandidaten sie lieber als Bischof sähen. Rom kommt den Wünschen in der Regel nach.

Doch diesmal war es anders. Der Name Wagner stand nicht

auf der Wunschliste aus Österreich. Die entscheidende Frage war jetzt: Hatte Christoph Kardinal Schönborn, Erzbischof von Wien, den Vatikan darum gebeten, Wagner zum Weihbischof zu machen, oder hatte Papst Benedikt XVI. sich auf seine Berater verlassen? Wo die Schuldigen zu suchen waren, zeigte die überraschende Ankunft eines Besuchers am römischen Flughafen. Christoph Kardinal Schönborn reiste höchstpersönlich an. Die Reaktion der Österreicher auf die Ernennung Wagners hatte einen regelrechten Erdrutsch ausgelöst. Innerhalb weniger Tagen traten viele Katholiken aus der Kirche aus und begründeten diesen Schritt mit der Ernennung Wagners zum Bischof. Wenn es Schönborns Wunsch gewesen wäre, Wagner zu ernennen, wäre er in Wien geblieben, hätte den Fehler eingeräumt und Wagner zum Rücktritt gezwungen. Aber ganz offensichtlich war es nicht so gewesen. Also musste Christoph Kardinal Schönborn zum Krisengipfel nach Rom. Schönborn musste die Kirchenspitze davon überzeugen, dass Wagners Ernennung ein schwerer Fehler gewesen war. Schönborn war bereit, die Drecksarbeit zu übernehmen und Wagner intern zum Rücktritt zu zwingen, aber dazu brauchte er die Zustimmung aus Rom. Hatte Benedikt XVI. schon wieder einen Fehler gemacht und eigenmächtig den ultrakonservativen Bischof ernannt? Zumindest einige Ansichten des Bischofs waren Joseph Ratzinger vermutlich sympathisch, vor allem in der Kernfrage der Zukunft der Kirchen waren die Positionen Joseph Ratzingers und die Wagners nahezu identisch. Als Chef der Glaubenskongregation hatte Joseph Kardinal Ratzinger immer wieder betont, dass er eine stark geschrumpfte Kirche, eine »kleine Herde« weniger, aber überzeugter Katholiken einer Massenkirche von Taufscheinchristen vorziehe. Wagner hatte dazu gesagt: »Vielleicht müssen wir erst wieder eine kleine Gruppe werden, um dann stärker hinauszuwirken. Denn dann werden die Wenigen mehr bewegen als die Vielen, die sich nicht bewegen.«

Diese Meinung hatte zwar auch Joseph Kardinal Ratzinger mehrfach vertreten, aber in Österreich widersprach sie der

Meinung der meisten Bischöfe. So antwortete der österreichische Bischof Alois Kothgasser: »Das ist eine Grundfrage. Soll die katholische Kirche gesundgeschrumpft werden gleichsam auf eine Sekte, wo nur wenige, aber dafür linientreue Mitglieder dabei sind, oder soll die katholische Kirche Kirche Jesu Christi bleiben, die Raum für Vielfalt bietet, offen ist und die Gesellschaft von innen her prägt?«

Das Gespräch zwischen Schönborn und dem Papst zeigte in der zweiten Februarwoche des Jahres 2009 vor allem eins: Eine positive Lösung gab es nicht mehr. Der Papst würde in jedem Fall als Verlierer dastehen. Wenn er Gerhard Wagner weihte, käme es zu einer Protestwelle in Österreich mit weiteren Kirchenaustritten. Wenn er ihn nicht weihte und dem Rücktritt zustimmte, musste er innerhalb weniger Tage eine weitere Schlappe hinnehmen. Aber Papst Benedikt XVI. blieb keine Wahl. Der Unmut in Österreich war zu groß. Christoph Kardinal Schönborn setzte durch, dass Wagner zurücktrat. Der Wiener Kardinal rang sich dann angesichts der Verärgerung der Österreicher noch zu einem ungewöhnlichen Schritt durch. Er kritisierte offen den Papst. In Zukunft sei mehr Sorgfalt bei der Auswahl von Bischöfen vonnöten.

Dieser Schlag saß. Wenn lokale Kirchen einem Papst vorwerfen, er suche die Bischöfe nicht sorgfältig aus, dann gab es eigentlich nur noch einen Ausweg: den zuständigen Mann für die Bischöfe, Giovanni Battista Kardinal Re, zu entlassen. Doch der Papst hielt an ihm fest. Die Fehler, die in der Kurie in Rom passierten, machte er damit auch zu seinen Fehlern.

35
Häme

Wenn es einen die Menschen liebenden Gott gibt, der seine Vikare auf Erden aussucht, hat er sich dann in Joseph Ratzinger schlicht und einfach verschätzt? Konnte sich ein solches Pontifikat überhaupt noch einmal erholen? Der Fehler von Auschwitz, der Fehler von Regensburg, die politische Panne mit dem EU-Beitrittswunsch der Türkei und schließlich das Desaster Williamson, und das alles in nur vier Jahren Regentschaft: Musste das nicht bedeuten, dass Benedikt XVI. auf dem Weg war, als einer der umstrittensten Päpste der vergangenen hundert Jahre in die Geschichte einzugehen? Hatte Karol Wojtyła sich nur eine Prophezeiung eingeredet, einfach geglaubt, Joseph Ratzinger sei von Gott auserwählt worden – und hatte er ihn deswegen entgegen der eigenen Bestimmungen zur Papstwahl nach vorn geschoben? Hatte auch Wojtyła sich in dem Mann aus Bayern geirrt?

Nach dem Williamson-Skandal zeigte sich überall auf der Welt, dass Katholiken, aber auch Nicht-Katholiken immer enttäuschter von Papst Benedikt XVI. waren. Ich erhielt viele Briefe meiner Leser, die das zum Ausdruck brachten. Die Welt schoss sich regelrecht auf den Papst aus Deutschland ein. Tatsachen wurden dabei hinweggefegt, um den Eindruck zu erwecken, dass der Papst aus Deutschland auf der Habenseite nichts vorweisen könne, dass er nur Flops und Pannen produziert habe. Immer stärker stellten die Medien weltweit den Gegensatz zwischen dem angeblich fehlerlosen und erfolgreichen Johannes Paul II. und dem rückschrittlichen Pannen-Papst Benedikt XVI. heraus. Hämisch meldeten sie etwa, dass zum Beispiel in Mexiko noch immer weit mehr Andenkenbilder von Papst Johannes Paul II. verkauft würden als Bilder des aktuellen Papstes Benedikt XVI. Im Vatikan regte so etwas die Monsignori natürlich maßlos auf. Sie stellten offen die Frage, ob es nicht doch ein Fehler des Papstes gewesen war, im Januar 2009 nicht zum Weltfamilientag nach Mexico-City zu reisen, in ein so katholisches Land, das noch dazu so sehr auf den Papst gewartet hatte.

Auch im Vatikan neigten immer mehr Würdenträger dazu, offen auszusprechen, dass das Pontifikat Benedikt XVI. als ein Rückschlag zu sehen sei nach dem erfolgreichen Pontifikat Papst Johannes Paul II. Doch das ist ein sehr oberflächlicher Blick auf die Wirklichkeit.

Papst Benedikt XVI. musste mit Erfolg die eine oder andere Suppe auslöffeln, die sein Vorgänger ihm eingebrockt hat. Es war der angeblich so makellose Johannes Paul II. gewesen, der den Missbrauch von Kindern und Jugendlichen durch Priester völlig falsch eingeschätzt und damit Abertausende von Kindern und Jugendlichen der Gefahr sexuellen Missbrauchs durch Priester ausgesetzt hatte, gegen die nicht energisch vorgegangen wurde. Wie wenig Fingerspitzengefühl Johannes Paul II. in dieser Frage hatte, zeigt allein der Fall Kardinal Hans Hermann Groërs. Obwohl selbst der Wiener Bischof Christoph Schönborn von der Schuld Groërs, der sich an Kindern und Jugendlichen vergangen haben soll, überzeugt war, zog der Papst kaum Konsequenzen. Groër wurde weiterhin im Vatikan geduldet. Das führte zu einem Fiasko: Als der Papst im Jahr 1998 Wien besuchte, kamen statt der erwarteten 700 000 Gläubigen knapp 50 000 auf die Donauwiesen. Ein Desaster. Es fiel schließlich Joseph Ratzinger zu, sich während seiner Auslandsreisen vor allem in die USA mit Opfern zu treffen, Menschen, die von Priestern und Ordensleuten missbraucht worden waren. Es war Benedikt XVI., der einen Prozess einleitete, der »diese Wunden heilen sollte«, wie er in Washington sagte. Respektvoll sprach er von den Opfern als von »Überlebenden«, weil die Selbstmordrate unter missbrauchten Kindern und Jugendlichen so hoch ist.

Dem Theologen Joseph Ratzinger wurde nach dem Fall Williamson unterstellt, nicht das Fingerspitzengefühl in besonders delikaten, politischen Fragen zu haben wie sein Vorgänger. Dabei litt auch Papst Johannes Paul II. in seinem Pontifikat sehr lange darunter, dass er politisch falsche Entscheidungen getroffen hatte. Bis heute können ihm viele in Lateinamerika nicht verzeihen, dass er die Familie des Schlächters Augusto Pinochet segnete und die Taten des chilenischen Massenmörders lobte, obwohl der Vatikan wissen musste, dass Pinochet ein Verbrecher war. Ein Tiefpunkt politischen Fehlverhaltens, der dazu führte, weltweit Teile einer ganzen Generation von der Kirche zu entfremden, war die peinliche Szene, die der Papst auf dem Flugfeld von Managua in Nicaragua im Jahr 1983 hinlegte. Johannes Paul II. schrie vor aller Augen den vor ihm knienden Trappistenpater Ernesto Cardenal, Kulturminister der Revolutionsregierung, an und forderte ihn auf, sein Verhältnis zur katholischen Kirche zu regeln. Zwei Jahre später ließ der Papst ihn rausschmeißen, er suspendierte ihn »a divinis« vom Priesteramt. Eine ganze Generation Jugendlicher, die das Werk des Poeten Ernesto Cardenal bewunderten, stieß dieses rüde Vorgehen außerordentlich ab. Einen »Mitarbeiter« macht ein guter Chef nicht vor den Augen aller fertig.

Die Beispiele für Fehler von Johannes Paul II. könnten fortgeführt werden; aber schon ein solch oberflächlicher Blick zeigt, dass die Rolle, in die Papst Benedikt XVI. nach dem Williamson-Skandal gedrängt wurde, auf keiner sachlichen Grundlage beruht. Es ist nicht wahr, dass Papst Benedikt XVI. nach dem Tod des Jahrtausendpapstes Johannes Paul II. nur Fehler und Pannen produzierte, während die Lichtgestalt Karol Wojtyła alles richtig machte. Richtig ist hingen: Beide Päpste sind Menschen, und Menschen machen Fehler, und das war beiden Päpsten klar. In einem Punkt aber muss ich Kardinal Dziwisz recht geben, denn es gibt doch einen wichtigen Unterschied zwischen den Umständen, die zu den Fehlern Papst Johannes Paul II. führten, und denen, die jene Fehler von Papst Benedikt XVI. begründeten: Johannes Paul II. hatte sich immer erfolgreich gegen alle Versuche der Kurie gewährt, ihn zu entmachten, auch als er schon sehr krank war. Papst Benedikt XVI. gelang das weniger.

36

Autorität

Ich weiß noch genau, wann ich plötzlich deutlich spürte, dass der Papst sich außergewöhnlich stark zurücknahm, zumindest wenn man die Amtsführung Papst Johannes Pauls II. als Maßstab anlegt. Es war am 9. Mai 2007. Ich saß in der Maschine, die Papst Benedikt XVI. von Rom nach São Paulo in Brasilien brachte. Der Papst gewährte wie immer eine Pressekonferenz über den Wolken. Damals gab es die, später auch wegen der Ereignisses dieses Tages eingeführte, Regel noch nicht, dass nur der Papstsprecher Federico Lombardi Fragen stellen darf, die vorher von uns Journalisten eingereicht werden müssen. Damals durfte noch jeder Journalist an Bord spontane Fragen stellen. Mein Freund Marco Politi von der Tageszeitung *La Repubblica* fragte danach, ob die Bischöfe Mexikos wie angekündigt, die Politiker exkommunizieren sollten, die sich für die Legalisierung der Abtreibung aussprechen. Der Papst versuchte zunächst, einer Antwort auszuweichen. Das war mehr als verständlich. Kein Papst kann alle speziellen Einzelfragen in allen Ländern dieser Welt, die die Kirche betreffen, kennen und sofort treffend auf alle Fragen antworten. In einer solchen Situation hatte Papst Johannes Paul II. häufig einen simplen Trick angewandt. Wenn man ihn etwas fragte, auf das er nicht antworten konnte oder antworten wollte, fragte er zurück: »Was würden Sie denn machen, was ist denn Ihre Meinung?« Der Journalist, der die Frage gestellt hatte, fühlte sich natürlich geehrt, dass ein Papst ihn nach seiner Meinung befragte. Der Journalist sagte irgendetwas, und der Papst konnte mit einem Scherz antworten und hinzufügen: »Ihre Meinung ist sehr interessant, die Kirche wird sich jetzt auch eine Antwort überlegen.« Damit war Schluss. Der Journalist war glücklich, weil er einem Papst seine Meinung hatte erläutern können; darüber vergaß er, dass er aber nicht erhalten hatte, was er wollte: eine Antwort vom Papst.

Doch Papst Benedikt XVI. hatte viel weniger Erfahrung mit Interviews als Johannes Paul II., und Marco ließ natürlich nicht locker. Er fragte noch einmal: »Soll die mexikanische Kirche die Politiker exkommunizieren, ja oder nein?«, und der Papst antwortete schließlich mit einem klaren Ja.

Damit war die Sache eigentlich klar. Der Papst, der nach Vorstellung der katholischen Kirche bindend die Glaubenslehre der katholischen Kirche vertritt, hatte gesprochen. Doch nur Augenblicke später tauchte Papstsprecher Federico Lombardi noch einmal auf und erklärte, der Papst habe sich geirrt. Die mexikanischen Bischöfe sollten die betroffenen Politiker nicht exkommunizieren. Ganz offensichtlich hatte der Kardinalstaatssekretär Tarcisio Bertone den Papst korrigiert – und das öffentlich, für alle sichtbar. Das war ein ungeheuerlicher Vorgang: Die Autorität des Papstes war damit eindeutig untergraben worden; einen solchen Vorgang hatte es seit Jahrzehnten nicht mehr gegeben. Der Mann, dem die katholische Kirche zubilligt, unfehlbar zu sein, wenn er in Glaubensfragen spricht, war vor der Weltpresse düpiert worden. Selbst wenn der Papst sich geirrt hatte, wäre es weit besser gewesen, die Erklärungen einfach so stehen zu lassen, statt ihn öffentlich ins Unrecht zu setzen. Ein solches Problem hätte sich eleganter lösen lassen. Ein paar Tage nach der sachlich falschen Aussage des Papstes hätte der Vatikan erklären können, dass der Papst in seiner unermesslichen Güte zunächst davon absehe, die Politiker exkommunizieren zu lassen. Er habe ihnen aber nachdrücklich ins Gewissen geredet und gewähre ihnen jetzt noch einen Aufschub; an seiner Abscheu vor dem Verbrechen der Abtreibung ändere das aber nichts. So etwas hatte der Vatikan schon oft getan, um zu vermeiden, dass der Papst vor aller Augen korrigiert wird. Dass es diesmal nicht so war, der Papst nicht geschützt wurde, zeigte mir vor allem eines: Der Papst war geschwächt worden. Eine Kurie, die mit einem starken Papst arbeitet, hätte niemals gewagt, den Nachfolger Petri vor aller Augen ins Unrecht zu setzen. Schon aus einem ganz einfachen Grund: Er hätte sie gefeuert, einen nach dem anderen.

Die Episode auf dem Flug nach Brasilien war kein Einzelfall, kein Ausrutscher. Die Kurie regierte in der Amtszeit Papst Benedikt XVI. immer wieder hinein, fällte Entscheidungen, die eigentlich nur dem Papst zustehen. Bereits im Herbst des Jahres 2006 hatte es für vatikanische Verhältnisse ein geradezu unglaubliches Ereignis gegeben. Der Chef des päpstlichen Rates für die Familie, der kolumbianische Kardinal Alfonso Lopez Trujillo, hatte ein Grundsatzschreiben zum Thema Familie veröffentlicht. Er griff liberale Positionen vehement an. Kardinal Trujillo, der am 20. April 2008 verstarb, konnte getrost als Hardliner gelten. Er hatte unter anderem Ärzte verurteilt, die bei einer 11-jährigen, die von einem Verwandten vergewaltigt worden war, eine Abtreibung vornahmen. Das Dokument, das Lopez Trujillo verfasst hatte, ließ an Schärfe denn auch nichts zu wünschen übrig und wurde auf der Vatikan-Website veröffentlicht als ein offizielles Dokument. Es hagelte Proteste liberaler Kirchenmänner. Das war an sich nichts Ungewöhnliches und kam immer wieder vor. Etwas anderes dagegen war revolutionär: Kardinal Alfonso Maria Lopez Trujillo musste einräumen, dass er das Dokument zwar als offizielles Dokument des Vatikans veröffentlicht hatte, dem Papst aber hatte er es nicht einmal gezeigt, geschweige denn zur Genehmigung vorgelegt, wie es seine Pflicht gewesen wäre. Walter Kardinal Kasper sagte mir am 10. April 2007 dazu: »In diesem Fall musste es wirklich mächtig Ärger gegeben haben.«

Erstaunlich an dem Fall war nicht nur, dass Lopez Trujillo einfach ein Dokument als offizielles Vatikandokument veröffentlichte, ohne den Papst zu fragen. Erstaunlich war, dass er einen solche Schritt überhaupt wagte. Zur Zeit der Regentschaft von Papst Johannes Paul II. wäre ein solcher Vorgang undenkbar gewesen. Ihn zu hintergehen, nicht einzubeziehen, ins Unrecht zu setzen, hätte Papst Johannes Paul II. niemals zugelassen. Wie groß die Macht Johannes Paul II. über die Kurie war, wie viel Hochachtung Karol Wojtyła genoss, zeigt eine Episode aus der Zeit vor seinem Tod. Der Papst lag todkrank im Krankenhaus. Eigentlich musste man davon ausgehen, dass es jetzt in der Kurie hoch hergehe, der Papst konnte ja nicht mehr einschreiten. Aber selbst vor dem sterbenden Wojtyła hatten die Kardinäle einen solchen Respekt und solche Scheu, dass auch nur der Hauch einer Kritik an ihm sofort eingedämmt wurde.

Begonnen hatte es ganz harmlos: Der zweite Mann im Vatikan, Kardinalstaatssekretär Angelo Sodano, weihte am Petersplatz eine neue Bibliothek ein, aus seiner Sicht ein völlig unwichtiger Termin. Dass der Tag in die Geschichte einging, liegt daran, dass Sodano erstens über den Gesundheitszustand von Papst Johannes Paul II. spekulierte und zweitens sagte, dass Johannes Paul II. schon wisse, wann der Tag gekommen sein würde, um zurückzutreten. An dieser Erklärung schien auf den ersten Blick nichts problematisch zu sein. Sodano hatte lediglich festgestellt, dass der Papst noch im Besitz seiner geistigen Kräfte war und daher fähig, selber zu entscheiden, wann er nicht mehr in der Lage sein würde, sein Amt auszuüben. Was dann geschah, war so einzigartig in der langen Regierungszeit von Papst Johannes Paul II., dass sich noch heute jeder im Vatikan an diesen Sturm erinnern kann. Kaum hatte Sodano seine Meinung zum Thema eines möglichen Rücktritts gesagt, explodierte ein anderer Kardinal, Giovanni Battista Re, Chef aller Bischöfe. An sich ist das im Vatikan nichts Ungewöhnliches. Hinter den Mauern des Vatikanstaates gibt es immer wieder Streit, zudem hat Kardinal Re einen ziemlich cholerischen Charakter. Doch dieser Streit wurde – anders als üblich – öffentlich ausgetragen. Normalerweise ist es unmöglich, Einzelheiten über heftige Auseinandersetzungen zwischen Kardinälen im Vatikan zu erfahren. Man ist auf Andeutungen angewiesen oder Quellen, die nicht genannt werden wollen, was die Information nahezu wertlos macht. Doch diesmal drosch ein mächtiger Kurienkardinal in der Öffentlichkeit auf einen anderen bedeutenden Kurienkardinal ein. Kardinal Re tobte.

Dass Kardinal Sodano so etwas habe sagen können! Auch nur die Möglichkeit eines Rücktritts des Papstes anzudeuten, sei eine Ungeheuerlichkeit; niemand außer dem Papst selber dürfe über Fragen sprechen, die nur den Papst etwas angingen. Dieser Zwischenfall zeigt, wie sehr sich das Klima zwischen Papst und Kurie geändert hat. Während Papst Benedikt XVI. sich öffentlich korrigieren lassen muss, hinnehmen muss, dass nicht genehmigte Dokumente ohne sein Wissen als offizielle Vatikandokumente in Umlauf kommen, gab es zur Regentschaft Papst Johannes Paul II. schon einen Riesenärger, wenn ein Kardinal über die Absichten eines mittlerweile wehrlosen Papstes nur spekulierte.

37

Termine

Am 28. und 29. April des Jahres 2009 hatte ich keine Zeit. Es waren nicht zwei dieser ganz normalen Tage, an denen man keine Zeit hat, weil man zum Zahnarzt muss, das Auto in die Werkstatt bringen oder zum Elternsprechtag in die Schule gehen muss. Es waren Tage, an denen gar nichts ging. Ich hatte Termine vor mir, die ich beim besten Willen nicht verschieben konnte, denn am 28. April flog Papst Benedikt XVI. mit einem Hubschrauber in die Stadt L'Aquila, die drei Wochen zuvor, am 6. April, von einem katastrophalen Erdbeben heimgesucht worden war. Ich musste da hin, konnte mich auch nicht durch einen Kollegen ersetzen lassen, denn schließlich begleite ich den Papst sowieso immer, und zweitens kannte ich die verwüstete Stadt L'Aquila leider sehr genau. Noch am Morgen des Bebens war ich in L'Aquila eingetroffen, hatte noch die Schreie der Verschütteten gehört. Fast eine Woche hatte ich in L'Aquila zwischen Schutt und Trümmern, in den Zeltstädten der Überlebenden zugebracht, hatte die Chefs des Katastrophenschutzes, der Feuerwehr und den Bürgermeister kennengelernt, mit vielen Verschütteten gesprochen, die gerettet worden waren. Wenn der Heilige Vater also nach L'Aquila flog, musste ich sozusagen aus doppelter Sicht dahin, als Papstfachmann und als Erdbebenreporter.

Wenn der Papst nach dem Termin in L'Aquila wieder in Rom gelandet sein würde, musste ich zu dem nächsten, nicht aufschiebbaren Termin, den ich nicht absagen konnte und auch auf gar keinen Fall absagen wollte. An diesem Tag, einem Mittwoch, wollte ein Team eines deutschen Fernsehsenders mitsamt Regisseur und Produzent nach Rom kommen, um mit mir zu sprechen. Die Filmfirma hatte die Option der Filmrechte an meinem letzten Buch *Gottes Spuren* gekauft, wollte jetzt einen Dokumentarfilm, vielleicht sogar eine Serie daraus machen. Es gibt nichts, was einem Schriftsteller mehr schmeichelt, als wenn sein Buch verfilmt werden soll. Das ging mir natürlich nicht anders. Der Termin stand seit Monaten fest. Wir wollten uns sowohl am 28. als auch am 29. April treffen. Das Ganze war eine ziemlich aufwendige Sache, denn die Gruppe vom Fernsehsender reiste aus einer anderen Stadt an als der Regisseur, der Produzent und die Filmfirma kamen wieder aus anderen Städten. Alle mussten sich in Rom treffen, Flugtickets waren gebucht und bezahlt worden, ebenso Hotelzimmer, Restaurants, Fahrer. Alle diese Menschen kamen, um mit mir abendessen zu gehen. Das war natürlich ausgesprochen schmeichelhaft.

Für die Papstreise nach L'Aquila hatte ich alles vorbereitet, ein Zimmer gebucht, mich mit den Opfern des Erdbebens verabredet, die mit dem Papst würden sprechen können, um zu erfahren, was Benedikt XVI. ihnen denn gesagt hatte. Der 28. und 29. April standen dick umrahmt in meinem Terminkalender.

Ich hatte in der Woche zuvor einige Male mit meiner damals schon schwer kranken Mutter gesprochen und ihr eine kleine Überraschung bereitet: Ich war unangekündigt am 25. März aufgetaucht, um zwei Tage bei ihr zu bleiben. Ihre Krankheit hatte sie gezeichnet, aber es ging ihr eigentlich nicht wirklich schlecht. Zusammen mit meiner Schwester richtete ich ihr einen neuen Platz zum Essen ein. Dann flog ich mehr oder weniger beruhigt zurück nach Rom. Ich nahm mir vor, das nächste Mal ein bisschen länger in meiner Heimatstadt Werl bei meiner Mutter zu bleiben. Ich hatte auch schon den Termin gebucht. Die Tage um den 28. Mai 2009 herum wollte ich mit meiner Mutter verbringen.

Die Pflege zu Hause gestaltete sich immer schwieriger. Meine Mutter ließ sich, um ein bisschen zu Kräften zu kommen und frisches Blut in die Adern fließen zu lassen, wieder ins Krankenhaus einweisen, wo sie auch aufbauende Präparate bekommen sollte. Ich machte mir natürlich Sorgen und flog mit der ganzen Familie am 17. April nach Westfalen, am Sonntag, dem 19. April, wieder zurück.

Fünf Tage später, am 24. Mai, telefonierte ich mit der Ärztin meiner Mutter. Sie riet mir, mich nach einem Pflegeplatz zu erkundigen. Ich konnte dank intensiver Hilfe relativ rasch einen Heimplatz in der Nähe des Hauses meiner Eltern beschaffen. Um mich um die Einzelheiten der Pflege zu kümmern und wegen einer Familienfeier flog ich am 24. April mit meiner Frau und meinem Sohn schon wieder nach Westfalen. Der Rückflug war fest gebucht auf Sonntag, 26. April, 20 Uhr. Um 22 Uhr würde ich am Sonntag in Rom landen, dann am Montag die Einzelheiten für die Papstreise im Vatikan regeln. Am Montagabend wollte ich nach L'Aquila fahren, wenige Stunden später, am 28. April, würde dort per Hubschrauber der Papst eintreffen.

Die Familienfeier fiel für mich aus, ich blieb die ganze Zeit im Krankenhaus. Am 25. und 26. April saß ich am Krankenbett, redete mit meiner Mutter in den wenigen Minuten, in denen sie wach war; wenn sie schlief, schrieb ich in dem Krankenzimmer an diesem Buch.

Sonntag, der 26. April, war ein ungewöhnlich schöner Tag. Ich saß mit meiner Mutter in ihrem Krankenzimmer, wachte über ihren Schlaf, hielt ihre Hand, redete ihr gut zu. Ihr Zustand war stabil, schien sich leicht zu bessern. Die Verantwortliche des Pflegeheims hatte mich kontaktiert. Meine Mutter sollte in absehbarer Zeit in das Heim verlegt werden, das nicht weit weg von ihrem Haus lag, sodass es für meinen Vater leichter gewesen wäre, sie zu besuchen. Ich würde in absehbarer Zeit die Einzelheiten regeln müssen.

Ich holte meinen Terminkalender aus der schwarzen Aktentasche und schlug ihn auf. Dick und fett umrahmt waren da der 28. und der 29. April. Zu einem Treffen mit der zuständigen Verantwortlichen des Pflegeheims konnte ich also frühestens am 30. April kommen, besser noch wäre der 1. Mai, ein Freitag; so hatte ich einen Tag mehr Luft. Ich kreiste den 1. Mai im Kalender ein. Den Tag wollte ich der Heimleiterin für ein Treffen vorschlagen. So sah die Planung aus.

Dann blickte ich noch einmal auf die gekennzeichneten Tage, 28. und 29. April, zwei ganz normale Tage, eingekreist im Terminkalender eines Mannes, der an einem Buch über Prophezeiungen schrieb. Das kann nicht sein, dachte ich, es kann nicht sein. Es gibt so etwas nicht.

Was hatte sie damals vor so vielen Jahrzehnten gesagt: »Na, dann wirst du wohl keine Zeit haben, wenn ich sterbe.«?

Konnte das sein? Stand da auf dem Kalender eine Prophezeiung, die mich betraf, die mit mir zu tun hatte, mehr, als ich je mit einer Prophezeiung zu tun haben wollte? War das ihre letzte Bitte? Wollte sie sehen, ob sie sich in mir geirrt hatte, wollte sie sehen, ob ich sie tatsächlich so geliebt hatte, wie sie ihr Leben lang geglaubt hatte? Wollte sie den Beweis? Hatte sie mit dem ewigen Gott im Himmel einen Pakt geschlossen, an einem Tag sterben zu wollen, an dem ich auf gar keinen Fall Zeit hatte, an dem ich mich ganz drastisch entscheiden musste – für sie oder gegen sie?

Ich sprang auf, versuchte, mir mit einem Schluck Wasser und etwas abgestandenem Kaffee in diesem Krankenzimmer diesen Gedanken zu vertreiben, schließlich stürzte ich aus dem Zimmer und bat eine überraschte Ärztin, mir bitte sofort Rede und Antwort zu stehen. Ich zeigte auf meinen Terminkalender. »Sehen Sie, heute ist der 26. April. Heute Abend geht meine Maschine zurück nach Rom. Ich kann am 30. April wieder hier sein, in nur vier Tagen. Nur vier Tage. Ich habe etwas Unaufschiebbares in Rom zu erledigen.«

»Wenn Sie von mir wissen wollen, wie lange ihre Mutter noch leben kann, dann muss ich leider passen. Mehrere Monate vielleicht noch, möglicherweise Jahre. Das weiß nur der liebe Gott. Es kann sein, dass sie sich rasch erholt, dass wir sie in ein Pflegeheim bringen können. In diesen Konditionen können Menschen sehr alt werden. Wir hatten gerade eben so einen Fall in einer Familie, die Sie ja auch kennen. Wenn es so wichtig ist, müssen Sie wohl fahren«, sagte sie. Sie ging weg, und dadurch wurde mir eines ziemlich klar. Diese Entscheidung konnte mir niemand abnehmen.

Ich ging zurück in ihr Krankenzimmer. Sie schlief immer noch. Ich starrte auf die Daten, 28. und 29. April, rot umrandet. Ich rief mir ins Gedächtnis, wie mich meine Mutter angespornt hatte, meine Arbeit ja nicht zu vernachlässigen. Immer und immer wieder hatte sie mir vor Augen gehalten, wie wichtig es ist, verantwortlich zu sein, das Geld zusammenzuhalten, die Familie zu sichern. Wenn ich all das tun sollte, dann musste ich nach Rom zurück. Sie hatte nie darauf bestanden, dass ich für sie einen Arbeitstermin absagte. »Aber auch den letzten nicht?«, fragte ich mich. Sie hatte immer zurückgesteckt. Aber würde sie es jetzt wissen wollen, ausprobieren, prüfen wollen, ob sie sich nicht geirrt hatte? Sie hatte nie verlangt, dass ich auf sie Rücksicht nähme, weil sie überzeugt war, dass ich auf jeden wichtigen Termin im Job verzichten würde, falls sie mich darum bitten würde. Wollte sie jetzt wissen, ob das stimmte, und ob ich sie nicht doch einfach ihrem Schicksal überließ? Hatte sie sich gefragt: was würde er machen, wenn ich in meiner Krankheit daliegen würde, und er hätte einen unaufschiebbaren Termin? Würde er dann fahren oder bei mir bleiben?

Hirngespinste, dachte ich. Ich sagte es laut und deutlich in das Krankenzimmer, als könnte ich mich so besser selber überzeugen: »Hirngespinste.« Reiß dich zusammen, dachte ich, denk wie ein ganz normaler, erwachsener Mensch. Es gibt Sachzwänge, Termine, die man einhalten muss. Terminkalender existieren, Blackberry-Telefone, die Termine übermitteln, das ist real. Prophezeiungen betreffen vielleicht Päpste, Heilige, Selige. Aber eine Warnung an dich gibt es nicht, an den Tagen, die du da angekreuzt hast, wird gar nichts passieren. Du wirst einfach deinen Job machen. Niemand kann in die Zukunft schauen, es gibt auch keinen Hinweis an dich, was die Zukunft, also diese beiden Tage, den 28. und den 29. April, betrifft. Das dachte ich. Dann stellte ich mich ans Fenster, sah der friedlichen Industrielandschaft von Hamm zu und holte tief Luft.

38

Gottes Wille

Selbst an den heiligsten Orten der Welt schreien Polizisten Befehle und laden geräuschvoll ihre Waffen durch. Man bekommt im Gedränge schwere Stative von Kameramännern in die Magengrube geschlagen, wenn der Papst erscheint. So war das auch am 15. Mai 2009, als Papst Benedikt XVI. in die Altstadt von Jerusalem kam, zur Grabeskirche, an die Stelle, an der Jesus von Nazareth am Kreuz gestorben sein soll. Polizisten drängten den Pulk der Reporter, auch mich, in den Eingang der Kirche zu dem Stein, auf dem die Leiche des Jesus von Nazareth aufgebahrt gewesen sein soll. Von einer Nische aus, hinter dem verehrten Stein, sollten wir das Geschehen beobachten. Ich wurde geschoben und gegen die Wand gedrückt. Im Gedränge sah ich viel zu spät etwas Großes. Bevor ich ausweichen konnte, knallte ich mit dem Knie und dem Schienbein dagegen, der Schmerz nahm mir den Atem. Für ein paar Sekundenbruchteile war alles schwarz vor meinen Augen, dann ging es wieder besser. Ich musste mich hinhocken, um wieder zu Atem zu kommen. Ich spürte, wie das Knie leicht anschwoll. »So ein Mist«, dachte ich. Ich war gegen eine große Aluminiumleiter geknallt. Irgendjemand schien sie da vergessen zu haben, wahrscheinlich einer der Arbeiter, die die Lampen über dem Stein an der Stelle der Aufbahrung Christi vor dem Eintreffen des Papstes gereinigt hatten. Immerhin hatte die Leiter auch ihr Gutes: Ich konnte hinaufklettern, von oben sehr genau alles sehen, sobald Papst Benedikt XVI. die Kirche betreten würde. Es schien mir rätselhaft, dass irgendjemand einfach so mitten im Weg eine Leiter vergaß, an so einem wichtigen Tag, wenn der Papst kam. Die Polizei musste doch alles hundertmal kontrolliert haben. Dann dämmerte es mir endlich: Das war eine Status-quo-Leiter, an der ich mir das Knie aufgeschlagen hatte.

Seit Jahrhunderten streiten die vier verschiedenen christlichen Konfessionen in der Kirche um ihre Rechte, wer was in der Kirche restaurieren darf, wer wann wo beten darf. Die griechisch-orthodoxen Mönche prügeln sich auch schon mal mit den Franziskanern, den armenischen und äthiopischen Mönche, die in den Klöstern der Grabeskirche wohnen und schlafen. Im Jahre 1852 reichte es dem Sultan Abdul Meschid endgültig, und er entschied, dass von nun an nichts mehr in der Kirche verändert werden dürfe, alles müsse genauso bleiben, wie es war. Seitdem steht über dem Haupteingang eine längst nutzlos gewordene Leiter, die früher dazu diente, in die Kirche zu gelangen, wenn sie abgeschlossen war oder den Mönchen in der verriegelten Kirche die Lebensmittel ausgingen. Kein Mensch braucht diese Leiter heute noch. Doch niemand darf sie wegstellen. Auch die Leiter, die am Stein der Aufbahrung steht, ist so eine Status-quo-Leiter. Früher war es eine Holzleiter, die dazu diente, die Lampen an der Decke über dem Stein nachzufüllen. Die Holzleiter ist längst verrottet; aber weil nun einmal alles so sein muss wie im Jahr 1852 und es ansonsten erbitterten Streit unter den Mönchen gibt, musste dort wieder eine Leiter hin.

Allein in den vergangenen zwei Jahren waren mehr als zehn Mönche während Schlägereien in der Kirche k.o. geschlagen worden und mussten ins Krankenhaus. Absichtlich schickten die Franziskaner nur besonders gesunde und junge Mönche in das Kloster, das man nachts nicht verlassen kann. Die Mönche werden nachts von einer christlichen Familie eingeschlossen, morgens schließt eine muslimische Familie wieder auf. Mein Gott, dachte ich damals in der Grabeskirche. Wie wollen eigentlich Christen, Päpste, Mönche den Frieden in das Heilige Land bringen, wenn sie nicht einmal untereinander an einem so heiligen Ort Frieden schaffen können?

Plötzlich hörte ich das laute Knallen der metallbeschlagenen Stöcke der osmanischen Begleiter, die traditionell alle wichtigen Gäste in die Grabeskirche führen. Und schon betrat der Papst die Kirche. Er schien das Chaos um sich herum kaum zu spüren, seine Augen waren nur auf diesen Stein gerichtet, auf dem Gottes Sohn in den Minuten vor seinem Tod gelegen haben soll. Der Papst beugte sich auf den Boden, ja, er legte sich flach auf den Stein und küsste ihn. Päpste sind eben doch mehr als Politiker. Das zeigt sich wahrscheinlich an keinem anderen Ort so drastisch wie in der Grabeskirche. Denn wenn dort in Jerusalem tatsächlich geschehen ist, was die katholische Kirche behauptet, wenn der Leib des Schreinersohns Jesus von Nazareth von den Toten auferstanden ist, dann ist dies das wichtigste Ereignis der Menschheitsgeschichte. Und wenn nicht?

Langsam erhob sich der Papst und ging zur Kapelle, in der das Grab des Jesus von Nazareth gewesen sein soll. Die Erinnerung packte mich wie ein Schauer, als Papst Benedikt XVI. langsam, nachdenklich und im Gebet auf das Grab Christi zuging, die Aedicola über dem Felsen, auf dem in die Leiche der toten Jesus das Leben zurückgekehrt sein soll. Ich sah den sich langsam durch die Kirche schleppenden Karol Wojtyła vor mir, neun Jahre zuvor, und weiß noch, was ich dachte, als Johannes Paul II. sich dem Grab Christi näherte: Jetzt ist der Marathonmann Gottes endlich angekommen. Endlich schien Frieden über dem »eiligen Vater« zu liegen, endlich schien er selbst Frieden zu geben, statt immer weiter zu wollen.

Hatte Gott diese beiden Männer in das Amt des Nachfolgers von Petrus, des Heiligen Vaters, bestimmt? Hatte er ihnen Zeichen gesandt, Prophezeiungen, dass sie das Amt würden ausüben müssen? Hatte ich Spuren dieser Prophezeiungen gefunden? Wie hatte Papstsekretär Georg Gänswein noch zu mir gesagt, als ich mit dem Buch begann: »In der Wahl Benedikt XVI., eines Deutschen, der einem polnischen Papst nachfolgt, darf man ein Zeichen der Vorsehung erkennen.« Auch hier, während der zwölften Auslandsreise ins Heilige Land, gab es eine Menge Menschen, die das ganz und gar nicht so sahen. Rabbi Yisrael Lau, Mitglied des Direktoriums der Holocaust-Gedenkstätte Yad Vashem in Jerusalem, verbarg seine Enttäuschung nach dem Besuch des Papstes in der Gedenkstätte nicht. Er sagte mir an diesem Abend, nachdem der Papst die pechschwarze Gedenkstätte verlassen hatte: »Johannes Paul II. ging viel weiter und hat die katholische Kirche viel angemessener vertreten. Da hat etwas gefehlt. Warum hat er nicht gesagt, dass er Deutscher ist; warum hat er die Täter, die deutschen Nazis, nicht erwähnt, warum hat er nichts von sich selber gesagt? Sehen Sie«, meinte Rabbi Lau weiter, »ich war damals ein Kind, ein Kind in einem KZ, das versuchte zu überleben. Er war auch nur ein Kind damals. Aber er war in Freiheit. Er hätte etwas dazu sagen müssen, dass er Deutschland in der Nazizeit erlebt hat. Es wird nie wieder ein Papst aus Deutschland kommen, der das selber erlebt hat.«

Dennoch bedankte sich der jüdische Weltkongress (WJC) später, am 22. Mai, im Vatikan für die Reise des Papstes in das Heilige Land und lobte sie als einen Meilenstein in der Aussöhnung zwischen Christen und Juden. Kurz vor der Abreise nach Rom hatte der Papst am Flughafen Ben Gurion in Tel Aviv auf alle geantwortet, die ihn kritisiert hatten, in Yad Vashem nicht deutlich genug gewesen zu sein. Er rief geradezu heraus: »Dieses tief bewegenden Treffen [in Yad Vashem] erinnerte mich an das Treffen in Auschwitz vor drei Jahren, wo so viele Juden, Mütter, Väter, Ehemänner, Brüder, Schwestern, Freunde brutal ausgelöscht wurde von einem gottlosen Regime, das eine Ideologie des Hasses und des Antisemitismus propagierte. Dieses Kapitel der Geschichte darf nie vergessen oder verleugnet werden. «

Ich hatte geglaubt, dass ich in der Grabeskirche in Jerusalem eine Antwort finden würde auf die Frage, ob Johannes Paul II. während seiner Regierungszeit tatsächlich Prophezeiungen erlebt hatte. Eines hatte ich in Israel auf jeden Fall gesehen: wie schwer der Stand des deutschen Papstes gegenüber seinem übermächtigen Vorgänger war. Selbst wenn er etwas besser machte als Johannes Paul II., schwärmten dennoch alle von seinem Vorgänger. So hatte Papst Benedikt XVI. aus Respekt vor den Juden einen Fehler vermieden, den Papst Johannes Paul

II. begangen hatte. Karol Wojtyła hatte sich während seiner Reise im Jahr 2000 an einem Samstag in Jerusalem aufgehalten. Er war heftig dafür kritisiert worden, da er die Religion der Juden offensichtlich nicht als gleichwertig ansehe, also das Sabbat-Gebot nicht als wichtig erachte und jüdische Polizisten durch seine Anwesenheit an einem Samstag in Israel zum Bruch der Sabbat-Ruhe zwinge. Keiner, weder die Rabbiner noch die Delegation in Yad Vashem oder an der Klagemauer, bedankte sich oder erwähnte wenigstens, dass Papst Benedikt XVI. aus einer Geste der Hochachtung vor der Religion der Juden am Freitag abreiste, um die Sabbat-Ruhe nicht zu gefährden. Keiner sprach während der zwölften Auslandsreise von Papst Benedikt XVI. in das Heilige Land darüber, dass er eine viel schwierigere Situation in Israel vorfand als sein Vorgänger Papst Johannes Paul II. Während des Besuchs von Karol Wojtyła im Jahr 2000 schien der Frieden zwischen Israelis und Palästinensern zum Greifen nahe. Papst Benedikt XVI. kam nach dem Krieg in Gaza, der Hass auf beiden Seiten war grenzenlos. Dennoch versteckte sich der Papst nicht, dennoch wagte er auch im Haus des Gastgebers eine unbequeme Meinung zu haben. Vor dem Abflug sagte er: »Ich bin als ein Freund der Israelis gekommen, aber ich bin auch ein Freund der Palästinenser. Nie wieder Blutvergießen. Nie wieder Kämpfe. Nie wieder Terrorismus. Nie wieder Krieg.«

Ich höre seine Stimme; ich hatte mir im Heiligen Land eine heftige Grippe geholt und stand mit Fieber, schnupfend und hustend an der geöffneten Tür der El-Al-Maschine, als der Papst auf dem Flugfeld die Menschen regelrecht beschwor: »No more violence, no more war.«

Ich sah dort keinen kräftigen, trainierten Kämpfer stehen, sondern einen schwachen Mann, der in Weiß gekleidet war. Vorzuweisen hatte er nichts weiter als seinen Glauben und zwei leere Hände, befehlen konnte er nicht, seine Armee, die Schweizergarde, dient nur dem Personenschutz. Er konnte die Menschen nur bitten, beschwören und auf ihren Glauben oder wenigstens ihren guten Willen setzen. Auf diese Weise hatte

Karol Wojtyła die Welt verändert, nicht durch seine Kraft, sondern durch sein Vertrauen auf den zentralen Satz des Gebets, das Jesus von Nazareth die Menschen gelehrt hat: »Dein Wille geschehe!«

Wenn ich die Pannen bedenke, die Misserfolge, die Affäre Williamson, die Affäre Wagner, die öffentliche Entmachtung im Flugzeug nach Brasilien, dann kann ich nicht anders, als immer wieder an diesen Satz zu denken. Der Nachfolger von Karol Wojtyła, Joseph Ratzinger aus Marktl am Inn, zeigte oft, dass er es nicht schaffte, sich durchzusetzen, dass sein Wille eben nicht immer geschah. Er setzte sich nicht mit aller Härte im Vatikan durch, er setzte sich nicht mit Härte in der Politik, in der Theologie durch. So schrieb der Supertheologe Ratzinger ein Buch über Jesus von Nazareth, aber als Privatmann. Er räumte schon im Vorwort ein, dass man auch anderer Meinung sein könne, dass er nicht die Weisheit allein gepachtet habe. Es ging ihm nicht in erster Linie darum, dass es sein Wille war, der geschah.

Benedikt XVI. ist die Mensch gewordene Zeile des Vaterunsers. Es geht ihm darum, dass »Sein Wille, also Gottes Wille geschehe«. Er weiß, dass weder er noch sein Vorgänger irgendetwas aus eigener Kraft erreichen können, sondern nur auf Gottes Stärke vertrauen müssen. Allen, die Papst Johannes Paul II. als den Mann feiern wollten, der die Berliner Mauer niedergerissen hatte – und dazu gehörte auch Michail Gorbatschow –, sagte Karol Wojtyła immer: »Es war nicht meine Hand, es war die Hand Gottes, die die Berliner Mauer niedergerissen hat.« Weil Joseph Ratzinger diesen Glauben besser verkörpert, als ich es je vorher gesehen habe, weil Benedikt XVI. die Ohnmacht und nicht die Macht des Vatikans zeigt, deswegen bin ich mir völlig sicher, dass Papst Johannes Paul II. und vielleicht der ewige Gott im Himmel, wenn es ihn denn gibt, mit dem zerbrechlich wirkenden Vikar Christi Joseph Ratzinger überaus zufrieden sind.

Ende

Mein Handy klingelte am Montag, 27. April im Hammer Krankenhaus. Ein Kollege aus dem Vatikan war am Apparat. »Wo bleibst du denn, wir können nicht ewig auf dich warten; ich habe es satt, dass andauernd irgendwer eine Extrawurst will.«
»Ich komme nicht mit nach L'Aquila.«
»Sag mal, spinnst du? Es ist allerhöchste Zeit loszufahren. Wir haben schließlich keinen Hubschrauber wie der Heilige Vater.«
»Ich sage doch. Ich komme nicht mit.«
»Das kannst du doch nicht machen! Ich meine, wir haben uns darauf verlassen, dass wir auf dich rechnen können. Du kennst dich doch aus in L'Aquila, du warst doch eine Woche da und ich nicht, und jetzt kommst du nicht mit. Was ist der Grund? Bist du krank?«
»Nein, ich bin nicht krank,« sagte ich, »aber ich kann trotzdem nicht mitkommen. Mi dispiace (Es tut mir leid).« Ich hatte italienisch gesprochen im Krankenzimmer meiner Mutter. Wir waren allein, und sie sah mich verärgert an. Ich habe meine Mutter hunderttausend Mal verärgert gesehen, und sie brauchte nichts zu sagen, damit ich wusste, dass sie missmutig war. Aber ich rätselte, warum. Weil ich im Krankenzimmer am Handy gesprochen hatte, und dann auch noch auf Italienisch? Weil ich über meine Arbeit gesprochen habe, während sie im Krankenbett lag? Ich hatte meiner Schwester versprochen, dass ich das Handy nicht ausschalten würde. Die Krankenschwestern hatten es erlaubt, dass ich in dem Einzelzimmer das Handy anließ.
»Sieh mich nicht so an«, sagte sie auf einmal, »du guckst wie eine Katze.« Sie blickte zur Decke, als müsste sie mich bestrafen.

Die wenigen Augenblicke, in denen sie mich verstimmt angesehen hatte, reichten mir aus, um zu verstehen, was geschehen war. Sie hatte mich mit diesem Blick vor ein paar Monaten zum ersten Mal angesehen, mit den weit aufgerissenen Augen. Ich hatte sie zu Hause auf die Toilette gebracht, unter dem Arm gestützt. Als wir allein waren, mein Vater uns nicht hören konnte, sah sie mich auf einmal mit diesem Blick an und sagte mit einer Stimme, die mich gefrieren ließ: »Sag, Andi, sehe ich so viel schlechter aus?«

Ich wusste genau, was sie meinte. Sie fühlte sich schwach, aber sie fühlte sich schon lange schwach. Sie wusste, dass jemand, der von außen kam, der sie nicht jeden Tag sehen würde, erkennen konnte, ob das Leben aus ihr wich. Ich verstand ihren Blick, sie wollte, dass ich sie beruhigte, dass ich sagte: Nein, du bist schwach, aber bald wirst du wieder stärker sein. Ich sagte das auch so, obwohl ich mir nicht sicher war, ob es stimmte.

»Ich habe ja noch ein bisschen Hoffnung, dass es besser wird, ein bisschen Hoffnung«, gestand sie damals.

Jetzt, ein paar Monate später, hatte sie mich telefonieren hören. Sie konnte sich zusammenreimen, dass ich irgendwelche Jobs abgesagt hatte. Sie wusste, dass es Montag war, Montag, der 27. April, dass ich nicht nach Hause gefahren war. Warum wohl nicht? Weil es so schlecht um sie stand. Das musste sie doch denken. Dabei hatte mir die Ärztin an diesem Tag noch signalisiert, dass sie Zeichen einer leichten Besserung erkenne. Ich stellte mich ans Fenster und sah zum einmillionsten Mal auf die Kühltürme, in den Himmel über Hamm.

Du hast sie zu Tode erschreckt, nur weil du da bist, dachte ich. Sie denkt, dass es schlecht um sie steht, nur weil du da bist. Na, wunderbar! Durch die Aktion, deinen Job nicht zu machen, wie sie wahrscheinlich gewollt hätte, hast du erreicht, dass sie sich jetzt allein dadurch zu Tode erschrocken hat, weil du einfach nicht gefahren bist.

Ich trank irgendeinen der Säfte aus, die ihr Besucher brachten, obwohl eine Speiseröhrenentzündung es längst unmöglich machte, dass sie etwas Saures trank.

Was willst du eigentlich, dachte ich; wenn es ihr schlechter geht, wird man dich rufen, also, was willst du hier? Monatelang warten, deine Familie in Rom allein herumwursteln lassen, deinen Beruf aufgeben? Was willst du hier?

Ich wusste natürlich die Antwort darauf. Als sie noch in einem Zimmer mit drei weiteren kranken Frauen gelegen hatte, als ich mich noch an Besucherordnungen halten musste, wir Rücksicht auf andere Kranken hatten nehmen müssen, da hatte ich an meiner Mutter etwas gesehen, was völlig neu für mich war: Sie schämte sich, sie schämte sich für ihre Krankheit, ihren Zustand. Der Pfleger in der Röntgenabteilung hatte völlig recht. Die schwer kranke Prinzessin fürchtete sich vor allem vor dem Verlust ihrer Würde, und ich kapierte das viel zu spät. Meine Mutter war auf Bettpfannen angewiesen. Sie war zu schwach, um allein auf die Toilette zu gehen. Die Krankenschwestern hatten am Fenster, ziemlich gut sichtbar, die Bettpfannen bereitgestellt. Eine Patientin beschwerte sich bitterlich und lautstark darüber. »Wie sieht das denn aus, wie können Sie denn die Pfannen da einfach stehen lassen?«, sagte sie in die Stille des Krankenzimmers. Ich saß neben dem Bett meiner Mutter. Sie sah mich verletzt, erschrocken, aber auch kleinlaut an, weil sie sich ihrer Schwäche schämte. Ich hätte sofort etwas tun müssen, stattdessen raffte sie ihre Kräfte zusammen und entschuldigte sich. »Es ist meine Schuld, ich brauche die leider, tut mir leid.« Erst da reagierte ich, schleppte die leeren Bettpfannen weg, bat die Krankenschwestern, die Pfannen so hinzustellen, dass sie die anderen Kranken nicht stören würden. Ich hatte damals viel zu spät geschaltet. Ich hätte mich schützend vor sie stellen sollen. Etwas sagen. Zum Beispiel: »Nun machen Sie mal halblang, statt meiner Mutter ihre Schwäche vorzuwerfen. Ich stelle die Bettpfannen sofort weg, aber das hier ist ein Krankenzimmer, meine Mutter braucht diese Pfannen, also regen Sie sich mal ab.« Das tat ich nicht, würde es aber von jetzt ab tun. Ich wollte nicht noch einmal, dass die Würde dieser kranken, schwachen Frau verletzt wurde. Deswegen war ich geblieben, und weil mir vor ihrer Prophezeiung graute. Wenn ich nicht alles abgesagt hätte, dann wären morgen und übermorgen, der 28. und der 29. April, die einzigen Tage, an denen ich beim besten Willen keine Zeit gehabt hätte; selbst der Tod meiner Mutter im von Rom aus weit entfernten Hamm hätte nicht in meinen Terminkalender gepasst.

Obwohl sie schon Morphium bekam, hielten die immer stärker werdenden Atembeschwerden meine Mutter wach. Als der Abend begann und ich mich auf meinem Sessel für die Nacht vorbereitete, denn Platz für eine zweite Liege gab es in dem kleinen Krankenzimmer nicht, schienen plötzlich Geister ins Krankenzimmer einzuziehen. Neugierig schaute meine Mutter zur Decke, als gäbe es dort etwas zu sehen. Vorwurfsvoll sah sie mich an. »Schau mich nicht so an wie eine Katze«, sagte sie. »Okay«, sagte ich, »wie soll ich dich anschauen? Willst du mit mir reden?«

»Was soll ich denn sagen?«, fragte sie. Ihr Blick glitt immer weiter über die Wände, als schaute sie etwas nach, das sich rasch über die Wände bewegte und das ich nicht sehen konnte.

Sie schaute mir auf einmal in die Augen. Ich hielt ihre Hand, als sie sich plötzlich zu mir herüberbeugte und sagte: »Ich will nicht sterben.« Sie presste den Satz heraus. »Ich will nicht sterben.« Es war nicht allein die Bedeutung des Satzes, die mich erstarren ließ, es war ihre Stimme. Es war nicht die Stimme der alten, von der Krankheit schwer geprüften Frau, die da sprach, es schien mir so, als hätte das junge Mädchen, das irgendwo noch in dem verfallenden Körper der fast 80-jährigen Frau verborgen war, sich einen Weg nach oben ans Licht erkämpft. Das junge Mädchen, das um so viel Freude auf dieser Erde betrogen worden war, das so viel hatte hinnehmen müssen, das aber dennoch immer ein fröhliches Mädchen gewesen war, dieses Mädchen war überhaupt kein bisschen bereit zu gehen. Ich hielt ihre Hand, und wir sahen uns im Halbdunkel des Krankenzimmers an. Ich verstand ganz klar den Auftrag in ihrem Blick, der auf mir ruhte. Der Blick sagte: »Tu was, rette mich! Hier drin steckt noch ein Mädchen, das Leben will. Hilf ihr! Hilf ihr, dass sie nicht sterben muss!«

Das Schlimmste war in diesem Augenblick nicht meine Hilflosigkeit. Das Schlimmste war nicht, dass ich auf einmal einen Kontakt zu einem Mädchen hatte, das ich nie zuvor kennengelernt hatte, das aber meine Mutter geworden war. Möglicherweise fügte sich auch meine Mutter, die treu sorgende, nie viel für sich in Anspruch nehmende Frau, ihrem Schicksal, vielleicht tat das auch die schon betagte Patientin Martha Englisch mit ihrer langen Krankheitsgeschichte, aber das Mädchen war noch da, trotz des Morphiumnebels, und das Mädchen wollte leben und brauchte jetzt meine Hilfe. Dieses Mädchen hatte die Schrecken des Zweiten Weltkriegs überstanden und wollte vor allem eins nicht: aufgeben.

Ich ging aus dem Zimmer, suchte einen Arzt, ließ mich auf den sinnlosesten Dialog meines Lebens mit einem Mediziner ein, dem ich klarmachen wollte, dass er etwas tun müsse, um meiner Mutter zu helfen – als hätten sie das nicht längst getan. Der Arzt versuchte, mich zu beruhigen. Also ging ich zurück in das Krankenzimmer und fing an, darum zu beten, dass sie diese Krise überstehen möge.

Der Tod hatte jetzt einen klaren Gegner. Fräulein Martha Englisch, eine junge Frau, deren Seele sich auszeichnete durch einen natürlichen Adel, der die Natur alle Fähigkeiten mitgegeben hatte, die eine Prinzessin auf dieser Erde braucht. Nur dass meine Mutter mit diesen Anlagen selten etwas anfangen konnte; doch selbst wenn sie für ihren Enkel Kartoffelpuffer buk, war ein bisschen von der Prinzessin zu spüren gewesen.

Ich konnte ihr in dem Kampf, der ihr bevorstand, wenig helfen, ihre Hand halten, später, als sie die Hand nicht mehr spürte, legte ich meine Hand in ihre Achselhöhle. Sie antwortete mit dem Druck ihres Armes. Die Welt glitt an ihr vorbei, sie selbst konzentrierte sich nur noch auf den Kampf. Als mein Sohn, ihr Enkel, sie zum letzten Mal sah, schämte sie sich für ihren Zustand. Als er fragte, weil er auch nicht wusste, was er sagen sollte: »Wie geht es dir denn?«, antwortete die alte Frau: »Siehst du doch.« So viele Jahre hatte sie immer wieder auf ihn gewartet, sie hatte einer Ärztin erzählt: »Ich freue mich immer so, wenn Sie in mein Zimmer kommen; Sie haben so dunkle Augen wie mein Enkel, der Leo. Immer wenn Sie in mein Zimmer kommen, dann ist es so, als wenn er ein bisschen zu mir käme.« Jetzt stand Leo vor ihrem Krankenbett, und sie konnte einfach nicht mehr. Keine Reibekuchen mehr für ihn backen, keine Bilder mit ihm malen, ihm nur noch einmal durch die dichten Haare streichen.

Ich weiß nicht, ob es ihr ein Trost war, aber während sie ihren Kampf ausfocht, lebten wir wie in einer Wohngemeinschaft. Zum ersten Mal in meinem Leben richtete ich mich im Zimmer meiner Mutter ein. Bisher hatte sie sich immer in meinen Zimmern in den wechselnden Wohnungen in Rom für ein paar Tage auf Urlaub eingerichtet. Jetzt machte ich mich bei ihr breit, benutzte ihre Handtücher, wenn ich zum Duschen ging, putzte mir an ihrem Waschbecken die Zähne. »Das ist doch okay für dich Mama?«, fragte ich, wenn ich mir eine ihrer Ersatzdecken aus dem Schrank holte, um mich auf dem Sessel zuzudecken. Ich blätterte in ihren Zeitschriften über Königshäuser und versuchte, nicht zusammenzubrechen.

Ihr Kampf mit dem Tod fand auf etwa 50 Zentimetern statt. Sie lag nach links gedreht auf ihrem Bett und litt, sie litt an der Angst, sie spürte den Tod kommen. Sie versuchte, dem Ende zu entrinnen, sie robbte sich den ganzen Tag Zentimeter um Zentimeter von rechts nach links, bis sie an dem Rand des Bettes angekommen war, wo ich lag. Ich hatte das metallene Gitter, das verhindern sollte, dass sie aus dem Bett fiel, heruntergelassen. Sie gab mir durch ihre Augen aber zu verstehen, dass ich es wieder hochschieben solle. Sie robbte sich Zentimeter um Zentimeter nach rechts, bis sie irgendwann nach Stunden das kühle, aber harte Gitter erreicht hatte. Dann hielt sie sich daran fest, nahm es regelrecht in den Arm, als könnte das Gitter sie vor dem Tod schützen. Wenn sie dagegen gepresst lag, hob ich sie immer wieder hoch, sprach mit ihr, hielt ihre Hand, aber diesen Weg von der rechten zur linken Seite ihres Bettes musste sie gehen, als wenn das eine Pilgerreise wäre, die sie irgendwie noch würde retten können. In der Nacht, als ich mit meiner Schwester bei ihr saß, schien sie sich ein wenig beruhigt zu haben, doch am Tag kam der Schrecken zurück. Ihre Lunge begann zusammenzubrechen, jeder Atemzug machte jetzt ein grausiges Geräusch. Als es anfing, am Dienstagvormittag, erschrak sie darüber. Das Morphium konnte jetzt nicht mehr hoch genug dosiert werden, um ihr die Angst zu nehmen; Schmerzen hatte sie nicht, Schmerzen gehörten noch zu dieser Welt. Es waren die Stunden, in denen ich in der Angst lebte, dass sie aufhören könnte zu atmen. Die Pausen zwischen den Atemzügen wurden immer länger, manchmal so lang, dass ich dachte: »Um Gottes willen! Sie stirbt.« Am Dienstag, 28. April, konnte man über der Stadt einen außergewöhnlich schönen Abendhimmel sehen. Als wenn der ewige Gott im Himmel noch einmal alles aufbieten wollte, glühte dieser Himmel in spektakulärem Rot über den Kühltürmen von Hamm. Ich legte mich an dem Abend an den Rand ihres Bettes und nahm ihre Hand. Wir sahen beide zum Fenster hinaus. »Mama, weißt du, wir warten jetzt einfach auf den lieben Gott«, sagte ich. »Weißt du noch, wie wir auf den Bus gewartet haben nach Hamm, als ich ein kleiner Junge war und du immer an mir herumgezupft hast, damit ich auch schick aussah? So verging uns damals die Zeit, bis der Bus nach Hamm kam, und jetzt warten wir auf Gott.«

Manchmal wurde ihr Blick ganz starr, dann schien sie etwas auf der Wand zu sehen. Ich stand auf und ging zu der Stelle, auf der seit Minuten ihr Blick ruhte, dort hing ein kleines Metallkreuz an der Wand. Ich betete, dass sie jetzt mit Gott ihren Frieden machte. Ich habe ihr in dieser Nacht mein Leben erzählt, alles, was sie nicht wusste, ich habe geredet und geredet und geredet, zwischendurch muss ich eingeschlafen sein. Als ich aufwachte, war es noch Nacht, sie wachte kurz nach mir auf. Wir sahen uns an. Ich wusste, was in ihrem Blick lag, sie wollte sagen: »Auch wenn ich auf der anderen Seite sein werde, so wird meine Liebe dich weiter schützen.« Ich dachte: »Gib mir ein Zeichen, wenn du auf der anderen Seite bist, damit ich weiß, dass es dir gut geht.« Wir hielten uns einfach fest, irgendwann war es Morgen, sie atmete schwer, aber sie hatte den

Morgen erreicht. Ich putzte mir die Zähne in unserem WG-Zimmer, sie lag erstmals seit den fünf Tagen, die ich mit ihr verbracht hatte, auf der rechten Seite, das mochte sie eigentlich nicht. »Was machst du denn da?«, fragte ich, »du sagst doch immer, die andere Seite ist deine Schokoladenseite.« Sie hatte noch Scherze darüber gemacht, dabei war es kein bisschen lustig, wie durchgelegen sie auf der anderen Seite war. Ich setzte mich zu ihr ans Bett. Irgendwer brachte Frühstück. Sie lag jetzt schon seit einer halben Stunde auf der falschen rechten Seite und atmete schwer. Auf einmal drehte sie sich um. Ich konnte es nicht fassen, sie hatte in den ganzen vergangenen Tagen nicht die Kraft gehabt, sich so aus eigener Kraft umzudrehen. Sie sah mir in die Augen. Sie sah mich genau an, dann holte sie zum letzten Mal Luft. Ich legte mich zu ihr ins Bett, als sie ging, ich nahm sie in den Arm, ich musste jetzt keine Rücksicht mehr darauf nehmen, dass sie keinen Druck auf der Brust verspüren durfte, und ich sagte ihr ins Ohr: «Wir verstecken uns jetzt, wir beide. Dann kann uns keiner finden.« Nach einer Stunde erst fand uns die Krankenschwester. Es war der Morgen des 29. April, ein Tag, an dem ich auf keinen Fall Zeit für sie gehabt hätte in meinem Terminkalender. Aber das war Zufall, dass sie ausgerechnet an einem Tag starb, an dem ich garantiert keine Zeit hatte. Ich redete mir nur ein, dass sie ihr Leben bis an diesen Tag schleppte, um zu sehen, ob ich bei ihr blieb.

Und als ich wieder in Rom war, zwei Tage später, und wie seit Jahren mit meinen Hunden Nuvola und Eccolo im Doria-Pamphili-Park am Teich laufen gehen wollte, sollte irgendetwas anders sein. Meine Mutter war tot. Ich lud mir deshalb, wie das Protokoll meines Computers beweist, an diesem Tag, dem 1. Mai, einen einzigen neuen Song für meinen MP3 Player herunter, zufällig fiel meine Wahl auf ein Lied von Robbie Williams: »Feel«.

Natürlich war das Zufall, Mama, dass ich im Park hörte, wie Williams ins Mikrofon sang: »Ich möchte mit den Lebenden Kontakt aufnehmen.«

»I want to contact the living.«

»Ich sitze hier und spreche mit Gott, und er lacht über meine Pläne.«

»I sit and talk to God and he laughs at my plans.«

Nein, Mama, du kannst kein Englisch, und dieser Mann sang zufällig etwas, was dich und mich anging. Das war ein großer Zufall, Mama, und auch, dass dieser Sänger mir die Botschaft auftrug, dass ich mich um das, was von deinem Zuhause übrig geblieben ist, kümmern soll, das ich es lieben soll, weil du es nicht mehr kannst. Ich weiß, dass das alles ein großer Zufall war, aber ich danke dir dafür, dass ich jetzt glaube, dass es dir gut geht, und ich verspreche dir, ich kümmere mich darum, nachdem du an einem Tag gegangen bist, der nicht in meinen Terminkalender passte.

Epilog

An einem Tag ein paar Wochen später wollte ich eigentlich nach Hause gehen. Ich hatte schon mein kleines Büro im Pressesaal des Heiligen Stuhls abgeschlossen, als mich ein Freund abfing. Er wollte mich mitnehmen zu der Feier nach einer Bischofsweihe. Ich hatte eigentlich keine Lust, weil mir nach solchen Feiern immer ein bisschen schlecht ist, denn man isst unsägliche Häppchen mit viel zu viel Mayonnäse. Im Grunde sind diese Häppchen Miniausgaben von Tramezzini, den vor Majonnäse triefenden, dreieckigen Toastscheiben Italiens. Wenn man aus einem Glas abgestandene Mayonnäse auf weiße Toastbrotscheiben klatscht, nicht mehr ganz frischen Räucherlachs daraufpappt, das Ganze viermal durchschneidet, dann hat man eines dieser Häppchen vor sich, mit denen ich mir schon einmal bis zu einer Lebensmittelvergiftung den Magen verdorben habe. Ich habe keine Ahnung, wer eigentlich diese Empfänge ausrichtet, aber sie laufen immer gleich ab. Das bedeutet, dass die Gastgeber eine Unsumme dafür ausgeben, dass unglaublich schicke Kellner in unglaublich eleganten Livreen in sehr schönen Räumen des Vatikans stehen. Dabei gehen die Ausrichter davon aus, dass angesichts der wirklich beeindruckenden Show niemand merkt, wie schlecht das Essen ist. In Deutschland wäre so etwas undenkbar. Ich erinnere mich an eine Pressekonferenz in der Residenz des Hamburger Erzbischofs; dort gab es ausgezeichnete, bodenständige, frische Brötchen, die von sympathischen Ordensfrauen herumgereicht wurden. Kein Mensch käme dort je auf die Idee, für einen solchen Empfang eine Armee livrierter Kellner zu ordern. An diesem Tag in Rom hatte ich zudem noch Hunger und wusste, dass ich es nicht schaffen würde, die Finger von den Häppchen zu lassen. Dennoch ließ ich mich breitschlagen und ging mit.

Es war genau so, wie ich erwartet hatte. Elegante Kellner in weißen Jacken, die wie Phantasie-Uniformen aussahen, weil die Jacken mit goldenen Schulterstücken verziert waren, reichten die üblichen Häppchen herum. Eines war aber ganz anders, als ich erwartet hatte; mich traf fast der Schlag, als ich den festlichen Raum betrat. Der frisch gebackene Bischof war mein Freund P., mit dem ich vor neun Jahren einmal eine Papstmesse in Kairo geschwänzt hatte.

Ich freute mich für ihn. Die Entscheidung, ihn zum Bischof zu machen, war sicher richtig. Endlich einmal bekam ein Kirchenmann ein wichtiges Amt, der nicht so stromlinienförmig war, ein Mann, der auch den Zweifel an Gott zuließ. Dennoch ging ich ihm aus dem Weg, stellte mich nicht in die Reihe der Gratulanten, trank ein Glas Wasser und aß fettige Häppchen. Ich wollte gerade wieder gehen, aber an der Tür fing er mich ab.

»Andreas, willst du mir gar nicht gratulieren?«

»Doch sicher, ich hätte mich bei dir gemeldet.« Er zog mich in eine Ecke.

»Ich weiß«, sagte er. »Du hast es mir ja oft genug gesagt, du siehst uns kommen und gehen, und das kannst du nicht ausstehen.«

»Genau«, sagte ich. »Ich sehe euch kommen, und ihr bleibt ein paar Jahre, dann geht ihr, macht was Neues, und das hätte ich auch tun sollen, stattdessen bin ich immer noch hier und schaue einfach nur zu, wie die Kirchenwelt sich weiterdreht.«

Wir gingen zusammen hinaus. Vor dem Festsaal lag eine verwaiste Terrasse. Die Gratulanten konzentrierten sich noch auf das Buffet.

»Weißt du, was mein Sohn sagt? Jeder Mensch geht irgendwann nach Hause; aber wir können das nicht, weil wir nirgendwo zu Hause sind. In Rom nicht und in Deutschland auch nicht mehr.«

»Hast du schon mal überlegt, ob es vielleicht deine Bestimmung ist, hier zu sein?«

»Und euch immer nur zuzusehen?«, fragte ich.
»Hast du dein Buch über die Prophezeiungen geschrieben?«
»Ja, es ist fertig«.
»Weißt du, warum du das geschrieben hast?«
Ich sah ihn verwundert an.
Er sagte: »Ich werde es dir sagen: Weil du dabei warst. Du warst dabei, als Papst Johannes Paul II. in Fatima das dritte Geheimnis enthüllen ließ, das er für eine Prophezeiung hielt. Du hast das gesehen. Du musstest dich doch fragen, was da passiert ist, weil das auch ein Teil deines Lebens ist. Weil du erlebt hast, was geschehen ist.«
Die neue Soutane stand ihm gut. Er wirkte tatsächlich ganz wie ein Bischof, auch wenn er noch ein wenig ungelenk mit der Hand über das große Bischofskreuz auf seiner Brust strich.
»Weißt du noch, wie du mir erzählt hast, warum du nach Italien gekommen bist? Du hast Gott dafür in einer Kirche in Florenz gedankt. Ich weiß noch genau, wie du mir das erzählt hast. Hast du nicht vielleicht einfach das gefunden, was du gesucht hast?«
»Ich weiß es nicht genau«, sagte ich.
»Du hast wissen wollen, ob Gott spricht, heute noch zu den Menschen spricht, Ereignisse voraussagt.«
»Ja.«
»Und hat er gesprochen?«
»Wie meinst du das?«
»Ich meine: Hat er zu dir gesprochen?«
Ich druckste herum und schaute auf meine Schuhe.
»Du bist doch einen weiten Weg gegangen. Du hast mir erzählt, dass du hier im Vatikan gesucht hast, in Afrika, in Fatima, du bist doch Spuren nachgegangen, hast Zeugen gesucht.«
»Ja«, erwiderte ich, »das stimmt alles, und nach all der Zeit würde ich sagen: In einigen Fällen müssen sehr, sehr viele Zufälle zusammengekommen sein, wenn es nicht eine Prophezeiung war. Zufällig ist dann etwas tatsächlich eingetreten, was vorausgesagt worden war. Vielleicht hat es die Prophezeiungen wirklich gegeben.«

»Und du? Hast du das Gefühl gehabt, Gott sprechen zu hören?«

Ich sah ihm jetzt in die Augen. »Manchmal ja, aber ich weiß es nicht, manchmal nein. Als meine Mutter starb, hatte ich das Gefühl, aber es war natürlich nur ein Gefühl, dass er sie an einem Tag zu sich holte, den sie vorher bestimmt hatte. Ein Tag, an dem ich sicher keine Zeit haben würde, an dem ich mich würde entscheiden müssen, wo mein Platz war.«

Er schwieg. Dann sagte er: »Vielleicht bist du deswegen noch hier. Du hast gesucht, weil du wissen wolltest, ob es möglich sein kann. Was deine Bestimmung ist, musst du schon selber herausfinden, aber eines hast du schon erreicht: Den Zweifel nicht zu vergessen, denn ohne den Zweifel brauchen wir keinen Glauben.«

Register

Acqua, Angelo dell 130
Adis, Eugene 208
Ad-limina Besuch 260, 261
Aeneas 94
Affen-Tempel 75
Agça, Mehmet Ali 29, 40, 131, 138–143, 145, 147, 155, 156
Ahab 97, 99
Al-Azhar-Universität 203
Alexander der Große 116
Alexandria 202
Allegri, Renzi 231
Andreotti, Guilio 266
Aparecida 248
Apostelgeschichte 85, 153
Apostolische Konstitution 41, 43, 56, 239
Atombombe 128, 129
Attentat → Papstattentat
Auf, lasst uns gehen 39, 41, 42
Augurenstab 66
Auschwitz 225, 226, 271, 282, 297, 307,
Australian Defence Force Medical Support Force 188
Avelino de Almeida 124

Aventin 205
Aziz Ali, Abded al 200

Badoglio, Pietro 279
Re, Giovanni Battista 306, 313
Battisti, Angelo 231
Baum, William Wakefield 236
Benedikt XV. 232
Benedikt XVI. 16–18, 20, 21, 30, 34, 39–43, 46–52, 54, 56, 57, 59, 80, 81, 108, 122, 123, 130, 131, 135, 185, 220–226, 228, 230, 236, 238, 239, 243–254, 256–262, 271, 272, 275, 285–293, 295, 299–302, 305–316, 320–325
Benelli, Giovanni 229
Benigni, Roberto 277
Berlinguer, Enrico 277
Bertone, Tarcisio 290, 294, 311
Bilgen, Aurelian 213
Bismarck, Otto von 300
Blaue Armee Mariens 182
Boccardo, Renato 46
Bosco, Don 19

Bosnien → Medjugorje
Breschnew, Leonid 134, 147, 148, 155, 242
Buch der Könige 96–101, 104, 107
Buch Deuteronomium 84–86
Buch Exodus 104
Buch Ezechiel 114–116
Buch Josua 59
Buch Samuel 67, 68
Buonarotti, Michelangelo 89, 91
Bush, George W. 221, 222, 225
Buzonetti, Renato 133, 134

Calvat, Melanie 18, 153, 179
Captain Corelli's Mandolin 283
Cardenal, Ernesto 309
Carter, Jimmy 156
Casardi, Agostino 147, 148
Castel Gandolfo 131, 233
Castro, Fidel → Kuba
Chinotto 276, 277
Chirac, Jacques 80, 81
Chruschtschow, Nikita Sergejewitsch 221
Ciampi, Carlo Azeglio 279, 280
Civitavecchia 40, 81, 252, 295

Covo de Iria 123, 135, 136
Crucitti, Francesco 135, 136
Cuma, Grotte von 91, 93, 94
Cuma, Sibylle von 91, 93, 94

David 68, 69, 75
De Civitate Dei 119
De Universi Dominaci Gregis → Apostolische Konstitution
Delphi, Orakel von 91, 96–98
Delphi, Sibylle von 91
Deskur, Andrzej Maria 40, 41, 252
Dilinata-Tal 281
Domus Sanctae Marthae 102, 238
Downsview Park 30, 33, 34, 36
Dziwisz, Don Stanisław 132–134, 147, 156, 229, 233, 263, 264, 271, 272, 309

Edelweiss, Gebirgsjäger 279, 282
Eisenhower, Dwight 221, 279
Elija 85, 104–108
Emmerick, Anna Katharina 247
Englisch, Leonardo (Leo) 22, 330–331
Englisch, Martha 25, 26, 194–199, 318, 319, 326–334

Enzyklika Humanae Vitae 30
Erdoğan, Recep Tayyip 290, 291
Eschatologisches Geheimnis 18
Erinnerungen und Identität 141

Fatima 41, 64, 122–125, 129, 135, 136, 154, 177, 179, 180, 233, 240, 242, 251–254, 263, 337
Fisher, Ian 285, 286
Franz von Assisi 153
Fuldaer Bischofskonferenz 223

Gaddafi, Muammar Al 160–164, 166–173
Gandin, Antonio 281
Gänswein, Georg 22, 257, 271, 299, 322
Gantz, Menachem 272
Gemelli, Agostino 132, 230
Gemelli-Krankenhaus 44, 46, 133, 134, 136, 228, 233
Genesis 60, 61
Genocidaires 188
Genscher, Hans-Dietrich 272
Gierek, Edward 148
Glaubenskongregation 17, 40, 43, 83, 130, 203, 231, 252, 253, 305
Gorbatschow, Michail 155, 325

Gottes Spuren 316
Grabeskirche Jerusalem 320–323
Grillo, Girolamo 83, 251, 252, 295
Groërs, Hans Hermann 308
Große Propheten 59
Guadalupe 176–179, 247

Hengsbach, Franz 41, 42
Herodotus 96
Hiroshima 128
Hippo, Augustinus von 117–119
Hölle 126, 127, 184
Holocaust → Shoah
Homosexualität 304
Hoyos, Dario Castrillon 301–303
Humanae Vitae 30
Hutu 187, 188

Im Namen Gottes 265
Internationale Bibelkommission 259
IOR, Istituto per le Opere di Religione 265
Isis 109, 111

Jahrtausendpapst → Johannes Paul II.
Jaworski, Marian 40, 41
Jesaia 118
Jesus von Nazareth 64, 111, 127, 228, 257, 263, 325

Johannes Paul I. 237, 265, 266, 269
Johannes Paul II. 11-13, 16-19, 21, 24, 29, 30, 35-59, 61, 66, 72, 78-83, 102-104, 107, 108, 112, 120, 122, 123, 125, 128, 129, 132-138, 140-143, 147, 148, 154, 156, 175, 200, 214, 221, 224-229, 231-235, 237-248, 250, 251, 253-258, 260, 262-264, 271, 272, 292, 299, 300, 307-314, 322-325, 337
Johannes XXIII. 256
Johannesevangelium 60, 117
Jordan, Paul 188-192
Joschafat 99, 100, 102, 103
Joyeux, Henri 159
Jüngstes Gericht 109, 111

Kairo 110, 111, 114, 200-204
Kamagaju, Agnes 183
Kamerun → Yaounde
Kano 170, 171, 173
Karma 79
Kasper, Walter 312
Kephalonia 278-281, 283
Kibeho 154-156, 159, 175-194
Klagemauer 227, 324
Kleine Propheten 60
König, Franz 230
Konklave 20, 21, 236-238, 266

Kothgasser, Alois 305
Kowałska, Helene 234
Kowałska, Maria Faustyna 62, 82, 234
Krösus 98
Kuba 24
Kyrillos VI. 202

L'Aquila 315-317, 326
La Saletta 179
Lactanz 90
Lau, Yisrael 322, 323
Law, Bernard Francis 31
Lefebvre, Marcel 292
Lehmann, Karl 32, 36
Leo XIII. 205
Libysch-Arabisch-Revolutionäre-Armee 164-167
Lockerbie 163
Lombardi, Federico 286-289, 294-296, 300-302, 311
Lourdes 80, 83, 154, 155, 176-178, 180, 182, 249, 253
Loyola, Ignatius von 294
Luciani, Albino 229, 230, 266, 267
Luciani, Edoardo 267, 268
Lukasevangelium 59, 63, 64, 113

Macci, Pasquale 130
Maracanã-Stadion 13
Marcinkus, Paul 152, 265
Mari, Artura 9, 132

Maria → Muttergottes
Marie Reine des Apostres 249
Marini, Piero 237
Markus, Evangelist 85, 201, 202
Markuskathedrale 202
Marpessos 90
Marto, Francesco 123, 125, 176
Marto, Giacinta 123, 125, 176
Maschid, Abdul 321
Matthäusevangelium 113, 114
Maiuri, Amedo 94
May, Franziska → May, Schwester Reinholda
May, Schwester Reinholda 205, 207–218
Medjugorje 154–158
Meisner, Joachim 244
Melchior, Michael 227
Merkel, Angela 299–301, 303
Mexiko → Guadalupe
Michal 68, 69
Minardi, Sabrina 151, 152
Missbrauchsskandal 31, 32, 35, 36
Mohammed 286, 287, 289
Moro, Aldo 145
Mukamazimpaka, Nathalie 182
Mukangango, Marie Claire 182, 192

Mumureke, Alphonsina 175–182
Muttergottes 64, 109, 123–130, 136, 137, 175–194, 200–205, 211–218, 240–241, 244–249, 251–254

Nabî 60, 67
Nagasaki 128
Nagy, Zoltan 161-163, 165, 167–169, 172–174
Nasarbajew, Nursultan 299
Nasser, Gamal Abdel 203, 204
National Shrine of Immaculate Conception 248
Navarro Valls, Joaquín 10, 36, 250, 254
Nebukandnezzar 115
Ngome 213, 214, 216–218
Niamey 168–169
Niger → Niamey
Nigeria → Nongoma
Nongoma 212, 216
Nycz, Kazimierz 264

O'Connor, Murphy 50
Oddi, Silvio 143, 146, 147, 149, 152
Oracula Sibyllina 90, 91
Oralue, Ammon 90
Orlandi, Emanuela 143–145, 147, 149–151
Orlandi, Ercole 144, 152

Pacelli, Eugenio → Pius XII.
Palaiologus, Manuel II. 246, 286
Pampaloni, Amos 275–278, 280–284
Papstattentat 16, 19, 131, 132–134, 136, 138, 139, 141, 150, 156, 233, 240, 249, 251, 256
Pater Pio 230–232, 277
Paul IV. 9, 30, 34
Paul VI. 130, 217, 248, 256, 257, 266
Pedis, Enrico de 150–152
Petkovic, Marija 58, 157–159
Petrosillo, Orazio 10–12, 16
Philippe, Pierre Paul 130
Pinochet, Augusto 309
Pius IV. 220, 300
Pius XI. 230, 231
Pius XII. 9, 125, 128, 129, 132, 230, 231
Piusbruderschaft 292–296
Poletti, Ugo 150, 151
Politi, Marco 104, 310
Poltawska, Wanda 231, 232
Polykarp von Smyrna 85, 86
Priore, Rosario 138–142, 149
Propaganda Due, P2 265
Prophetenhaus 69, 70, 75

Quanta Cura 222

Rando, Adele 145, 149
Ratzinger, Georg 248
Ratzinger, Joseph → Benedikt XVI.
Reagan, Ronald 163
RPA, Rwandan Patriotic Army 188–191
Ruanda → Kibeho
Russland 126, 240–242

Sadhu 71–79, 82
Sahner, Paul 48, 49
Salina, Vestina 183
Sanctum Ufficium → Glaubenskongregation
Sankt Pius X, Priesterbruderschaft 292–296
Sankt-Andreas-Fest 289, 290
Sant' Anselmo 205
Santa Maria Novella 26, 28
Santos, Lucia Dos 123, 124, 126, 127, 129, 135, 136, 176, 183
Sarkozy, Nicolas 80
Saul 68–70
Schmitt, Hanspeter 304
Schönborn, Christoph 304–306, 308
Segalashya 183
Seper, Franjo 136
Shoah 274, 275, 292–294, 296–299, 301
Sibyllen 89–91, 96
Simon 63, 64
Sinai, Berg 102–106, 108
Siri, Guiseppe 229, 230

Sixtinische Kapelle 20, 21, 88, 89, 93
Sixtus IV. 88
Skwarnicki, Marek 229
Smith, Walter Bedell 279
Socci, Antonio 17
Sodano, Angelo 46, 55, 246, 290, 313, 314
Somalo, Eduardo Martinez 136
Soubirous, Bernadette 176–180
SSP, Sub Secretum Pontificium 298
St. Lucia 263
Stafford, James Francis 46
Status-quo-Leiter 321

Tageliatti, Palmiro 277
Toronto → Weltjugendtag
Trujillo, Alfonso Lopez 312
Tutsi 187, 188, 189
Twa 187
Tyrus 114–117

UNAMR, United Nations Assistance Mission For Rwanda 188
Universi Dominici Gregis → Apostolische Konstitution

Vaticanisti 9, 10, 274
Vatikan 9, 15, 17, 28, 33, 40, 44, 53, 81, 110, 144–152, 200, 201, 219, 221, 223, 233, 235, 239, 246, 260, 265–267, 271–273, 285–289, 294–296, 301, 311–314
Vergil 94
Viktor Emanuel III. 280
Villot, Jean-Marie 265
Völkermord 155, 187

Wagner, Gerhard Maria 303, 305, 306, 325
Weltfamilientag 243
Weltjugendtag 30–39, 53, 55, 244, 245, 258, 260
Wielgus, Stanislaw 261
Williamson, Richard 271–273, 292–294, 296–298, 302, 303, 307, 308, 325
WJC, Jüdischer Weltkongress 323
Wojtyła, Karol → Johannes Paul II.
Wolf, Notker 205
World Trade Center 33, 36, 44
Wunder von Kairo 200–204
Wyszynski, Stefan 233

Yad Vashem, Jerusalem 322–324
Yallop, David 265, 266
Yaounde 185, 186, 249

Zadar 57–59, 61, 62, 64, 65

Zeitoun 202–204
Zollitsch, Robert 299
Zulu 206, 207, 209–211, 216
Zululand → Zulu
Zweites Vatikanisches Konzil 23, 227, 243

Bildnachweis

1 Privatarchiv Andreas Englisch
2 Privatarchiv Andreas Englisch
3 Associated Press, Frankurt/Osservatore Romano
4 Riccardo Musacchio & Flavio Ianiello, Rom
5 Riccardo Musacchio & Flavio Ianiello, Rom
6 Riccardo Musacchio & Flavio Ianiello, Rom
7 Riccardo Musacchio & Flavio Ianiello, Rom
8 Associated Press, Frankurt/Stephan Savoia
9 Associated Press, Frankurt/Andrew Medichini
10 Associated Press, Frankurt/Arturo Mari-POOL
11 Riccardo Musacchio & Flavio Ianiello, Rom
12 Associated Press, Frankurt/Jens Meyer
13 Akg-Images, Berlin/Erich Lessing
14 Associated Press, Frankurt/Jerome Delay
15 Picture-Alliance, Frankurt/dpa/epa/Vatikan Pool
16 Picture-Alliance, Frankurt/dpa/ANSA
17 Picture-Alliance, Frankurt/dpa/ANSA
18 Riccardo Musacchio & Flavio Ianiello, Rom
19 Zoltan Nagy, Turin
20 Zoltan Nagy, Turin
21 Zoltan Nagy, Turin
22 Zoltan Nagy, Turin
23 Catholic Press Photo, Rom/Laurent Larcher/Ciric
24 kibeho.org
25 kibeho.org
26 Catholic Press Photo, Rom/Laurent Larcher/Ciric
27 zeitun-eg.org
28 stmaryztn.org
29 Alamy, Oxfordshire/gezmen

30 Abtei Münsterschwarzach
31 Abtei Münsterschwarzach
32 Associated Press, Frankurt/Gerald Herbert
33 Associated Press, Frankurt/Andrew Medichini
34 Massimo Sestini Fotogiornalismo, Florenz/Ross
35 Interfoto, München
36 Picture-Alliance, Frankurt/dpa/epa/Francesco Sforza
37 Gregorio Galatzka, Rom
38 Associated Press, Frankurt/Courtesy SVT
39 Associated Press, Frankurt/Kayhan Ozer
40 Picture-Alliance, Frankurt/La Presse Ricci
41 Associated Press, Frankurt/rubra
42 Associated Press, Frankurt/Andrew Medichini
43 Riccardo Musacchio & Flavio Ianiello, Rom

ca. 280 Seiten · ISBN: 978-3-570-10069-1

Jürgen Todenhöfer ist ein Mann, der Erfolg in Politik und Wirtschaft verkörpert, der berufliche und persönliche Niederlagen durchlebt hat, der glaubwürdig auch für unbequeme Wahrheiten eintritt. In diesem Buch fasst er die wichtigsten Erkenntnisse seines abenteuerlichen Lebens in Aphorismen zusammen. Jürgen Todenhöfer setzt Ziele in einer ziellosen Zeit und beleuchtet sie durch teils heitere, teils erschütternde, zum Nachdenken zwingende Anekdoten. Er verbindet offen und selbstkritisch Autobiographisches mit den großen Fragen der Menschheit nach Tugend, Gerechtigkeit und Weisheit.
Entstanden ist der ethische Wegweiser eines Menschen, der um seine Fehlbarkeit weiß und doch den Versuch wagt, seine Erfahrungen mit Erfolg und Glück, Schwäche und Scheitern exemplarisch weiterzugeben. Mit Humor, Gelassenheit und Nachsicht.

C. Bertelsmann

VON JOHANNES PAUL II
ZU BENEDIKT XVI

15415

»Kein Journalist kam dem Papst so nah«
BILD

Eine Reise an die Grenzen des Glaubens

15499

»Andreas Englisch vermag außerordentlich spannend zu erzählen.«
Hamburger Abendblatt

Mehr Informationen unter www.goldmann-verlag.de

Die ganze Welt des Taschenbuchs
unter
www.goldmann-verlag.de

Literatur deutschsprachiger und
internationaler Autoren,
Unterhaltung, Kriminalromane, Thriller,
Historische Romane und Fantasy-Literatur

Aktuelle **Sachbücher** und **Ratgeber**

Bücher zu **Politik, Gesellschaft,
Naturwissenschaft** und **Umwelt**

Alles aus den Bereichen **Body, Mind + Spirit**
und **Psychologie**

Überall, wo es Bücher gibt und   unter www.goldmann-verlag.de

Goldmann Verlag • Neumarkter Straße 28 • 81673 München